21世纪高职高专国家示范院校"工学结合"系列教材

现代商务
管理与实务（第三版）

XIANDAI SHANGWU GUANLI YU SHIWU

缪兴锋　叶小明　编著

中山大学出版社
SUN YAT-SEN UNIVERSITY PRESS

·广州·

版权所有　翻印必究

图书在版编目（CIP）数据

现代商务管理与实务/缪兴锋，叶小明编著．—3版．—广州：中山大学出版社，2016.2

（21世纪高职高专国家示范院校"工学结合"系列教材）

ISBN 978-7-306-03406-9

Ⅰ．现… Ⅱ．①缪… ②叶… Ⅲ．商业管理—高等学校—教材 Ⅳ．F715

中国版本图书馆CIP数据核字（2009）第144469号

出 版 人：徐　劲
策划编辑：熊锡源
责任编辑：熊锡源
封面设计：曾　斌
责任校对：黄展聪
责任技编：黄少伟
出版发行：中山大学出版社
电　　话：编辑部 020-84111996，84111997
　　　　　发行部 020-84111998，84111981，84111160
地　　址：广州市新港西路135号
邮　　编：510275　传　真：020-84036565
网　　址：http://www.zsup.com.cn　E-mail：zdcbs@mail.sysu.edu.cn
印 刷 者：广州中大印刷有限公司
规　　格：787mm×1092mm　1/16　23印张　486千字
版次印次：2006年8月第1版　2016年2月第3版　2016年2月第3次印刷
印　　数：6001-7000册　定　价：45.00元

本书如有印装质量问题影响阅读，请与出版社发行部联系调换

21世纪高职高专国家示范院校"工学结合"系列教材
编委会

总 主 编： 叶小明

总 策 划： 叶小明

丛书主编： 缪兴锋　李　丽

丛书副主编： 杜安国

编委成员： 叶小明　秦殿军　杜安国　缪兴锋　李　丽　宋　炜
　　　　　　黄安心　范　颖　别文群　李超锋　李国杰　魏国平
　　　　　　陈晓波　张沛锋　周军梅　刘钧炎

顾　　问： 胡志强

前　言

早在20世纪初，著名管理学大师亨利·法约尔就作过对管理教育的重要性精辟的论述。他认为，"每个人或多或少都需要管理的知识"，"管理教育应该普及：在小学里是初级的，在中学里稍广阔一些，在高等学校里应是很发展的"，"这种教育不是为了把所有学生都培养成好的管理者，如同技术教育不是为了把所有学生都培养成优秀的技术人员一样"。经验表明，商务活动具有普遍性，一切以盈利为目的的活动都离不开商务活动。商务活动又总是面向市场、充满风险的活动，市场的作用越明显，经济的竞争越激烈，商务活动就越重要。管理教育应该是所有类型学校都应普及的基本素质教育。

进入21世纪以后，世界发展的一大趋势是全球化进程加快。尽管全球化进程中会有曲折，会有人反对，但其势头不可阻挡。之所以说经济全球化的势头不可阻挡，这一进程不会中断，最重要的原因在于，推动经济全球化的两个轮子一直往前转，这两股力量不可阻挡。这就是市场化的力量和网络化的力量，也称作市场革命和技术革命。

经济全球化是指商品、资本、服务、技术、信息、劳务（人才）在全球范围内流动空前加快，形成世界统一大市场。从经济角度而言，各个国家、地区之间，你中有我，我中有你，谁也离不开谁。各国开放的程度越来越高，相互依存度越来越高，市场自由化的程度也越来越高。一个营利性组织能否长期生存和发展，起决定性作用的是其盈利能力。而盈利能力的强弱则受到多种因素的影响，如资本实力、员工素质、管理水平、商务能力等。在各种因素中，商务能力起举足轻重的作用。商业机会时时存在、处处都有，靠商务能力捕捉；只有选择到适合自身特点和市场要求的商业机会来开展生产经营活动，才能实现盈利目标。一个企业的资本实力、员工素质和管理水平对实现企业利润目标是非常重要的，但如果其商务能力很差，不能准确把握市场变化情况、有效捕捉商业机会，生产出来的产品不能适应市场需要，将造成产品积压或滞销，进而危及企业生存。可见，商务能力是企业生存和发展的重要能力。在激烈的市场竞争中，企业要赢得竞争优势，提高驾驭市场风险的能力，必须增强商务能力。商务能力的提高既要仰赖于企业家经验的积累，又离不开科学理论的指导。从已有的管理学分支学科看，除了商业企业管理学侧重于"商务"的研究外，还没有专门研究商务管理的分支学科；而商业企业管理学的研究面又偏窄，不能适应多元化商事主体的需要。因此，建立一门综合性的商务管理学，为各类商务主体从事商务活动提供有效的理论指导，十分必要。

加入WTO后，我国经济发展的外部环境发生了一系列变化，为扩大开放、提高对外开放水平带来了机遇和挑战。目前，我国已形成了全方位、多层次、宽领域、有重点的对外开放新格局，国内外企业对人才的需求又有了新的诠释，具备在分析、评估和诠释数据、对人员和任务的协调与组织以及在人际关系与交流等方面的较强能力是一个成功的商业通才的标志。因此，在人才培养的目标方面，也提出了新的要求。

1. 重塑人才培养目标

掌握现代商务管理的必备基础理论和专业知识，具有较高的信息技术、管理理论及法律水平，较强的驾驭市场与商务、应用技术的能力；具有贸易实务的组织、管理和开发的能力；了解当代国际经济与贸易的发展现状、趋势，熟练掌握商务管理业务流程；熟悉财务管理的相关政策法规和国际惯例，懂得现代财务管理方法，能较好地运用所学的理论和专业知识分析和解决问题；具有初步的财务管理、人力资源管理的能力；能够较熟练掌握计算机应用技术；具有良好的职业道德修养，适应国内、国际竞争，富于开拓精神的外向型、复合应用型人才。

2. 提出人才知识结构、能力结构和素质新要求

（1）知识结构：掌握现代商务所必需的法律、应用文写作、高等数学、计算机及大学英语等基础知识；掌握现代商务所必需的经济学、管理学、会计学、统计学、经济法等专业基础知识；掌握现代商务所必需的商务管理、物流管理、人力资源管理、零售管理、市场营销、连锁经营等专业知识。

（2）能力结构：掌握商务管理的基本理论、基本知识；具备从事商务活动和企业运营等方面的基本能力；具有较强的市场调查与预测、营销策划能力、较强的创新意识和动手实践能力。

（3）素质要求：掌握科学的专业学习方法和思维方法；树立正确的经营思想，具有较强的服务意识；掌握良好的工作方法，具备尊重科学、实事求是的作风和创新意识；具有诚实守信、遵纪守法、廉洁奉公、团结协作、爱岗敬业、吃苦耐劳的良好职业道德。

随着社会主义市场经济的发展，现代商务活动已经渗透到社会经济活动的方方面面，商务活动在各类企业的生产经营中占有越来越重要的地位，任何一个企业无论是生产还是经营过程都离不开商务活动。撰写一部有关商务管理知识的著作是一种新的尝试，目的在于通过探索建立一门能够适应时代发展要求的新学科——商务管理学。它是一门研究营利性组织的商务管理活动规律的学科，它以营利性组织为研究客体，以商务活动为研究主线，集中探索对商务活动过程和商务行为实施有效管理的理论和方法。建

立这样一门新学科，是深化改革和时代发展的客观要求。构造商务管理学的学科体系，首先要紧紧抓住企业商务活动的特点。商务活动的特点大致可概括为：①外向性，即企业的商务活动总是面向外部的，企业与外界的各种联系主要是通过商务活动实现的；②多变化，即企业面临的外部环境是不断变化的，企业的商务活动必须经常保持与外部环境的适应；③全局性，即商务管理的好坏直接影响到企业的全局，比如，一项不适当的促销措施可能造成企业产销过程循环受阻，一项错误合同的签订可能导致企业的重大损失，等等。我们应当从上述特点研究中揭示商务管理活动的规律性，并建立一个较合理的体系结构。

《现代商务管理与实务》是为了适应高等职业教育和高等专科教育非经济管理专业教学改革培养高素质商务管理人才的需要编写的。编写工作由国家示范院校广东轻工职业技术学院缪兴锋副教授、叶小明教授担纲。福建对外经济贸易职业技术学院陈晓波老师参与收集资料和再版编写工作。全书由缪兴锋统稿、修订、审核、定稿。为了配合本书的教学，作者还制作了配套 PPT 课件，供授课老师免费使用。欢迎有需要的老师与作者联系（Email：muse21cn@gdqy.edu.cn）。

本书总结了作者多年的研究成果，全书根据作者在企业领导工作岗位的实践经验，结合当前国际经济形势特点以及商务活动管理特点的发展趋势，针对在校大学生的理论基础和学生毕业后实际工作岗位对学生商务管理知识的需求特点编写而成。它打破了商务管理学教材单纯从学科体系出发的传统，根据高职教育的特点，让管理理论重心下移，让管理的根基着地，让商务管理学习务实。本书从用人单位的实际需要出发，重塑教学目标；从人才培养的目标出发，重整教学内容；从商务实际的需要出发，重构教学方法。开篇以知识目标、技能提高、管理寓言、引导案例导入正文，中间辅以小案例、小思考、小训练、小知识等加深学习和理解，结尾则以案例分析、训练与练习进行全面实践，最后以管理链接进行思维和眼界的拓展。全书内容实用，通俗易懂，可操作性强，不仅适用于高职高专学生，也适合应用型本科院校、成人高校的经济管理类专业的老师和学生以及企业的管理人员使用。

作为一个未来即将从事各类商贸经营活动及商务的学生，只有在"今天"对这一专业领域的知识和技术进行深入的了解和学习，才能为"明天"进入各类企业打下一个坚实的基础。应该注意的是，现代商务活动不仅包括了电子商务，而且亦是电子商务发展必不可少的重要基础。因此，本教材适合于旅游管理、电子商务管理、商贸经营管理、财贸管理等专业的学生使用。由于作者水平有限，再加上商务管理是一个出现不久的新学科，对它的认识和研究都还不够深入，因此在本书的叙述中难免出现谬误。作者真心希望读者提出批评意见，并能及时反馈给我们。同时，在该书中我们引用了许多同行的研究成果，有的成果直接构成了这本书的主要内容。在书中，作者已尽可能详细地在参考文献中列出，在此，对这些专家学者们表示深深的谢意。也有可能有些资料引用了而由于疏忽没有指出资料出处，若有这类情况发生，在此表示万分歉意。

本教材的再版编写过程得到了许多院校和研究机构的教授、专家的支持和企业界朋友的帮助,对编写本教材提供了许多实际案例素材与技术支持,在此一并致谢。

在此特别感谢:
北京明伦高科科技发展有限公司董事长　黄惠良先生
北京易通交通信息发展有限公司总经理　逄诗铭先生
东莞市威特隆仓储设备有限公司总经理　徐隆久先生
广东恒畅物流有限公司物流中心总经理　马建聪先生
广州市中环服装辅料有限公司总经理　秦建华先生
佛山中外运快件管理报关有限公司运营总监　郑壮洪先生
广州汉林电器实业有限公司办公室主任　郭达宏先生
深圳市中海资讯科技有限公司教育项目经理　申昊先生

编　者
2009年3月于奥园新村

目　　录

第一章　现代商务管理概论 ………………………………………………… 1
　学习目标 ……………………………………………………………………… 1
　　知识的掌握 ………………………………………………………………… 1
　　技能的提高 ………………………………………………………………… 1
　管理寓言 ……………………………………………………………………… 1
　引导案例 ……………………………………………………………………… 2
　第一节　商务概述 …………………………………………………………… 4
　　一、商务的概念 …………………………………………………………… 4
　　二、商务活动的内容与范围 ……………………………………………… 8
　第二节　商务管理概述 ……………………………………………………… 11
　　一、商务管理的概念 ……………………………………………………… 11
　　二、商务管理的特点 ……………………………………………………… 12
　　三、商务管理的职能和任务 ……………………………………………… 14
　第三节　商务活动的重要性与商务管理必要性 …………………………… 19
　　一、商务活动的重要性 …………………………………………………… 19
　　二、商务管理的必要性 …………………………………………………… 22
　实训项目 ……………………………………………………………………… 23
　课后案例 ……………………………………………………………………… 24

第二章　现代商务经营管理 ………………………………………………… 27
　学习目标 ……………………………………………………………………… 27
　　知识的掌握 ………………………………………………………………… 27
　　技能的提高 ………………………………………………………………… 27
　管理寓言 ……………………………………………………………………… 28
　引导案例 ……………………………………………………………………… 28
　第一节　商务经营概述 ……………………………………………………… 29
　　一、商务经营的概念 ……………………………………………………… 29
　　二、组织的经营思想 ……………………………………………………… 30

三、组织商务经营的要素与目标 …………………………………… 32
　　　四、组织的经营与管理 ……………………………………………… 36
　　　五、现代组织经营方式 ……………………………………………… 38
　第二节　商务经营的环境与资源 …………………………………………… 41
　　　一、商务经营的外部环境 …………………………………………… 42
　　　二、组织内部条件分析 ……………………………………………… 46
　　　三、组织经营的资源 ………………………………………………… 47
　第三节　商务经营的市场调查与预测 ……………………………………… 49
　　　一、市场研究 ………………………………………………………… 49
　　　二、市场调查 ………………………………………………………… 52
　　　三、市场预测 ………………………………………………………… 54
　第四节　商务经营战略与决策 ……………………………………………… 62
　　　一、经营战略概述 …………………………………………………… 63
　　　二、商务经营决策 …………………………………………………… 66
　第五节　客户关系管理 ……………………………………………………… 75
　　　一、客户关系管理的概念 …………………………………………… 75
　　　二、客户关系管理的作用 …………………………………………… 76
　　　三、客户关系管理的内容 …………………………………………… 77
　　　四、客户关系管理的功能模块 ……………………………………… 77
　　　五、客户关系管理实施的步骤 ……………………………………… 79
　实训项目 ……………………………………………………………………… 80
　课后案例 ……………………………………………………………………… 81

第三章　现代商务财务管理 ………………………………………………… 85
　学习目标 ……………………………………………………………………… 85
　　知识的掌握 ………………………………………………………………… 85
　　技能的提高 ………………………………………………………………… 85
　管理寓言 ……………………………………………………………………… 85
　引导案例 ……………………………………………………………………… 86
　第一节　商务财务管理概述 ………………………………………………… 88
　　　一、财务管理的概念 ………………………………………………… 88
　　　二、财务管理的目标和内容 ………………………………………… 89
　　　三、财务管理的原则 ………………………………………………… 90
　　　四、财务管理的环节 ………………………………………………… 91
　　　五、财务管理的组织 ………………………………………………… 93
　第二节　商务筹资管理 ……………………………………………………… 95

  一、组织商务筹资管理概述 …………………………………………………… 95
  二、筹资的渠道与方式 ……………………………………………………… 95
  三、资金需求量预测 ………………………………………………………… 97
  四、资金成本与资金结构优化 ……………………………………………… 98
 第三节 商务投资管理 ………………………………………………………… 99
  一、投资管理概述 …………………………………………………………… 99
  二、投资方案的审核与评价 ………………………………………………… 101
  三、证券投资管理 …………………………………………………………… 105
 实训项目 ……………………………………………………………………………… 107
 课后案例 ……………………………………………………………………………… 108

第四章 现代商务合同管理 …………………………………………………… 110
 学习目标 ……………………………………………………………………………… 110
  知识的掌握 …………………………………………………………………… 110
  技能的提高 …………………………………………………………………… 110
 管理寓言 ……………………………………………………………………………… 110
 引导案例 ……………………………………………………………………………… 111
 第一节 商务合同概述 ………………………………………………………… 112
  一、合同的概念 ……………………………………………………………… 112
  二、商务合同的分类 ………………………………………………………… 112
  三、商务合同格式条款 ……………………………………………………… 117
  四、合同的效力 ……………………………………………………………… 118
 第二节 商务合同订立与生效 ………………………………………………… 120
  一、商务合同的订立 ………………………………………………………… 120
  二、商务合同的订立程序 …………………………………………………… 123
  三、合同生效 ………………………………………………………………… 125
 第三节 商务合同的履行 …………………………………………………… 130
  一、商务合同的履行概述 …………………………………………………… 130
  二、商务合同的变更、转让和终止 ………………………………………… 134
 实训项目 ……………………………………………………………………………… 139
 课后案例 ……………………………………………………………………………… 140

第五章 现代商务税务管理 …………………………………………………… 142
 学习目标 ……………………………………………………………………………… 142
  知识的掌握 …………………………………………………………………… 142
  技能的提高 …………………………………………………………………… 142

管理寓言 ··· 142
引导案例 ··· 143
第一节　税务管理 ··· 144
　　一、税务管理概述 ··· 144
　　二、中华人民共和国税收征收管理法（2015 年）修订草案 ········ 146
　　三、发票管理 ··· 148
　　四、税务管理主要方法及意义 ······································· 151
第二节　商务主要税务种类 ··· 152
　　一、增值税 ·· 152
　　二、消费税 ·· 157
　　三、营业税 ·· 161
　　四、所得税 ·· 170
第三节　企业税务合理筹划 ··· 178
　　一、为避税正名：合法的税收筹划 ································· 178
　　二、企业税务筹划的原则和方法 ··································· 179
　　三、企业所得税的合理筹划 ·· 180
　　四、国内企业避税方式 ··· 183
实训项目 ··· 187
课后案例 ··· 188

第六章　现代商务冲突管理 ··· 190

学习目标 ··· 190
　知识的掌握 ·· 190
　技能的提高 ·· 190
管理寓言 ··· 190
引导案例 ··· 191
第一节　商务冲突概述 ·· 191
　　一、冲突的产生及类型 ··· 191
　　二、商务冲突的类型 ··· 194
第二节　商务冲突的调解与仲裁 ······································· 198
　　一、商务冲突的调解 ··· 198
　　二、商务冲突的仲裁 ··· 200
第三节　商务冲突管理方法 ··· 204
　　一、商务冲突的分析与诊断 ·· 204
　　二、商务冲突的应对策略 ·· 206
　　三、商务冲突管理的方法 ·· 207

实训项目 ………………………………………………………………… 209
　　课后案例 ………………………………………………………………… 210

第七章　现代商务物流管理 …………………………………………… 214
　学习目标 …………………………………………………………………… 214
　　知识的掌握 ……………………………………………………………… 214
　　技能的提高 ……………………………………………………………… 214
　管理寓言 …………………………………………………………………… 214
　引导案例 …………………………………………………………………… 215
　第一节　物流概述 ………………………………………………………… 216
　　一、物流的概念 ………………………………………………………… 216
　　二、物流的分类 ………………………………………………………… 220
　第二节　物流系统 ………………………………………………………… 221
　　一、运输子系统 ………………………………………………………… 222
　　二、储存子系统 ………………………………………………………… 226
　　三、装卸搬运子系统 …………………………………………………… 228
　　四、包装子系统 ………………………………………………………… 230
　　五、配送子系统 ………………………………………………………… 231
　　六、配送中心 …………………………………………………………… 235
　　七、物流信息子系统 …………………………………………………… 238
　第三节　物流管理 ………………………………………………………… 240
　　一、物流管理的概念 …………………………………………………… 240
　　二、物流管理的职能及其重要性 ……………………………………… 240
　　三、物流管理的主要内容 ……………………………………………… 241
　　四、物流管理需要解决的问题 ………………………………………… 244
　第四节　电子商务与物流发展 …………………………………………… 247
　　一、电子商务与物流 …………………………………………………… 247
　　二、物流运作方式的发展方向 ………………………………………… 251
　　三、物流管理模式的发展方向 ………………………………………… 253
　　四、现代物流管理的发展趋势 ………………………………………… 254
　实训项目 …………………………………………………………………… 255
　课后案例 …………………………………………………………………… 255

第八章　现代商务风险管理 …………………………………………… 259
　学习目标 …………………………………………………………………… 259
　　知识的掌握 ……………………………………………………………… 259

技能的提高……………………………………………………………………………259
　管理寓言………………………………………………………………………………259
　引导案例………………………………………………………………………………260
　第一节　商务风险管理概述…………………………………………………………262
　　一、风险与商务风险的概念………………………………………………………262
　　二、商务风险的客观性……………………………………………………………263
　　三、商务风险管理的意义…………………………………………………………264
　第二节　商务贸易风险的识别与防范………………………………………………267
　　一、买卖风险的识别与防范………………………………………………………267
　　二、运输风险的识别与防范………………………………………………………270
　　三、结算风险的识别和防范………………………………………………………271
　第三节　一般商务风险防范与对策…………………………………………………275
　　一、风险防范的可能性……………………………………………………………275
　　二、风险的对策……………………………………………………………………276
　实训项目………………………………………………………………………………282
　课后案例………………………………………………………………………………283

第九章　现代商务人员管理………………………………………………………286
　学习目标………………………………………………………………………………286
　　知识的掌握…………………………………………………………………………286
　　技能的提高…………………………………………………………………………286
　管理寓言………………………………………………………………………………286
　引导案例………………………………………………………………………………287
　第一节　商务活动中的激励理论……………………………………………………288
　　一、激励概述………………………………………………………………………288
　　二、激励理论………………………………………………………………………291
　第二节　商务人员激励机制…………………………………………………………293
　　一、商务人员激励机制的基本原则………………………………………………293
　　二、商务人员激励机制的运行……………………………………………………294
　　三、商务人员激励的主要任务……………………………………………………295
　　四、商务人员激励因素分析………………………………………………………296
　第三节　商务人员的激励手段………………………………………………………298
　　一、商务人员用工激励……………………………………………………………299
　　二、商务人员工资激励……………………………………………………………300
　　三、商务人员工作生活质量激励…………………………………………………302
　第四节　商务企业家激励手段………………………………………………………304
　　一、激励机制………………………………………………………………………304

二、约束机制 ·· 305
　　三、企业家激励类型 ·· 306
　实训项目 ·· 307
　课后案例 ·· 308

第十章　比较管理发展趋势 ··· 309
　学习目标 ·· 309
　　知识的掌握 ·· 309
　　技能的提高 ·· 309
　管理寓言 ·· 309
　引导案例 ·· 310
　第一节　比较管理 ··· 312
　　一、比较管理学产生的背景 ·· 312
　　二、管理原则与理念比较 ··· 312
　　三、各种管理模式的比较 ··· 314
　第二节　美国式管理 ·· 316
　　一、中国人看美国 ·· 316
　　二、美国的特色 ··· 317
　　三、美国的政治文化与意识形态 ·· 320
　　四、美国的基本经济体制 ··· 322
　　五、美国式管理特点 ··· 326
　第三节　日本式管理 ·· 327
　　一、日本国情简介 ·· 327
　　二、日本管理思想及其文化背景 ·· 329
　　三、日本企业文化中体现的东方传统人文精神 ······································ 330
　　四、日本的产业结构与宏观经济政策 ·· 331
　　五、日本式管理特点 ··· 333
　第四节　中国式管理 ·· 336
　　一、文化因素 ·· 336
　　二、中国的企业制度 ··· 337
　　三、中国的企业管理 ··· 338
　　四、传统中国商帮管理特点 ·· 340
　　五、展望——走进中国新商帮 ··· 346
　实训项目 ·· 347
　课后案例 ·· 348

参考文献 ··· 351

第一章 现代商务管理概论

学习目标 ▶▶▶

◎ **知识的掌握**
1. 掌握商务与商务管理基本概念及性质。
2. 掌握商务活动的内容与范围。
3. 掌握商务管理的特点、职能和任务。
4. 掌握商务管理的研究对象和内容。

◎ **技能的提高**
1. 能够理顺商务与商业、贸易、营销、经营、服务等概念范畴的联系和区别。
2. 能够了解商务管理的全部内容是人、事、目标的有机统一。
3. 能够综合运用商务管理的计划、组织、指挥和控制四大职能,发挥管理的效能。
4. 能够在市场竞争中加强商务管理,提高商务管理水平,赢得企业竞争的优势,求生存、谋发展。

"南风"定理

法国作家拉封丹写了一则寓言:北风和南风比威力,看谁能把行人身上的大衣脱掉。北风猛烈吹起寒风,凛冽刺骨,结果行人都把大衣裹得紧紧的;南风则徐徐吹拂,带来风和日丽之感,于是人们纷纷解开纽扣,脱掉大衣。最终,南风获得了胜利。

启示

这则寓言形象地说明一个道理:温暖胜于严寒。企业领导者在管理中要学会运用"南风"法则,真正去尊重和关爱下属,以人为本,推行严格中不失人情味的管理方式,使下属随时感受到公司传递的温暖,从而去掉包袱,激发工作的最大积极性。

引导案例

摩托罗拉弃短

摩托罗拉可能是中国知名度最高的外资企业之一。这家开始制造寻呼机、后来又致力于制造手机的著名企业,市场竞争力很强。但是,很少有人知道,摩托罗拉曾经遭受过重大挫折。

摩托罗拉公司自1947年开始建厂生产电视机,产品深受消费者欢迎。20世纪60年代,摩托罗拉生意最兴隆时,每天能够生产2000台电视机,工厂所在的小镇也因此充满了活力。但是,不久,他们就遇到了日本竞争对手的挑战。

"二战"以后,日本电子产业发展迅速,很快在世界范围内打开了市场。面对来势汹汹的日本人,生产电视机的摩托罗拉节节败退。1974年,摩托罗拉终于支撑不下去了,只能忍痛将电视机厂卖给日本三菱公司。

为了保护员工的利益,摩托罗拉的管理者在出售工厂时苦苦哀求,三菱公司才承诺把工厂保留下来,为所在的小镇保留一批就业岗位。

后来,电视机市场竞争更加激烈,三菱公司无力继续保留这家工厂。1976年,工厂关闭,大量工人失业,小镇陷入萧条。

如果在1976年讲述这个故事,它只是一个令人伤感的失败案例,但在今天,则是资源重新整合,并取得巨大成功的典型。

20世纪70年代,美国政府如果奉行保护"民族工业"、限制进口的政策,也许可以不让日本电视机进入美国市场,但绝不会替代日本的竞争优势。美国电视机产业无可挽回地衰落,不是由于美国人不努力,或是日本人太努力,不论原因如何,事情都已经发生了。

在这种情况下,美国如果坚持保护"民族工业",就等于是在保护落后。美国的原材料、劳动力、科研能力,都会被用来生产在世界范围内已经落后的商品。拒绝日本商品,当然会使日本人蒙受损失,但损失更大的是美国人自己。

幸运的是,美国奉行了开放市场的政策,日本人的电视机好,就让他们去造,美国人把资源转到自己擅长的领域中去,用造出来的手机换钱,再去购买日本人的电视机,美国人是在"间接"地生产电视机。按照购买力计算,现在美国市场上的电视机价格,甚至低于20世纪60年代的价格。

对于美国来说,摩托罗拉的故事并不新鲜。直到19世纪下半叶,美国都是一个农业国家,假如那时的美国政府不识时务,奉行贸易保护政策,美国的农民利益没有受到竞争对手的威胁,也许美国至今仍会是一个农业国家。

当今天的摩托罗拉享誉全球的时候,还会有人为它当初放弃电视机产业而感到遗憾吗?开放的世界背后是开放的心灵,而开放的心灵,才是人们真正取之不尽、用之不竭的资源。

(摘自《心理世界》2007年第10期)

讨论题

1. 摩托罗拉公司放弃电视机产业的决策的动力来自何处？
2. 政府在激烈的市场竞争中应该扮演何种角色？
3. 摩托罗拉的弃短行为对中国企业与政府有何启示？

任何时候、任何社会的经济组织都面临三个基本的经济问题：

(1) 生产什么与生产多少？也就是说，人们必须在各种可能生产的商品（包括服务）中，选择生产哪些商品；同时，人们还必须决定每种商品的生产数量。

(2) 如何生产，即采用何种生产方法？一般而言，每种产品都可能采用多种不同的生产方法，如多用资本少用劳动的方法，或少用资本多用劳动的方法等。

(3) 为谁生产？这也就是被生产出来的产品怎样在社会成员之间进行分配的问题，即收入分配的问题。

产生上述三个基本问题的最根本原因在于人的欲望的无限性与社会资源的稀缺性之间的矛盾。正是由于资源的稀缺性，才引出了经济学最基本的问题，即如何有效地利用有限的、稀缺的资源来满足人们无限多样化的需要。这也是为什么在市场经济条件下，任何经济组织和个人从外部获取绝大多数物质、能量和信息都不是免费的，而必须付出一定代价的原因。同样，他们为社会提供的产品或服务也不是无偿的，需要向使用者收取一定的费用，用于补偿自己的花费并获得盈余。显然，人们为获取一定的物质、能量和信息，转让自己的产品或服务，需要开展一系列的交换活动，通常称之为商务活动或商业活动。

假设资源的供应是无限的，世界会变成什么样？那时我们还需要商务管理吗？

中国经过30多年的改革与开放，经济得到了飞速的发展。但在这飞速发展的形势下，我们也越来越清晰地看到，许多企业不仅在理论上而且在实践中不能适应市场经济的大环境，没有认识到企业是环境的产物，企业必须适应环境的变化，并通过满足社会市场需求来争取自己的生存与发展。另一方面，在市场日趋成熟、竞争日益激烈的状况下，中国企业商务管理体制中种种不成熟的、似是而非的模式与方法阻挡了企业高层管理人员的视野，也导致了这些企业人为或非人为地出现了各种"不适之症"。因此，如何迅速摆脱这种状况,使企业走上健康发展的道路,是摆在理论界与经营者们面前的一个重要课题。

本章将首先介绍商务的概念、商务活动的内容以及商务管理的职能特点和任务,然后通过对现代企业制度的建立和完善所做的研究,探讨建立现代商务管理理论体系的重要性和必要性。

第一节 商务概述

随着科技的进步、生产力的提高,世界市场日益扩大,国际的经济往来与日俱增。在这种世界经济一体化趋势的冲击下,现代商务在规模、组织和方式上都得到了空前的发展。这种情况使越来越多的经营人员发现,原先凭经验处理问题的工作方法行不通了;他们早先受到的经营管理教育也遭到了前所未有的挑战。因此,他们纷纷转向有关大专院校,寻找理论的指导,寻求进一步的培训。在这种形势下,一门从整体上系统地研究现代经营活动及其各个领域的战略、策略的规律性的应用性科学——现代商务管理学应运而生。

一、商务的概念

"商务"一词在我国相当长时期里没有得到广泛使用,对商务的释义存在多种语义上的差别。在国内权威性的辞书中,"商务"一词比较少见,唯有商务印书馆出版的《现代汉语词典》中收录了"商务"一词,该词典把"商务"解释为"商业上的事务",同时把"商业"定义为"以买卖方式使商品流通的经济活动"。将两个词条结合起来理解,就可以把"商务"解释为"买卖商品的事务"。这是迄今为止国内辞书中对"商务"所作的最详细的解释。

根据国内经济管理学论著和译著及实际工作中对"商务"概念的理解,大致可归纳为如下四种:

(1) 商务就是买卖商品的事务。一切买卖商品和直接为买卖商品服务的活动都是商务活动,一切旨在达成商品交易的行为都是商务行为。

(2) 商务即市场营销。一切买卖商品的活动都是市场活动,都要以销售为中心。市场营销活动就是以销售为中心的市场活动,也就是商务活动。营销与商务是一个概念的两种表述。

(3) 商务指各种经济资源(包括物质产品、劳动、土地、资本、信息等)有偿转让的活动。只要这种资源通过交换方式实现所有权的转移,那么,这种所有权转移的活动就是商务活动。

(4) 商务泛指一切营利性的事业。只要人们从事的活动是以盈利为目的的,那这种活动就是商务活动,它包括了商业、生产和服务活动。

（一）商务的定义

商务的上述四个定义在本质上没有什么区别，主要分歧在于其定义的边界有宽窄之分。

第一个定义抓住了商务的核心内容，因为商务活动离不开买和卖这两个方面。有买有卖才发生商务行为，缺少任何一个要素都不可能产生真正的商务行为。也就是说，定义一是一个简洁而实用的定义，具有很高的理论抽象，但存在两个缺陷：一是需对买卖的对象——商品作进一步的解释，即不能把商品简单理解为有形的商品，而应理解为一切可供转售的经济资源；二是需对买卖的主体进行界定，并不是所有的买者和卖者行为都是商务行为，如消费者在市场上购买自己所需的商品与企业在市场上购买用于进一步转售的商品是两种不同性质的经济行为，前者不是商务行为，后者才是商务行为。

第二个定义有利于我们明确商务活动的主体，因为开展营销活动的主体必定是需要把自己的商品或服务推销给购买（使用）者的组织或个人，消费主体成了营销的对象，可以明确地排除在商务主体之外。但把营销等同于商务有不当之处。因为营销只体现卖者行为，而商务包括了卖者行为和买者（为进一步转售或加工后出售的购买者）行为，是买和卖的统一体。在商务活动中有营销，营销活动就是一种商务活动，但营销活动不能囊括所有商务活动；英文中的"Business"和"Marketing"也是两个不同的概念。

第三个定义表述得较全面、具体，但同样没有明确界定商务的主体。

第四个定义把商务的外延扩大到一切营利性行为，把生产和全部服务行为都纳入其定义之中，过分宽泛。

本教材将商务定义为：商务是指以盈利为目的的微观经济主体出售和购买经济资源的各种活动的总称。

这一定义有利于我们明确商务活动的主体、客体、本质和范围，是一个概括性较强的定义。

（1）商务的主体是以盈利为目的的微观经济主体，包括自然人和法人。不以盈利为目的的行为主体被排除在商务概念之外，如消费者购买商品是为了自己消费，不是商务主体；政府是行政组织，不以盈利为目的，其行为也不是商务行为。

（2）商务的客体（对象）是可供买卖的所有经济资源，不仅包括各种有形商品和资产，而且包括无形商品和资产。

（3）商务的实质是通过买卖方式实现商品所有权的转移，它反映微观经济主体为获得收益的各种交易行为。一切不通过买卖方式而实现商品所有权转移的行为都不是商务行为，如国家征税、企业捐赠物品等。

（4）商务的范围包括直接按买卖经济资源和为买卖经济资源服务的全部活动，如寻找货源与市场、交易磋商、购销运存、风险防范等。

(二) 与商务相关的几个概念范畴

上述对商务概念范畴的界定，可以使我们完整地把握商务的定义。但在使用"商务"这一术语时，通常会与一些相关术语发生交叉，如商业、贸易、营销、经营、服务等。理顺商务与这些概念范畴的联系和区别，有利于我们准确使用商务这一术语。

1. 商业

商业是日常生活中长期使用的一个概念范畴，通常指专门从事商品交换活动的独立的经济部门（或行业），它是随着社会分工的深化从生产部门中分离出来专门充当商品交换中介的流通行业。一般认为，商业的产生，标志着商品交换关系发展到一个新的阶段，它不同于物物交换，也不同于以货币为媒介的简单商品流通，而是商品交换关系的发展形态，即商品交换的发达形式。当商业产生以后，社会经济中就出现了一个专门从事商品流通的独立的经济部门。也就是说，商业这一概念范畴表示：

（1）商业是一种商品交换行为，其职能是"专门对商品交换起中介作用"（《马克思恩格斯全集》第25卷，第363页）。

（2）商业是一个独立的经济部门，它是从生产部门中分离出来专门从事商品交换活动的行业，没有从生产部门独立出来的商品交换活动虽然与商业活动一样是一种买卖活动，但它不是一种商业行为。

（3）商品不是自古就有的，而是产销矛盾发展到商品生产者自身不能有效协调时的结果，即商品生产者耗费在商品买卖上的劳动时间愈来愈多，从而使这种劳动耗费越来越不合算时，商业才产生。

可见，商业是一个特定的概念范畴，它不是指一切商品交换行为和活动，而是特指独立的专门从事商品交换活动的部门或部门行为。这是我国长期来对商业概念范畴的主流认识。虽然在一些辞书和专业性著作中把商业解释为贸易，但进一步的解释却把商业理解为独立的专门机构的贸易行为，而不是泛指一切贸易行为。如果从上述意义理解商业的概念范畴，商务与商业就是一个有区别的概念，商务概念的外延要比商业宽得多，它泛指一切贸易形式和贸易行为。

在我国传统经济体制下，国内商业和对外商业是分开的，商业的概念范畴更窄，通常是把国内商业活动称为商业，而把对外的商业活动称为贸易或对外贸易。随着经济体制改革的深化，生活资料与生产资料交换的界限被打破，对内对外商品交换的界限也逐步被打破，人们对商业概念的认识开始深化。商业概念的外延拓宽为：泛指一切贸易形式和贸易行为。如果从这一意义上理解商业，商业和商务又是一个含义相同的概念。

2. 贸易

贸易也是现实经济生活中经常使用的概念范畴。它泛指一切商品买卖活动，是各种商品买卖行为的统称。

贸易分有形商品贸易和无形商品贸易、国内贸易和对外贸易、专业商业部门组织的贸易和生产企业贸易等等。可见，贸易与商务是一个相近的概念。所不同的是，贸易通常指各种买卖行为，而商务不仅包括组织商品买卖活动的直接事务，还包括为贸易服务的相关活动。或者说，商务是以贸易为中心的各种相关活动的总和。

3. 营销

营销是市场营销的简称，是从国外引进的一个术语，英文为"Marketing"，意指供给主体实现市场销售的各种活动，包括需求市场分析，以扩大销售为目的的产品、价格、分销渠道策略与促销手段的选择，售后服务，满足消费需求程度评价等。简单地说，营销就是整体销售活动，它是以市场（需求市场）为中心，以实现销售目标为任务的综合销售活动。

营销与商务有许多共同点：两者都是面向市场的活动；都要从企业整体出发思考问题；都面临市场风险；都重视消费者需要的满足等。

不同之处在于：商务活动面对的是双向市场；扮演的是双重角色；决策面临双重环境。它把再生产的起点和终点有机地结合在一起，因而是个比营销更能综合反映企业经营特征的概念。

4. 经营

经营与商务是一个密切相关的概念。

经营的本意是筹划和组织某项事务，如经营农业、经营商业、经营银行、经营慈善事业等等。这是一个在我国改革开放后得到广泛使用的概念范畴。经营作为特定的经济范畴，在我国是在1979年由第一机械工业部首先提出的，他们要求企业领导干部要树立市场观点、竞争观点和经营观点。

所谓经营观点就是企业要在国家计划的指导下，面向市场和用户，充分挖掘各种人力、物力、财力资源，最大限度地满足国家要求和消费者的需要。提出这一概念范畴是与改革开放紧密相随的。在传统计划经济条件下，企业不存在经营问题，因为企业的人财物、产供销活动都是由国家计划统一安排的，也可以说是由政府统一经营的，企业只要按计划要求完成生产和配送任务就实现了其使命。改革开放后，随着市场机制的逐步引入，企业的利益机制开始形成，市场的竞争机制开始建立，企业单纯按计划组织生产和配送产品已经不能实现其经济价值，企业的观念发生了深刻的变化，扩大企业经营自主权的呼声日益提高，经营的概念逐步深入人心。

5. 服务

服务也是与商务密切相关的概念范畴。

因为商务活动就是一种服务活动，它要为生产服务、为消费服务、为实现企业盈利目标服务。但经济学中的服务是一个有特定含义的范畴，不能笼统地加以使用。

服务作为经济学范畴，通常指以提供劳务来满足人们某种特殊需要的经济行为。马克思说："服务这个词，一般地说，不过是指这种劳动所提供的特殊的使用价值，就像其他一切商品也提供自己的特殊使用价值一样。但是，这种劳动的特殊使用价值在这里取得了'服务'这个特殊名称，因为劳动不是作为物，而是作为活动提供服务的。"

西方经济学家认为：服务是能够用于出售或连同产品一起出售的具有无形特征的活动。也就是说，服务是一种无形商品，能够用于出售，具有价值（耗费了人类劳动）和使用价值（能为消费者或用户提供满足感）。这是从市场经济条件下理解的有偿服务概念。事实上服务和产品一样是一个永恒的范畴，创造服务的劳动是一种生产性劳动。在市场经济条件下，服务的特定概念是指可以用来交换的无形商品，包括了一切以非物质形式体现出来的、能够满足消费需要的有偿劳动。从总体上看，服务可分为两类：一类是直接满足消费者的服务性劳动，如保姆劳动、演员劳动等；一类是与有形商品交易结合在一起的服务性劳动，如产品售后服务。商务劳动就是媒介产品（有形产品）和服务（无形商品）交易的服务性劳动。从这个意义上看，商务是服务概念范畴的组成部分，服务活动包含了商务活动。本书在讨论有形商品的交易时，商务表示为有形商品交易服务的活动；在讨论无形商品交易时，商务则表示为服务品交易服务的活动。

> 俗话说："无商不奸"，而现今则有句流行语："小老板靠术，中老板靠智，大老板靠德。"你对上述观点有什么看法呢？

二、商务活动的内容与范围

（一）生产活动与商务活动

马克思主义政治经济学把社会再生产过程分为生产、交换、分配和消费四个环节。从宏观上分析社会再生产过程，这四个环节相互依存、环环紧扣，是一个完整的统一体，四者缺一不可。

在市场经济条件下，从微观经济主体角度考察其再生产过程，则主要体现为创造价值和实现价值的过程，即：微观经济主体要实现其经济价值和社会价值，必须不断从外部获得必需的物质资料和信息，创造适应社会需要的产品或服务，并将其产品或服务转移至消费领域。在这个微观再生产过程中，微观经济主体创造产品和服务价值的活动就是生产活动，而从外部有代价获取物质资料和信息，并将其创造的产品或服务有偿转移至消费领域的活动就是商务活动。也就是说，生产活动和商务活动是微观经济主体的基本活动，生产活动是微观再生产的中间环节，商务活动是微观再生产的起点和终点。

从这个意义上考察商务活动，商务概念的外延进一步拓宽，大致可将商务活动分为以下三个层次：

（1）为保证生产活动正常运行所进行的采购、销售、储存、运输等活动，这是微观经济主体最基本的商务活动。

（2）为稳定微观经济主体与外部的经济联系及有效开展购销活动所进行的商情调研、商业机会选择、商务洽谈、合同签订与履行、商务纠纷（冲突）处理等活动，这是为生产和购销服务的商务活动。

（3）为保持自身的竞争优势和长期稳定发展所进行的塑造组织形象、制订和实施竞争战略、扩充经营资本、开拓新市场、防范经营风险等活动，这是战略性的商务活动。上述三个层次相互联系、相互影响，共同构成一个完整的商务体系。

（二）商务活动的内容和范围

从上述商务活动三个层次的分析可知，商务活动的内容非常丰富，其范围包括了营利性组织和个人除生产活动外的全部对外经济活动。以现代商事组织——企业为例，商务活动的内容至少包括以下八个方面：

1. 商情调研与发现商业机会

商情调研与商业机会是现代商务活动的起点。市场经济条件下的任何一个营利性组织要实现其盈利目标，首先必须对其目标市场、服务对象和经营环境有一个全面的了解。为此，必须做好商情调研的工作，通过商情调查、分析和预测去发现可能的商业机会，为企业作出商务决策做好充分的准备。

2. 供给分析与选择商业机会

在现实生活中，商业机会随时随地都存在，通过商情调研可以发现一系列的商业机会，但并不是每个商业机会企业都能抓住，都能使其转化为盈利机会。一个营利性组织要使某个商业机会转化为盈利机会，不仅要从市场中找到满足消费需要的商业机会点，而且要认真分析供给状况和自身条件，把商业机会点与供给状况及自身的条件有机地结合起来。供给状况包括：

（1）生产资料的供给状况，即是否具有生产和组织某种产品或服务供给的经济资源，获得这些资源需要花费多大的代价。

（2）产品或服务的供给状况，即社会现存的产品或服务的供给能力、供给竞争的强度。自身条件包括生产能力、技术能力、开发和经营能力，也可以说是企业自身的供给能力。如果商业机会与企业的自身条件和供给状况相适应，就能迅速将商业机会转化为盈利机会；反之，就不能使商业机会转化为盈利机会。

3. 商务磋商与签订商务合同

现代商务活动是有组织的活动，除了直接面对最终消费者的零售业务活动外，大多数商务活动都是以合同为纽带的。要保证交易的顺利进行和合同的有效履行，商务主体之间首先要进行谈判，达到双方一致的进行交易的意思表示并通过契约的形式固定下来，使之成为约束双方交易行为的依据。即通过签订合同来明确商务主体之间的权利和义务，规范商务行为。

4. 商品购销与履行商务合同

传统的商务活动是从采购开始的,即以购买生产所需的经济资源为起点,经过生产过程创造产品或服务后,再把产品或服务推销出去,最终实现产品或服务的价值。也就是说,传统的商业活动是围绕着生产进行的,以生产定购,以生产定销售,生产是中心,商务为生产服务。现代商务活动是围绕着市场进行的,生产和商务活动都要以市场为中心,为此,现代商务活动以发现商业机会为起点,以商务合同为纽带,生产围绕着商务合同展开,购、销、运、存活动的过程直接体现为履行商务合同的过程。当商务合同签订以后,商务活动的中心任务就是按合同要求组织好运销存活动,保证合同的有效履行。

5. 对外关系与塑造企业形象

商务活动总是面对市场、面对外部的活动,企业与外部的各种经济联系,主要是通过商务活动实现的。由于商务活动面临的外部环境总是不断变化的,因此,商务活动必须经常保持与外部环境的适应性,理顺企业与外部的关系,包括供应商、经销商、顾客、股东、竞争者、银行及其他金融机构、传播媒体、政府部门、社区及社团等的关系。商务活动在理顺对外关系中的重要职能是:妥善处理商务冲突、讲求诚信交易、扩大对外宣传、塑造良好形象。

6. 制订实施竞争战略与保持企业长期发展

现代商务活动是有组织的整体活动,不能捞一把算一把,急功近利,只重视短期利益。有效的商务活动必须从企业的整体利益出发,注重长期发展,从战略高度规划商务活动。为此,现代商务活动要把制订和实施竞争战略作为重点,从企业的长期发展来确定商务竞争的目标、手段和方式,并始终围绕着企业的发展目标来开展商务竞争,把长远利益与短期效益有机统一起来。

7. 稳定市场份额与开拓新市场领域

商务活动的最终目的是实现企业的盈利目标。企业要实现一定的盈利目标,必须保持与自身生产技术和经营能力相适应的市场份额,即企业的产品或服务价值能够有效转移到消费者和用户,市场份额相对稳定。因为产品或服务能否最终出售是实现企业利润的关键,只有稳定的市场份额,才能有稳定的利润来源。同时,还必须不断开拓新的市场领域,包括:扩大原有产品或服务的市场范围,提高市场占有率;开发相关或连带产品和服务的市场领域;开发新产品,拓展新的产品和服务市场领域;等等。这是企业拓宽利润来源、保持旺盛生命力的重要商务活动。

8. 资本营运与商务风险控制

形形色色的交易活动,归根到底是产权交易活动,商务的实质在于实现商品所有权的有偿转让。因此,企业商务活动的集中体现就是科学营运资本,有效达成产权交易。也就是说,如何有效营运资本是企业商务活动的最高形式。无论是资本营运还是商品交易都面临着一定的风险，由交易而产生的风险是商务风险。商务活动面临大的风险，可能带来大的收益，也可能带来灾难性的损失。可见，如何有效控制商务风险，是企业商务活动的重要内容。

第二节　商务管理概述

一、商务管理的概念

管理是一个普遍性的社会现象，源远流长。自从人类有共同劳动开始，就产生了管理活动。但对管理进行科学研究并形成完整的管理概念和理论体系则是近代的事。

19世纪末20世纪初，美国工程师泰罗创立了科学管理理论，认为管理就是以效率为中心对生产过程（车间工艺过程）进行精细的工程设计、用工测算、人员配备和物质刺激，从而实现最少劳动投入的最大产量。泰罗等人的理论掀起了世界范围内的科学管理运动。与此同时期，法国的法约尔从高层管理的角度建立了一般管理理论，认为管理就是计划、组织、指导、协调和控制，并提出了十四大管理原则，使管理的视野更为开阔。

德国的韦伯从组织角度建立了行政组织理论，认为管理就是为实现组织目标建立理想的行政组织体系和权力结构，使组织结构合理化。

这些管理大师的开创性研究为人们科学认识管理问题奠定了坚实的理论基础，有力地推动了管理科学的发展。行为科学学派、管理科学学派、管理过程学派、决策理论学派、权变管理学派、系统管理学派等不同管理学派随着社会经济的发展如雨后春笋般涌现，人们形象地称之为"管理理论的热带丛林"。管理科学的大发展，为人们深刻把握管理的含义提供了有效的工具。归纳起来说，有代表性的管理定义可以分为三类：

（1）注重业务过程管理，强调以"事"为中心。管理就是对特定的事件或组织性活动进行计划、组织、协调和控制的过程。

（2）注重人员激励，强调以"人"为中心。管理就是采取各种激励和惩罚手段去推动他人工作的过程。

（3）注重组织目标，强调以目标为中心。管理就是决定组织目标，组织人财物力有效实施组织目标的过程。

这三类定义分别从不同侧面揭示了管理活动的本质。人、事、目标是管理的三大基本因素。

管理活动总是以一定的人际环境为前提，没有共同劳动就没有管理的必要，只有在两人或两人以上集合在一起共同劳动时，才需要协调人与人之间关系、形成人际合力的管理劳动。管理总是指向某种特定事件的，人与人聚集在一起是为了完成某种特定的工作，没有特定的事件，管理活动就失去了意义。

训练与练习

泰勒和其他的科学管理先驱者们开发出的改进生产效率的指南,仍然被今天的组织所使用着。当管理者分析基本的工作任务时,他们运用时间与动作研究以消除浪费的动作,选择最佳的工人从事特定的工作,设计基于产出的刺激性报酬体系,这都是在应用科学管理原则。请同学们以小组为单位,首先选定一个企业或一个组织,或者是他们中的一个部门,运用泰勒科学管理思想,为他们设计一套简单可行的管理办法。

管理总是以实现某种目标为己任的,将一定的人聚集在一起开展某种特定工作是为了实现某种既定目标,没有目标,管理活动就失去了方向。

可见,管理是人、事、目标的有机统一。综合性的管理定义可表述为:管理就是为了实现某种组织目标,对特定的人和事进行有效地计划、组织、指挥和控制的过程。

商务管理也是人、事、目标的有机统一。商务本身就是一种交换商品的事务,表现为特定的"事";但商品不会自己交换,交换商品必定是人的行为,开展商务交换离不开特定的"人";人们之所以进行商品交换是为了实现商品价值和使用价值。对卖者来说,是为了实现商品的价值,这个价值不仅能补偿已耗费的劳动,而且能带来新价值(即利润);对买者来说,是为了获得商品的所有权,能够支配商品,用来满足自身需要并产生一种满足感或用来加工及进一步转售并盈利。总之,交易的双方都有明确的目标。将人、事、目标有机统一起来,就构成了商务管理的全部内容。

因此,我们将商务管理的概念定义为:商务管理是指营利性组织为了实现一定的盈利目标,对从事商务活动的人的行为和商务活动的过程进行全面计划、组织、指挥和控制的过程。

二、商务管理的特点

商务管理的特点是由商务活动的特点所决定的。就企业而言,商务管理的特点大致可概括为:

1. 外向性

企业的商务活动是面向外部、面向市场的,企业与外界的各种经济联系主要是通过商务活动实现的,这就决定了商务管理是一种面对外部环境的管理活动。商务管理与生产管理的最大区别在于商务管理是外向的,而生产管理是内向的。生产管理的重点是成本、技术、质量和效率问题,强调生产的标准化、系列化和高效率;而商务管理侧重于情报、价格、经营、市场和效益等问题,强调企业经营能力与外部环境的协同性。

2. 多变性

商务管理的外向性决定了其管理原则和方法的多变性。因为企业面临的外部环境总是不断变化的,商场如云,变幻莫测,企业的商务管理活动只有经常保持与外部环境的动态适应性，才能获得经营的成功。也就是说，商务管理面对的许多因素是不可控因素，这些因素是由市场客观力量所决定的，不以企业的意志为转移，企业只有通过经常的、周密的市场调查分析，才能掌握市场变化的规律，抓住有利的商业机会，减少经营的风险损失，创造有利的经营环境。

发现财富的眼光

10年前，我们单位有一套抵债房急于出手，只卖3万元。当时，这套房子所处地段不好，交通不便，又是一楼，没人要。朋友们怂恿我买下来，认为那里将来肯定是值钱的店面房。

我去看了房子，屋前没有路，只有一个死水潭。我没买。

现在，那套房子价格已经翻了几番，所处地段也被纳入政府城市环境改造工程，随着城市规模扩大，那里也被划入城市中心，房子果然成了店面房，光是年租金收入就有10万元。

对于工薪阶层来说，这是一笔不小的收入。每当路过那个店面，我的心就会抽搐一下。

其实，决定成败的关键因素，就是有没有发现财富的眼光。

（摘自《上海证券报》）

3. 全局性

商务活动是决定企业命运的活动，因为商务活动中的销售环节是决定企业经营成败的关键环节。马克思曾形象地说，商品的出售是一个"惊险的跳跃"，这个跳跃不成功，摔坏的不是商品，而是商品的所有者（即生产经营者）。可见，商务管理的好坏不仅关系到商务工作自身的效果，而且直接影响到企业的盈利水平。一项不适当的促销措施可能使企业的产品无人问津，造成大量产品积压；一项错误合同的签订也可能使企业面临灭顶之灾。总之，商务管理的好坏直接关系到企业经营的全局。

4. 复杂性

评价一项商务活动的绩效并不是一件轻易的事。通常，人们采用采购成本与质量、市场占有率、销售利润等指标评价商务活动绩效，但上述因素本身并不完全由商务活动决定。以企业利润为例，企业利润的高低不仅与商品销售有关，而且与产品成本、产品质量直接相关，还与企业战略决策紧紧相连。另外，短期利润的高低并不一定决定着长期利润的多寡，为了短期利润竭泽而渔可能使当前商务绩效明显，而企业的长远利益则会受损。总之，商务绩效的评价是非常复杂的。绩效评价的复杂性，决定了商务人员管理的复杂性。要管理好商务人员，使之为企业的发展发挥最大的潜能，需要高超的管理艺术。

由此可见，商务管理是一项意义重大而难度又很大的管理活动。它不仅影响企业全局，而且大量管理活动都是非常规的，没有固定的模式和方法，没有永恒不变的原则，需要充分发挥全体商务人员的智慧和积极性，才能取得管理的成功。

三、商务管理的职能和任务

（一）商务管理的职能

管理职能是内在于管理活动过程、使管理行为发生作用的基本要素，是管理行为所体现的功能。由于人们对管理职能的解释不同，存在多种"职能说"。如著名管理学家西蒙认为，管理就是决策，他把决策解释为贯穿于所有管理行为的基本活动，人人有决策，事事有决策，决策本身又是一个从提出问题、搜集信息、作出决策和贯彻实施决策的完整过程，从而把管理的职能概括为决策职能。古典管理理论大师法约尔则把管理职能概括为计划、组织、指挥、协调和控制五大职能，而古利克和厄威克则在其论文集中把管理概括为七项职能，即计划、组织、人事、指挥、协调、报告、预算等。本书把商务管理的职能界定为计划、组织、指挥和控制四大职能。

1. 计划职能

计划职能是商务管理的首要职能。计划就是探索未来，制订行动方案，或者说在分析主客观条件的基础上对行动作出决策，并制订行动方案。就企业商务管理来说，计划职能包括：

（1）外部环境调查分析。对企业外部环境进行周密细致的调查分析是作出商务决策和计划的前提。第一要调查分析和预测市场供求变化情况，对货源的供应状况、购买力的变化趋势、消费需要倾向和消费者对企业产品或服务的偏好有一个客观的了解；第二要了解和预测竞争对手状况，周密观察现有竞争对手的动向和潜在竞争对手进入竞争行列的可能性；第三要了解客观经济形势和国家政策、法律的变化情况；第四要了解社会文化、习惯及其他社会因素等变化情况。只有在周密调查分析和预测外部环境变化的基础上，才能有效捕捉有利的商业机会。

（2）内部条件分析。客观的商业机会能否转化为企业的商务机会，还必须分析企业自身条件，将商业机会与企业条件有机统一起来。为此，要掌握企业的生产能力、技术能力、业务能力和供给能力等情况，尤其要对自身的商务能力有一个客观的评价。

（3）依据企业总目标作出商务决策。对内外条件进行全面分析后，就可以发现可能的商业机会点。对可能的商业机会点是否确定为商务决策目标，还必须结合企业总目标进行。如果商业机会点与企业总目标相吻合，就应果断作出商务决策；反之，如果商业机会点不符合企业总目标要求，就要作出放弃该商业机会点的决策。

（4）编制商务行动方案。商务决策目标一经确定，就要迅速编制行动方案。方案的编制要具体，有可操作性，有人财物力作保证；方案要留有余地，以适应环境变化要求；要有备选方案，以便发生不可控事件时备用。

> 俗话说："计划赶不上变化。"你同意这个观点吗？为什么？

2. 组织职能

组织职能就是为实施行动方案提供组织保证，是实现计划职能的重要手段。就企业商务管理来说，组织职能包括：

（1）建立符合行动方案要求的组织机构。行动方案一经确定，首先就要建立和健全实施行动方案的组织机构。① 要根据商务目标来定机构，机构的设置必须有利于目标的实现。或者说机构的设置要以事（任务）为中心，不能因人设事（机构）。② 要符合管理幅度的要求。管理幅度是管理者有效管理的宽度（人数），它决定管理层次。假如一个管理者能有效管理的人数为10人，其管理幅度为10人，如果开展该项商务活动只需10人或10人以下，机构设置只需一个管理层次；如果需要50人，只应设置两个管理层次；等等。③ 要有明确的权责利规范。组织的职权是根据需要确定的，权力要与责任相配备，行使多大权力就应承担多大责任，同时要有利益保证。

（2）根据机构职位需要选配适合人员。按照完成商务任务的客观需要确定机构职位后，就要配备符合机构要求的人员。选人用人要求：① 用人所长，即要明确用人的目的是有效完成工作任务，必须着眼于人的长处；② 考虑能级原则，即按人的能力大小来安排工作岗位，不能把两个能级相同的人安排在同一岗位上（易产生内耗），也不能把能级低的人放在能级高的人之上（能级低的人领导能级高的人效率最差）；③ 不能用人唯亲。

（3）做好实施组织任务的物质准备工作。组织机构确定、人员到位后，必须迅速开展工作，因此要有一定的物质资料做保障。首先是财力保障，即提供开展该项商务活动的必需的经费；其次是物力保障，即提供活动必需的物资。

在自然科学领域，石墨与钻石都是由碳原子构成的，构成要素一样，但两者的力量和价值简直无法相提并论。钻石为什么会比石墨坚硬？钻石为什么比石墨值钱？造成它们之间差异的根本原因就是原子间晶体结构的差异：石墨的碳原子之间是"层状结构"，而钻石的碳原子之间是独特的"金刚石结构"。在工程技术领域，性能同等优良的机器零件，由于组装的经验和水平不同，装出来的机器在性能上可能相差很大。在军队，一队士兵，数量上没有变化，仅仅由于组织和列阵的不同，在战斗力上就会表现出质的差异。那么，在经济组织里的情况怎样？

3. 指挥职能

指挥职能就是通过推动他人工作去实现既定组织目标，是组织职能的延伸。商务管理的指挥职能要求：

（1）指挥者要善于运用组织赋予的权力，把正式权力与非正式权力统一起来，提高领导的影响力。管理上把指挥者的权力分为正式权力与非正式权力。正式权力是组织赋予的权力，在一定的职位上就取得了该项权力。由正式权力形成的影响力称为权力性影响力，如上级命令下级完成某项任务，下级必须执行。权力性影响力体现命令与服从的关系。非正式权力是由领导者的经验、作风、个性、素质形成的权力，由此产生的领导影响力称为非权力性影响力，如：上级领导的指挥能力很强使下级产生的信任感和诚服感；上级领导对组织的忠诚（不徇私情）使下级产生的信赖感；上级对下级的充分信任和关心使下级产生的爱戴感；等等。非权力性影响力是一种内在影响力，表现为下级对上级的尊重和主动服从。一个有效的管理者首先必须运用好正式权力，使之有利于组织目标的实现，同时要提高自己的非权力性影响力。把两种影响力有机结合起来，才能真正提高指挥效率。

（2）要善于调动下级人员的积极性和主动性。指挥的真谛在于调动被指挥者的积极性和主动性，让他人主动为实现组织目标发挥最大潜能。商务人员工作是独立性强、绩效评价复杂的工作，调动下级积极性尤为重要。为此，要求：① 用人不疑，疑人不用；② 要关心下级在执行中的困难，为下级工作创造一个良好的环境；③ 要善于倾听下级的意见，改进工作作风。

（3）要了解实情，统揽全局，不顾此失彼。为此，首先要深入工作现场多做调查研究，掌握商务活动的第一手资料；其次要有系统观点和全局观点，以实现商务目标为中心处理各种复杂问题，不能头痛医头，脚痛医脚，把工作的重心放在"救火"上。

4. 控制职能

控制职能就是对实施行动方案的过程加以监督和协调，及时纠正计划执行中的偏差，保证计划目标的顺利实现。控制可分为事前控制、事中控制、事后控制三类。事前控制是行为方案实施前的控制，即在行动方案实施前加以控制。通常是在组织设计过程中按照组织原则和权责利要求明确行动的规范。事中控制是计划执行过程中的控制，通常与指挥职能配合使用。事后控制是对行动的结果加以调节，是在行动已产生了不良后果以后采取的纠偏措施，通常包括：① 依据计划目标纠正执行中的偏差；② 调整不适应客观实际的计划目标，即当计划的执行因客观情况变化已不可能时，表明计划目标与实际不相符，应及时调整计划目标。如果这种调整涉及计划目标的根本性修正，通常称为"追踪决策"。

控制就其调整的对象划分，又可分为内部控制和外部协调两大类。内部控制是对可控因素的协调，是对组织内人财物力和行动的规制或调整；外部协调是对环境因素的协调，尽管外部环境因素是不可控因素，但通过有效的沟通和联系，可以改善组织与外部的关系，使组织与外部环境保持适应性。总之，控制职能贯穿于管理活动的全过程，涉及管理工作的方方面面，是管理必不可少的基本职能。从企业商务管理看，履行控制职能主要应注意以下问题：

（1）要树立系统控制的观念，把企业的总目标、商务目标与行动过程控制、行为结果调整有机统一起来，把企业的内部因素与商务活动面临的复杂环境结合起来，形成系统的控制措施。

（2）用好激励和惩罚这两大控制的基本手段。所谓控制，归根到底是对人的控制，因为任何事都是通过人完成的，不需要人完成的事（如某些自然现象），也不需要或不可能进行控制。控制人的基本手段就是激励和惩罚，俗称"胡萝卜加大棒"。这既是两大古老的手段，也是现代管理依然经常采用的控制手段。在运用这两大基本手段时，要坚持多激励、少惩罚。尤其是商务工作是一项创造性的工作，只有充分发挥商务人员的聪明才智，才能创造越来越多的商业机会。激励的核心是满足商务人员的需要，使其产生成就感、满足感和公平感。为此，要根据不同人员的需求层次进行差异管理，把精神激励与物质激励有机统一起来。

（3）重视自我控制。自我控制是目标管理的重要手段，要求：① 商务目标的制订要自下而上、自上而下，经过反复协商确定，既使目标切合实际，又使全体商务人员产生一种参与感，把实现商务目标当作自己的事，主动为实现目标作出贡献。② 充分解释目标，层层分解目标。商务目标确定后，要对商务人员作详细解释，使全体人员知晓总目标、分目标之间的关系，形成上下一致的全局观念；同时要对目标进行分解，落实到每一个人。③ 在执行中实行自我控制。目标分解后，商务管理者的任务不是去指挥和命令商务人员应该干什么、必须干什么和不能干什么，而是让商务人员自己决定何时干什么、如何干什么。管理者的任务是了解下级执行中的困难，并及时加以解决。当执行的结果实现了目标时，给予奖励；当执行的结果没有实现目标时，帮助执行者寻找主客观原因，即总结教训，但不给予惩罚。这实际上是让执行者了解失误，进行自我精神惩罚。

（4）要建立独立的信息反馈系统。商务工作面对复杂多变的外部环境，信息反馈工作特别重要。由第一线的商务人员直接反馈信息是一条重要途径，但这种信息反馈也存在一些问题：① 忙于日常事务，没有时间分析和加工信息，所反馈的信息是零散的；② 站在自身角度观察客观现象，所反馈的信息可能是片面的；③ 更为重要的是执行者直接向指挥者反馈信息，往往报喜不报忧，掩盖了真实信息，因为执行者不能对指挥者唱反调，害怕惩罚，一些不利信息很难反馈到决策者手中。可见，由第一线商务人员直接反馈信息虽然及时迅速，但可能造成信息失真。为此，要建立独立的信息反馈系统，把执行者直接反馈信息与专门机构反馈信息有机结合起来。由专门的信息机构反馈信息，可以保证信息的质量。因为他们的任务就是收集、加工、整理、分析信息，有充分的时间和精力进行市场调研；不受指挥者直接控制，反馈信息较为客观；具备专业知识和经验，可以使信息系统、完整，对决策具有重要的参考价值。

上述四大职能是商务管理的基本职能，相互联系，相互渗透，又有一定的独立性和侧重面，要综合起来运用，才能发挥管理的效能。

（二）商务管理的任务

履行商务管理职能的目的就是为了更好地完成商务管理的任务。商务管理的基本任务是，通过对商务行为和商务活动过程的有效的计划、组织、指挥和控制，充分发挥商务人员的积极性和首创精神，以较少的耗费、高质的服务顺利实现商务过程。具体地说，就是：

（1）高质量地收集和分析市场信息，捕捉有利的商业机会。

（2）千方百计扩大商品销售，以优质的服务满足消费者和用户需要，实现企业的经济和社会价值。

（3）努力做好商品采购工作，以低成本、高质量的货源供应满足企业生产经营活动的需要。

（4）加强交易磋商和合同管理，妥善处理商务纠纷（冲突），协调对外关系，创造良好的商务活动氛围。

（5）加强商务战略研究，积极开拓新市场领域，有效营运企业资本，防范和减少商务风险。

（6）加强商务人员管理，充分发挥全体商务人员的积极性和聪明才智。

要实现上述商务管理的任务，要求做到：

（1）以销售为中心。即全部商务活动都要围绕着销售展开。商情调研与选择商业机会是为了寻找销售市场；组织商品的采购供应（包括进一步加工生产）是为销售准备货源；加强合同管理和对外关系协调是为了减少销售矛盾，协调销售关系；强化战略管理是为了扩大销售市场，减少销售风险；加强人员管理是为了提高销售质量，减少销售成本。总之，各项活动都要以销售为中心。

（2）以人和为根本。即充分调动一切积极因素，为实现商务目标服务。人是商务活动的真正主体。首先要处理好企业内部人员的关系，商务人员之间、管理者与被管理者之间、商务人员与企业其他人员之间要相互尊重，相互支持，形成一个团结进取、心态良好的人际环境；其次要处理好企业与外部的关系，企业与顾客、股东、合作伙伴、竞争对手、新闻媒介、金融机构、政府部门、社区公众之间要进行充分的人际沟通，创造一个和谐的商务环境。

（3）以诚信为宗旨。即开展各种商务活动都要讲求诚信二字。诚信是经商的法宝，"诚招天下客，誉从信中来"，这是自古以来经商的信条。商务管理要始终贯彻诚信二字，以诚待人，以诚处事，顾客至上，信誉至上，不做任何损害消费者和用户利益、损害公众利益、损害国家利益的事，把商务行为与企业的社会责任有机统一起来。

怎样取珍珠

从前,有一个海岛,岛上有很多沉积多年的大颗珍珠。可谁也无法接近这个海岛,只有栖息在海岸附近的海鸟能飞过去。

很多人慕名前来,带着枪支,捕杀飞回岸边的海鸟。因为这种海鸟每到白天都会飞到岛上去吃珍珠。

时间长了,海鸟渐渐地灭绝,即使剩下的几只也过得胆战心惊,只要一闻到人的气息,看到人的踪影,就会早早逃走。

后来,来了位商人,他在海岸附近买下大片树林,并在树林周围安上栅栏,不准闲杂人走进他的树林。同时,他严厉告诫他的仆人,不许在树林里捕捉或驱赶海鸟,更不许放枪。

于是,当海岸其他地方的枪声一响,就会有海鸟在惊慌逃窜中不经意地闯进他的树林。时间一长,海鸟渐渐地都留在他的树林里栖息,它们也因此不必再为安全而战战兢兢。

等海鸟在他的树林里逐渐安定下来后,他开始用各种粮食、果实等,做成味道鲜美的百味食物,撒给这些海鸟吃。海鸟贪吃,吃得很饱,就把肚中的珍珠全部吐了出来。

日复一日,这个商人就成了百万富翁。

在对待一些问题上,人与人的思维存在一种看不见的细微的区别,但是,不同的思维产生的结果,却有着惊人的差别。

(摘自《生活参考》2005年第1期)

第三节 商务活动的重要性与商务管理必要性

一、商务活动的重要性

分析表明,商务活动包括了营利性组织的全部对外经济活动,还涉及营利性组织长期发展的战略性问题。因此,做好商务工作,具有重要的意义。

1. 商务活动是以交换为目的的社会生产的基本活动

人类社会在生产实践中先后创造了三种基本生产方式:一是以自给(满足自己和家庭消费需要)为目的的自然经济生产方式;二是以交换(通过供给市场物品和满足

他人消费需要来实现自身价值)为目的的市场经济生产方式；三是以社会需要（根据社会需要有计划地组织生产和供给）为目的的计划经济生产方式。自然经济生产方式是一种小生产方式，自己生产，自己消费。经济活动在一个狭小的范围内展开，不需要也不存在商务活动。计划经济生产方式是一种社会化的集中统一生产方式，由社会中心（计划部门）统一安排生产和供给，并根据供给能力与客观需要统一分配经济资源和消费物品，不需要交换中介，因而也不存在商务活动。市场经济生产方式是一种以交换为纽带的社会化生产方式，由分散性的个体和独立性的微观经济组织自主决策，根据市场（他人）的消费需要自由组织生产和供给。生产和供给的目的不仅仅是为了满足他人的消费需要，而是通过满足他人消费需要来实现其产品或服务的交换价值，补偿其生产所费并盈利（价值增值）。显然，这种以交换为目的的生产方式离不开商务活动。

在生产力水平很低的条件下，人类社会选择了自然经济生产方式。随着社会生产力的发展，社会分工产生并不断深化，剩余产品增加和私人占有方式占据统治地位，人类社会逐步选择了市场经济生产方式。随着社会生产力进一步发展，社会产品将极大丰富，劳动差别逐步消除，社会财富共同占有，管理手段日趋科学，人类社会将可能选择计划经济生产方式（在社会主义实践中曾选择过计划经济生产方式，但由于不适合当时生产力发展水平，实行计划经济的条件不成熟，实践证明选择计划经济方式不能带来经济的高效率，社会主义国家先后放弃了计划经济方式）。中外经济发展的实践表明，适合现阶段生产力发展水平的基本生产方式是市场经济方式。

在市场经济条件下，商务活动具有普遍性，一切以盈利为目的的活动都离不开商务活动。以创造价值的生产性活动为例，它首先要通过商务活动获得生产必需的各种经济资源，然后组织生产，创造出可供他人消费的产品或服务，再通过商务活动将产品或服务转移到消费领域，最终实现产品或服务的价值。在这个再生产过程中，商务活动既是起点，又是终点。没有商务活动，就没有创造价值的活动；没有商务活动，也不可能实现产品或服务的价值，形成循环再生产过程。可见，商务活动是以交换为目的的社会生产的基本活动。

2. 商务活动是面向市场的活动

商务活动总是面向市场的活动，离开了市场就没有商务活动；反过来说，市场作用越明显，商务活动就越显重要。从企业商务活动的内容可知，各种商务活动都与市场紧密相关。商情调研是了解和分析需求市场，从中发现商业机会；分析供给及自身条件是为了掌握供给市场情况，并将供需状况与企业自身条件结合起来选择商业机会，为生产创造良好条件；交易磋商是直接的市场行为，组织商品购销运存也是直接的市场行为；企业与外部的经济联系是以市场为纽带形成的；企业的冲突集中表现为市场冲突，企业的形象也集中体现为市场形象；制订竞争战略是直接面对市场的商务行为；营运资本围绕着商战进行；商务风险表现为市场风险……总之，一切商务行为都是市场行为，企业适应市场的能力集中体现为其商务能力。增强企业的商务能力将使企业保持与市场的适应性，在市场竞争中不断求得生存和发展空间。

3. 商务活动是塑造形象的活动

商务活动不仅表现为适应市场的一种能力，而且表现为一种创造力，即能够营造一种和谐的市场环境，在顾客和社会公众中塑造一种良好的社会形象。从企业商务活动看，保持企业与市场的适应性是商务活动的重要任务，因为企业只有在市场竞争中才能求得生存和发展，但被动地适应市场的活动不是有效的商务活动。有效商务活动是一种能动地适应市场的活动。一方面，要根据变化了的市场情况适时调整企业的竞争战略和经营方式，恰当地采用营销手段，使企业的产品和服务能够适应变化了的市场要求；另一方面，要努力营造一个良好的市场氛围，妥善处理各种商务冲突，协调好与顾客（用户）、供应者、股东、政府、新闻媒体、竞争者、社区及社会公众的关系，把扩大销售、增加利润与承担社会责任有机统一起来，树立良好的社会形象。良好的形象是企业无形的资产，对企业的长期发展产生深刻的影响。因此，做好商务工作是企业长期发展的客观要求。

4. 商务活动是决定营利性组织命运的活动

一个营利性组织能否长期生存和发展，起决定性作用的是其盈利能力。盈利，表明其创造的产品或服务价值已经实现，不仅能够补偿其生产经营活动的所费，而且产生了价值增值，可以用于进一步扩大再生产；反之，亏损则意味着其创造的产品或服务价值不能实现或不能完全实现，无法补偿其生产经营活动的所费，只能不断缩小再生产规模，最后在市场竞争中被淘汰。一个营利性组织盈利能力的强弱受到多种因素的影响，如资本实力、员工素质、管理水平、产品开发能力、商务能力等。在这些因素中，起决定性作用的是商务能力。因为商业机会无时不在、无处不有，只要能选择适合自身特点的商业机会开展生产经营活动，就能实现盈利目标。

以企业为例，一个企业的资本实力、员工素质、管理水平和产品开发能力对企业实现盈利目标是非常重要的，因为有了这些条件，企业就可能高效率地生产出大量市场物品。但如果其商务能力很差，不能较准确地掌握市场需求变化情况，生产出的产品不适应市场需求，将造成产品积压或滞销，不能实现产品的价值。在这种情况下，生产的效率越高，造成的损失将越大。企业的商务能力差，就不可能选择到最有利可图的商业机会点，从而严重影响企业的盈利水平；企业的商务能力差，将直接制约着采购质量和销售质量，增加采购和销售成本，从而影响产品成本、降低经营利润；企业的商务能力差，就很难协调好企业与外部的经济关系，直接影响到企业的信誉和形象；企业的商务能力差，就不可能提高驾驭市场风险的能力，最终影响到企业的获利能力。总之，商务能力是企业生存和发展的最重要能力，在激烈的市场竞争中，商务能力的高低直接影响到企业经营的成败，决定着企业的命运。

二、商务管理的必要性

1. 管理的普遍性

管理是人类共同劳动的产物,只要有共同劳动,就需要协调,就离不开管理。关于管理的普遍性和必要性,马克思作过精辟的论述。马克思说:"一切规模较大的直接社会劳动或共同劳动,都或多或少地需要指挥,以协调个人的活动,并执行生产总体运动——不同于这一总体的独立器官的运动——所产生的各种一般职能。一个单独的提琴手是自己指挥自己,一个乐队就需要一个乐队指挥。"(《资本论》第1卷,第367页)马克思的这一论述充分揭示了管理劳动普遍存在的意义。管理是社会活动本身所产生的一般社会职能,是保证协作劳动顺利进行的必要条件。从企业生产经营过程看,管理产生于生产经营过程。经营是企业活动的中心,也是管理产生和发展的基础。在独立劳动者的个体经营中,一切经营行为都由劳动者个体支配,经营与管理是交织在一起的,分不出哪些是经营活动,哪些是管理活动。但随着经济的发展,企业组织形成,内部有了分工,管理逐渐从生产经营中分离出来,成为不同于经营或相对独立于经营的一种专门职能。管理一旦分离出来,就有了相对独立性,构成经营的一个独立要素,既为经营服务,又指导、协调经营过程。管理对生产经营过程作用的程度,取决于企业规模大小和分工的粗细。在分工比较简单的小企业里,管理对企业经营的好坏和经营成效大小只起影响作用;但在现代大规模企业中,管理对经营好坏和成效大小却起着决定性作用,往往决定着企业经营的成败。可以说,没有管理,企业的生产经营过程就组织不起来;没有管理,企业的各种经营要素(人、财、物)就不能充分发挥作用;没有管理,就不可能以最小的劳动耗费去取得尽可能大的经济效益。管理是企业降低成本、提高效率、增加利润的重要保证。

2. 商务管理的重要性

商务管理的重要性是由商务活动在企业生产经营活动中的地位所决定的。前文已经揭示:商务活动是企业的基本活动,商务活动是面向市场的活动,商务活动是塑造企业形象的活动,因而商务活动是决定企业命运的活动。可见,商务活动在企业各项活动中处于中心地位,由此推论商务管理在企业管理中也处于中心地位。

首先,没有商务管理,就不可能及时发现商业机会,企业生产经营活动就失去了目标。在市场经济条件下,企业的生产是以交换为目的的生产,其创造的产品或服务价值必须通过市场才能实现。企业的价值能否实现,主要不决定于供给品的质量,也不决定于企业推销工作如何卖力,而决定于供给品是否适销对路,即市场有没有对企业产品或服务的需求。如果市场需求旺盛,供给品质量好,销售服务质量高,就能迅速实现企业产品或服务的价值,实现企业的生产目的。可见,企业生产经营活动顺利进行的关键是寻找交易对象、发现商业机会。而加强商务管理,则有利于及时发现商业机会,并迅速转化为企业目标,从而为企业生产经营活动提供方向。

其次，没有商务管理，就不可能迅速扩大销售，企业的发展将受到很大的限制。企业在市场竞争条件下必须具有很强的竞争力，即保持旺盛的生命力。企业生命力的源泉在于能够不断为市场提供有用的产品或服务，经常接受市场的检验。为此，企业不仅要在市场调查研究的基础上不断开发新产品和新市场，经常为社会提供适销对路的产品或服务，而且要千方百计地扩大销售，巩固和提高市场占有率，而这一切又与商务管理水平高低紧密相关。如果企业不能有效地扩大销售和提高市场占有率，企业的发展壮大就会受到很大的限制。

最后，没有商务管理，就不可能降低销售成本，企业的利润水平将受到严重影响。获取利润是企业的天性，企业生产经营活动的理想目标是利润最大化。决定企业利润大小的因素有很多，最直接的因素是销售额和销售成本。在价格水平一定的情况下，销售额增加，销售成本不变，利润增大；销售成本降低，销售额不变，利润也增大。销售成本决定于产品成本和销售费用，而产品成本则决定于生产成本和采购成本。采购成本高低、销售费用大小都与商务管理密切相关。如果采购成本低、销售费用小，销售成本将下降，企业利润随之增加；反之，如果采购成本高、销售费用大，销售成本将上升，企业利润随之减少。可见，要提高利润水平，必须加强商务管理。

总之，企业要在激烈的市场竞争中求生存、谋发展，企业要赢得竞争的优势，就必须加强商务管理，提高商务管理水平。

认知实训

实训内容：
演讲比赛。建议题目：《如何发现我们生活中的商机》。

实训目的：
1. 培养学生在众人面前敢于并善于讲话的能力。
2. 培养启发学生观察生活、发现商机的能力。
3. 进一步认识到一个优秀商务管理人员应具备的特质。

实训组织：
1. 每个学生根据实训项目要求，自己首先课后去观察、准备。
2. 按照每组5人左右将全班分成若干小组，每个小组成员首先在组内发表演讲，小组互评打分。
3. 每个小组选派一名代表在全班参加演讲比赛。

实训要求：
1. 演讲者围绕《如何发现我们生活中的商机》的主题自由确定演讲内容。
2. 一定要注意现场气氛的营造，使每个同学都能产生强烈的参与、表现欲望，以克服畏惧、怯场心理，发挥良好的演讲水平。

复习思考题

1. 什么是商务？理解商务概念应把握哪些基本点？
2. 商务活动的主要内容有哪些？
3. 什么是商务管理？商务管理有哪些特点？
4. 商务管理的基本职能有哪些？在履行职能时应注意哪些问题？
5. 商务管理的任务是什么？实现商务管理任务有哪些要求？
6. 为什么要加强商务管理？

发现商机

很多成功者并不是由于他们有多高的智商，或有什么得天独厚的条件，而是因为他们先于别人看到商机，走在前面，赢得财富。

1. 从抱怨中发现商机

一次，企业家李晓华因商务关系来到长春，他在宾馆电梯上看到一只名犬，随即与其主人——一名德国籍专家攀谈起来。简单的几句闲聊，他听到外国专家抱怨无"屋"可居、只能住宾馆的不满。从这几句抱怨话中，他这个房地产开发商发现新的商机。

走出电梯，李晓华立即了解情况，得知长春有外国专家2500名，由于此地尚无高级住宅区，这些外国专家普遍存在"无屋可住"的难处，同时，又渴望在中国有自己的住宅。于是，一个开发外国专家高级住所的计划形成了。他察看了地形，预购8公顷土地，用以开发高级别墅区和娱乐中心。仅仅几天后，这个地段就大幅升值。

对于牢骚之词、抱怨之语，如果只是听听而已，过后便忘得一干二净，那就毫无意义。可是有经济头脑的人就不同了，在他们看来，抱怨声中往往孕育着商机。抱怨之声即是一种不满足，能反映出某种市场需求，而满足这种市场需求说不定就是一种商机。

在这里，你看李晓华的嗅觉多么灵敏，一下就抓住一块"大肥肉"。

2. 从新颖中发现商机

赵楠办了一个小服装厂，产品销路不太好，赵楠很着急。

一天，赵楠看到一个员工穿了一件非常漂亮的毛线衣，颜色素雅，但针法独特，十分好看。赵楠眼睛一亮，问："这是你织的吗？"

员工答："不，这是一个朋友织的。"

赵楠对这种独特的针法很感兴趣，于是，设计了一个黑白分明的蝴蝶图案，托这个员工帮忙织一件。赵楠穿上这件新颖的服装，出席一个服装界人士参加的午餐会，立即引起人们的注意。有一家美国大型商场的代理商，以很高的价格预订400件，要求一个月交货。赵楠喜出望外，立即组织生产。此后，订单源源不断，赵楠的小厂迅速变成一家服装大厂。

生活中不乏一些新鲜、新颖、新奇的事物，它在不同人的眼里会表现出不同的价值。对于一个经营者来说，如果能发现新事物的商业价值，及时把它推向市场，那么，说不定就会开辟出一条新的生财之道。

3. 从体验中发现商机

做牛奶生意的李思霞，有一次乘坐东方航空公司班机到新加坡考察。飞行途中，乘务员送来配餐，是一根香肠和一杯水。当李思霞吃香肠时，却撕不开包装袋，至于那一杯水，也是多余的，因为飞机上有饮料供应。李思霞感觉麻烦之余，转念一想，看到了商机：如果航空公司能给乘客一杯牛奶，不是更好吗？

回来后，李思霞马上找到东方航空公司老总，提出把那根香肠换成一杯牛奶的建议。东方航空公司老总答应先供应一部分航线试试，结果，这一试出现了非常好的市场反响，乘客纷纷致信东航，说他们配置牛奶的做法是非常人性化的举措，并表示赞许。于是，东方航空公司开始在航班上配置中国私营企业金阳光乳品生产的旅行杯装牛奶。李思霞公司销售业绩得到一次大飞跃，而且走向国际市场。

对于经营者来说，当你以顾客身份参与某项活动时，应留意个人的体验和感受。如果这是一种市场需求信息，那么就应抓住它，从商家的角度考虑如何改进和满足市场需求，也许这是一种绝好的商机。

4. 从新闻中发现商机

一天，陆正清正在收看早间新闻，新闻里说，一名人大代表建议改善上海水质，并提出鼓励小规模投资来改善市民饮用水质的设想。一下子，陆正清的创业灵感被触动了。

经过一番调查研究以后，陆正清决定做第一个吃螃蟹的人，开拓上海市纯净水市场。4个月后，纯净水生产出来，很快打开了市场，以陆正清为执行董事的上海市保健品有限公司迅速发展起来。

报纸、广播、电视新闻报道是对社会生活全面及时的反映，不管是正面的报道，还是反面的报道，其中必定存在很多商机，就看你是不是善于把握商机。陆正清从那名专家的建议，看到发展纯净水事业的必然性和广阔市场，于是他率先投资建厂，在满足社会需求的同时，公司也获得了巨大的利润。

其实，商机就存在于现实生活中，存在于人们各式各样的需求中。只要你睁大双眼，关注身边的事情，关注生活，关注市场，在平凡之中看到新奇，在相同之中发现差异，在不起眼的地方看到财富的蛛丝马迹，那么你就有可能因此走上成功之路。

（摘自《谋略》2004年第10期）

案例思考

1. 商务活动不仅表现为适应市场的一种能力，而且表现为一种创造力。此观点对吗？
2. 商机存在于现实生活中，我们缺乏的是发现商机的眼光。你同意此观点吗？

第二章 现代商务经营管理

学习目标 ▶▶▶

◎ **知识的掌握**
1. 掌握商务经营的概念、经营思想、经营要素与目标。
2. 掌握商务经营的环境与资源。
3. 掌握商务经营的市场调查与预测手段。
4. 掌握经营战略的含义、特征及类型。
5. 掌握经营决策的概念及常用决策方法。
6. 掌握现代市场营销观念、构成要素及营销策略。
7. 掌握客户关系管理的含义和内容。

◎ **技能的提高**
1. 能够应用商务经营的理念准确把握市场信息、发现商业机会,并科学选择适合自身优势的商业机会。
2. 能够把握住环境的现状及将来的变化趋势,利用有利于组织发展的机会,避开环境威胁的因素,谋求组织的生存和发展。
3. 能够运用科学的方法,有目的、系统地收集、记录、整理和分析与市场有关的信息资料,了解市场过去和现在的营运状况,为组织进行经营预测和制订经营战略提供依据。
4. 能够在市场经济条件下,根据组织内外环境及可取得资源的情况,为求得组织生存和长期稳定地发展,对组织发展目标、达成目标的途径和手段进行总体谋划。
5. 能够根据组织所拥有的资源制定符合组织发展需要的经营目标,并通过有效管理综合运用组织中的各种资源来实现组织的经营目标。
6. 能够通过对客户详细资料的深入分析,来提高客户的满意度,从而提高组织的竞争力。

纪昌学箭

纪昌向飞卫学射箭,飞卫没有传授具体的射箭技巧,却要求他必须学会盯住目标而眼睛不能眨动,纪昌花了两年时间,练成即使锥子刺来眼睛也不眨一下的功夫。飞卫又进一步要求纪昌练眼力,要求能将体积较小的东西清晰地放大,就像在近处看到一样。纪昌苦练三年,终于能将最小的虱子看成车轮一样大;纪昌张开弓,轻而易举地一箭便将虱子射穿。飞卫得知结果后,对这个徒弟极为满意。学习射箭必须先练眼力,基础的动作扎实了,应用就可以千变万化。

启示

企业的经营也是一样,基本的人事、财务、技术、业务一定要好好掌握,那么以后就可以宏图大展了。办企业有如修塔,如果只想往上砌砖,而忘记打牢基础,总有一天塔会倒塌。

一美元闯欧洲

在奥地利的维也纳城,有一位华裔老人,经常独自在公园散步。他腰杆挺直,步履稳健。一个冬天的夜晚,他给我讲了他的传奇故事。

他在中国台湾学厨三年,熬到学徒期满,正好有劳务派出赚外汇。他坐上了去德国的轮船。那时,他身上只有15美元。

船经停中国香港,上来一些广东人,也要去德国。他问:"有什么东西值得带到德国去?"广东人说:"买些冬菇吧,没准厨房里用得上。"他买了两袋冬菇后,就剩1美元了。

出发时是夏天,到德国已经是中秋了。他穿着单衣短裤,到餐馆时,大家很吃惊,怎么穿得这样子呢?他以为德国像台湾地区一样没有冷天呢。正好带的两袋冬菇是抢手货,当时德国奇缺中国货,他卖了300马克,置办了过冬的衣服:皮衣、长裤和围巾。

他的手艺好,能吃苦,也机灵。老板说:"你自己开个店吧。"实际上,他也有此打算。从小店面开始,逐步做大。那时正是德国经济腾飞期,他赶上好时候,餐馆生意旺得不得了,开一个火一个。

他决心把生意扩大到奥地利,在维也纳开一家高档中餐馆。那天,他听到一个牌友傲慢地说,在维也纳,不是任何人都能开中餐馆的。看了许多地方,他都没找到满意的。后来有消息说，有一个烟馆要出售。他看了感觉不错，尽管这里名声不好，里面还有几个瘾君子在吞云吐雾。他向烟馆主人问价，对方说售价 100 万先令，有永久使用权。他说 50 万先令，给对方一个星期考虑。他走后，对方也不来电话。不到一个星期，他又去登门，问老板考虑得如何。因为警察局将禁烟，那老板急于出手，但苦于价钱低，说能再高点吗。他说 60 万先令，多一个也不给了。对方同意后，他当场掏出马克，按当时比价，相当于 60 万先令。那老板呆了半天，因为本地人一般不揣这么多的现金。

朋友们认为在臭名昭著的烟馆里投巨资开中餐馆，是一件蠢事。他却认为，烟馆是一个多么好的广告，好奇的人必来看热闹。如果餐馆做得高档，必定车水马龙。生意就是赌博，自己赌人性的好奇，赌维也纳城人的奢华习性。他相信自己的直觉。

后来，他把这步看似必输的棋走活了，顺利完成了资本积累，并在地产投资上取得成功。

想到自己当初揣着 1 美元来欧洲，还有什么样的关口自己不敢闯呢？有了这一段经历，他敢想别人不敢想的事，敢做别人不敢做的事。

（摘自《海外文摘》2007 年第 8 期）

讨论题

1. 投资创业是每个人的理想，资金困扰又是每个创业者的瓶颈，本案例给我们带来什么启示呢？

2. 在现代市场经济条件下，不仅要有较高的生产效率、较强的科研能力和资本实力以及良好的财务管理能力，而且更重要的是要有捕捉商机的能力。这句话对吗？谈谈自己的观点。

在现代市场经济条件下，企业开展商务活动要赢得竞争优势，必须不断创造和提供能够适应消费需求变化的产品或服务。为此，企业不仅要有较高的生产效率、较强的科研能力和资本实力，以及良好的财务管理能力，而且更重要的是要有捕捉商机的能力，即能够准确把握市场信息、发现商业机会，并科学选择适合自身优势的商业机会。也就是说，开展市场调查，分析和选择商业机会是企业从事生产经营活动的重要前提，是赢得竞争优势的必要条件，已经成为企业商务管理的一项非常重要的工作。

第一节 商务经营概述

一、商务经营的概念

经营是指组织的经济系统在利用外部环境提供的机会和条件下，发挥自身的特长和优势，为实现组织目标而进行的综合性活动。

由此定义可知，组织的经营活动必须注意如下四个方面：

首先，组织是个受社会制约的开放的经济系统。现代组织为了有秩序地开展生产活动，必须建立一个适应生产需要、分层次的组织结构，该组织结构由相互关联的子系统组成整体系统。相对于国民经济来说，组织是下位系统，组织从事社会化生产、开展经营活动时，必然与环境相互作用，受外界的影响和制约，因此是一个开放系统。

组织是社会经济的基本组成部分，是相对于宏观经济系统而独立存在的微观经济系统，组织的经济活动有自身的经济利益和目的，但是这种经济利益和目的必须体现国家利益、组织自身存在和发展的经济利益和组织职工的经济利益三位一体。

其次，组织经营要利用外部环境提供的机会和条件。组织是国民经济最基本的组成单元，在国民经济的大系统中进行活动，组织作为一个开放的经济系统，其经营活动与社会环境必然紧密相连；组织的外部环境总是在不断变化，这种变化是不以组织的意志为转移的。环境的变化常常对组织形成新的制约条件。这些条件有的会给组织创造新的发展机会，组织在经营过程中必须善于捕捉和利用外部环境提供的机会和条件，开辟新的市场以求得生存和发展；但也有的会给组织的发展带来阻碍，甚至威胁组织的生存，组织在经营过程中必须对这种情况有所预测，适应环境的变化，早做准备，及时回避困难的冲击。

再次，组织经营要发挥自身的优势和特长。组织对自身发展的长处要有充分的分析和认识，在生产经营活动中合理地利用人、财、物、技术、信息等内部资源，充分发挥自身的优势和特长，提高组织的竞争能力。

最后，组织经营要为实现既定目标而开展综合性活动。组织经营的基本目标是向社会提供适销对路的优质产品，实现价值的增值，获得经济效益。只有实现这一目标，组织才能使自身的经济系统的循环顺畅地进行，为国家作出贡献，并为组织和职工的发展提供有利的条件。但组织的经营目标又是多元的，它必须承担许多社会责任，组织基本目标的实现是组织综合性活动的结果。

二、组织的经营思想

组织的经营思想是贯穿组织经营活动全过程的指导思想。它是由一系列观念和观点构成的，是对经营过程中发生的各种关系的认识和态度的总和。组织的经营思想是组织生产经营活动的方向盘。

组织要实现现代化，必须首先实现经营现代化；要实现经营现代化又必须首先实现经营思想现代化。组织经营思想现代化的过程也就是组织从现代组织的要求出发，不断使经营思想科学化、系统化、战略化的过程。具体地讲，首先要学习现代组织经营管理理论，进行经营思想的变革，摒弃因循守旧的观念，然后大胆探索和创建全新的经营战略。具体表现为要树立六个观念：

（1）市场观念。市场是组织的生存空间。市场观念在组织经营思想中居于核心地位。市场观念是逐步发展的，大体分三个阶段。第一阶段为生产中心型，其特点是以产定销，卖方市场，组织的生产经营活动都以产量和成本为中心。第二阶段为消费中心型，其特点是以销定产，买方市场，卖方承担风险。第三阶段为动态均衡型，其特点是满足顾客需要与创造顾客需要相互作用，形成双重的市场运行机制。三种市场观念的示意图如图 2-1 所示。

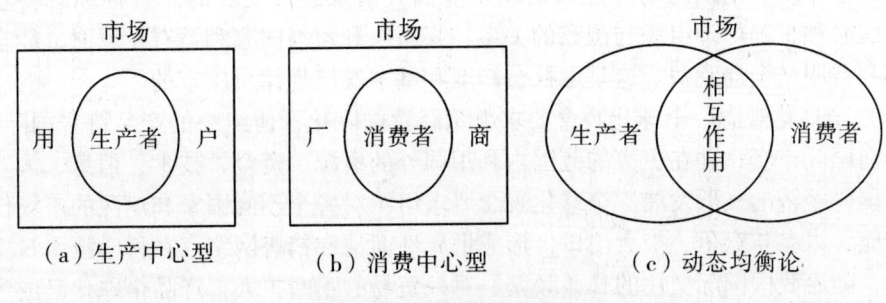

图 2-1　市场观念演变图

树立正确的市场观念，一是要消除长期以来"以产定销"的生产中心论的影响，二是要树立以创造性经营去创造顾客需要的新思想。

（2）竞争观念。在社会主义制度下，竞争的积极意义在于它是一种择优发展的经济手段，它能促进技术进步和经济繁荣，是发挥组织主动性和创造性的一种外部压力。竞争既是产品的竞争、服务的竞争，也是人才的竞争、技术的竞争、管理的竞争。组织要在竞争中求得生存和发展，就必须敢于竞争、善于竞争，充分发挥自己的专长和优势。

（3）创新观念。组织的生命力在于它的创新能力。创新既包括创造新的产品，也包括创造新的经营方式。要创新，首先要有创新的意识，这种意识具体体现在永不满足于已经取得的成就；其次要创造最基本的条件，这个条件就是有一批勇于探索、富于创造精神的人才；再次，创新要面向广阔的领域，最广阔的领域就是别人尚未涉足的事业，要敢为人之不敢为、能为人之不能为。组织只有不断创新，不断改革经营战略和经营方式，不断采用新的科学研究成果和技术，生产出采用新工艺、新材料，具有新结构、新功能、新款式的新产品，不断开辟新的生产领域和开拓新的市场，才能在市场竞争的环境中永远立于不败之地。

（4）效益观念。组织的经营活动必须以提高经济效益为中心。组织经营管理的中心任务也就是要保证组织生产经营活动能够取得良好的经济效益。但是提高经济效益并不是单纯为了盈利。社会主义组织的生产经营活动，首先要服从社会主义的生产目的，为提高整个社会的生产力水平和改善劳动人民的物质、文化生活提供优质产品，为扩大社会主义再生产积累更多的资金。同时，还要有效地利用人力、物力、财力资源。评价一个组织的经济效益，首先要看它是否有助于提高社会综合经济效益。从这一观念出发，无论是生产资料还是消费品的生产组织，都要以其产品和服务给社会和消费者带来直接和间接利益为宗旨。

（5）全局观念。社会主义组织经营思想与资本主义组织经营思想的本质差别，首先在于社会主义组织必须树立全局观念。社会主义组织必须把国家和人民的利益放在第一位，认真执行国家的方针政策，接受宏观经济的指导。从系统的观点来看，组织是国民经济的子系统，组织的生产经营活动不能离开国家经济发展的总目标和总要求。因此，组织必须正确处理组织与国家的关系，当组织利益与国家利益有矛盾时，能自觉地以局部利益服从全局利益。这是由社会制度和基本经济规律所决定的。

（6）全球化观念。全球化观念要求组织经营国际化，使组织的产品符合国际标准，逐步走向国际市场，并在更大的范围内利用国外的资源、资金、技术、信息、人才来促进我国国民经济的飞跃发展。全球化观念要求组织对各个不同国家和地区的市场作出灵敏的反应，以参与竞争、扩大出口，形成世界性商情和销售网络。在科学技术日新月异的时代，随着我国国际交往的日益频繁、对外贸易的不断扩大，产品全球化已成为现代组织保持销路和开拓新市场的重要条件。组织要赶超世界先进水平，必须树立能反映当代发达的商品生产和商品交换要求的全球化经营观念。

三、组织商务经营的要素与目标

组织是一个社会协作系统，这个系统是由若干互相联系的要素构成的，这些要素构成组织的实体，也是组织运行的基础条件。各种要素及其互相结合的状况，不仅影响和决定着组织的素质，而且影响和决定着组织的经营。因此，要搞好组织经营，首先必须研究经营要素。

（一）经营要素

1. 人的要素

组织作为一个社会协作系统，是人们从事社会生产活动的场所。组织中的各类人员并不是作为自然人而存在的，而是作为一种经营要素发挥作用的。按组织中各类人员在生产经营活动中的地位和作用，可对其作以下分类：

（1）经营管理人员。指在组织的生产经营活动中，承担着决策、计划、组织、指挥、协调和控制等管理职能的人员。按其所承担的职责，又可将其具体分为经营人员、管理人员和监督人员。经营人员是指对组织的各项生产经营活动进行决策的人员，一般由组织的董事长、董事、经理（厂长）、副经理（副厂长）等构成。管理人员是对组织的各项生产、技术、经济活动等履行具体管理职能的人员，它由组织的各处（科）、室、部、车间等的负责人构成。监督人员是指直接向作业人员分配任务并具体组织和监督作业人员完成作业任务的人员，它由工段长、班组长等构成。

（2）工程技术人员。指在组织中从事技术研究和实践的人员。按其所承担的职责，又可具体分为与机械设备、产品设计与制造、工艺、材料、动力能源等方面有关的工程技术人员。

(3）作业人员。指在组织中直接从事或服务于各种产品加工和装配的人员。按其所承担的工作又可具体分为基本生产作业人员、辅助生产作业人员和生产服务作业人员。人作为组织的一种经营要素，其作用的大小，既取决于其数量的多少，又取决于其知识水平、业务能力和劳动技能的高低。所以，在研究人的要素及其作用时，不仅要对其进行数量构成分析，而且要对其进行质的分析。

三个和尚经营庙

三个和尚在破庙里相遇。"这庙为什么荒废了？"不知是谁提出问题。

"必是和尚不虔，所以菩萨不灵，"甲和尚说。

"必是和尚不勤，所以庙宇不修，"乙和尚说。

"必是和尚不敬，所以香客不多，"丙和尚说。

三人争执不下，最后决定留下来各尽所能。

于是甲和尚礼佛念经，乙和尚整理庙务，丙和尚化缘四方。果然香火渐盛，旧庙换新颜。

"都因我礼佛虔心，所以菩萨显灵，"甲和尚说。

"都因我勤加管理，所以庙务周全，"乙和尚说。

"都因我劝世奔走，所以香客众多，"丙和尚说。

三人日夜争执不休，庙里的盛况又逐渐消失了。各奔东西的那天，他们总算得出一致的结论：这庙的荒废，既非和尚不虔，也非和尚不勤，更非和尚不敬，而是和尚不睦。

（摘自《老年文摘报》）

2. 物的要素

组织作为从事物质生产活动的实体，不仅是人从事生产活动的场所，而且要为人从事生产活动提供各种技术手段、物质条件及其所作用的物质对象，即物质要素。组织的物质要素按其在生产中的作用可具体分为：

（1）手段要素。手段要素是指作为劳动手段发挥作用的物质要素。它是置于劳动者（人的要素）和劳动对象之间，把劳动者劳动传导到劳动对象上去的物或物的综合体，是劳动者得以发挥作用的基本手段。手段要素主要包括各种加工装配用的机械设备、仪器、仪表、运输和保管工具等。这里应明确的是，没有进入生产过程的"劳动手段"，只是可能意义上的"劳动手段"，不能视为实际的手段要素；同样，那些已退出组织生产过程的"劳动手段"，也不能看作是手段要素。

（2）条件要素。条件要素是保证组织的生产过程得以进行的物质要素。它又可具体分为特殊的条件要素和一般的条件要素。特殊的条件要素是为组织的个别生产过程或个别生产工具能够正常运行提供条件的物质要素，一般的条件要素是指为组织整个生产经营过程能够正常运行提供条件的物质要素。这里应明确的是，特殊的条件要素与一般的条件要素的区别是相对的，并不是绝对的。例如，对一个综合性的组织来说，热处理车间所提供的热能是特殊的条件要素，而对于一个专门从事热处理的组织来说，这种热能便成了一般的条件要素。

(3) 对象要素。是指在组织的生产经营过程中被加工、运转并不断改变形状、性质和空间位置的物质要素，如原料、材料、半成品、成品等。值得注意的是，劳动手段、劳动条件、劳动对象等组织的物质要素是可以互相转化的。比如，作为电力组织对象要素的电能，在一般工业组织中便成了条件要素；土地对农业来说是对象要素，而对其他组织来说则是一般条件要素。

3. 资金要素

在商品社会条件下，组织要进行生产经营活动，不仅要有人和物，而且要有一定的资金。这是因为在商品经济条件下，劳动力与生产资料的现实结合，社会生产过程的进行，社会产品的实现，都离不开产业资金的运动。所以，资金也是组织重要的经营要素。组织的资金可以按不同标准进行分类：

(1) 按资金来源分，可分为国家投资资金、借贷资金和自有资金。国家投资资金是指国家根据组织的规模和资金周转情况等条件调拨给组织长期使用的资金。借贷资金是指组织通过银行贷款而取得的资金。自有资金是指组织自身具有所有权的资金。对于我国国有组织来说，自有资金是指国家拨给组织长期无偿使用的流动资金和按国家的规定组织积累而形成的资金；对于集体组织来说，自有资金是指组织成员自筹的和组织积累形成的资金。另外，股份组织发行股票所取得的资金，也可视为自有资金。

(2) 按性质可分为固定资金、流动资金和专项资金。固定资金是指组织一切固定资产的货币表现。流动资金是用于购买原材料、燃料、低值易耗品等物品、支付工资和其他生产费用的资金。专项资金是指固定资金和流动资金以外，为了适应某些专门需要和特定用途而设置的资金。目前，我国组织的专项资金按其来源又分为专用基金、专用拨款和专用借款三种。

4. 信息要素

所谓信息，是指具有情报、消息性质的新知识、新概念、新做法等。对组织而言，信息是指与组织生产经营活动有关的各种因素的动态反映。它一般是通过数据（包括字母、符号、数字）、图纸、报表、凭证、规章制度、指令等反映出来的。在科学技术迅猛发展，工业化社会已进入信息化社会的今天，信息、能源和材料已成为支撑经济社会的"三大支柱"，一些发达国家甚至认为经济信息是"第二能源"、"无形财富"。信息可以依据不同的标准进行分类。

(1) 按来源，信息可分为内源信息和外源信息。内源信息产生于组织自身的活动，如组织生产、销售、人事、财务、供应、制度等方面的情况。外源信息是指来自组织外部的信息。

（2）按取得的手段，信息可分为直接信息和间接信息。直接信息（也称第一手信息）是组织的信息机构通过调查研究直接取得的信息。间接信息（也称第二手信息）是他人搜集、总结的信息。

（3）按内容，信息可分为市场信息、政策信息、技术信息、生产信息和管理信息。市场信息是指有关市场情况的信息，如市场状况、市场占有率、市场潜力、竞争组织和用户情况、价格、流通渠道、销售服务等方面的信息。政策信息是指有关经济政策、技术政策、对外政策等方面的信息。技术信息是指有关技术发展情况的信息，如新产品开发、新技术发展、新工艺新材料利用等方面的信息。生产信息是指有关生产技术情况的信息。管理信息是指有关组织管理制度和方法发展变化情况的信息，如先进的管理制度和方法的产生和使用方面的信息。

（二）组织经营目标

组织要制定组织战略，仅仅有明确的组织使命和经营领域还不够，还必须把组织使命转化为各种具体的经营目标。组织使命的表述一般比较抽象，在战略制定与实施中，通常需要用经营目标的形式将组织使命具体化与明确化。

目标是组织在一定时期，按照组织经营思想，考虑到组织内外条件的可能，在完成组织使命过程中所预期达到的成果。目标是组织战略重要组成内容，它指明了组织的努力与发展的方向。

1. 经营目标的性质

（1）目标是组织在完成使命过程中所追求的最终结果，是实现组织使命和衡量组织工作的标准。它必须是"我们组织是干什么的"和"我们组织应该干什么"引导出来的。

（2）目标是一个体系，但不包罗万象，要突出重点，在各种需要和目标之间进行平衡。

（3）目标能使组织各种经营资源和管理力量集中使用。

（4）在组织生存的各层次、各领域都需要有目标，以保证组织战略目标的实现。

2. 经营目标的内容构成

（1）组织盈利能力。盈利是组织经营活动的内在动力。组织盈利能力通常以资本金利润率、销售利润率、成本费用利润率、营业利润率等指标表示。

（2）市场竞争地位。是指组织在市场上相对地位的提高，它通常以销售收入、市场占有率、市场覆盖率、实质增长率、市场扩大率，以及准时交货、售后服务项目、顾客抱怨或不满意度及比率等指标表示。

（3）市场目标。组织的目标是创造顾客，组织的基本职能是市场推销和创新，包括新市场开发和传统市场的纵向渗透。有条件的组织要走向国际市场。

（4）发展目标。包括通过资产流动、兼并、重组、组建组织集团等扩大组织规模；增加固定资产、流动资产，增加无形资产的投入，扩大经营能力；多产品或多产业经营发展组织；通过组织素质包括人员素质、技术素质、管理素质的提高来提高组织经营能力。

（5）资源目标。组织都要依赖人力资源、资金资源和物质资源从事经营活动，保证组织的生存和发展，因此需要有这三种资源供应发展的目标和反映其利用状况的生产率目标。

（6）社会责任目标。组织作为社会中的一个子系统，对社会负有一定的责任。组织不仅应有经济观念，还应有社会观念、公众利益观念及人类生存与发展观念。组织的社会责任包括两个层次：第一个层次是组织生产经营的直接关系，主要是指与组织直接发生的多种社会关系。主要包括组织与职工、组织与供应组织、组织与中间商、组织与顾客、组织与竞争组织的关系，等等。组织要实现战略目标，要使自己的产品得到市场实现，就必须调整好与供应组织、中间商、顾客、竞争组织的关系。第二个层次是组织生产经营的间接关系，主要是指组织的社会影响或组织的非市场关系。主要包括组织与国家各级政府、组织与各种社会团体组织（如妇联、工会、消费者协会、环境保护组织、宗教团体等）、组织与传播媒介（如报界、广播电台、电视台等）、组织与组织界赞助支持的组织（如体育界各种组织、残疾人组织、教育组织等）、组织与所在社区、组织与国际上的各种组织、团体组织的关系，等等。组织在力所能及的范围内要支持政府及各种社会团体组织的各项工作。

（7）职工福利目标。合理分配组织职工福利，有利于调动并发挥职工积极性，是组织经营的内在动力，是战略目标的重要组成部分。职工福利包括职工的集体福利设施与职工的工资、奖金水平。

四、组织的经营与管理

关于经营与管理的关系，国内外学者的看法不尽一致。管理过程学派的创始人、法国的大管理学家法约尔认为，经营是比管理大得多的概念，组织的经营具有六种职能，即技术职能（进行生产、制造和加工）、营销职能（采购、销售和交换）、财务职能（筹措和运用资金）、安全职能（保护设备和人员）、会计职能（盘点货物，编制资产负债表，进行成本核算和各种统计等）、管理职能（计划、组织、指挥、协调、控制等）。也就是说，管理只是经营的一个组成部分。日本的组织管理界则把组织的经营管理活动分为经营、管理和监督三个层次。与此相适应，把组织的经营管理人员也分为经营层、管理层和监督层。经营层是承担经营活动的主体，主要执行确定组织规模、决定最高人事任免、制定组织的基本目标和经营方针，编制长期计划和创办新事业计划等职能。管理层和监督层是承担管理活动的主体，主要负责编制实施计划、制定控制方法、报告生产技术活动情况、分配作业任务、指导监督作业计划的实施、改善作业环境等工作。可见，日本学者认为经营与管理是两个互相联系的并列的概念。美国的一些学者则认为，经营是管理的组成部分，"管理的重点是经营，经营的关键是决策"，就是这种意见的集中表述。

我们认为，在弄清了经营的含义后，如何理解经营与管理的关系，关键在于如何理解管理这一概念。广义的管理是指管理主体为了达到既定的目标，对管理对象所进行和所采取的一切活动和手段。这种意义上的组织管理就是指组织的经营管理人员，为使组织能生产出更多的符合社会需要的产品或劳务并取得最大经济效益所进行和采取的一切活动和手段。狭义的管理则是指管理主体对管理对象的业务活动的计划、组织、指挥、协调和控制。这种意义上的组织管理就是组织的管理人员对组织的生产技术活动的计划、组织、指挥、协调和控制。如果我们对管理和组织管理作广义的解释，组织经营便成了组织管理的一个组成部分；如果对管理和组织管理作狭义的解释，组织经营便成了与组织管理并列或者比组织管理更广的概念了。

不论如何理解经营和管理，两者都是既有联系又有区别。首先，两者的联系主要表现在：①两者的目标是一致的。不论开展经营活动，还是加强管理工作，目的都是为了确保组织能生存和发展下去，充分发挥组织各要素的潜力，以取得较好的经济效益。两者是相辅相成地对组织发挥作用的。经营决定着管理，管理服务于经营。没有正确的经营指导，管理会失去方向；没有科学的管理，经营则会落空。对现代组织来说，没有经营就谈不上管理；没有管理，也就无须经营。② 经营是管理发展到一定阶段的必然结果。管理是共同劳动的产物，而当共同劳动发展到商品生产阶段，组织与外界的联系越来越多，就要求不仅要进行管理，而且要求开展经营。经营的产生标志着组织管理发展到一个新的阶段。③ 经营活动与管理活动虽然有区别，但两者的区别并不是绝对的，而是相对的。经营中须进行管理，管理中仍要开展经营。例如，组织的市场营销活动基本上属于经营活动，但也包括对销售业务的管理活动；生产管理活动基本上属于管理活动，但在实际工作中有很多因客观情况变化而需重新决策的问题，这种决策也属于经营活动。

破解法不责众

有一个工厂，工人们比较散漫，迟到、早退成了顽症。对此，企业有过处罚规定，但是，法不责众，最后，只好睁一只眼、闭一只眼。

新上任的总经理，采用了一个办法。上班时，他守在大门口，记下最后一个到厂的工人；下班时，他记下第一个站到门口等候下班的工人。

在全厂大会上，总经理宣布取消这两个人的全年奖金。不到一星期，迟到、早退的问题就解决了。

（摘自《管理故事会》人民邮电出版社）

其次，经营与管理的区别主要表现在：① 经营是组织的上层管理人员即经营层承担的业务活动；管理则是组织的中下层管理人员即管理层和监督层承担的业务活动。因此，经营属于高层次的管理活动；管理是属于低层次的管理活动。② 经营所解决的大多是与组织的外部环境有关的问题；管理所解决的则大多是如何利用组织内部条件的问题。因此，研究外部环境，诸如市场需求、原料供应、竞争对手的变化情况及其规律等是经营的主要任务；而管理的主要任务则是合理利用组织内部各种要素的问题。③ 经营侧重于研究组织全局性、战略性问题，如指导思想、发展方向、奋斗目标、基本方针的制订问题；管理的侧重点则放在某些局部的、战术性问题的实施上。也就是说，经营是在综合全面地分析组织的内部情况的基础上，对组织的重大问题作出决策，而管理则是如何具体执行经营决策的问题。④ 经营不仅要考虑组织当前的问题，而且要考虑组织的长远发展问题；而管理则主要考虑如何组织当前的生产技术活动的问题。因此，作为经营者要有远见卓识，要有远大的抱负、较大的魄力和勇于担风险的精神；而作为管理人员则要具有脚踏实地、埋头苦干的务实精神和较强的组织与实践能力。⑤ 经营所涉及的问题主要是动态问题，它所要解决的是如何使组织适应不断变化的外部环境和内部条件，并在激烈的竞争中发展壮大起来的问题。管理所涉及的则主要是静态问题，它所要解决的是如何充分发挥组织现有的人力、物力和财力的综合作用的问题。⑥ 经营所接触的主要是非程序化问题，管理所接触的则主要是程序化问题。也就是说，经营所要解决的往往是没有现成的经验可遵循而多半要自己在实践中摸索的问题，因此，作为经营者必须具有创新精神。管理所需要解决的往往是例行问题，只要认真研究他人或过去的经验和做法就可以了，因此，作为管理人员，虚心学习、一丝不苟地工作的精神要比创新精神显得更为重要。

五、现代组织经营方式

目前，我国工商组织的经营方式主要有三种：承包经营，这是国有大型组织采用的主要经营方式；租赁经营，这是国有（或集体）小组织采取的主要经营方式；股份制经营方式，这是正在试行并将成为大中型组织基本经营模式的经营方式。

1. 承包经营

承包经营全称为承包经营责任制，是指在组织现存产权关系、行政管理机构和利益分配格局不发生根本变化的条件下，以收入刺激为核心，以合同形式确定国家与组织之间的责权利关系，把经营权交给组织，使组织在合同的约束下从事经营活动的一种经营方式。

承包经营的基本原则是："包死基数，确保上缴，超收多留，欠收自补。"承包经营的主要内容是：包上缴国家利润，包技术改造任务，实行工资总额与经济效益挂钩。承包制的具体形式可从不同角度归类：从国家与组织之间的利益分配关系划分，可分为上缴利润递增包干、上缴利润基数包干超收分成和上缴利润定额包干等三种形式；按承包指标的内容和范围划分，可分为单项承包和综合承包两种形式；按承包主体划分，可分为经理个人承包、全员风险承包和组织法人承包。

承包经营是组织经营方式改革的一种有益尝试。由于它可以根据组织和行业的不同情况确定组织承包的期限和基数，因而操作起来比较灵活，适应面较广，获得了较好的初始效果。20世纪80年代末期，承包经营已成为我国组织的主要经营方式。

应该看到，承包经营不是一种规范化的组织制度。承包的办法不够规范，承包基数和利润分配比例缺乏统一的标准，因而存在"小基数、争比例"的现象。随着组织改革的深化，承包经营的弊端日渐显露。主要表现在：

（1）政企很难真正分开。政府发包，组织承包，这种纵向的行政隶属关系同承包双方的横向合同关系相悖。政府往往在一些问题上用行政干预组织经营权。

（2）组织负盈但很难真正负亏。经营盈利，组织可以分利；经营亏损，政企双方均无解决问题的根本办法，只好摊在国家的身上。

（3）组织行为短期化。组织只承包一定时期内的上缴利税，对资产的损益并不承担直接责任，导致组织行为的短期化，谋求近期得利，甚至不惜"竭泽而渔"。

（4）不利于产生结构调整。承包制把组织分割为部门所有，使生产要素很难跨行业、跨地区在社会范围内优化组合。

之所以出现上述弊端，其根本原因在于承包制只注重强调落实组织经营责任，组织现存的产权关系不变。而明确的财产关系是现代市场经济得以运行的起码前提。综上所述，承包经营还是一种过渡性的组织改革。要深化组织改革，必须在财产制度层面上下功夫，界定组织产权，重构组织产权结构。

2. 租赁经营

组织租赁经营是以承租组织资产和经营权的综合运用为内容，以缴纳租金为基础，以自主经营、自负盈亏为实现机制，以租赁合同为法律形式的一种权责利相结合的经营方式。这种方式既是传统租赁中适于社会主义经济发展的合理因素的继承，又是对传统租赁的突破和发展。在经济体制改革的进程中，我国一些小组织推行了组织租赁经营方式。

组织租赁经营以国家的代表机构作为出租人，将组织资产出租给作为承租人的个人或集体去经营。除了应按国家规定缴纳税金和组织留利按比例提留以外，承租者还应向国家缴纳一定比例的租金。租赁期一般3～5年。在租赁期内，承租者要保证资产的完好和必要的更新。租赁期满后，资产所有权不发生转移。在租赁期间，承租者自主经营，上级主管部门不得随意干预组织正常经营活动。组织独立核算，自负盈亏。

我国组织的租赁经营是从个人租赁开始的。随着租赁经营的逐步推广和租赁机构的不断完善，相继出现了多种租赁经营形式。主要可归纳为下述几类：

（1）个人租赁。承租者为个人，由个人向国家承担组织经营的盈亏责任。这种形式的特点是国家通过租赁合同首先给经营者以动力压力，再通过他的工作使组织职工同生产资料相结合，进而发展生产。

（2）合伙租赁。合伙租赁是指两个以上的承租者共同与国家的代表机构签订租赁合同，共同经营组织，共同承担组织盈亏的责任。

（3）全员租赁。由组织职工代表大会推选出厂长（经理）代表全体职工签订租赁合同。承租者是职工全体，共同对组织的盈亏承担责任。这种形式的特点是职工集体经营，职工可通过各种形式对组织实行民主管理，有经营决策和发表意见的权利，并有权通过职代会罢免厂长（经理）。

（4）组织租赁组织。简言之，就是甲组织承租乙组织，甲组织承担乙组织的经营责任。可以跨行业、跨地区、跨所有制相互租赁。

综上所述，可以看出，几种租赁形式各有利弊，各有自己的适用条件。组织应结合自身的特点灵活选择。

3. 股份制

股份制是一种较为规范的组织制度，它是社会化大生产和发达商品经济发展的产物，在商品经济发达国家，股份制已成为普遍性的主导型组织制度。

（1）股份制组织的组织形式。股份制组织是全部注册资本由全体股东共同出资，并以股份形式构成的组织。股东依据在股份制组织中所拥有的股份参加管理、享受权益、承担风险，股份可在规定条件下或范围内转让，但不得退股。实行股份制，有利于明确组织的产权关系，有利于真正实行政企分开，有利于克服组织的短期行为，有利于组织筹集资金，有利于提高组织经济效益。

我国的股份制组织主要有股份有限公司和有限责任公司两种组织形式。

股份有限公司是指全部注册资本由等额股份构成并通过发行股票（或股权证）筹集资本的组织法人。其基本特征是：① 公司的资本总额平分为金额相等的股份。② 股东以其所认购股份对公司承担有限责任，公司以其全部资产对公司债务承担责任。③ 经批准，公司可以向社会公开发行股票，股票可以交易或转让。④ 股东数不得少于规定的数目，但没有上限。⑤ 每一股有一表决权，股东以其持有的股份，享受权利，承担义务。⑥ 公司应将注册会计师审查验证过的会计报告公开。

有限责任公司是指由两个以上股东共同出资，每个股东以其所认缴的出资额对公司承担有限责任，公司是以其全部资产对其债务承担责任的组织法人。其基本特征是：① 公司的全部资产不分为等额股份；② 公司向股东签发出资证明书，不发行股票；③ 公司股份的转让有严格限制；④ 限制股东人数，并不得超过一定限额；⑤ 股东以其出资比例，享受权利，承担义务。

（2）股份制组织的领导体制。股份组织领导体制由股东大会、董事会、监事会及总经理构成。

股东大会是股份公司形式下的最高权力机构，由全体股东参加。它既不对外代表公司，也不对内执行业务。股东大会由董事会召开，董事长是大会的当然主席。股东大会一般均定期举行，也有因特别事项召开的特别大会。股东大会具有下列权限：选举和解除董事会和监事会成员；决定股东红利分配比例；变更公司章程；增加或减少公司资本；审查董事会的工作报告及至关重要的财务表册，决定公司的合并或解散。这些权力，也正是股东大会的主要议程。

董事会是股东大会闭会期间行使股东大会职权的机构，是股份公司常设的权力机构，是股份公司的决策机构，负责处理公司的重大经营管理问题。董事会一般设董事长、副董事长、常务董事；董事长可以兼任总经理，也可以不兼任。董事会具有下列权限：执行股东大会决议；制定经营方针、资金投向等有关公司全局的重大问题的方案；选聘总经理、副总经理并规定其报酬和待遇；批准金额较大的合同和开支。

总经理是公司经营管理工作的首脑，秉承董事会的意志全权处理公司日常对内对外的一切事项。总经理的职责和权限是：依照董事会确定的经营方针规划全部经营，研究制定具体措施，并进行具体指挥；运用资金；确定内部组织机构并安排人选，调度各部门工作和人员；代表公司对外接洽事务；遇有重大而又无权决定的紧急事件，具有临时处置权，后报请董事会追认。

监事会是执行监督业务的法定代表，独立行使监督的职权。监事会由股东大会选出，代表股东大会执行监督的职能，与董事会处于相对立的地位。监事会的主要职责是：监视董事有无违背法定章程及股东大会决议的行为；调查公司资产状况，查核有关表册及资料；对董事会送交股东大会的工作报告和有关文件、表册进行核查（必要时会同会计事务所共同审核）；必要时，监事会可根据公司章程及公司法的规定，召开股东大会。

第二节　商务经营的环境与资源

现代组织是一个开放的经济系统，它的经营管理必然受客观环境的控制和影响。孙子曰："知己知彼，百战不殆。"组织制定经营战略，环境分析是关键。把握住环境的现状及将来的变化趋势，利用有利于组织发展的机会，避开环境威胁的因素，这是组织谋求生存和发展的首要问题。组织经营环境包括外部环境和内部环境两个方面。外部环境直接或间接地影响组织的发展，组织的内部条件决定了组织的竞争能力和应变能力。

不怕吃苦还怕啥

两位老人都患了绝症，住在同一间病房。一天夜晚，他们聊起自己的儿子。

来自城东的老人，退休后由儿子顶职。后来，工厂倒闭，儿子摆了一个自行车修理摊，月收入有千余元。

来自城西的老人，家境要好一些，他的儿子开了一家店，月收入上万元，而且在城里购了房、买了车。

> 城西老人说:"今年,我78岁,活到这个份上,知足了,只是有些牵挂儿子。"
>
> 城东老人笑了。
>
> 城西老人说:"我儿子从没吃过苦,他高中毕业后,我出钱给他开了店。最初的三年,年年蚀本。他结婚买房子,是我出的钱。儿媳生孩子,也是我出的钱。后来,店子赚钱了,但他太会花钱。要是我走了,谁还会帮他,那一家三口该怎么办呢?"
>
> 城东老人听完,第一次发现,自己的儿子虽然没本事,不会赚钱,却吃得起苦。一个能吃苦的孩子,还有什么好担心的?

一、商务经营的外部环境

1. 组织外部环境的含义

组织是现代社会经济的基本单位,它是组成整个社会大系统的一个小系统,组织的生存和发展必须以外部环境为条件。组织外部环境是指来自组织外部、影响组织生存与发展的各种因素的总称。组织系统的环境就是社会,社会的政治形势、经济发展、市场变化、科学技术进步和文化教育状况以及地理条件等,都会直接或间接地对组织产生影响,组织的生存与发展取决于组织对外部环境变化的适应程度、应变能力和驾驭能力。

2. 研究组织外部环境的必要性

环境是组织生存的土壤,组织从事经济活动时,所需的各种资源需要从外部环境的原料市场、能源市场、资金市场、劳动力市场中去获取。外部环境为组织的生存提供了条件,然而也会限制组织的生存。离开外部的这些市场,组织经营便会成为无源之水、无本之木。与此同时,组织转换用上述各种资源生产出来的产品或劳务也要到外部环境中去实现。没有外部市场,组织就无法销售产品,无法得到销售收入,生产过程中的各种消耗就不能得到补充,经营活动就无法继续,更谈不上扩展规模了。

组织的外部环境总是在不断变化的。科学技术在不断进步,人民生活水平在不断提高,文化教育在不断发展,这种种变化将给组织带来两种不同的影响:一种是为组织的生存和发展提供新的机会,比如新资源的利用可以帮助组织开发新的产品,执政者的变化可能导致经济政策的修订;另一种是对组织的生存造成某种不利的威胁,例如技术条件或消费者偏好的变化可能使组织原有产品不再受欢迎,组织要继续生存,就必须及时地采取措施,积极开展技术革新,努力改进产品性能。

组织外部环境的变化对组织的影响是不可忽视的。组织要利用机会,避开威胁,就必须充分认识外部环境;要认识环境,就必须研究外部环境,分析外部环境。这种研究不仅可以帮助我们了解外部环境现在的特点,而且可以帮助我们揭示外部环境变化的一一般规律，并据此预测它在未来的发展和变化趋势，以增强组织的环境适应性，保证经营决策的正确性，提高组织的竞争能力。

3. 影响组织经营的外部环境因素

组织外部环境的各种因素对组织都将产生一定影响，只是影响的方式有直接或间接之分，程度有深浅之分。组织的外部环境大致可以归纳为政治与法律、社会与文化、经济、技术、自然、需求与竞争、国际环境等七个方面。

（1）政治与法律环境。一个国家的政治和法律直接影响到组织的管理政策，它的稳定性也直接影响到组织长期计划的制订。政治和法律属于上层建筑领域，政治与法律环境由当权的政府营造，组织必须在既定的法律构架下从事生产和经营。

组织的政治环境是指制约和影响组织的各种政治要素及其运行所形成的环境系统，包括一个国家的政治制度、政党和政党制度、执政党和国家的方针政策、政治气氛、政权的稳定性、社会开放及民主程度、对工商组织的管制程度、对外国投资组织的管制程度、等等。组织的法律环境则是指与组织相关的社会法律系统及其运行状态。组织的法律环境包括国家的法律规范、国家司法与执法机关、组织的法律意识等。不同的国家有着各自不同的政治与法律制度，不同的政治与法律制度对组织的经营活动有着不同的限制和要求。即使政治制度不变的同一个国家，在不同历史时期，由于执政者的更换，政府的方针政策也将会发生变化，组织对于这些变化通常难以预测，然而变化产生后它们对组织经营活动的影响则是可以分析的。组织必须通过对政治环境的研究，了解国家和政府目前禁止组织干什么、允许组织干什么、鼓励组织干什么，从而使组织的经营活动符合国家利益，受到政府的保护和支持。

（2）社会与文化环境。一个社会的价值观、审美观、宗教信仰、风俗习惯、社会成员接受教育的程度等因素也会影响到组织的生产和经营。

社会是人群生活所组成的各种组织体及行为规范与态度的集合，组织只是社会大家庭中的一员。比较重要的社会组织有家庭、学术团体、公益团体、体育团体等社会团体。组织与这些社会组织同处共生，就不得不注意相互之间的影响和关系。

文化是人类社会所拥有的知识、信仰、道德、习惯和其他才能与偏好的综合体。从总体来看，文化环境的变化是缓慢的，但就一段时间比较，其变化还是十分明显的。文化的不断演变对社会中每一个组织而言都是一项重要的影响因素，对组织当然不会例外。文化水平会影响居民的需求层次，宗教信仰和风俗习惯会禁止或抵制某些活动的进行，价值观会影响居民对组织目标、组织活动以及组织存在的态度，审美观则会影响人们对组织的活动内容、活动方式以及活动成果的态度。

（3）经济环境。经济环境是影响组织经营活动的重要环境因素，包括宏观和微观两种经济环境。

宏观经济环境主要指一个国家的人口数量及其增长趋势、国民收入、国民生产总值及其变化情况以及通过这些指标能够反映的国民经济发展水平和发展速度。人口众多既为组织经营提供了丰富的劳动力资源，决定了总的市场规模庞大，又可能因其基本生活需求难以充分满足，从而构成经济发展的障碍；经济繁荣显然会为组织的发展提供机会，而宏观经济的衰退则可能给组织的生存带来困难。

微观经济环境主要指组织所在地区或所需服务地区的消费者的收入水平、消费偏好、储蓄情况、就业程度等因素。这些因素直接决定着组织目前及未来的市场大小。假定其他条件不变，一个地区的就业越充分，收入水平越高，那么该地区的购买能力就越强，对某种活动及其产品的需求就越大。一个地区的经济收入水平对其他非经济组织的活动也是有重要影响的，譬如国民在温饱问题没有解决之前，就很难主动地去关心环保问题，去支持环保组织的活动。

(4) 技术环境。任何组织的活动都需要利用一定的物质条件，这些物质条件反映着一定的技术水平，社会的技术进步直接影响这些物质条件的先进程度，从而影响组织经营活动的效率。组织的技术环境就是指一个组织所在国家或地区的技术水平、技术政策、新产品的开发能力以及技术发展的动向等等。技术的影响体现在新产品、新机器、新工具、新材料和新服务上。组织的产品必须反映当时的科技水平。如果科学技术进步了，而劳动者的技术跟不上，生产作业人员的操作技能和知识结构不能适应技术的发展，生产工艺、方法得不到改进，组织的产品就必然会被采用新技术的产品取代，组织就将得不到发展，甚至丧失生存机会。

(5) 自然环境。常言道，凡事得讲求天时、地利、人和。这里的"地利"就是指地理位置、气候条件以及资源状况等自然因素。

地理位置、地形、地质、气候、资源等自然环境与组织厂址的选择、原材料及能源的供应、设备和生产技术的采用、劳动力和资金的来源等有密切的关系。如在不同的地域环境中，人口构成、收入、消费水平和传统习惯等都各不相同，对产品的需求也不一样，一般要求组织与相关供应者建立稳定、合理的交易关系，避免因资源的短缺而影响组织的生产效率，因此组织必须认真分析地域环境的特点，有针对性地开展活动。

(6) 需求和竞争环境。需求环境主要是指社会（市场）对组织的产品或劳务的需求状况，包括用户情况、购买力、需求容量、潜在需求等这些最主要的直接环境因素。

用户对产品的总需求决定着行业的市场潜力，从而影响行业内所有组织的发展边界；不同用户的价格谈判能力会诱发组织之间的价格竞争，从而影响组织的获利能力。组织必须从这两方面研究用户的总需求、需求结构以及购买力，从而判断社会上对组织产品购买量的大小、市场潜在购买力的大小以及组织产品在人们生活中的重要性。

同时，组织对原材料及能源供应商也应进行一定的研究。组织生产所需的许多生产要素是从外部获取的。提供这些生产要素的组织也还需要生存和发展，它们也在研究自己的客户。所以，对供应商的研究也包括两个方面的内容，即供应商的供货能力或组织寻找其他供货渠道的可能性以及供应商的价格谈判能力。

竞争环境主要是指产品销售方面的竞争状况，包括竞争对手的状况、竞争态势、主要竞争策略和竞争领域、潜在的竞争因素等。

组织是在一定行业中从事经营活动的。美国学者波特认为，影响行业内竞争结构及其强度的主要有现有组织、潜在的参加竞争者、替代品制造商、产品用户以及原材料供应者等五种环境因素。组织在经营过程中，必须对现有竞争对手的基本情况、竞争对手的发展方向以及潜在竞争对手、替代品生产厂家进行全面分析、深入研究，并且及时调整经营战略和竞争策略，才能在激烈的市场竞争中立于不败之地。

（7）国际环境。国际环境是组织生存和发展的重要外围环境，它明显地体现出时代的特点和社会公众的要求。当前国际经济环境的特点是：① 全球信息化。互联网使得各国经济发展相互依存、相互渗透；信息的整合推动生产力的发展，促进产生生产力突破；光缆传输极大地提高了信息传递速度和时间利用率；信息化一方面使世界空间缩小，另一方面又使发展空间变大，虚拟市场、虚拟银行相应出现；而且信息化使组织再次集权，中层管理功能减退，生产者与消费者距离缩短、界限模糊，消费者与生产者可以相互合作。② 经济全球化。其最突出的特点是跨国公司的发展，使得各个国家、组织、管理者之间的距离越来越短，关系越来越密切，形成了相互依赖、相互促进、相互制约的复杂关系。③ 国际上组织之间的联合兼并出现高潮。由于竞争的需要，国际上许多大公司联合兼并已成为一种趋势，正在出现高潮。④ 知识经济正在世界崛起。知识经济以高科技产业为支柱，以智力资源为依托，使经济可持续化、资产投入无形化、决策管理知识化。

在如此国际经济环境下，当前国际组织管理出现了如下特点：① 重视整体社会目标。组织不仅追求经济利益，也重视对社会进步承担责任。② 重视精神激励。信息化和知识经济尤其重视精神激励，不仅要给予表扬，更重要的是要赋予更大的责任和权力。③ 重视知识和人才。组织要以人为本，重视专家的作用，发挥知识和团队的整合效应。④ 重视组织文化建设。通过组织文化建设用共同的价值观凝聚全体员工。⑤ 重视领导方式的转变。现代领导方式要求组织每个成员都有参与领导的机会，而且未来的领导是集体领导，是集中公众智慧、统一公众行为的领导。

4. 在竞争环境中争取主动权

为了让组织在激烈竞争的外部环境中立于不败之地，并且在竞争中求得更快的发展，组织必须在竞争环境中采取果断措施，争取主动权。

（1）收集信息。积极收集外部经营环境的有关信息，以便在竞争中做到知己知彼，对经常变化的市场进行客观的准确的预测。

（2）作好预测。通过专家，采用科学的方法，根据收集到的信息资料，进行认真、深入的分析研究，然后对市场竞争形势作出科学的判断和预测，为组织决策者作出合理决策提供依据。

（3）主动向环境开放。唯有主动向外部环境开放，才能汲取新鲜营养，才能实现新陈代谢、取优汰劣，才能使组织在不断更新的环境中提高自身的适应能力。

（4）主动适应和利用环境。对于客观的外部环境，特别是对于大环境，通常组织是无法改变它的，只能适应它；而外部环境中并非全是不利因素，往往有许多对组织有利的东西，组织应该在适应过程中紧紧抓住它，利用它发展自己。

（5）主动选择和改善环境。在适应环境的过程中，在条件允许对环境作出选择时，组织应毫不犹豫地主动作出选择，选择适合自己生存和发展的环境；在能力所及、政策许可的范围内主动改善环境，更好地发展自己的空间。

二、组织内部条件分析

1. 组织内部条件分析的意义

组织内部条件分析包括对组织所拥有的客观物质条件和主观经营状况的分析。对组织外部环境的研究所提供的情况，反映出对组织经营的有利机会或不利威胁；组织能否利用机会，避开威胁，要通过对组织内部条件的分析才能判断。具体说来，组织内部条件分析的意义在于：

（1）有利于组织抓住外部环境提供的机遇发展自己。不断变化的外部环境给组织带来了许多潜在的可以利用的机会，但是只有具备了利用这种机会的条件而且能够果断抓住这种机会的组织，才能真正利用这种机会发展自己，而是否具备利用这种机会的条件，必须通过内部条件分析才能得知。

（2）有利于组织进一步认清自我，扬长避短。通过组织内部条件分析，组织了解到自身的优势、劣势，并通过与竞争对手的对比，制定出与自身实力相适应的经营战略。

（3）有利于合理利用组织的有限资源。任何一个组织的资源总是有限的，实力也是有限的。组织的经营战略应该是，通过内部条件分析，了解自身的资源状况，将有限的人、财、物等资源用在刀刃上，将外部环境变化提供的机会变成组织出成果的现实，从而使资源发挥出最大的效益。

（4）有利于能动地改变组织的现状。通过内部条件分析，认真了解组织自身，既要了解物，更要了解人，了解全体职工，挖掘组织的潜力，能动地改变组织的现状，向更有利于打开局面的方向发展。

2. 内部条件分析的内容

组织内部条件分析主要针对组织素质（包括组织的技术素质、管理素质和人员素质），组织活力（包括组织的凝聚力、适应能力、生长能力、竞争能力和获利能力）以及组织的综合经济效益进行客观分析，有综合性内容分析和专题分析两种类型。

首先是综合性内容分析，指对组织系统及其子系统的运行状况和运营能力的分析，包括以下六个主要内容：

（1）基本情况分析：包括对组织经营目标与经营方针、经营战略与营销策略、组织改造等方面的分析。

（2）销售分析：指对销售计划、产销衔接、销售渠道以及营销业务开展状况等的分析。

（3）生产分析：指对生产计划、生产过程、质量管理、文明生产以及工艺、设备、运输、动力管理等的分析。

（4）科技工作分析：指对科技人员的结构及使用情况、科技开发等的分析。

（5）财务分析：主要指对资金的筹措和财务状况、盈利能力的分析。

（6）人力资源分析：着重于对人员结构与人员素质的分析。

其次是专题分析，指针对组织主要矛盾进行的重点内容分析，主要包括：

（1）产品营销能力分析：通过对组织的产品及其市场营销状况的具体分析，对产品营销实力作出综合评价，明确其优势、劣势及潜力，内容包括产品竞争能力、产品经营寿命周期、市场容量与市场占有率、产品获利能力以及经营实力。

（2）财务状况分析：财务状况分析综合反映组织生产经营效果，主要是分析组织的盈利能力，包括盈亏分析、资金利润率分析等。

三、组织经营的资源

组织资源是现代组织生存与发展不可缺少的前提，也是体现组织内在经营能力的一个重要要素。组织资源的多寡、资源质量的高低，对组织经营战略管理活动的成效具有重要影响，因为组织战略的本质就是建立相对于竞争对手的优势，而建立优势就要为组织寻求一个能够充分利用自身资源的合适条件。组织战略的制定就必须建立在对于组织资源能力结构的全面系统认识的基础上，才能找出实施组织战略的优势和劣势。

组织资源，泛指组织从事生产经营活动或提供服务所需要的人力、资金、物料、机器设备、组织管理、技术、信息等所具备的能力与条件。一般组织中主要有五类资源，即财力资源、物力资源、人力资源、技术资源和管理资源。

1. 财力资源

财力资源主要是指组织的资金实力。资金是组织财产和物资的货币表现，是组织的血液。为了发展经营事业，组织必须设法通过各种途径取得必要的资金，利用资金换取各项生产要素的投入，生产出社会需要的产品或劳务，将这些产品和劳务在市场上销售，使之再转换成组织经营管理活动得以继续发展的资金，促进组织发展。

研究财力资源的重点是建立中期和长期的财务优势，要把更多的注意力放在长期的组织净收入及总资产利用上；同时，还要计算出组织在计划期内为保持实施战略所要求的增长率而必须进行再投资的资金量，从而判断出组织能否单独依靠自己的内部的财力资源来支持预期的资金需求。如果不能依靠自己内部的财力支持组织的发展战略，组织就必须设法从外部筹集资金。

2. 物力资源

物力是生产的三要素之一，也是体现组织战略优劣的一个重要方面。厂房建筑、机械设备、储运工具以及原材料、零部件、办公设施等，都与组织的生产经营有密切关系，是组织实施发展战略所必须获取的物力资源。

组织物力资源主要分为生产制造、储运、销售以及事务处理四部分。从战略角度看，物力资源研究主要分析物力资源的获得、配置、能力限度、运用、维护和重置等问题。物力资源需要根据组织的战略目标，将资源投入的时间、种类、数量等进行周密的规划与调配，为有效地实施组织战略提供物质上的支援和保证。

3. 人力资源

组织经营管理的全部工作，从环境分析、制定战略到实施战略，都必须由人去执行。因此，人力资源是组织经营管理中最重要的资源，是一种活资源。人力资源管理的最终目的是要提高员工的工作效率。组织的人力资源主要包括组织高层领导、组织管理人员、组织技术人员、组织员工等。

4. 技术资源

科学技术是第一生产力。人类社会的发展历史，特别是近几十年来的实践，充分证明科学技术进步是推动社会进步的强大驱动力。科学技术的进步对组织的生存和发展的影响是全面的、深刻的，因此考察技术资源是分析组织内部条件非常重要的一个方面。组织技术资源主要包括：① 组织技术开发能力，包括技术开发的投资能力、技术创新应用能力、吸收外来技术的能力、技术专利数、技术开发人才结构与水平、高新技术的推广能力、相对于竞争对手的技术优势，等等；② 技术与市场信息；③ 组织产品质量状况及其保证体系；等等。

5. 管理资源

管理是指利用各种组织管理职能，有效地运用人力资源、资金、物资、机器设备、市场营销等五个要素，以获取得最大的经济效益。充分挖掘组织的管理资源，对于组织的发展是至关重要的，因为一个组织的人力、物力、财力总是有限的，只有通过科学有效的管理才能使有限资源发挥出最大效力。组织的管理资源主要包括组织管理信息网络系统、各项组织管理规章制度、生产和技术管理文献与国家标准、组织的管理组织机构及其指挥系统等。

最佳理由

我是老板的助理，主管销售。去年8月初，我和欧洲的一个客户洽谈一个大订单。客户要货急，交货期限定为一个月。签约时，我建议公司从实际出发，要么只接一部分活，要么就把生产时间打宽松些。老板不屑地说："这是块'肥肉'，全吃下，早交货早回款。有啥子困难嘛？我资金充裕，人手多的是，要是设备不够，可以外加工。"

眼看交货期快到了，生产任务还只完成了1/3。外商催问能否按时发运。我向老板汇报后，他挠了挠头皮，说："交不了货就要遭遇索赔。你能不能编个理由，把这事圆过去？"

我提出，产量上不去部分原因是停电造成的。老板听了，眼睛一亮，兴奋地说："好，就说我们这里给居民让电，主要是缺电影响了生产进度。"

我给外商发电子邮件，费了很大劲解释供电的"国情"。每到夏季电力紧张时，优先保证居民用电。这样一说，外商居然相信了，同意延期半个月交货，我们算躲过了一劫。

过了一周，由于承担外加工任务的那家厂设备维修，外派的活无法如期完成，我急得像热锅上的蚂蚁。再次汇报时，老板在办公室里踱着圈，突然问我："阿卫，什么情况下，我们未能按期履约而又不招致索赔？"我对他说："如属不可抗力或发生了自然灾害，可以免责。"

话音刚落，老板阴沉的脸上绽开了笑容："你就跟老外说，这里发生了飓风。"我反驳道："这里是内地，哪有这种可能性？""那就说工厂发生了火灾，厂房设备被烧毁。"我说这种事得有证据，还要负法律责任。老板急了，喃喃自语："这也不行，那也不中，你再琢磨个好理由。"

正在这时，生产部长进了办公室，说车间温度太高，有几个工人中了暑。老板叫他马上送工人去医院，接着，眼睛一转，对我说："这不就有了？你立即告诉老外，为保证工人的健康，我们避开高温，由原来三班倒改成了两班。老外喜欢讲人权，我估计说得通。"

邮件发出后，客户回电及时，同意交货时间再延期一周。老板见了，感叹道："老外咋这么好糊弄啊？"

（摘自《杂文报》）

第三节　商务经营的市场调查与预测

随着我国经济体制改革的进一步深化，特别是确立了以市场经济作为我国经济发展的基本模式之后，业内出现了"以销定产"的新格局，组织的经营必须在变化的市场环境中，充分做好调查研究和科学预测工作，满足消费需要，实现组织目标。

一、市场研究

1. 市场的概念

市场是社会分工和商品交换的产物，并随着商品经济的发展而发展。组织所需的生产资源来源于市场，按市场需要安排产品生产并在市场上销售，以获取经济效益。因此，市场是组织存在和发展的首要条件。

随着商品经济的不断发展，对市场的定义也在不断变化。一般认为，市场包括了如下三个方面的含义：

（1）人们习惯性认识的狭义的市场：市场是商品交换和劳务转移的场所。

（2）从经济学角度理解的广义的市场：市场是商品交换关系的总和，即哪里有社会分工和商品生产，哪里就有市场。

（3）从市场营销学的角度来解释的市场：市场是一群用户的集体名称，或者说市场是商品购买者的集合。这里所说的用户必须具备三个要素：① 具有某种需要满足的购买欲望；② 具有一定的可供支配的购买力；③ 具有获取某种产品的购买动机。

市场活动的中心内容是商品交易，它必须具备三个条件：存在买方与卖方；有可供交换的商品；有买卖双方都能接受的交易价格和交易条件。

就组织而言，在研究市场时，主要应该按"用户即市场"的观念来分析。如果某种产品拥有大量用户，也就拥有了一个广大的市场。

2. 市场的功能

市场功能是指市场机体所具有的如下职能：

（1）市场是实现商品交换、连接生产与消费的纽带。

（2）市场是组织进行营销活动的舞台，也是经济竞争的场所。

（3）市场是组织获取信息的主要来源。

（4）市场是组织销售产品、实现利润的场所。

（5）市场是一个国家繁荣经济、发展生产的必经通道。

3. 市场的分类与特点

从购买者的市场需求和购买动机的角度出发，一般可将市场分为消费品市场、生产资料市场和服务市场三大类。

（1）消费品市场：也叫消费市场，是消费者购买消费所需要的商品，以满足其物质和文化生活需要的最终产品的交换场所。

按照购销特点，消费品可分为日用消费品（如日用品、粮食、食盐等）、选购消费品（如玩具、服装、烟酒等）、高档消费品（如汽车、冰箱、空调等）。

消费品市场的特点主要表现在：① 需求的多层次性和多样性；② 非专家购买与购买的可诱导性；③ 购买的量小与多次性；④ 市场的小型与分散性；⑤ 购买的流动性大。

（2）生产资料市场：又称为工业品市场，它是组织、团体或个人为制造其他产品需要购买商品的市场。

生产资料市场的特点主要表现在：① 市场比较集中；② 购买者数量少而一次购买量大；③ 需求具有引发性和波动性，价格弹性小；④ 专用性强，技术要求高，行家购买，决策慎重。

（3）服务市场：服务市场是通过提供各种服务来满足消费者需要的一种特殊市场，

其本质是劳务经营。在这里，劳务是一种无形商品。服务市场随着社会的进步而得到了长足的发展，文化教育、金融保险、交通运输、医疗卫生、娱乐、旅游、广告等服务在人们的生活中显得越来越重要。

服务市场的特点主要表现在：① 无形性；② 直接性（服务过程同消费过程同时发生）；③ 品质差异性；④ 即时性（无法储藏待用）。

4. 市场环境

市场也是组织经营环境的一部分，甚至可以说是组织经营环境的核心部分。任何组织都是在不断变化的社会经济环境中运行的。组织外部的各种力量深深地影响着组织经营的营销活动。环境力量的变化，既可以给组织营销带来机遇，也可以给组织形成某种威胁。因此，全面、正确地认识市场营销环境，注意监测各种外部环境力量的变化，对于顺利开展营销活动具有十分重要的意义。

组织的市场营销环境由微观市场环境和宏观市场环境构成。

微观市场环境影响着组织服务其目标顾客的能力。组织首先通过市场获得用户的需求信息，根据需求信息选择产品的生产方向和生产规模；通过供应环节取得人、财、物等资源，组织产品生产；运用直接或间接销售方式向用户提供适销对路的商品，满足消费者的需要。在市场中，组织将面临争取用户和销售渠道、供应渠道等方面的竞争。

宏观市场环境由一些大范围的社会约束力量如政治、经济、法律、人口、自然、技术、文化等构成，它影响组织的微观市场环境。组织必须认真研究，以适应这些环境因素的变化与影响。

改 行

美国有一家规模不大的缝纫机厂，在第二次世界大战中，生意萧条。厂主杰克看到百业俱凋，只有军火是一个热门行业。于是，他把目光转向未来市场，他告诉儿子，缝纫机厂需要转产，生产残疾人用的小轮椅。儿子大惑不解，但还是遵从了父亲的意愿。

经过设备改造，一批批小轮椅面世。随着战争的结束，许多受伤致残的士兵和平民纷纷购买小轮椅。杰克工厂的订货者盈门，产品不但在本国畅销，连国外也有市场。

超前思维，预测未来，才能抓住机遇，在商战中游刃有余，立于不败之地。

（摘自《家庭百科报》）

二、市场调查

1. 市场调查的概念

所谓市场调查，是指运用科学的方法，有目的、系统地收集、记录、整理和分析与市场有关的信息资料，了解市场过去和现在的营运状况，为组织进行经营预测和制定经营战略提供依据。由此可知，市场调查有以下特点：

（1）市场调查是一种管理手段，目的在于提高组织经营的效果。

（2）市场调查具有协助解决问题的功能，从调查分析中可以得到解决问题的办法。

（3）市场调查的进行必须符合科学的原则。市场调查所采用的询问法、观察法、实验法等，都必须符合科学的要求，在市场调查中必须尽量保持客观的态度，对所有事实不抱成见，资料收集应力求完整，并依据一定的设计和逻辑推理，进行系统的整理与分析。

2. 市场调查的重要性

市场调查是组织了解市场、认识市场的一种行之有效的方法，它对组织的生产经营活动有着十分重要的作用，主要表现在：

（1）通过市场调查，组织可以了解社会需要什么产品，什么人需要，为什么需要，需要多少，为组织生产符合市场需要的产品提供科学依据。

（2）从市场调查提供的信息中，可以分析产品的寿命周期，为组织制定开发新产品、整顿或淘汰老产品、决定产品寿命周期中各个阶段的市场策略提供了依据。市场调查是组织进行经营决策和制订经营计划的前提。

（3）市场调查可以帮助组织合理选择分销途径、流通渠道，是组织开拓市场的有效手段。

（4）市场调查有利于加强推销活动和售后服务，有利于降低销售成本，而且能帮助"矫正"决策和计划，是提高组织管理水平的有力措施。

3. 市场调查的内容

市场调查的内容相当广泛，包括一切与组织有关的社会、经济、政治环境和日常活动范围内的各种现象的调查研究。凡对组织生产经营活动有直接或间接影响的信息资料都应搜集。市场调查可以是专题性调研，也可以是对广泛问题的调研。主要有：

（1）对市场需求和销售趋势的调查。组织要对市场的现实需求和潜在需求作出量的分析，调查消费者的购买动机和购买行为以及影响消费的各种因素，用数量表示出市场的需求状况及销售趋势，及时掌握市场的供求关系及其变化规律。

（2）对本组织营销策略的调查。这主要是对本组织产品、价格、促销和销售渠道等方面的调查，通过市场调查了解组织营销策略的实施情况，以便提出改进措施，扩大市场或转换市场。

(3) 对竞争者的调查。这主要是指调查竞争对手的数量、规模、市场占有率和竞争产品的质量、性能、价格、服务情况、市场信誉以及采用新技术、开发新产品的情况等；还包括对潜在竞争对手的调查，了解同类组织生产技术水平和经营特点。只有这样，才能知己知彼，生产出竞争能力更强的产品来占领市场。

(4) 对其他不可控因素的调查。这主要是指组织还需要对无法控制的政治、经济、社会文化环境以及科学技术等因素进行调查，要了解国家宏观政策和控制方式的变动对市场销售及产品生产的影响，以便对市场进行综合分析。

4. 市场调查的方法

市场调查的方法，按调查方式划分，有直接调查和间接调查；按调查范围分，有全面调查和抽样调查。直接调查法中常用的有询问法、观察法、实验法以及抽样调查法。

(1) 询问法：指调查人员将所拟的调查事项，通过各种方式向被调查者发问或征求意见，以收集所需的市场信息。它又分为面谈、电话、邮寄、问卷等方式。

(2) 观察法：让调查人员在现场直接或借助仪器观察、记录被调查者的行为和表情，从而收集有关市场信息的方法。该方法并不使被调查者感到正在被调查，因此调查准确度高，但观察不到被调查者的内在因素。

(3) 实验法：指调查人员通过设置或选择一定的环境条件，或在具有代表性的实际市场上先试用或试销一部分产品，分析效果后再决定是否大规模营销的方法。该方法可用于新产品投放市场或老产品改变质量、包装、设计、价格等，也可用于市场饱和程度的实验。

(4) 抽样调查法：对一般生活资料消费者通常采用抽样调查法。所谓抽样调查法，就是根据数学概率理论，在母体（全部）调查对象中，随机选择其中的一部分（样本）进行调查，以获得总体情况的方法。

5. 市场调查的步骤

市场调查的程序通常由七个步骤组成：

(1) 确定问题。应让调查人员明确解决哪些问题以及问题的重点所在，以便设计一个完备的调研方案。

(2) 选择调查途径。需要调研的问题确定之后，应根据调查目的，决定搜索资料的范围，提出获得所需资料的途径。

(3) 决定调查方式。根据资料的性质决定所采用的调查方式。

(4) 抽样设计。如果选用抽样调查，应根据调查的对象确定抽样的范围、选择样本的方式、决定样本的大小。

(5) 现场收集资料。包括对现场搜集资料人员的选择、训练、控制和考核等。

(6) 资料分析整理。通过对搜集来的资料进行分析、鉴别、整理，使之系统化、简单化和表格化，达到准确、完整、实用的目的。

(7) 编写调查报告。围绕调查目的，突出重点、简明扼要地将调查过程和调查结果作出中肯客观的报告，供组织主管人员在决策时参考。

三、市场预测

1. 市场预测的概念及作用

预测是人们对未来不确定的事物进行推断和预见的一种活动。它是对客观实践中各种各样的事物未来发展变化的趋势以及人类实践活动的结果所做的预先分析和估计。人们研究未来，目的是为了探索客观事物未来的发展趋势和内在规律，指导人们的行为，按照客观规律办事，力求趋利避害，以便科学地改造客观世界。预测绝不是凭空想象和猜测，而是根据过去和现在的客观实际资料，运用科学的方法，探求事物发展的规律。同时，任何预测都不可能百分之百地正确，因此预测通常只具有一定的可信度。从这个意义上讲，所谓预测就是指以一定的可信度，采用科学的预测技术，对事物未来趋势进行估计或描述。

> 《庄子》一书中讲了这样一则寓言：宋国一家人，有一祖传秘方，冬天涂在手上不生冻疮且皮肤不会皲裂。这家人靠这个秘方世世代代漂泊为生。有人路经这里，听说有此秘方，提出用一百两金子来买他们的秘方。客人买到手后，就去南方游说吴王。吴越地处海疆，守卫国土主要靠海军。他游说吴王成功，做了吴国的海军司令，替吴国练兵。到了冬天，吴越两国发生了海战，吴国的水兵涂了他的不皲之药，不怕冷、不生冻疮，结果打败了越国，此人因之立了大功，割地封侯。由此可见，同样一件东西，眼光不同，用法不同，会取得不同的效果，成就不同的事业。

市场预测是组织经营活动中一项十分重要的基础工作。所谓市场预测，是指在市场调查的基础上，借助一定的历史资料，采用科学的预测技术，对未来一定时期市场供需变化及其发展趋势进行估计、分析和推断，为组织选择目标市场和服务方向，制订生产经营计划和营销策略提供依据。它具有以下作用：

（1）市场预测是组织制订经营计划的重要依据。组织要生存，领导者就必须时刻注意市场的变化，对市场的变化趋势作出准确的预测，获得产品畅销或滞销的信息和资料，才能为组织制订出符合市场客观需要的生产经营计划，才能使制订的计划有效地贯彻执行，实现产销平衡，提高组织的经济效益。

（2）市场预测是组织经营决策的依据。在瞬息万变的现代市场中，必须通过分析大量的市场信息及时作出正确的决策，才能确保组织在激烈的市场竞争中立于不败之地。

（3）市场预测是组织转换机制的需要。在市场经济体制下，组织必须转换经营机制，而只有通过作好市场预测，针对具体情况采取不同对策，才能提高组织的竞争力，使组织成为自主经营、自我发展的经济实体。

（4）通过市场预测，可以掌握市场需求变化的动态，以便合理地安排生产，及时地调整计划，在经营产品的品种、规格、数量和质量方面，在投资和新产品开发方面与市场需求相适应，满足市场需求。

（5）加强市场预测，能够比较准确地掌握市场供求变化情况，指导组织的生产经营活动，合理使用人力、物力和财力，提高生产效率。市场预测是提高组织经营管理水平的重要手段。

2. 市场预测的种类

（1）按预测的内容分，市场预测可以分为市场需求预测、市场占有率预测、价格预测、消费者购买行为预测、促销策略预测等。

（2）按预测的时间分，市场预测可以分为短期预测、中期预测和长期预测。

（3）按预测的方法分，市场预测可以分为定性预测和定量预测。定性预测是指根据个人的经验和知识，判断事物未来的发展趋势和状态。定量预测是指利用一定的统计资料，凭借一定数学模型推算事物未来的发展趋势和状态。

3. 市场预测的程序

为了保证市场预测工作卓有成效地进行，必须按预测工作的程序加强组织工作。

（1）确定预测目标。提出预测课题，确定预测应达到的目标及要求，有的放矢地去收集信息资料。

（2）制订预测计划。作好预测工作的组织分工，确定收集信息资料的方式，做好经费预算等，保证预测工作有条不紊地进行，并在执行中及时修改和调整计划。

（3）收集分析资料。根据预测对象、目标和计划，进行大量的市场调查，确保所收集的信息资料的代表性、完整性和可靠性。对收集到的信息资料要进行严格的审校，保证数据的准确性。

（4）选择预测方法。为了获得可靠的预测结果，必须对信息资料进行动态分析，选择合适的预测方法并建立预测模型。

（5）开展预测工作。根据已获取的信息资料，利用选定的预测方法与模型进行预测。

（6）评价预测结果。预测结果是建立在预测模型的基础上的，必然有一定的误差，预测结果的合理程度如何，必须进行分析评价，以得到正确的结论。分析评价的内容有：① 影响预测结果的内部和外部因素；② 内外因素对预测结果影响的范围和程度；③ 预测结果的可能偏差及偏差分析；④ 考虑是否对预测结果进行修正。如果预测结果未达到预测目标的要求，预测误差不在允许的范围内，则需回复到以前的步骤，重新确立预测目标，再度进行预测。

(7) 提出预测报告。如果预测结果满足预测要求,则可写出预测报告,以供领导决策之用。

预测程序如图 2-2 所示。

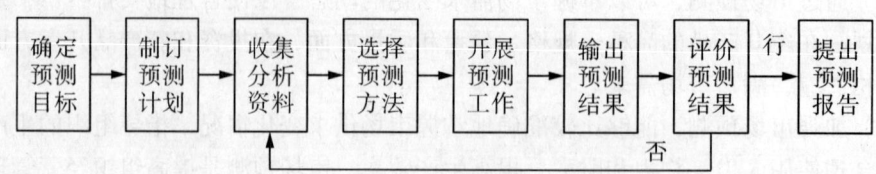

图 2-2 预测程序

4. 市场预测的方法

市场预测使用的预测方法很多,当可依据的资料不充分时,可以采用定性的预测方法;当历史资料比较充分而又可靠时,则可以采用定量预测方法。

定性预测方法主要有以下几种:

(1) 个人判断法。指由决策人凭个人经验对客观事物进行分析判断,预测未来的情况。

(2) 综合判断法。也称专家会议法,是由组织负责人召集各部门负责人或营销人员,广泛交换意见,预测未来的情况,然后将不同人员的预测值进行综合,得出预测结果的方法。

(3) 头脑风暴法。亦称畅谈会法,简称 BS(Brain Storming)法,是在组织专家会议的基础上,遵循以下两个原则:一是对别人的意见不允许批驳、批评,创造一种畅所欲言的气氛;二是鼓励独立思考、开阔思路、自由奔放地提出方案,不要重复别人的意见,设想和方案越多越好,不受限制,不要怕相互矛盾。

(4) 使用者期望法。指某些组织只有少数大顾客,以这些顾客的预期需要为基础做出有效的预测。

(5) 专家调查法。也称为德尔菲法。专家调查法预测,是专家通过对未来的发展所作出的判断,经过对专家集体意见进行汇集、整理、分析,找出事物的未来发展趋势。这种方法选择好专家是预测成败的关键。

德尔菲法的工作程序是:

第一,建立预测机构,编制预测工作计划;

第二,制订预测提纲,拟定预测主题、预测项目、预测要求及工作时间表;

第三,选择预测专家,设计调查征询意见的表格,并收集可供专家参考的资料;

第四,确定预测专家名单并加权编号;

第五,以匿名的形式向专家发送预测调查表格与相关资料并定期收回,完成第一轮函询与预测;

第六,将专家们的预测意见汇总后再分别反馈给各位专家,供专家参考并修正意见,如此反复多次,直至专家意见基本趋于一致为止;

最后,汇总预测结果并进行技术处理,提出预测报告,则预测工作完成。当最后一轮专家们意见有差距时,可采用加权平均法推定预测值:

$$推定预测值 = \frac{最乐观估计值 + 4 \times 最可能估计值 + 最悲观估计值}{6}$$

德尔菲法具有匿名性质,在整个预测过程中,参与预测的专家们互不见面,由主持人采用匿名方式安排专家们独立地发表意见,进行交流和沟通,避免了专家之间权威、长者等因素的影响。同时,由于反复多次地交流与反馈信息,使专家们充分进行思考和修改自己的意见,因而预测结果有较大的可靠性和权威性。这种方法比较适用于新产品、新技术和新市场的开拓。

与定性预测法对应的是定量预测方法。在经济活动中常见的定量预测方法大致如下:

(1)时间序列法,主要包括以下五种方法。

第一,简单平均法。简单平均法也叫算术平均数法,是将按时间顺序发生的历史数据求简单平均值,以简单平均值作为预测值的预测方法。其计算公式如下

$$\bar{x} = \frac{x_1 + x_2 + x_3 + \cdots + x_n}{n} = \frac{\sum_{i=1}^{n} x_i}{n} \tag{2—1}$$

式中:$\bar{x}$——算术平均数;

x_i——($i = 1, 2, 3, \cdots, n$)总体各单位的标志值;

n——总体单位数。

第二,加权平均法。加权平均法是对距离预测期远近不同的历史数据赋予不同的权数,然后求加权平均值,以加权平均值作为预测值的预测方法。其计算公式如下

$$\bar{x} = \frac{x_1 f_1 + x_2 f_2 + x_3 f_3 + \cdots + x_n f_n}{f_1 + f_2 + f_3 + \cdots + f_n} = \frac{\sum x_i f_i}{\sum f_i} \tag{2—2}$$

式中:$\bar{x}$——加权算术平均数;

x_i——($i = 1, 2, 3, \cdots, n$)代表各组的标志值或各组的组中值;

f_i——($i = 1, 2, 3, \cdots, n$)代表各组的频数或权数。

从公式中可以看出,加权算术平均数受两个因素的影响,其中一个因素是各组的标志值或各组的组中值,另一个因素是各组的频数。在各组标志值或各组组中值保持不变的情况下,各组频数越大,则该组标志值或组中值对平均数的影响越大;反之,影响就越小。此处,各组频数具有权衡轻重的作用,所以又将其称为权数。

第三,移动平均法。移动平均法是将按时间顺序发生的历史数据,先分段,再移动求每一段的平均值,把简单平均改为分段平均,即按各期销售量的时间序列逐点推移,然后根据最后的移动平均值来预测未来某一期的销售量。利用这种方法可以看出数据变

化的过程和演变趋势。其基本公式为:

$$\overline{Q}_t = \frac{Q_t + Q_{t-1} + \cdots + Q_{t-N+1}}{N} \qquad (2-3)$$

$$(t = N, N+1, T)$$

式中:$\overline{Q}_t$——第 t 周期的移动平均数;

Q_t——第 t 周期的实际销售量;

N——每一分段内的数据点的数目;

t——时间序列下标;

T——时间序列的最后一时点。

在上式中,当 N 为 1 时,每一分段内仅有一个数据点,$\overline{Q}_t = Q_t$。

当 N 为所有数据点总数时,所求的平均数就是简单算术平均值,即:$\overline{Q}_t = \frac{1}{N}\sum_{t=1}^{N} Q_t$。

为使用计算机进行计算,还可推导出计算移动平均值的递推公式:

$$\overline{Q}_t = \overline{Q}_{t-1} + \frac{Q_t - Q_{t-N}}{N} \qquad (2-4)$$

例 2-1 某组织 2002~2007 年的销售额统计资料如表 2-1 所示,试用移动平均法预测 2008 年、2009 年的销售额。

表 2-1 某组织的销售额统计资料　　　　　　　　　　　　万元

年份	销售额 x_i	三期平均数	变动趋势值	年均趋势值
2002	40			
2003	44			
2004	48	44		
2005	46	46	2	
2006	50	48	2	2
2007	54	50	2	

【解】预测过程如下:

第一步:计算相邻三年的销售平均数。一般说来,选择的期数少,则反映波动灵敏,但预测误差大;选择的期数多,则反映波动平滑,预测较为精确。由此前三年的销售额平均值为 $x_1 = \frac{40+44+48}{3} = 44$,依次类推,求出 x_1,x_2,x_3,x_4 填入表中。

第二步:计算相邻两个平均值的差,即平均值的变动趋势,如 x_1 和 x_2 之差为:$46 - 44 = 2$。

依次类推,计算其余变动趋势值,填入表中。

第三步：计算变化趋势值的平均值，即三期平均发展趋势：$\frac{2+2+2}{3}=2$

第四步：预测 2008 年和 2009 的销售额。最后三年的平均销售额为 50 万元，加上最后一期平均发展趋势值乘以间隔期的积，即为预测期的预测值。

如此，2008 年的预测值 $=50+2\times2=54$（万元）

2009 年的预测值 $=50+2\times3=56$（万元）

第四，加权移动平均法。移动平均法虽然考虑了销售量增减的趋势，但却没有考虑各期资料的重要性。加权移动平均法就是在计算平均数时，再把每期资料的重要性考虑进去，即把每期资料的重要性用一个权数来代表，然后求出每期资料与对应的权数乘积之和。计算公式是：

$$Q=\sum_{i=1}^{t}C_iQ_i \qquad (2—5)$$

式中：Q——销售量预测值；

Q_i——资料第 i 期的实际销售量；

C_i——第 i 期资料的权数。

权数的选择可按需要加以判断，一般情况下，越近期的资料权数越大，因为其实际销售额正是最近发生的状态。资料期中各期权数之和应等于1。

第五，指数平滑法。这实际上是加权移动平均法的特殊形式，也称指数移动平均法。指数平滑预测法为美国人 R.G. 布朗所创，在美国多年来得到普遍采用，常用于工业组织的短期预测。其计算公式为：

$$Q_t=\alpha\cdot S_{t-1}+(1-\alpha)\cdot Q_{t-1} \qquad (2—6)$$

式中：Q_t——本期预测值；

S_{t-1}——前期实际销售量；

Q_{t-1}——前期预测值；

α——平滑指数。$(0<\alpha\leq1)$

例 2-2　某拖拉机厂 2000～2008 年的造机马力如表 2-2 所示，试预测 2009 年的造机马力（设 $\alpha=0.90$）。

表 2-2　某拖拉机厂近年来的造机马力　　千匹

年　份	2000	2001	2002	2003	2004	2005	2006	2007	2008
造机马力	180	184	175	182	178	176	182	174	184

【解】按式 2—6 计算，得：

$Q_0=180$

$Q_1=0.90\times184+(1-0.90)\times180=183.60$

$Q_2 = 0.90 \times 175 + (1 - 0.90) \times 183.6 = 175.9$

$Q_3 = 0.90 \times 182 + (1 - 0.90) \times 175.9 = 181.4$

$Q_4 = 0.90 \times 178 + (1 - 0.90) \times 181.4 = 178.3$

$Q_5 = 0.90 \times 176 + (1 - 0.90) \times 178.3 = 176.2$

$Q_6 = 0.90 \times 182 + (1 - 0.90) \times 176.2 = 181.4$

$Q_7 = 0.90 \times 174 + (1 - 0.90) \times 181.4 = 174.7$

$Q_8 = 0.90 \times 184 + (1 - 0.90) \times 174.7 = 183.1$

于是解得 2009 年该拖拉机厂的造机马力预测值为 $\hat{P}_{2009} = 183.1$（千匹）。

平滑指数 α 是新旧数据在平滑过程中的分配比率，其数值大小反映了不同时期数据在预测中的作用高低，α 愈小，则新数据在平滑值中所占的比重愈低，预测值愈趋向平滑，反之则新数据所起的作用愈大。

确定 α 值时，应注意以下几点：

首先，当对初始值有疑问时应取较大的 α 值，以便扩大近期数据的作用，减少初始值的影响，一般取 0.60～0.99；

其次，当时间序列有迅速且明显的变动趋势时，宜取较大的 α 值，以使新数据对平滑结果有较大的作用，一般取 $\alpha = 0.30 \sim 0.60$；

最后，当时间序列变化较小时，宜取较小的 α 值，一般取 0.10～0.30。

采用指数平滑法进行预测时需要考虑的另外一个问题是确定合适的初始值。一般说来，如果给定的时间序列足够长，如数据点在 20 以上，这时初始值要经过较长的平滑链，对平滑结果的影响很小，可令其等于时间序列的第一个数据值。其次，可取时间序列前几项的算术平均值作为初始值，而对较短的时间序列，则应该用统计估计法计算出初始值。

（2）因果关系法。一般有两种：一种是确定型的因果关系，如函数关系；另一种是非确定型的因果关系，也称相关关系，回归分析讨论的就是非确定型的因果关系。由于回归分析法预测的基础是因果关系，因此预测的可靠性高，预测的适用性强，一般适用于长期预测。

回归分析法是一种典型的因果关系预测法，它是根据各种经济现象之间的相互关系来进行预测的方法。

由于任何事情的发生都有一定的原因，一定的原因引出一定的结果，回归分析便是通过因果关系，利用数理统计学的回归分析来找出事物变化的内在规律，从而进行预测。工业组织用得最多的是一元线性回归分析，研究两个变量之间的相关关系，即一个因变量的值是如何随着一个自变量的值的变化而变化。

用一元线性回归分析法进行预测，要经过下列几个步骤：

第一，建立通用的一元线性回归方程。

一元线性回归方程的基本表达式为：

$$\hat{Y}_F = a + bx \quad (2—7)$$

式中：$\hat{Y}_F$——对未来的预测值；

a——回归常数；

b——回归系数。

第二，求出具体问题的一元线性回归方程，即根据预测对象的有关资料求出回归常数和回归系数。其常用的方法有两种：一种是简易求法，另一种是最小二乘法。下面仅介绍简易求法。

简易求法亦称平均值法。具体求法是：将自变量和因变量组成的成对数据平均分成两组，分别代入通用的一元线性回归方程得两个方程组，再将各组内的所有方程分别相加得到一个二元一次联立方程组，解之即得到回归常数 a 和回归系数 b，然后再将 a、b 值代入通用的一元线性回归方程，即得到具体问题的一元线性回归方程。

例 2-3 某水泥厂发现其年利润与年调查费的支出额有关，已知过去 6 年的统计资料如表 2-3 所示，试用平均值法求一元线性回归方程。

表 2-3 某水泥厂的统计资料　　　　　　　　　万元

年 份	1999	2000	2001	2002	2003	2004
年调查经费 x	3	4	5	4	6	8
年利润总额 y	180	260	320	280	370	420

【解】将表 2-3 中 6 组 x、y 值平均分成两份分别代入通用的一元回归方程，然后分别相加，得：

$$180 = a + 3b \qquad\qquad 280 = a + 4b$$
$$260 = a + 4b \qquad\qquad 370 = a + 6b$$
$$320 = a + 5b \qquad\qquad 420 = a + 8b$$
$$\overline{760 = 3a + 12b} \qquad\quad \overline{1070 = 3a + 18b}$$

由此得到二元一次联立方程组 $\begin{cases} 760 = 3a + 12b \\ 1070 = 3a + 18b \end{cases}$

解上述联立方程组得：

$a = 46.65$，$b = 51.67$

将求得的 a、b 值代入通用的一元线性回归方程，即得到本问题所需的一元线性回归方程为：

$$\hat{Y}_F = 46.65 + 51.67x$$

第三，检验回归方程是否有意义。上述所得一元线性回归方程是在假设两变量之间一定有相关关系的前提下求出来的，而实际工作中，有的问题可用回归直线来表示，有的问题则不能用回归直线来表示，因此求得的一元线性回归方程是否有意义，还要用相关系数来检验。

相关系数是描述两个变量线性关系密切程度的数量指标，通常用符号 r 表示，其估算公式为：

$$r = \frac{\sum x_i y_i - n\bar{x}\bar{y}}{\sqrt{(\sum x_i^2 - n\bar{x}^2)(\sum y_i^2 - n\bar{y}^2)}} \tag{2—8}$$

当 $0 < |r| < 1$ 时，$|r|$ 愈接近于 1，x 与 y 线性关系愈密切，$|r|$ 愈接近于零，x 与 y 线性关系密切程度愈小。

第四，预测。将事先确定的自变量 x_i 代入求得的并经检验是有意义的一元线性回归方程中，即可得到所需求的预测值。

例 2-4 如例 2-3 中，设 2005～2008 年的调查经费分别为 9、10、13、15 万元，试预测今后 4 年该水泥厂的年利润各是多少？

【解】 将该水泥厂预计的 2002～2005 年的调查经费分别代入到一元线性回归方程 $\hat{Y}_F = 46.65 + 51.67x$ 中，即得到今后 4 年该水泥厂的年利润预测值：

$\hat{Y}_{2005} = 46.65 + 51.67 \times 9 = 511.68$（万元）

$\hat{Y}_{2006} = 46.65 + 51.67 \times 10 = 563.35$（万元）

$\hat{Y}_{2007} = 46.65 + 51.67 \times 13 = 718.36$（万元）

$\hat{Y}_{2008} = 46.65 + 51.67 \times 15 = 821.70$（万元）

除一元线性回归分析外，其他预测因果关系的方法还有结构比例法、边际成本法等。

时间序列法和因果关系法组成完整的定量预测方法。因果关系预测法需要应用经济统计学和数学理论的线性代数、概率论等知识进行推导计算分析。由于篇幅的问题，我们就不作推导，希望读者自学掌握这几种方法。

第四节　商务经营战略与决策

面对瞬息万变的经营环境，面对世界范围的新技术革命浪潮的冲击和挑战，每个组织都会不同程度地感受到市场竞争的压力和风险。有的组织在强手如林的竞争中默默地退出舞台，有的组织却能适应动荡的经营环境，在竞争中得到生存和发展。究其原因，关键在于决策者能否综观全局，高瞻远瞩，富有创新意识和战略眼光，能够在环境分析的基础上制定出合理的战略目标，选择好战略重点，并制订战略实施方针以及战略实施计划。

一、经营战略概述

1. 经营战略的含义

组织经营战略思想萌生于 20 世纪 20 年代,形成于 20 世纪 60 年代,在 20 世纪 70 年代得到了进一步发展。组织经营战略的产生是组织管理实践和管理理论两方面共同发展的结果。从实践来看,第二次世界大战以后美国经济在 20 世纪五六十年代进入空前繁荣时期,新技术、新产品和新行业不断涌现,市场竞争日益加剧,商场犹如战场,出现你死我活的激烈景象;随着生产力的发展,组织规模和经营范围不断扩大,很需要一个整体的、综合的发展规划;面对资金需求和组织资金有限的矛盾,组织就要在事业构成上作出选择。这一切,都需要组织运用科学的方法作出正确的决策,以保护自己、发展自己。从理论上看,早在 20 世纪 50 年代末,在美国福特基金会和卡内基基金会资助下,美国学者戈登与豪厄尔通过专题研究,提出了开设经营政策课程的建议,以便提高学生对所学各门课程的综合应用能力。这里的经营政策课程,就是组织经营战略课程的前身。它主要研究组织长期发展规划问题。

关于组织经营战略的含义,至今尚无统一的、规范化的定义。通俗地说,组织的经营战略就是规划组织的未来,处理与组织发展有关的全局性问题。我国学者刘冀生归纳了中外学者对组织经营战略的论述,结合我国组织的具体情况,认为组织经营战略是组织在社会主义市场经济条件下,根据组织内外环境及可取得资源的情况,为求得组织生存和长期稳定地发展,对组织发展目标、达成目标的途径和手段的总体谋划。它是组织经营思想的集中表现,是一系列战略决策的结果,同时又是制订组织规划和计划的基础。

2. 经营战略的特征

组织经营战略不同于某一项具体的经营策略和措施,它具有如下特征:

(1) 全局性。组织经营战略是以组织的全局发展规律为研究对象,为组织的总体发展制定大政方针,是指导整个组织一切活动的总谋划,追求的是组织的总体效果,而把局部作为总体的有机部分来看待。我国组织经营战略的全局性特征不仅表现在组织经营战略着眼于组织自身的全局,而且表现在组织经营战略要与国家的经济、技术、社会发展战略协调一致,与国家发展的总目标相适应,还应与世界的经济、技术发展相适应。

(2) 长远性。组织的经营战略目标,通常要求从根本上改变组织的面貌,使组织真正兴旺起来。因此,组织经营战略的目的主要不在于维持组织现状,不能只考虑组织眼前的利益,而是为了创造组织的未来,立足于组织的长远利益,不能急功近利。

(3) 稳定性。组织经营战略是组织经过周密调查研究和科学分析制定出来的长期目标,是组织制订中、短期计划和方针政策的依据。实施战略需要创造条件,需要时间,如果经营战略朝令夕改,缺乏稳定性,组织的各个部门就不可能采取相应措施去实现战略。

(4) 竞争性。制定组织经营战略的目的就是要在激烈竞争中壮大自己的实力，使本组织在与竞争对手争夺市场和资源的斗争中占有相对优势，因此组织经营战略就是为迎接各种挑战而制定的行动方案。

(5) 风险性。组织是社会环境的产物，作为资源的转换体，处在不确定的、变幻莫测的环境中，它将面对两大风险：一是加工前资源输入的失误，如信息误导，人、财、物的不足与偏差等；二是加工后资源输出的失误，主要是产品不适合市场需要，或由于策略不当而导致成本过高等。组织的经营效果通常可以预测，但由于环境的变化是不可控的，经营战略实施的结果与组织的预期目标可能会存在差异，这就是风险。科学、合理的战略并不能保证一定会有成功的效果，但它却使组织的经营增加了成功的可能性。

3. 经营战略类型

人们从不同的角度对组织的经营战略进行分类，从这些分类方法可以看出经营战略的多样性和复杂性，也为组织选择经营战略提供了广阔途径。

首先，按照战略的目的性，可把组织经营战略划分为成长战略和竞争战略。

(1) 成长战略。指组织为了适应组织外部环境的变化，有效地利用组织的资源，研究以成长为目标、组织如何选择成长基点（经营领域）、成长指向等成长机会，并为保证实现成长机会所采取的战略。成长战略的重点是产品和市场战略，即具体地选择产品和市场领域，并规定产品和市场开拓的方向和幅度。对于中小组织来说，成长问题是首要问题，因而中小组织多采用成长战略。

(2) 竞争战略。指组织在特定的产品与市场范围内，为了取得差别优势，维持和扩大市场占有率所采取的战略。竞争战略要从组织所处的竞争地位出发。处于优势地位的组织要通过战略来维持这种优势并伺机扩大这种优势，处于劣势地位的组织要以竞争战略去改变这种劣势或缩小同优势组织的差距。竞争战略的重点是提高市场占有率和销售利润率。大型组织多采用竞争战略。

其次，按照战略的领域，可以把组织的经营战略划分为产品战略、市场战略和投资战略。

(1) 产品战略。主要包括产品扩展战略、维持战略、收缩战略、更新换代战略、多样化战略，以及产品组合战略、产品线战略等。多样化战略又可分为垂直多样化、水平多样化、倾向多样化和整体多样化。产品更新换代战略又分为老产品性能改造战略、以基础产品为基础的系列化变型战略、全新同类用途产品发展战略等。

(2) 市场战略。除了市场渗透战略、市场开拓战略、新产品市场战略和混合市场战略，还有产品寿命周期市场战略、市场细分战略、工贸结合战略、国际市场战略以及市场营销组合战略等。

(3) 投资战略。它是一种资源分配战略，也是一种扩展战略。投资战略主要包括产品投资战略、技术发展投资战略、规模化投资战略、组织联合与兼并投资战略，也可分为扩大型投资战略、维持型投资战略以及撤退型投资战略。

产品战略、市场战略和投资战略互相关联,形成一个有机联系的战略金三角。在这个战略金三角中,产品战略居于主导地位,市场战略是一种支持战略,投资战略是一种保障战略。

最后,按照战略对市场环境变化的适应度,可以把组织经营战略划分为进攻战略、防守战略和撤退战略。

(1) 进攻战略。这种战略的特点是不断地开发新产品新市场,掌握市场竞争的主动权,不断地提高市场占有率。其具体内容包括:① 技术开发战略:以大量投资率先进行技术研究,发展高科技,占领技术制高点。② 产品发展战略:以比同行组织更高的投资增长率去发展新产品,占领产品制高点。③ 市场扩展战略:增加投资以提高组织进入市场和提高市场占有率的能力,占领市场制高点。④ 生产扩展战略:可以采取扩大生产规模的战略、组织联合兼并战略和扩散生产战略等等。

(2) 防守战略,也称维持战略。这种战略的特点并不是消极防守,而是以守为攻,后发制人。其具体内容有:① 战略指导方针上避实就虚,乘虚而入,不与强劲对手正面竞争。② 在技术上实行拿来主义,以购买专利为主,不搞风险型开发投资。③ 在产品开发方面实行紧跟主义,后发制人。④ 在生产方面不盲目追求生产规模的扩大,而是努力采取提高效率、降低成本的集约方式。

(3) 撤退战略,又称收缩战略。其特点是一种战略性撤退。一般有四种情况:① 环境的突变,对组织产生了严重的冲击,原定的战略已经失去了作用。② 战略转移。这是因为环境变化出现了更好的机会。③ 局部撤退,积蓄优势力量,以保证重点进攻方向取得胜利。④ 先退后进。暂时退却,审时度势进行战略调整,再图进取。

4. 经营策略

(1) 成本领先策略。成本领先策略是三种通用竞争策略之一。成本领先策略也称作低成本策略,是组织生产和出售一种标准化的产品,在行业内确立和保持整体成本领先的地位,进而能够以行业的最低价格参与市场竞争的策略。成本领先的优势因产业结构不同而异,专利技术、特殊的制造工艺、廉价的原材料可以帮助实现这一目标。成本优势更是来自于规模经济、先进的管理、高超的技术水平、责任心强的员工、标准化生产、产品的优化设计以及其他可以影响产品成本因素的改进。低成本不是一朝一夕能实现的,成本也不会自动下降,组织在这方面必须持续努力。成本领先的组织还会面临被赶超的威胁,因此要不断进步、不断变革,才能保持领先地位。

成本领先策略的作用在于:

首先,成本领先使组织有了价格竞争的实力。即使其产品销售价格相当于或低于其竞争厂商,仍然存在利润空间,低成本就会转化为高收益。成本领先策略与一般的削价竞争不同,没有低成本支持的低价格是以牺牲组织利润为代价的微利甚至亏本,这种经营是不会长久的。在价格战中,具有成本领先地位的组织具有更强的压价能力,能够获取市场竞争的主动权。例如中国微波炉生产组织格兰仕,就是得益于它的成本领先策略,以低价将其他竞争对手挤出市场。

其次,成本领先组织还能有效防御来自竞争对手的威胁,特别是能在生产过剩、消费者购买力下降、行业进入者增加、发生价格战时,起到保护组织的作用。

再次,成本领先者为潜在进入者设置了障碍,减少了可能的竞争者。例如,我国的彩电行业通过大规模生产,在降低了产品成本的同时,也提高了行业的进入障碍。

最后,具有成本领先地位的组织可以有效地应付来自替代品的竞争。当替代品出现时,成本领先组织仍然可以占领一部分对价格更敏感的消费者,或者通过进一步降价来抵御替代品对市场的威胁。

实现成本领先策略,必须实现规模经济,充分利用生产能力,努力进行产品的再设计,设法降低物资供应成本,积极推广和采用先进的工艺技术。

(2)差异化策略。差异化策略是指组织向顾客提供的产品和服务在行业范围内独具特色。差异化的着眼点应是顾客、消费者所关心的产品的某些特殊性能和特殊功能,也可以是交货系统、营销做法等等。这种特色可以带来产品的溢价,而且溢价超过因差异化所增加的成本。组织将其产品或服务差异化的机会几乎是无限的,组织是否利用这些机会,关键在于差异化能否给顾客带来益处,能否为组织增加利润。

差异化策略的作用在于:① 差异化的产品和服务能够满足某些消费群体的特定需要,建立品牌信誉。② 为组织产品带来较高的溢价,增加组织利润,组织无需刻意去追求成本领先的地位。③ 差异化产品和服务可以使组织占据主动地位,减弱了顾客的讨价还价能力,降低客户对价格的敏感度。

(3)专一化策略。专一化策略又称为集中策略,旨在将目标集中在特定的顾客或某一特定的地理区域上,在行业的很小竞争范围内建立起独特的竞争优势。专一化策略是中小组织广泛采用的一种经营策略。

采用专一化策略的理由在于,组织能比竞争对手更有效地为其特定的顾客群体服务,组织可以通过专门致力于为这部分消费者服务而取得竞争优势。

专一化策略有两种不同形式:成本专一化与差异化专一化。前者着眼于在市场上取得成本优势,而后者则着眼于在市场上取得差异化的形象。当组织试图通过差异化专一化策略取得竞争优势时,必须首先明确一般顾客需求和不同顾客群体需求之间的差异。只有这样,组织对其产品或服务所做的差异化才是有意义的。

二、商务经营决策

自从世界著名经济学家、1978年诺贝尔经济学奖获得者、美国教授赫伯特·西蒙在1960年发表了一部轰动世界的著作《管理决策新科学》以来,决策理论一直是管理学的热门课题,逐渐形成了现代管理科学中的决策理论流派,继而一门新学科"决策学"也开始创立起来。

（一）经营决策的概念

经营决策就是组织主管人员为了实现某一特定的目标，在掌握大量信息资料和具备丰富个人经验以及对市场作出正确预测的基础上，借助于一定的科学手段和方法，从两个或两个以上的可行方案中，选择一个最优方案的分析判断过程。

决策是一种行为的选择，它具有如下要素和特征：

（1）决策者。决策者是行为的执行者，是决策的灵魂，决策者的直觉、经验、素质、认识能力和判断能力等都直接影响决策的合理性。

（2）决策目标。决策目标是指决策者预期要达到的目标，没有目标就无从决策。

（3）决策信息。通过市场调查和市场分析所获得的信息资料是决策的基础。不建立完整科学的信息体系，就无法进行决策。决策前，组织者必须提供几个可行的备选方案，供决策者评价、考量和选择。

（4）决策理论和方法。在正确理论的指导下用科学的方法开展分析，才能保证决策的可靠性和准确性。决策理论和方法正确与否，直接关系到决策的成败，甚至直接影响组织的发展方向。

（5）决策环境。决策总是在一定环境下产生并加以实施的，它将受政治环境、经济环境、社会环境和技术环境等的影响。

（6）决策活动是一个动态的过程，追求的是优化效应。决策方案的实施过程中，要不断地进行追踪分析和再决策，也就是说，决策是一个动态过程，它要求决策实施过程能动态地反映组织内外环境的变化，及时对已有决策作出调整和改变，能令人满意地实现决策目标，追求方案最优化。

（二）经营决策的作用

经营的中心在管理，管理的核心在决策，赫伯特·西蒙甚至认为"管理就是决策"。可见，经营决策在组织管理中起着举足轻重的作用。

（1）经营决策是组织经营成败的关键。经营决策主要指组织高层领导所负责的战略性决策，通常是关于组织总体发展方向、速度、规模和重要经营活动的决策，关系组织发展的全局，可谓"一着走错，全盘皆输"。许多组织的沉浮经历，无不与决策有着密切关系。在我国当前的经济活动中，那些盲目建设、无序竞争，也均与经营决策有关。

（2）经营决策是各项管理职能顺利运作的前提。如果说计划是管理的首要职能的话，其实它发挥作用还得有赖于正确的经营决策的指导和推动。经营决策为管理职能确定了方向，提供了依据乃至标准。没有正确的经营决策，各项管理职能就不可能发挥正常的功能。

（3）提高经营决策水平是组织迎接未来挑战的根本保证。当今时代是一个现代技术飞速发展的时代，组织产品的更新换代和技术的更新改造速度大大加快。产品和技术的更新都需要大量投资，高投资、高收益必然伴随着高风险，科学地预测未来新技术和市场的发展趋势，作出正确的决策，是引导组织在市场竞争的挑战中立于不败之地的根本保证。

慎定小职务

1940年，德鲁克在美国通用汽车公司进行研究。一次会议上，针对一个基层技师的职务分派问题，总裁阿尔弗雷得·斯隆和主管们讨论了好几个小时。德鲁克忍不住问斯隆："你怎么愿意花4个小时，讨论一个微不足道的职务安排呢？"

斯隆回答："公司给我优厚的待遇，就是要我作重大决策。请你告诉我，有什么决策比人更重要？要是用错人，决策无异于在水面上写字。"

他反问德鲁克："你知道我们去年做了多少个关于人事的决策吗？总共143个。如果我们不用4小时好好地安排这个职位，以后将花几百个小时来收拾烂摊子。我可没这么多闲工夫。"

（摘自《职场》2008年第10期）

（三）经营决策的分类

组织经营决策可以按不同的依据作出不同的分类：

第一，按决策的重要程度，可以分为：

（1）战略决策。这是确定组织发展方向和远景的决策，重点是解决与外部环境的关系问题，包括对经营方针、经营目标、生产规模、发展速度、产品开发等方面的决策。

（2）管理决策。这是为了实现战略决策对组织内部资源进行有效组织和利用，使生产技术经济活动正常进行的一种决策，如生产计划、销售计划的制订，资金的运用和设备的选择等方面的决策。

（3）业务决策。这是组织在日常生产活动中，为了提高管理效率和生产效率，更好地执行管理决策，对日常业务活动进行的安排，如生产任务的分配、作业计划的制订、物资的采购、库存控制、定额的制定等方面的决策。

第二，按决策者所处的管理层次，可以把决策分为：

（1）高层决策。指组织最高领导层所负责的决策，即经营决策。

（2）中层决策。指组织中层领导所负责的管理决策。

（3）基层决策。指组织基层管理者所进行的作业性决策，技术性较强。

第三，按事件出现的重复程度，可以把决策分为：

（1）程序性决策。所需决策的事件是经常出现的事件，已经有了处理的经验、程序和方法，可以按常规方法来解决。

（2）非程序性决策。是对不常出现的新问题、新情况作出的决策。对这些问题和情况，一般没有处理经验和固定的处理程序，而完全要靠决策者的判断和魄力来解决。

第四，按决策目标与所用方法的类别，可以把决策分为：

（1）计量决策。决策目标有准确的数量，易采取数学方法作出决策。

（2）非计量决策。难以用准确的数量表示目标，主要依靠决策者分析判断进行决策。

第五，按决策事件所处的环境条件，可以把决策分为：

（1）确定型决策。一种方案只有一种确定的结果。

（2）风险型决策。决策事件存在不可控因素，事件的发展会出现几个不同结果，其结果的概率可以估算。

（3）非确定型决策。影响决策事件的因素是不确定的，事件可能有几种结果，而且这些结果出现的概率又无法进行测定。

（四）经营决策方法

决策方法有两大类：一类是定性分析决策法，是充分发挥人的集体智慧和经验进行决策的方法，又称为软决策技术；另一类为定量分析决策法，是建立在数学工具基础上的决策方法，又称为硬决策技术。这里仅介绍几种最常用的定量决策方法及其应用。

1. 确定型决策

确定型决策的特点是决策事件所处的环境（或自然状态）是明确的，每个方案只有一种确定的结果。决策的任务是从备选方案中选择一个较满意的方案。确定型决策最常用的方法是盈亏平衡分析法。

盈亏平衡分析法也称为量本利分析决策法，它是综合研究产量、成本和利润三者之间的数量关系来进行决策的方法。这种方法的关键在于找到盈亏平衡点。盈亏平衡点是指在一定销售量下，组织的销售收入等于总成本，即利润为零。以盈亏平衡点为界，如图2-3所示，销售收入高于此点则组织盈利，反之则组织亏损。组织若想在盈亏平衡的基础上获取一定的目标利润，则销售量必须实现

$$X_z = \frac{C_f + T_p}{P - C_v} \qquad S = \frac{C_f + T_p}{1 - C_v/P} \qquad (2—9)$$

式中：X_z——目标利润销售量；　　　C_f——固定成本；

T_p——目标利润；　　　　　　P——销售单价；

C_v——单位变动成本；　　　　S——销售额。

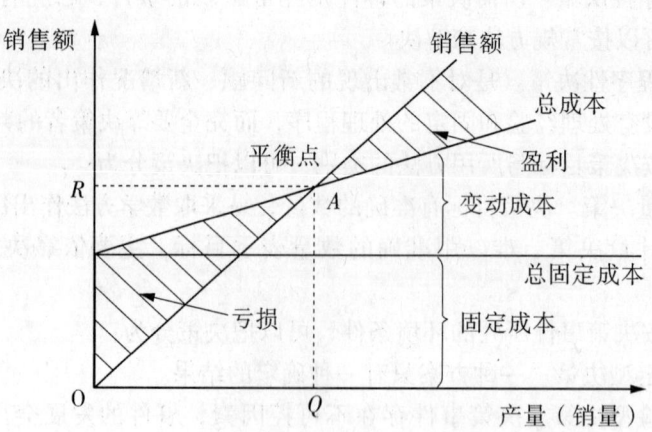

图 2-3 盈亏平衡分析基本模型

例 2-5 广州市某保健食品厂准备推出新产品。该产品总固定成本为 200000 元；单位产品变动成本为 10 元；产品销价为 15 元。求：

(1) 该产品的盈亏平衡点产量为多少？

(2) 如果要实现利润 20000 元时，其产量应为多少？

【解】(1) $Q = \dfrac{C_f}{P - C_v} = \dfrac{200000}{15 - 10} = 40000$（件）

即当产量为 40000 件时，该产品的经营处于盈亏平衡点上。

(2) $Q_z = \dfrac{C_f + T_p}{P - C_v} = \dfrac{200000 + 20000}{15 - 10} = 44000$（件）

即当生产量为 44000 件时，组织可获利 20000 元。

2. 风险性决策

风险性决策也叫统计性决策、随机性决策，是指已知决策方案所需的条件，但每一方案的执行都有可能出现不同后果，多种后果的出现各有一定的概率，即存在着"风险"，所以称为风险型决策。风险型决策必须具备以下条件：① 存在着决策者期望达到的目标；② 有两个以上方案可供决策者选择；③ 存在着不以决策人意志为转移的几种自然状态；④ 各种自然状态出现的概率已知或可估计出来；⑤ 不同行动方案在不同自然状态下的损益值可以估算出来。本书重点讨论期望值决策分析法。

所谓期望值决策分析法，即按各备选方案的期望损益值的优劣进行决策分析。按损益值的类型不同分为期望收益决策、期望亏损决策和期望机会损失决策。采取期望值决策分析事件比采取最大概率决策和最大累计概率决策更全面些，它考虑了各种自然状态对备选方案的影响。不过，这种决策方法也掩盖了各备选方案的风险大小，不适用于一次性决策事件。此外，自然状态概率估计的准确性也对决策结果有很大影响。

(1) 期望收益值决策法。此方法依各备选方案的期望值的大小进行决策分析，一一般选取期望收益最大的备选方案。其分析过程为：

首先，计算各方案的期望收益值 $EMV(A_i)$：

$$EMV(A_i) = \sum_{j=1}^{n} p_j a_{ij} \quad (j = 1, 2, \cdots, n) \quad (2—10)$$

式中：$EMV(A_i)$——备选方案 A_i 的期望收益值；

P_j——第 j 个自然状态的发生概率；

a_{ij}——备选方案 A_i 在第 j 种自然状态下的收益值。

其次，求最大期望收益值 $EMV_{max}(A_k)$：

$$EMV_{max}(A_k) = \max\{EMV(A_i) \mid i = 1, 2, \cdots, m\} \quad (2—11)$$

则第 K 个备选方案为最佳方案。

（2）期望损失值决策法。这种方法的决策目标是选取备选方案的最小期望损失值 $EML(A_i)$。其分析过程与期望收益值决策法相似，只是以最小期望损失值的备选方案为最佳方案。

（3）期望机会损失值决策法。这是把机会损失值引进期望决策分析的方法。取最小期望机会损失值的备选方案为最佳方案。机会损失值的计算参见完全不确定型决策中的"后悔值"计算方法。得到各备选方案在各种自然状态下的机会损失值后，决策分析过程如下：

首先，计算各方案的期望机会损失值 $EOL(A_i)$：

$$EOL(A_i) = \sum_{i=1}^{n} P_i \cdot OL_{ij} \quad (2—12)$$

式中：$EOL(A_i)$——备选方案 A_i 的期望机会损失值；

P_i——第 j 个自然状态的发生概率；

OL_{ij}——备选方案 A_i 在第 j 种自然状态下的机会损失值。

其次，求最小期望损失值 $EOL_{min}(A_k)$：

$$EOL_{min}(A_k) = \min\{EOL(A_i) \mid i = 1, 2, \cdots, m\} \quad (2—13)$$

则备选方案 A_k 为最佳方案。

（4）完备信息期望价值 $EVPI$。所谓完备信息是指可能获得对未来情况（自然状态）更完备的、准确的信息，从而可望能把最佳备选方案的期望收益值进一步提高或使其期望值损失值下降，这种由取得更多信息而使最佳备选方案期望收益值增加的可能的最大量或使其期望损失减少的可能的最大量，称为完备信息期望价值。完备信息期望价值使决策分析更准确。若收集完备信息期望费用超过 $EVPI$，则将无期望收益。

$EVPI$ 的计算方法分为依收益值表计算和用损失值表计算两种。

（5）敏感性分析。敏感性分析是指在经济效果确定性评价的基础上，研究各种与经济效果有关的不确定因素的变化对经济效果值的影响程度。因素变化不大而对目标指标影响大，则认为该因素很敏感，或者说敏感度很高。因素变化大而对目标指标影响不大，则认为该因素不敏感，或者说敏感度很低。通过对影响决策目标的各种因素进行分析,测定各因素对目标的影响程度,从许多不确定因素中找出敏感因素,判定影响目标的主要因素是什么、敏感度如何,为经营者提供决策依据,并提出相应的控制对策,这就是敏感性分析的作用。

敏感性分析一般按以下步骤进行:①确定分析目标,从多种经济效果指标中选定一个或两个重要指标进行分析;②选定分析的不确定因素和变化范围;③计算分析不确定因素的变动对经济效果指标的影响程度,并建立对应的数量关系,找出强敏感因素;④作出敏感性分析结论,判断其风险性大小;⑤综合效益费用分析的结果作进一步评价,考虑是否选择既可靠又现实的替代方案。

(6)边际分析法。对于某种备选方案集合与自然状态集合元素数目相同,均为 n 个的决策事件,称为等状态备选方案决策事件。当 n 较大时,则可采用边际分析法进行决策分析,其过程如下:

首先,计算最佳积累过程 P:

$$P = \frac{ML}{MP + ML} \tag{2—14}$$

式中:MP——边际收入;

ML——边际损失。

其次,求出相应最佳量 Q_0。

再次,计算最佳方案在各自然状态下收益值。

最后,求出最佳期望收益值。

例 2—6 广州市某旅游服务公司在"五一黄金周"拟向旅游者推销花式冰激凌。从厂家进货后,每箱冰激凌售价 180 元,成本 130 元,利润 50 元;若每天积压一箱,则因电费、厂租、人工、融化等因素要损失 30 元。根据往年资料,每天销售量在 100 箱~130 箱之间(见表 2—4)。现需决策:今年黄金周每日进货冰激凌为多少箱才能有最大利润?

表 2—4 按往年同期销售资料统计的不同状态下的概率值

冰激凌日销量(箱)	达到此销售量的天数(天)	概率值
100	18	P(100) = 18 ÷ 90 = 0.2
110	36	P(110) = 36 ÷ 90 = 0.4
120	27	P(120) = 27 ÷ 90 = 0.3
130	9	P(130) = 9 ÷ 90 = 0.1
合计	90	1

在例2—6中：

——目标是希望利润最大，满足风险型决策的条件之一；
——有四种生产方案供选择，满足风险型决策条件之二；
——存在着冰激凌销售的四种可能状态，即可能销出100箱、110箱、120箱和130箱，满足风险型决策的条件之三；
——已经知道四种销售状态的统计概率，即满足风险型决策条件之四；
——四种方案在四种状态下的损益值可计算出来，即满足风险型决策的条件之五。

这就是典型的风险型决策问题。

【解1】首先，确定不同销售状态的概率值。如表2-4所示，每天销售100箱，110箱，120箱和130箱的概率分别是0.2，0.4，0.3和0.1。

其次，计算不同进货数相对于不同销售状态的损益值。以每天进货120箱冰激凌为例，其收益值可能为（见表2-5中的黑体数值）：

若日销量为100箱，则收益值为：
$$V_{100} = (100 \times 50) - (20 \times 30) = 4400 （元）$$

若日销量为110箱，则收益值为：
$$V_{110} = (110 \times 50) - (10 \times 30) = 5200 （元）$$

若日销量为120箱，则收益值为：
$$V_{120} = 120 \times 50 = 6000 （元）$$

若日销量为130箱，则收益值为：
$$V_{130} = 120 \times 50 = 6000 （元）$$

其余进货决策方案的损益值依此类推，逐一填入表2-5中。

表2-5 冰激凌进货决策收益表

自然状态 损益值（元） 概率 进货决策方案(箱)	日销售量（箱）				期望利润（元）
	100	110	120	130	
	0.2	0.4	0.3	0.1	
100	5000	5000	5000	5000	5000
110	4700	5500	5500	5500	5340
120	4400	5200	6000	6000	5360
130	4100	4900	5700	6500	5140

由表中期望利润一栏可知,日进货120箱时期望利润最大,即可依此决策。

以上属于最大利润期望值决策法。此外,还有最小机会损失期望值决策法,即选择期望值损失最小的方案为最优方案。

【解2】首先,确定不同进货量情况下,在不同销售数目下的损失情况。若进货量为100箱,则:

若日销量为100箱,所进货正好销完,没有损失。

若日销量为110箱,则进货量不足,少赚利润为50元×(110箱-100箱)= 500元。

同理,日销量为120箱、130箱时,少赚利润分别为1000元和1500元,(见表2-6中黑体数值)。

表2-6 不同方案的期望损失值

损益值(元) \ 自然状态 进货决策方案(箱)	日销售量(箱)				期望损失值(元)
概率	100	110	120	130	
	0.2	0.4	0.3	0.1	
100	0	500	1000	1500	650
110	300	0	500	1000	310
120	600	300	0	500	290
130	900	600	300	0	510

其次,计算不同方案的期望损失值,将不同销售量情况下不同进货量的可能损失值分别与相应概率相乘,求和:

100箱方案:$0 \times 0.2 + 500 \times 0.4 + 1000 \times 0.3 + 1500 \times 0.1 = 650$(元)

其余类推,其结果依次填入表2-6第6栏中。

以损失值最少的选项作为决策。

本例的决策技术为:

风险型决策问题若以最大利润为决策标准,则如表2-5所示,日产120箱冰激凌可望获得最大利润为5360元。

风险型决策问题若以最小损失为决策标准,则如表2-6所示,期望损失值以290为最小,所以应选对应的120箱生产方案。

3. 不确定型决策

不确定型决策是指各种可行方案发生的后果是未知的,决策时无统计概率可依据的决策问题。与风险型决策问题相比,因为决策时无状态概率可依,无法应用期望值标准,因此对不同心态的人,进行决策时可以考虑如下准则:

(1) 大中取大准则，又称为乐观准则，也叫做最大收益法。这种准则是基于追求最大收益，对客观情况总是抱乐观态度。该方法以最大收益作为评价方案的标准，决策者总是认为收益最大的客观状态肯定会发生，首先找出各方案的最大收益值，然后从中选出最大者所对应的方案为最优方案。

(2) 小中取大准则，也叫做悲观准则，亦称为最大最小收益法。它与大中取大准则相反，以最小收益作为评价方案的标准，决策者思想比较保守，总是认为收益最小的客观状态必然会出现，决策时只求在最差的情况中找一个相对较好的方案，是从每一个方案中选择一个最小的收益值，然后再从其中选择最大值所对应的方案为最优方案。

悲观准则与乐观准则都是将不确定性问题简化为确定性问题进行处理的方法。

(3) 最大后悔值准则，亦称作最小最大后悔值法。所谓后悔值，可以看成是一种机会损失，即由于某种选择而放弃了另一种选择可能带来的收益。在任何客观状态下，都会有一个可以达到本状态最大收益值的最佳行动方案，如果决策者没有采取这个方案，则其收益值肯定小于本状态的最大收益，这个差额就称为该方案的"后悔值"。后悔值现象存在于经济生活的许多现象之中，如炒股票等。采用此法时的具体步骤为：①计算后悔值矩阵；②找出每个自然状态下的最大可能收益值；③求各方案在各自然状态下的后悔值；④求每个方案在各自然状态下的最大后悔值；⑤求各方案最大后悔值中的最小值。

(4) 折中决策准则，亦称为折中系数决策法或乐观系数决策法。鉴于乐观准则和悲观准则都趋向于走极端，前者盲目乐观，后者一味保守，因此管理学家赫维茨提出"乐观系数"的概念，建议对乐观准则和悲观准则进行折中。其具体做法是：决策者根据对形式的判断确定一个系数 α（$0<\alpha<1$），然后像计算期望值一样，对各方案最大收益值（或损益值）和最小收益值（或损益值）进行折中计算，得出折中的收益值，然后选择最大折中收益值的方案为最优方案。

第五节　客户关系管理

一、客户关系管理的概念

随着社会经济的发展，产品日益丰富，市场格局发生了深刻变化，由卖方市场过渡到买方市场，市场竞争也逐步升级，这就推动了营销观念和营销方式的变革。市场的变化源于客户行为的变化，所以，组织必须把注意力集中于客户的需求，客户被作为一种宝贵的资源纳入到组织的经营管理之中。

面对诸如哪些商品最受欢迎、原因何在、有多少回头客、属于哪些类型的客户、客户购买商品时最关心什么、商品的售后服务有哪些问题、广告播出后的反应如何等问题，大部分组织往往只能凭经验推测，这就使得组织的市场营销活动缺乏针对性和准确性。组织的经营管理应该逐步从"以产品为中心"的模式向"以客户为中心"的模式转移；一切从消费者的利益出发，维持顾客的忠诚，因为只有长期忠诚的顾客才是组织创造利润的源泉。组织必须将关注的焦点从内部运作转移到客户关系上来。

客户关系管理简称 CRM（Customer Relationship Management）。从物理结构上说，客户关系管理是一套智能化的信息处理系统；从功能上说，它是将组织的经营、管理导向"以客户为中心"的一套管理和决策方法；从处理信息的软件上说，可以理解为与客户有关信息管理的软件模块。

从组织管理的角度理解客户关系管理的含义，则是通过对客户详细资料的深入分析，来提高客户的满意度，从而提高组织的竞争力的一种手段。主要包含以下几个主要方面，这就是 CRM 中所谓的"7P"。

(1) 客户概况分析（Profiling）——包括客户的层次、风险、爱好、习惯等。
(2) 客户忠诚度分析（Persistency）——指客户对某个产品或商业机构的忠实程度、持久性、变动情况等。
(3) 客户利润分析（Profitability）——指不同客户所消费的产品的边际利润、总利润额、净利润等。
(4) 客户性能分析（Performance）——指不同客户所消费的产品按种类、渠道、销售地点等指标划分的销售额。
(5) 客户未来分析（Prospecting）——包括客户数量、类别等情况的未来发展趋势、争取客户的手段等。
(6) 客户产品分析（Product）——包括产品设计、关联性、供应链等。
(7) 客户促销分析（Promotion）——包括广告、宣传等促销活动的管理。

二、客户关系管理的作用

(1) 通过提供更快速和周到的服务帮助组织吸引更多的客户。CRM 不仅是一套管理软件，而且是一种全新的营销管理概念。利用 CRM 系统，组织能够从与客户的接触中了解他们的姓名、年龄、家庭状况、工作性质、收入水平、通信地址、个人喜好及购买习惯等信息，并在此基础上进行一对一的个性化服务。通过搜集、追踪和分析每一个客户的信息，知其所需，为其量体裁衣，并将客户想要的产品和服务送到他们手中。这就是随着市场不断细分而最终出现的大规模定制的市场营销原则的精髓，即根据不同的客户建立不同的联系，并根据其特点和需求提供不同的服务，从而真正做到"以客户为中心"，赢得客户的忠诚。

(2) 通过信息分析和调查帮助组织搞好市场营销活动。有了 CRM，可以大规模、全方位地收集分析客户信息，为市场营销提供越来越丰富的数据资源；通过 CRM 的调查、测试结果，能够使组织对新商品、新广告策略、新兴市场等有准确的定位，从而在适当的时机以合理的价格向急需的客户及时地销售称心的商品。

(3) 通过对业务流程的全面管理来降低组织的成本。CRM 通过对客户信息的管理和挖掘,不仅有助于现有产品的销售,而且因为提供了对历史信息的回溯,以及对未来趋势的预测,能够很好地实现组织与客户之间的互动。例如,组织能够依据不同客户过去的购买行为,分析他们的不同偏好,预测他们未来的购买意向,据此分别对他们实施不同的营销活动,避免大规模广告的高额投入,从而使组织的营销成本降到最低,使得营销推广的成功率最高。

(4) 通过电话呼叫中心能够提供故障申报、业务受理、用户投诉等服务的完全自动化。有了 CRM,用户只需拨打一个统一的电话号码即能得到"直通车"式的服务,一改以往拨打多个电话问题仍得不到解决的局面。电话呼叫中心将每一事件从申报、受理、调度、处理的每一个环节完全控制在事先编排好的计算机逻辑处理系统中,并通过计算机进行跟踪、控制。一方面避免了人为因素,提高了服务质量;另一方面明确了每个相关部门、每个员工的职责,将工作纳入了一个统一的管理轨道。电话中心的每一个用户应答电话均通过同程录音方式详细地记录在系统中,做到了有据可查、分清责任。

三、客户关系管理的内容

为了赢得客户的高度满意,建立与客户的长期良好关系,在客户管理中应开展多方面的工作。

(1) 进行客户分析。该项工作主要分析谁是组织的客户、客户的基本类型、个人购买者和中间商与制造商客户的不同需求特征和购买行为,并在此基础上分析客户差异对组织利润的影响等问题。

(2) 对客户进行承诺。承诺的目的在于明确组织提供什么样的产品和服务,如何让客户满意。在购买任何产品和服务时,客户总会面临各种各样的风险,包括经济利益、产品功能和质量的风险等,因此要求组织做出某种承诺,以尽可能降低客户的购物风险,获得最好的购买效果。

(3) 客户信息交流。从实质上说,客户管理过程就是与客户交流信息的过程,实现有效的信息交流是建立和保持组织与客户良好关系的途径。

(4) 以良好的关系留住客户。为建立与保持客户的长期稳定关系,首先要取得客户的信任,其次是采取有效措施,如通过建立客户组织等途径,保持组织与客户的长期友好关系。

(5) 客户信息反馈管理。客户信息反馈对于了解组织承诺目标实现的程度、及时发现为客户服务过程中的问题等方面具有重要作用。投诉是客户信息反馈的主要途径,如何正确处理客户的意见和投诉,对于消除客户的不满、维护客户的利益、赢得顾客信任是十分重要的。

四、客户关系管理的功能模块

客户关系管理具有很多功能模块,一般包括客户管理模块、商品管理模块、竞争对手管理模块、销售管理模块、市场营销管理模块、服务管理模块、电子商务管理模块、电子呼叫中心管理模块以及报表生成与决策分析管理模块等。

（1）客户管理模块。此模块记录客户的详细信息以及以往与客户的联络情况，能够对所有的客户资料进行分析和处理，使组织既能根据客户的特点提供服务，又能对客户的盈利性进行评估。

（2）商品管理模块。包括有关商品的详细信息，以及销售、库存等情况的查询、分析。

（3）竞争对手管理模块。包括竞争对手档案管理等信息，详细记录竞争对手的优势与劣势，帮助营销人员在制定营销战略时扬长避短，从而最终在竞争中获胜。

（4）销售管理模块。包括报价管理、订单管理、合同管理、销售机会管理、销售人员管理、指标管理、地域管理、日程表、销售业绩管理等，还包括销售经理对所管辖的销售人员的奖励和佣金计划，以及签单后对付款情况的跟踪等。销售管理模块能够实现从报价、订货一直到付款、给付佣金的全程销售自动化，提高销售的有效性；同时，决策者也能够通过此模块随时了解组织产品的销售情况，预测未来的市场变化，将组织的运营维持在最佳状态；还可提供基于 Internet 的自助销售功能，使客户能够通过 Internet 选择并购买具有个性化配置的产品或服务。

（5）市场营销管理模块。包括市场营销调查表的设计、生成、管理，营销宣传品管理、活动预算管理，以及反馈信息的录入、分析等。它提供了一个市场营销自动化解决方案，可帮助组织实施针对性强、效率高的市场营销活动，从而争取和保留更多的目标客户。

（6）服务管理模块。包括客户服务人员管理、产品的售后跟踪、投诉记录、现场服务的预约和调度以及派遣、服务结果跟踪、备件的管理、服务合同管理、服务收费自动核算等，帮助组织提供有竞争力的售后支持和维护服务。客户可以选择多种方式与组织联系。不论通过哪种方式与组织联系，客户都能在最短的时间内得到统一、完整和准确的服务。

（7）电子商务管理模块。该模块使组织能够将其业务扩展到 Internet 上，通过 Internet 销售其产品和服务，以便充分地利用电子商务带来的便利。客户通过浏览网页了解感兴趣的产品、提出服务请求、查阅产品常见问题的答案、在线订货并检查供货状况、查看和支付账单等。组织能够针对不同客户创建个性化的促销和产品建议，并通过 Internet 向客户发出这些促销建议。这种有针对性的服务对维持客户的忠诚度有极大帮助。

（8）电话呼叫中心管理模块。电话呼叫中心组件与其他组件集成在一起，组成集电话、传真机、计算机等通信、办公设备于一体的交互式增值业务系统，不仅为相关业务提供了电话能力，还与这些组件一起形成了一个兼顾电话服务与销售的自动通话网络。通过网络实现相互间的通信，并共享网络资源，获取各种咨询服务信息或完成相应的事务处理。

（9）报表生成与决策分析模块。CRM 搜集、积累了大量与客户服务及产品销售有关的数据，在此基础上能够提供完善的数据挖掘、分析能力，根据历史记录预测未来消费者的购买意向及市场销售的趋势，帮助组织主管作出科学的决策。

在 CRM 具体的实施过程中，各模块的功能相辅相成，为组织在提高客户满意度、保证组织自身盈利、扩展新的市场和商业渠道、缩减销售周期和销售成本等方面，均提供了全方位和强有力的支持。

五、客户关系管理实施的步骤

客户关系管理的实施一般要遵循一定的程序，下面是实施客户关系管理的九个步骤：

（1）拟定战略目标，统一思想认识。实施 CRM 系统，首先必须要有明确的远景规划和近期实现目标。制定规划与目标时，既要考虑组织内部的现状和实际管理水平，同时也要看到外部市场对组织的挑战与要求。规划和目标必须符合组织的长远发展计划，同时还应得到组织内部各层人员的一致认同。

（2）建立 CRM 项目实施团队。明确了 CRM 规划和目标并且获得各相关部门认可后，就可着手挑选 CRM 项目实施团队的成员。这个团队是项目实施的核心，负责作出重要决策，并将 CRM 实施过程的细节和优点介绍给组织所有人员。CRM 项目实施团队应包括来自销售和营销部门、信息服务部门、技术部门、财务部门的相关人员和组织高层管理人员，以及最终系统用户的代表；另外，还可寻求外部的 CRM 专家加入，这些专家一般是专业咨询公司的 CRM 顾问。

（3）进行商业需求分析。项目实施团队成员应就一系列的问题向销售、营销和客户服务高级经理进行调查，进行需求分析。在分析过程中，可吸收外部 CRM 顾问参与，外部顾问站在第三方立场参与调查并协助进行需求分析，可以更加客观、公正地确认分析的准确性，并提供 CRM 解决方案所需要的技术支持。

（4）制定 CRM 实施计划。有了较完善的 CRM 蓝图后，还必须制定具体的实施计划，该计划应包括将 CRM 构想变成现实所需的具体程序，并充分考虑以下要素：① CRM 解决方案的来源；② 判断 CRM 解决方案是否适合组织需求；③ 考虑 CRM 项目的成本。

（5）选择 CRM 软件。CRM 软件的选择应考虑到组织当前的技术基础和实际需求。CRM 软件至少要能提供以下主要功能：① 联系与账户管理；② 销售管理；③ 远程营销/远程销售管理；④ 客户服务管理；⑤ 营销管理；⑥ 商业智能；⑦ 领导管理；⑧ 电子商务。

（6）选择实现技术。选择实现 CRM 的技术时必须注意技术的灵活性，同时组织还要根据自身的需要和自身的条件选择合适的实现技术。

（7）挑选供应商。供应商的选择非常重要。组织可以将复杂的 CRM 计划委托给一个拥有丰富 CRM 和行业经验的咨询服务商，以帮助选择一个可信赖、拥有强大的技术支持、便于沟通、并对所提要求有所反应的供应商。

(8) CRM 系统的实施与安装。CRM 的最终成功取决于 CRM 系统的实施。实施 CRM 系统要分阶段进行，包括：分析与确定 CRM 项目的范围和系统规范；选择一名专业咨询公司经验丰富的顾问人员担任项目管理者和一名来自组织的系统管理员；重新配置和定制 CRM 软件系统，以适应组织的具体商业需求；最终实施和推广；等等。

(9) CRM 系统的持续管理。CRM 系统实施与安装后，还需要对 CRM 系统进行持续的管理，保证 CRM 系统的有效性。

客户关系管理是一项复杂的系统工程，成功地规划一项 CRM 工程，必须同时重视整个 CRM 项目的计划、实施和管理等所有子项目。

理论认识分析实训

实训内容：
现代商务经营管理理论的认识与分析。

实训目的：
1. 增强对商务经营管理理论的感性认识。
2. 培养对组织所运用的商务经营管理理论的分析能力。
3. 培养学生拥有现代市场营销的观念。

实训指导：
1. 在实际企业中，或网络、报纸、杂志中，搜集一个或几个我国改革开放后的有关商务经营管理的案例或资料（最好是一事一议性的简短事例）。资料一定要体现现代商务经营管理理论或思想，也可以是从反面说明不符合或违背现代商务经营管理思想从而导致失败。资料的具体形式，可以是新闻消息、事迹报道，可以是工作简报、工作总结，也可以是书籍与报纸上登载的商务经营管理案例等。
2. 在运用所学商务经营理论分析其管理思想时，要引用与资料和案例内容对应的理论与思想来加以说明，不能理论与案例风马牛不相及而牵强附会。用以分析的商务经营管理理论，要与教材所讲的理论流派相联系，并要明确指出。
3. 分析材料的具体结构：要先介绍案例或资料；重点分析与评价其商务经营管理思想；最后写出自己的体会。
4. 在班级组织的关于商务经营管理理论与经营管理思想的沙龙上，发言者除要注意运用所学理论进行广泛的分析评价外，更应注意联系实际，特别是自己的心得体会。一定要注意营造浓厚的学术自由氛围，鼓励同学们畅所欲言，充分发挥。

实训组织：
1. 安排学生查找相关资料。
2. 应用所学理论，分析案例中的管理思想。

复习思考题

1. 如何发现商业机会？
2. 现代组织经营的思想包含哪些观点？
3. 如何理解组织的经营与管理的区别？
4. 常见的定性预测方法有哪几种？常见时间序列预测法有哪几种？
5. 如何选择商业机会？
6. 现代组织经营环境与资源的含义是什么？
7. 某公司生产某产品的固定成本为 50 万元，单位产品可变成本为 400 元，单位产品售价为 500 元。试用盈亏平衡点法确定其保本产量。
8. 简述决策的含义及其程序。

食堂老板细究管理

一、先讲开源后讲节流

一个偶然的机会，我碰到一位办食堂的老板，他的一席话让我受益匪浅。

我问他："你的食堂采购由谁负责？"

他说："看买什么。需要每天买的青菜、副食由大师傅负责，不需要天天买的粮、油、酱味实行招标采购，清洁用品等杂项由食堂经理买，炉灶和锅碗瓢盆等固定资产由我负责。"

我又问："大师傅去买菜有人监督吗？"

"没有，我们只看买回的东西是不是短斤少两，"他说。

"不怕大师傅吃回扣吗？"我问。

他说："不怕。这个食堂是物业公司的，每人每天 7 元钱的伙食定额，扣掉主食和其他费用，每人每天副食只有 4 元钱。大师傅要用 4 元钱，买回能做四菜一汤的材料已很不容易，哪里还有吃回扣的缝儿。另外，我自己偶尔也逛菜市场，对市价比较清楚。再说，他能不能吃回扣，根本不是我管理的重点。"

我很奇怪，问："为什么？"

老板说："我做生意先讲开源，后讲节流。一个生意先有营业额，才能有利润。我的重点是如何让吃饭的人满意，他们满意了，他们公司才能跟我续约。他们满意了，我同公司谈伙食承包费、水电费和客人招待费才容易。"

"怎么才能让他们满意？"我继续问。

"来吃饭的多是小伙子，饭量大，要让他们满意首先得保证他们能吃饱。可是，每人每天就这么点伙食费，怎么才能让他们吃饱？我们必须精打细算。比如，不要买刚上市的新鲜菜，尽量买过手菜、处理菜；不要买活鱼，要买死鱼；不要买里脊肉，要买肥肉……这些东西可不是一般人能买的，必须是做菜的大师傅。大师傅在菜摊看到便宜菜和肉时，脑袋里马上就能想到做什么菜，因此在讨价还价时，他可以立即作决定。否则，买菜一个人，做菜一个人，天天得吵架。所以，我必须把这个权力交给大师傅，让他能学会过穷日子，用一点点钱变着法让大家尽可能吃好。我还得鼓励大师傅才行。怎么鼓励？食堂就餐者每个月对饭菜质量有评分，评分越高，大师傅的奖金就越高。"

二、将军赶路，不追小兔

这个不修边幅的小老板开始让我肃然起敬。我继续请教："我的经验是，吃饭的人个个嘴刁，新厨师做的饭菜，刚开始都挺好吃，可是吃着吃着就烦了，评分也就低了。"

"那你要分析，就餐者对什么最在意。在我那个食堂吃饭的小伙子们对饭菜不满意，主要是分量上。我刚接手这个食堂时，他们吃半自助餐。你知道，凡是吃自助餐的人，都是眼大肚子小；尽量多要，吃不了，不是硬撑，就是偷着倒。食堂员工怕后边的人不够，就尽量少给，结果总吵架。做过食堂的人都知道，合餐一定比分餐省；可分餐卫生、方便，还时髦，一般的公司食堂大都采用分餐。可是，你得看食客是什么人。如果都是白领，当然要分餐了。人得先吃饱后吃好。于是，我说服物业公司把分餐制改成合餐制，八人一桌、四菜一汤、公筷分菜、凑齐再吃，结果，满意度上升很多。

"不仅如此，要想少花钱吃饱饭，只有一招：多吃饭少吃菜。我和大师傅在制定菜式时就想方设法，让中午和晚间每顿饭都必须有一个口味重、能下饭的菜。比如：梅菜扣肉、红烧鱼、腌菜炒大肠、麻婆豆腐等。做这些菜，必须多放油、盐、酱油、味精等调料，所以，原材料也就不用很新鲜。要知道，死鱼比活鱼价钱便宜一半。

"你看，这才是我抓的重点，这个公司换过3个食堂外包，我是他们最满意的。这几个月物价上涨，公司经理还主动问我需不需要加钱。"

我看着他，心想：管理者都懂目标管理，可是，几个目标一打架，往往就把大目标忘了。很多企业为了防止吃回扣，把员工的积极性也搞没了。这个小老板显然是"将军赶路，不追小兔"的高手。

三、重点管理客户期望

老板见我真心请教，挺高兴，继续说："做餐饮的人其实不怕投诉，因为顾客投诉的都是一些能看得见的毛病，这些毛病都好改，难就难在食客的口味上。你说得对，经常吃这几个菜谁都烦。这就是为什么餐馆不断换厨师和推新菜式的原因。

"可是，我们是做食堂，大部分员工没选择，只能在这里吃。他们往往把对饭菜的厌烦，通过别的事情发泄出来，比如饭菜质量问题和服务态度不好。其实，每个人都有家，每个人的母亲也就能做那几样菜，怎么不烦？在外面跑来跑去，回到家一吃，还是母亲做的饭菜可口。所以，我做食堂跟别人不一样，别人都希望职工每天都来食堂吃饭，因为多吃一天，就多赚一天钱。我承包任何公司食堂，都要求公司同意食堂每周关一天。对外，我说我的员工也要休息，其实真正的原因是，我要让那些整天在食堂吃饭的员工到外面饭馆换口味，对比一下价钱，这样，他们就知道我的饭菜物有所值。我有把握，他们用7元钱在任何地方，不可能比在我这里吃得更好。"

曾经有位管理大师说过："营销的第一准则是管理客户期望，而不是仅仅满足客户。"看来，这个只有中学文化的小老板是个无师自通的大师。

四、让每个人有点小权

最后，我又问了个关于采购的问题："粮、油、酱味不是也会影响饭菜质量嘛，为什么不归大师傅一起采购？"

老板狡黠地看我一眼，说："这就是我的特殊管理方法。别的公司采购都统一，我就要分散。我认为一个人过手的金额越少，贪污的可能性也就越小。过手金额太大，掉一点小渣对人的诱惑就很大。不仅如此，其实很多东西，买的人不如用的人懂行。

"所以，我把采购权分开。把需要采购的东西，先按性质划分。只要是标准产品，不管金额大小，能招标的就不独立采购，比如：粮、油招投标，盐、味精、酱油、醋这些东西虽然金额小，也招投标。这叫什么？尽可能不诱人犯错。现在，买10瓶啤酒都可以讲价，所以，要尽可能把漏洞堵上。不能招标采购的，比如青菜，不论金额多大，都要直接交给懂行的大师傅。为什么？除了上面说的原因，我现在经营四个食堂，最高的伙食标准是每人每天20元，最低是7元，它们用的原材料都不一样，放到一起采购只能顾此失彼。扫把、抹布、员工制服这些杂物由每个食堂经理购买。这样，人人负责一部分，不仅能买到最合适的东西，而且每人买的品种少、金额小，稍稍吃点差价，就容易暴露出来，比如：别的食堂拖把5元钱，你买的拖把10元钱，你能不心虚吗？

"别人怎么管，都不如自己管自己。我这样做还有一个原因，谁都知道买东西是个好活，被人家敬烟敬酒请吃饭，还有可能拿回扣。好事就要尽可能大家都有份，不能我整天烟熏火燎，你整天在外面风光，这样就会引起嫉妒和流言蜚语。如果把权力分散开来，大家都可以沾光，还可以互相监督。

"别的老板都说：员工都想少干活多拿钱。我看不是，我觉得员工是想少干不好的活，比如洗菜、拖地这些脏活和累活。如果让洗菜的小工监督过秤，不给他们钱都高兴干。这样，他不仅能到厨房外面喘口气、抽口烟，掌握秤杆子还能受到别人尊敬。他不仅需要复秤，还要记录；短秤了，还要找大师傅对证。哪个人不想有点权力？我的原则就是，让所有人都有点小权。

"人有权无责、有权无法，都容易乱来。洗菜小工抽别人几支烟是小事，大批米、面的采购就容易出大事。我虽然把米面的招标权力交给食堂经理，但招标必须按我制订的方法来办。我们的招标结果，事先任何人包括评标者都不可能知道。我们做的是吃的生意，入嘴的东西不能只斗价钱低，否则斗来斗去，像什么毒大米就可能混进来。我的招标方法永远是：第一，至少有四家无关联的供应商投标；第二，必须有一家新的供应商；第三，中标者是最接近四家平均价钱的投标者。任何人违反这个规则，就等于犯了规，你就必须要交代清楚。"

（摘自《中国企业家》2008年第19期）

讨论题

1. "营销的第一准则是管理客户期望，而不是仅仅满足客户。"这句话包含哪些经营理念？

2. 食堂老板只有中学文化，但他的细究管理方法对我们有何启示？

第三章 现代商务财务管理

学习目标 ▶▶▶

◎ **知识的掌握**
1. 掌握财务与财务管理的概念。
2. 掌握财务管理的目标、内容、原则。
3. 掌握财务管理的环节和财务管理的法规制度。
4. 掌握组织筹资的概念、筹资渠道、方式。
5. 掌握组织投资的概念、组织投资管理的程序。

◎ **技能的提高**
1. 能够进行筹集、投放、使用、收回及分配等一系列财务管理活动。
2. 能够对组织未来的财务活动和财务成果作出科学的预计和测算。
3. 能够根据组织实际情况进行正确的投资决策,提高组织经济效益,增强组织活力。
4. 能够把组织暂时或长期不准备用于项目投资的货币资金用于购买股票、债券等金融性资产,以期获取收益。

放弃眼前利益

一个青年向一个富翁请教成功之道。富翁拿了3块大小不等的西瓜放在青年面前:"如果每块西瓜代表一定程度的利益,你选哪块?""当然是最大的那块!"青年毫不犹豫地回答。富翁笑了笑,说:"那好,请吧!"富翁把最大的那块西瓜递给青年,而自己吃起了最小的那块。很快富翁就吃完了,随后拿起桌上的最后一块西瓜得意地在青年眼前晃了晃,大口吃了起来。

青年马上就明白了富翁的意思:富翁吃的瓜虽然不比青年的瓜大,却比青年吃得多。如果每块瓜代表一定程度的利益,那么富翁占的利益自然比青年多。

启示

有很多时候，我们发现眼前的利益就是最大和最好的，而等到我们把事情做完后才发现，原来还要耗费那么多的精力和时间。而如果用同等的精力和时间去做别的事情，虽然一下子没有那么大的利益，但是做的事情却多得多，总利益也比做一件事情来得要多得多。要想使一个企业有大的发展，管理者就要有战略的眼光，要学会放弃，只有放弃眼前的蝇头小利，才能获得长远的大利。

激励标准讲组合

一、汉宣帝的担心

汉宣帝刘询即位之初就提出，凡是做太守、县令的基层官员，食二千石俸的，都要久任。若是任职未久就有功劳，也只降敕书奖励，或就地加升官级，或赏赐金帛，或赐以关内侯的爵级，而不频繁调动以示奖赏。

汉宣帝为什么提出让官员久任呢？

我曾经到浙江参加一个人力资源论坛，当地人事局的朋友告诉我，当地的领导重视的是短期效益，员工重视的是长期效益。

他讲了这样一件事情：人事局的员工建议建一座人才大厦，领导不同意。为什么呢？因为领导的任期只有两年，建了人才大厦后，现金大量流出，到他任期结束时，人才大厦还显示不出该领导的业绩，那就成了"前人栽树后人乘凉"。

从这件事可以看出，为什么汉宣帝提出要官员久任了。他是怕官员们急功近利而牺牲了长远利益。如果任期比较长，官员就会兼顾短期与长期的利益。

二、两个标准各有理

两个樵夫比赛砍树，比赛共进行3天，看谁砍的树多。

第一天，樵夫甲走到最近的一棵树前就开始砍，樵夫乙却先绕着树林转了一圈，选择哪些树是要砍的，然后开始磨斧头，把斧头磨得又快又光后，才开始砍树，但是，这样就耽误了半天时间。第一天比赛结束了，樵夫甲砍倒10棵树，而樵夫乙只砍倒6棵树。第二天，樵夫甲的斧头钝了，砍树的效率下降，只砍倒8棵树，而樵夫乙的斧头锋利，另外，由于他前一天已经找好要砍的树，当天砍倒12棵树。第三天，樵夫甲只砍倒7棵树，而樵夫乙早上继续磨斧头，最后砍倒12棵树。

三天下来，樵夫乙一共砍树30棵，樵夫甲一共砍树25棵，樵夫乙胜出。

比赛过程中每天都会有一个结果，如果单从第一天砍树的结果来看，樵夫甲显然是胜出的，而从总的结果来看，樵夫乙胜出。在这里，每天的成绩是一个短期标准，而总成绩是一个长期标准，用短期标准评价时，从短期来看是比较好的，从长期来看未必好。

三、组合标准更有效

就一个企业来说，在一年里，当月的利润是一个短期标准，而年度利润是一个长期标准；从另外一个角度看，年度利润对于5年来说，又是一个短期标准，5年的利润总额又是一个长期标准。

如果对企业的总经理只用年度利润来评价，再根据这个评价的结果进行奖励，他可能会为了实现当年利润而急功近利。比如：员工的培训一点也不投入，设备的维护也不投入，或者以次充好，欺瞒客户，当年的利润就会提高。这样做，从长远来看，对企业的5年利润是有害的：员工不培训，技能差；设备不维护，运转效率低；客户不满意，会流失。所以，对于企业来说，单纯运用短期标准是不行的。

单纯运用短期标准不行，那么，只运用长期标准会遇到什么问题呢？长期标准，要很长时间后才看得出来；有些工作做了，短期看起来没有效果，从长期来看，效果却很显著，而当时的经理人或者员工，往往已经不在这个位置了。

那么，如何兼顾短期与长期标准呢？

现实的操作办法，是将不同的短期标准组合起来，进而预测长期标准。比如：樵夫每天砍的树木是一个短期标准，另外，每天是否把斧头磨快磨光，每天是否编制了计划，也是短期标准——这就是将不同的短期标准组合起来，兼顾到短期利益和长期利益的方法。

企业是追求永续经营的。如果以3年为周期，对利润进行衡量，同时从财务、顾客、内部、学习与成长等角度来设计评价标准，则比较合理。在这个周期内，顾客满意了，下一个周期内的顾客就可以二次购买，企业的财务目标就可以实现；内部流程、管理做好了，下一周期的顾客就会满意；而本周期的员工学习与成长了，下一周期的内部管理就可以得到改善。

通过这种组合，可以保障企业长远利益得以实现，减少急功近利的行为。

（摘自《如何发奖金》东方出版社）

讨论题

1. 企业的财务管理评价标准应如何制订？
2. 在现行中国行政体制下，假如你是国企老总，你会如何决策？

财务管理是商务管理的重要组成部分，它对于确保组织的生存和稳定、改善经营管理、提高经济效益起着关键作用。在组织的发展过程中，无论是战略决策，还是筹资决策、投资决策、市场营销决策、人力资源管理决策，几乎都与财务管理有关。本章重点介绍商务管理的基本知识以及筹资管理和投资管理、资产管理、财务报告、财务分析等基本技能和基本方法。

第一节　商务财务管理概述

一、财务管理的概念

1. 财务与财务管理的概念

财务，简单地说是指有关社会财产方面的事务。

财务管理主要是指组织的理财行为，是指组织财务活动、处理与各方面财务关系的一系列经济管理活动。财务管理是基于组织再生产过程中客观存在的财务活动和财务关系而产生的。

2. 财务活动

财务活动是指资金的筹集、投放、使用、收回及分配等一系列活动的总称。具体包括以下四个方面：

（1）筹资活动。筹资活动是指组织为了满足生产经营活动的需要，从一定的渠道，采用特定的方式，筹集所需资金的过程，这是资金运动的起点。

（2）投资活动。组织投资活动，是指组织把筹集到的资金，合理投放于组织内部及外部的过程。组织投资可分为内部投资和外部投资两种。内部投资主要是组织用筹集的资金购置内部所需的固定资产、流动资产、无形资产等，外部投资是指组织用筹集的资金购买各种证券或与其他组织联营等投资。

（3）资金营运活动。资金营运活动指组织在正常的经营过程中发生的一系列的资金收支活动（如组织采购材料、支付工资和其他营业费用、销售产品收回资金等收支活动）。

（4）分配资金活动。资金的分配活动是指组织取得的营业收入补偿营业成本和期间费用、缴纳税金、剩余收益在投资者及再投资者之间进行分配等活动。组织的利润必须按规定的顺序进行分配。

上述财务活动的四个方面是相互联系、相互依存的，它构成了组织完整的财务活动。

3. 财务关系

组织财务关系是指组织在财务活动过程中与有关各方面所发生的经济利益关系。组织的财务关系可概括为以下几个方面：

（1）组织与政府之间的财务关系。组织必须按税法规定缴纳各种税款，这就形成了组织与政府之间的财务关系。这种关系体现一种强制和无偿的分配关系。

（2）组织与投资者之间的财务关系。这是指组织的投资者向组织投入资金，组织向其投资者支付投资报酬所形成的财务关系。组织的投资者主要包括国家、法人和个人。组织与投资者双方必须按照合同、章程规定履行权利和义务。

（3）组织与债权人的财务关系。这主要是指组织向债权人借入资金，并按借款合同的规定按时支付利息和归还本金所形成的经济关系。组织的债权人主要有本组织发行的公司债券的持有人、贷款机构、商业信用提供者、其他出借资金给组织的单位和个人。组织与债权人的财务关系属于债务与债权的关系。

（4）组织与受资者的财务关系。这主要是指组织以购买股票或直接投资的形式向其他组织投资所形成的经济关系。组织按约定履行出资义务，并依据出资份额参与受资者的经营管理和利润分配，从而体现出所有权性质的投资与受资的关系。

（5）组织与债务人之间的财务关系。这主要是指组织将其资金以购买债券，提供借款或商业信用等形式出借给其他单位所形成的经济关系。组织出资后，有权要求其债务人按合同约定条款还本付息，体现出债权与债务的关系。

（6）组织与内部各单位之间的财务关系。这主要是指组织内部各单位之间在生产经营各环节中相互提供产品或劳务所形成的经济关系。在实行厂内经济核算制和组织内部经营责任制的条件下，组织供、产、销各个部门以及各个生产单位之间，相互提供产品和劳务也要计价结算。这种在组织内部形成的资金结算关系，体现了组织内部各单位之间的利益关系。

（7）组织与职工之间的财务关系。这主要是指组织向职工支付劳动报酬过程中所形成的经济关系。组织用其收入向职工支付工资、津贴和奖金等，这种组织与职工之间的结算关系，体现着按劳分配关系。

二、财务管理的目标和内容

1. 组织财务管理的目标

财务管理目标是指组织进行财务活动所要达到的目的，它决定着组织财务管理的基本方向。根据现代化组织财务管理理论和实践，最具有代表性的财务管理目标主要有以下几种：

（1）利润最大化。利润最大化目标是以组织在预定时间内实现最大利润作为财务管理的最终目的。以此作为财务管理的目标有合理的一面，即有利于组织经济效益的提高，但在实践中存在以下问题：① 未考虑资金的时间价值，即资金从投入到实现利润的时间价值；② 没有反映创造的利润与投入资本之间的关系；③ 没有考虑风险因素，因为高额利润往往要承担过大的风险；④ 片面追求利润最大化可能导致组织短期行为。

（2）资本利润率最大化或每股利润最大化。资本利润率是净利润与资本的比率。每股利润是净利润与普通股股数的比值。这种观点虽然考虑了创造的利润与投入资本之间的关系，但仍然没有考虑时间价值和风险因素，也不能避免组织的短期行为。

（3）组织价值最大化或股东财富最大化。组织价值最大化是指通过组织的合理经营，使组织的价值达到最大。组织价值不是账面资产的总价值，而是组织全部财产的市场价值，它反映了组织潜在或预期的获利能力。这一目标具有以下优点：① 考虑了资金的时间价值和风险因素；② 反映了对组织资产保值增值的要求；③ 有利于克服管理上的片面性和短期行为；④ 有利于社会资源的合理配置。

组织价值最大化目标，不仅反映了财务管理的目标，还反映了整个社会的经济利益，因此成为现代财务管理的最优目标。

2. 组织财务管理的内容

财务管理的对象是组织的资金及其流转，财务管理的内容也就是组织资金运动的内容。组织要从事生产经营活动，首先要筹集一定数量的资金，用来进行产品生产，在生产过程中的资金耗费，构成生产费用和成本管理；产品出售收回货币资金，构成资金管理；组织将产品销售收入抵补生产费用和缴纳税金后所获得的利润，构成利润管理。组织经营活动如此循环下去，形成组织资金的循环和周转。因此财务管理的内容反映了组织资金的运动及循环过程，包括筹资管理、投资管理、分配资金管理等内容。

（1）筹资管理。筹资是指组织为了满足投资和用资的需要，筹措和集中资金的过程。它是组织资金运动的起点，也是组织进行生产经营活动的前提。筹资管理需解决的主要问题有：① 确定筹资总额，以保证投资所需的资金；② 选择合适的筹资渠道和筹资方式，确定合理的筹资结构，从而降低资金成本和筹资风险。

（2）投资管理。投资管理就是资金的投入和使用管理，也可以说是用资管理。组织筹集资金的直接原因是为了投资。组织投资可分为对内投资和对外投资。对内投资是对组织内部投放资金，主要投放于流动资产、固定资产、无形资产和递延资产等；对外投资是对组织外部其他单位投放资金，出资方式包括现金、实物、无形资产或购买有价证券等。投资管理的关键是：① 确定合适的投资规模，以保证获得最佳的投资效益；② 选择合适的投资方向和投资方式，确定合理的投资结构，提高投资效益，降低投资风险。

（3）资金的回收与分配管理。当组织完成生产和销售过程后，必然会取得各种收入。组织的收入首先用以弥补生产耗费，缴纳流转税，剩余部分为营业利润。营业利润和对外投资净收益、其他净收入构成利润总额。利润总额先按国家规定缴纳所得税，然后提取公积金和公益金。公积金用于扩大积累和弥补亏损，公益金用于职工集体福利设施。其余利润将作为投资收益分配给投资者。组织必须在国家分配政策的指导下，合理确定分配的规模和分配的方式，使组织的长期利益最大，促使组织再生产和经营活动健康发展。

三、财务管理的原则

财务管理原则是组织从事财务活动、处理财务关系必须遵循的准则。它是组织理财活动的行为规范，体现了组织理财活动的内在要求。组织财务管理主要应坚持以下原则：

（1）价值最大化原则。组织必须遵循资金运动规律，通过一系列方法，对资金运动进行科学的统筹安排，努力使组织资产得以高效运行，以实现所有者权益价值的最大化。

（2）盈利风险均衡原则。风险是指在特定条件下和特定时间内，那些未来可能发生的实际结果与目前预测结果之间的差异。在市场经济条件下，组织理财面临许多不确定因素，组织要获得更大利益，往往需要承担更大的风险。组织在经营活动中，必须掌握各种财务信息，认真分析各种不确定因素，兼顾和权衡盈利与风险两个方面，作出正确和有利的决策，做到趋利避险。

（3）资金配置合理原则。组织的资源是有限的，组织理财必须正确处理现时营运需要与未来发展需要的关系，正确设定理财目标，合理配置资金，使资金结构比例关系最优化。

（4）收支平衡原则。所谓收支平衡，是指在理财活动中不仅要保持各项资金存量的平衡，协调各种资金流量的平衡，而且要利用资金增量来盘活资金存量，促进资金的积极平衡。在资金运动中，资金循环是从资金支出开始到资金回收终结的。收支平衡，资金循环与周转才能正常进行。因此，搞好收支平衡是组织资金运动正常进行的保证。

（5）成本效益原则。以较少的成本支出获得最大的经济效益，这是组织经营的目标。组织在生产经营过程中，必须进行成本效益分析，在规避风险的情况下，努力提高资金的使用效率，运用科学的理财方法，巧妙地运作资金，以达到最佳的资金使用效果。

（6）利益关系协调原则。组织不仅要管理好财务活动，而且要处理好财务活动所体现的财务关系，诸如组织与国家、所有者、债权人、债务人以及职工等的财务关系，这些关系从根本上讲都是经济利益关系。组织只有维护好各方面的合法权益，合理公平地分配收益，才能营造一个良好的经营环境，组织才能持续、稳定、健康地向前发展。

四、财务管理的环节

财务管理的环节是指财务管理工作的各阶段与工作程序。财务管理一般由财务预测、财务决策与计划、财务控制、财务分析等环节组成。

1. 财务预测

财务预测是根据财务活动的历史资料，考虑现实的要求和条件，对组织未来的财务活动和财务成果作出科学的预计和测算。财务预测的主要任务是为组织财务决策提供可靠的依据。财务预测的程序是：

（1）确定预测的目标。
（2）收集预测所需的资料。
（3）确定预测的方法。
（4）确定预测的结果。

2. 财务决策与计划

财务决策是指在财务预测的基础上，对提出的各种可行方案进行分析与评价，从而选择最优方案的过程。

财务计划是指运用科学的技术手段和数学方法，对财务目标进行具体的规划。财务计划是财务预测和财务决策的具体化，是财务控制的依据。财务计划主要包括：资金筹集计划、固定资产投资和折旧计划、流动资金占用和周转计划、对外投资计划、收入和利润分配计划等。

3. 财务控制

财务控制是指在组织生产经营过程中，依据财务计划任务和各项定额，对资金的收入、支出、占用耗费等进行监督和检查，以确保财务计划指标的实现。财务控制一般要经过以下步骤：

（1）制定控制标准，分解落实责任。
（2）实施追踪控制，及时调整偏差。
（3）分析执行情况，做好考核奖惩。

4. 财务分析

财务分析是以核算资料为基础，运用特定的方法，对组织财务活动过程及其结果进行分析和研究，评价计划完成情况，分析影响完成计划的有关因素，并提出改进措施。财务分析的一般程序是：

（1）通过对比，找出差异。
（2）分析差异原因，抓住关键。
（3）提出措施，改进工作。

捡破烂也要规划

几年前，李建国到杭州寻找创业机会，结果，屡屡碰壁，只得靠拾荒度日。

与同伴不一样的是，他掌握着一张发家致富的"寻宝图"，标注着杭州石祥路、上塘路的11个社区，从年代较长的瓜山社区，到近几年新建的拱北小区、永宁苑，地图下方密密麻麻写着小区可以捡到的破烂物品名称。

"星期一：皋亭坝，布头、塑料、报纸；湖州街，塑料、旧电器；登云小区，报纸、汽水瓶；拱北小区，硬纸板盒、报纸、酒瓶。星期二：神龙桥，编织袋、木板；瓜山社区，毛巾、木桶木盆……"

这张"寻宝图"，把居民小区的生活垃圾，予以分类，只要"按图索骥"，他可以捡到不同的垃圾，像逛批发市场一样，目标明确，不用掏钱。这张地图两三个月就得重画一张,以保证信息的准确性。

李建国用地图拾荒的初衷,是防止迷路,后来,他发现除了地名,还能记下更多有用的线索。例如,瓜山社区很大,周一到周四,有很多一次性塑料碗、丢弃的门板、床铺。这里住着一些外来户,常常会把夜宵打包后,带回来吃,一次性塑料碗比较多;外地人多,搬家比较频繁,很多年轻人会丢弃一些日用品。拱北小区则不一样,那里丢弃的多是废报纸和汽水瓶。

同一时间,同一地段,小区不同,捡到的物品也不相同。

从2003年开始,李建国开始绘制地图,分时间、分小区、分品种,安排最佳的行动路线。每天,他都有明确的目的,纯利可以达到一百多元。

如今,通过增加收购、翻新二手产品等业务,加上不断更新的"寻宝图",李建国成立了一家回收公司,每月的纯利达到数万元。

(摘自《金财富》2006年第12期)

五、财务管理的组织

要实现财务管理目标,必须有效地组织财务管理工作。财务管理组织主要是指设立财务管理机构,制定财务管理法规制度等。

1. 财务管理机构

财务管理机构是有效开展财务活动、实现财务目标的重要条件。目前我国组织财务管理机构的组织形式主要有两种:

(1)财务、会计合并的财务管理机构。这种机构的特点是将会计管理与财务管理二合为一,同时具备会计核算和财务管理两种职能。这种形式的基本结构如图3-1所示。

(2)财务、会计分别设置的财务管理机构。这种机构的特点是实行会计核算职能与财务管理职能分离。财务部门主管财务管理工作,会计部门主管会计核算工作。这种形式的基本结构如图3-2所示。

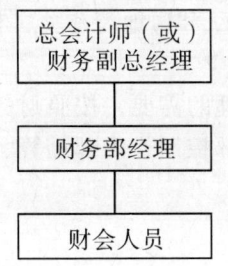
图3-1 财务、会计合并的财务管理机构

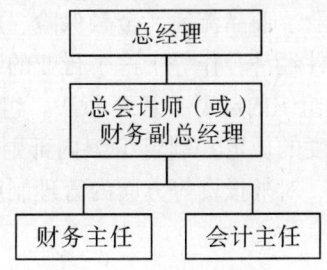
图3-2 财务、会计分别设置的财务管理机构

典型的公司制财务管理组织机构如图3-3所示。

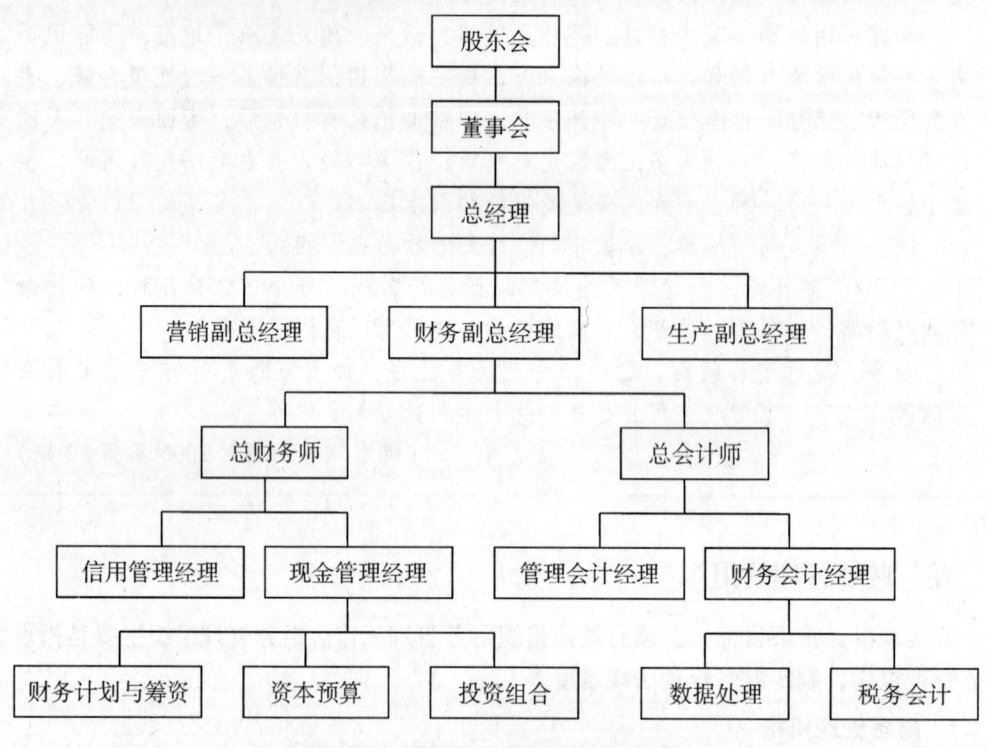

图3-3 典型的公司制财务管理机构

2. 财务管理法规制度

财务管理法规制度，是规范组织的财务行为，协调组织与各方面财务关系的法定文件。我国组织财务管理的法规制度体系主要有三个层次：

(1) 组织财务通则。组织财务通则是整个财务制度体系的最高层次，是组织进行财务活动必须遵循的基本原则和规范。

(2) 行业财务制度。行业财务制度是在财务通则的基础上，根据各行业的特点和管理要求制定的适用于不同行业的财务制度。目前财政部已制定了工业、运输、邮电、通信、农业、商品流通、金融保险、旅游和饮食服务、施工和房地产开发、电影和新闻出版、对外经济合作等十一个行业的财务制度。

(3) 组织内部财务管理办法。组织根据内部财务管理的需要，按照财务通则和行业财务制度的规定，制定组织内部财务管理办法。如内部控制、内部结算、存货、费用、利润、对外投资等方面的管理制度。

第二节　商务筹资管理

一、组织商务筹资管理概述

1. 组织筹资的概念

组织筹资是指组织根据其生产经营、对外投资及调整资金结构等活动对资金的需要，通过一定的筹资渠道和适当的筹资方式获得所需资金的一种行为。

2. 组织筹资的目的

组织筹资的基本目的是满足正常的生产经营需要，主要表现在以下方面：

（1）满足组织初期建厂或扩展规模的需要。

（2）满足生产经营过程中资金周转的需要。

（3）满足资金结构调整的需要。

3. 组织筹资的要求

组织筹资的基本要求是讲求资金筹集的综合经济效益。具体要求如下：

（1）合理确定资金需求量，资金筹集和投放相结合。

（2）认真选择筹资渠道和方式，力求降低资金成本。

（3）妥善安排资金结构，适当运用负债经营。

（4）遵守国家的有关方针、政策和规章制度，维护各方经济利益。

二、筹资的渠道与方式

1. 筹资渠道

筹资渠道是指组织筹措资金来源的方向与通道。目前，我国组织筹集资金的渠道主要有：

（1）国家财政资金：指组织按照其隶属关系报批的基本建设可取得的财政拨款。

（2）银行信贷资金：指组织通过向专业银行报批立项的基本建设投资贷款、流动资金贷款以及其他形式的贷款取得的资金。

（3）非银行金融机构资金：指通过向各种信用机构、投资公司、租赁公司、保险公司等取得的短期贷款或借款。

（4）其他组织或单位资金：指与其他组织联合经营、联合投资获得的资金。

（5）职工和民间资金：指组织向内部职工或向社会投资者直接集资的融资行为。

（6）组织自留资金：指组织留用利润建立的生产发展资金、新产品试制基金和设备基金等。

（7）国外资金：指组织通过各种途径从国外取得的资金。

2. 筹资方式

筹资方式是指组织筹措资金所采取的具体形式。我国组织目前的筹资方式主要有下列几种：

（1）吸收直接投资：指组织以协议方式吸收国家、其他组织、个人和外商等直接投入资金，形成组织资本金的筹资方式。

（2）发行股票：指组织通过金融机构批准，发行各种股票从社会获得资金的筹资方式。

（3）利用组织留存收益：指将组织自身的留用利润获得的收益作为发展资金。

（4）向银行借款：指组织根据借款合同从有关银行或非银行金融机构借入所需的还本付息的款项。

（5）利用商业信用：指组织在商品交易活动中通过延期付款或预收货款获得的借贷资金。

（6）发行公司债券：指公司发行用以记载和反映债权债务关系的有价证券。

（7）融资租赁：指公司向出租人按期支付租金作为报酬的融资经济行为。

筹资渠道解决的是资金的来源问题，筹资方式则解决通过何种方式取得资金的问题。一定的筹资方式可能只适用于某一特定的渠道，但是同一渠道的资金往往可采用不同的方式去取得。在上述的七种筹资方式中，前三种方式筹集的资金为权益资金；后四种方式筹集的资金为负债资金。

姐妹集资买店铺

大舅养了"六朵金花"，她们各自成家。新成立的六个小家庭，日子过得不算太好。2003年，老五供职的企业改制，老五下岗回家。老五的丈夫也在企业工作，收入一般，往后的日子怎么过？这成了大舅、大舅妈排解不开的心事。

当年年底，几个女儿回家看望父母。几天后，老大兴冲冲地赶回家，对父亲说："你把其他几个姐妹都召回来，晚上搞几个好菜，上两瓶好酒，我有话说。"

其父说："今儿不过年、不过节，连周末都不是，你闹腾什么？"

老大说："你想不想解决老五的工作问题？"

其父一听，给几个女儿打了一遍电话。

晚餐开始，老大代表大家向老人敬酒，然后说："大家都知道爸妈的心事，知道爸妈最愁的是什么吧？老五的工作问题不解决，爸妈高兴不起来。我想到一个办法，既能解决老五的工作问题，又能让大家发财，大家干不干？"

大家互相看看，不知道老大葫芦里卖的是什么药。

心急的老五说："姐，你快说呀。"

老大拿出一张店铺推销广告，说："办法就在上面。时代广场卖店铺，一套70万元，咱姊妹几个单独买，谁都买不起，我想，咱们几个合买，就能买下。老五正好没有工作，咱们以入股的形式，合买店铺，让老五经营服装，年底，大家分红，怎么样？如果经营不好，咱们再把店铺卖掉，把钱分了，我想，店铺肯定能增值，一点风险都没有。大家觉得这个办法怎么样？"

其父一听，表示支持，说："我出10万元，算是一份。"

老爸带了头，大家表示同意，纷纷表示各出10万元。

店铺经营的是服装，几年下来，老五把生意做得红红火火。更为可观的是，现在，这个店铺能卖到140多万元。

每天，大舅乐得合不拢嘴，时常给我们打电话说，有空来家玩，啊，有好酒好烟哩。去了，气氛好时，我想取点经，说："大舅，一年能分多少红啊？"

大舅警惕地看看我，说："这是商业秘密，不能随便说的。"

（摘自《金陵晚报》）

三、资金需求量预测

资金需求量预测的常用方法主要有定性预测法和定量预测法两类。

1. 定性预测法

定性预测法是指依靠预测者个人的经验、主观分析和判断能力，对未来时期资金的需求量进行估计和推算的方法。这种方法通常采用召开专业人员座谈会和专家论证会等形式进行。这种方法通常在缺乏完整的历史资料下进行，它不能揭示资金需要量与相关因素的关系，预测结果的准确性较差，一般只作为预测的辅助方法。

2. 定量预测法

定量预测法是以历史资料为依据，采用数学模型对未来时期资金需求量进行预测的方法。这种方法能揭示资金需求量与相关因素之间的数量关系，应用这种方法需要有完整的历史资料，因此预测结果较准确，常用的定量预测法有销售百分比法和线性回归分析法。

（1）销售百分比法。销售百分比法是根据资产负债表中各项与销售收入总额之间的依存关系，按照计划期销售收入的增长情况来预测资金需求量的一种方法。应用这一方法的前提是假设资产负债表中各相关项目与销售收入的比率已知且固定不变。可应用如下公式计算：

$$对外界资金的需求量 = (A-B)/S_o(S_1 - S_o) - EPS_1 \quad (3-1)$$

式中：A——随产品销售收入变动的资产；

B——随产品销售收入变动的负债；

S_o——基期销售额；

S_1——预测期销售额；

E——收益留存比率；

P——销售净利率。

从上式中可看出，$(A-B)/S_o$ 反映了基期资金的净占用与基期销售收入的比率关系；$(A-B)/S_o(S_1-S_o)$ 反映了报告期随销售收入的增加而增加的资金净占用；EPS_1 反映了报告期从组织内部产生的资金来源。

（2）线性回归分析法。线性回归分析法是根据产销量与资金占用总额的历史资料，运用回归线性方程预测计划期资金需要量的一种方法。回归直线方程表达式为：

$$y = a + bx \tag{3—2}$$

式中：y——资金占用量；

x——产销量；

a——不变资金；

b——单位产销量所需变动资金。

从上式中可以看出，只需求出 a 和 b，就可预测一定产销量下的资金需求量。a 和 b 的计算公式为：

$$a = (\sum y_i - b\sum x_i)/n \tag{3—3}$$

$$b = (n\sum x_i y_i - \sum x_i \sum y_i)/[n\sum x_i^2 - (\sum x_i)^2] \tag{3—4}$$

四、资金成本与资金结构优化

1. 资金成本的概念

资金成本是指组织为筹集和使用资金而付出的代价，主要包括资金筹集费用和资金占用费用两部分。资金筹集费用是指组织在筹措资金过程中为获取资金而支付的费用，如向银行借款支付的手续费，发行股票、债券而支付的发行费用等；资金占用费是指组织在生产经营、投资过程中因使用资金而支付的费用，如向股东支付的股利、向债权人支付的利息等。资金成本是组织选择筹资渠道和筹资方式的重要依据，也是组织评价投资项目可行性的主要经济标准，资金成本对组织财务决策具有决定性的影响。

2. 资金成本的计算

资金成本通常以相对数，即资金成本率表示。资金成本是组织资金占用费用与筹集资金的净额的比率。其计算公式为：

$$资金成本率 = 年资金占用费用/(筹资总额 - 筹资费用) \times 100\% \tag{3—5}$$

也可表示为：

$$资金成本率 = 年资金占用费用/筹资总额 \times (1 - 筹资费用率) \times 100\% \tag{3—6}$$

在不同的筹资方式下，其资金使用费的内容不同，因此应分项计算各种筹资方式的资金成本率。

3. 加权平均资金成本

组织从不同渠道取得的资金其筹资成本是不一样的,因此需要计算综合资金成本。由于这种综合资金成本是以各种资金所占的比重为权数计算的,故称为加权平均资金成本。其计算公式为:

加权平均资金成本率 = $\sum$(某种资金来源占全部资金的比重 × 某种资金来源的资金成本率)　　　　　　　　　　　　　　　　　　　　　　　　　(3—7)

4. 资金结构的优化

资金结构是指在组织的全部资金中,各种资金来源的构成比例。不同的资金结构会给组织带来不同的资金成本和风险,组织在筹资时必须认真研究并合理确定资金结构,这是组织筹资决策的核心问题。

资金结构优化,就是选择能使组织加权平均资金成本最低的资金结构。在实际工作中要选择最优的资金结构是比较困难的,只能在各个可行方案中,选择加权平均资金成本最低的方案为最优方案。资金结构优化是财务决策中一项比较复杂的内容。组织进行资金结构决策时,要权衡利弊,综合考虑,最终选择合理的筹资方案。

第三节　商务投资管理

一、投资管理概述

1. 组织投资的概念

组织投资是指组织投放财力于一定对象,以期望在未来获取收益的经济行为。正确的投资决策可以提高组织经济效益,增强组织活力,对组织生存和发展具有十分重要的作用。

2. 组织投资的分类

组织投资可以从不同的角度进行分类,主要分类方法有:

(1) 按投资时间的长短,组织投资可分为短期投资和长期投资。

短期投资一般是指在一年以内能够并且准备回收的投资,如对现金、应收账款、存货、短期有价证券等投资。

长期投资是指一年以上才能收回的投资,如对厂房、机器设备、无形资产、长期有价证券等投资。由于长期投资中固定资产投资所在的比重较大,故长期投资有时专指固定资产投资。

(2) 按投资组织与生产经营的关系,组织投资可分为直接投资和间接投资。

直接投资是将资金直接投放到生产经营性资产上获取直接经营性利润,在非金融类组织中,直接投资占总投资的比重较大。

间接投资是指组织把资金投放于证券等金融性资产上,以便取得股息或利息收入的投资。

(3) 按投资范围,组织投资可分为对内投资和对外投资。

对内投资是指组织把资金投放于组织内部,形成或购置生产经营用资产的投资。对外投资是指组织以现金、实物、无形资产等方式或者以购买股票、债券等有价证券方式向其他组织进行的投资。

对内投资都是直接投资,对外投资主要是间接投资,也有直接投资。

(4) 按投资内容的不同,组织投资可分为项目投资、证券投资和其他投资。

项目投资是指以特定项目为对象,直接与新建项目或更新改造项目有关的长期投资行为。

证券投资是指组织购买股票、债券等金融性资产,以期获取收益或其他权益的投资行为。

3. 组织投资的目的

组织投资的目的总的来说就是为了提高组织的价值,获取投资收益。具体体现在以下几个方面:

(1) 提高组织收益。投资是组织增加利润的必要手段。

(2) 降低组织经营风险。组织的对内和对外投资使组织资产分散化、投资多样化、经营多角化,从而降低组织风险。

(3) 加快组织发展的速度。组织通过并购能实现快速扩张,且花费少,见效快。

4. 组织投资管理的程序

组织投资管理程序通常包括以下几个步骤:

(1) 投资方案的提出:大型的投资步骤一般由生产、市场、财务、基建等方面专家组成的专门小组提出方案。小型投资方案可由主管部门组织人员拟定。

(2) 投资方案的评价:投资方案的评价,一般由财务经理会同有关部门进行,主要包括以下内容:① 审核投资方案是否符合生产经营的需要;② 确认投资项目的经济可行性;③ 分析评价投资风险及其防范措施;④ 写出投资评价报告。

(3) 投资方案的决策:投资方案评价后,组织领导者要作最后决策。投资额较小的项目,有时中层经理就有决策权;投资额较大的项目一般由总经理决策,投资额特大的项目要由董事会甚至股东大会投票表决。

(4) 投资方案的执行:投资方案决策后,要按计划筹措资金,实施投资。在投资项目的执行中要对工程进度、工程质量、施工成本进行严格控制,以确保投资按预算规定按质按时完成。

(5) 投资方案的再评价:投资方案在执行的过程中,一旦出现新的情况,应及时根据变化的情况做出新的评价。若遇到不完善的地方,应及时提出修改意见,做出补救措施;已不适用的方案应停止执行,以避免更大的损失。

钱怎样生钱

前不久,我回到老家看望父亲,老家的亲朋好友都在讨论股票的事情,而且非常兴奋,因为多数人赚钱了。这时,父亲非常不解地问我,他们都赚钱了,那么,谁赔了呢?他们赚的是谁的钱?如果谁都不赔,这些钱又是从哪儿来的?

四个人打一桌麻将,有人赢就一定有人输。但是,投资则不同,你将100元钱放在床底下藏着,过了100年,它也不会生出一分钱。一旦你将这100元钱从床底下拿出来,存到银行里,这时,钱就可以生钱了,银行会给你利息。我们存钱可以获得收益,是因为银行会将我们存的钱贷给企业,企业用这些资金扩大生产。最终,你的钱和生产联系上了,参与到生产的过程中,就会获得增值。

我们不把钱存到银行,而是直接借给企业,就是买债券,这时,你的钱就与生产更加贴近了,并且应当会有高于储蓄的收益。因为,存钱显然比买企业债券而最终转化为生产要素的过程漫长,中间环节也更多,因此,其收益率当然也要低一点。

买股票又比买债券更能直接参与到生产之中,因为买股票实际上是将资金换成一家上市公司的一部分,也就是将钱直接转化成生产资料,并用于生产。这是一种更为直截了当的投资,预期收益率应当比买债券更高。

钱只有将其转化为生产要素之后,才能够生钱,而且其转化为生产要素的程度越高、越直接,预期的收益率也越高。当然,投资的风险与收益是同步上升的,因为直接投资享受投资的高额回报,也要承担投资的巨大风险。中间环节越多的间接投资,其财富的成长就有越多的人(或机构)来分享,其收益率当然也越低,但投资的风险也就有了越多的人(或机构)来分担,当然风险也就越小。这就是投资的收益与风险成正比的原因。

(摘自《理财周刊》总第321期)

二、投资方案的审核与评价

为确保投资方案的可行性和获得较高的投资收益,投资组织必须依据科学的方法,对投资方案或投资项目进行审核与评价。投资方案的审核,是指投资者在投资方案实施前所进行的一系列考察、预测和分析活动,任何一项投资方案必须经过组织财务部门事先审核,并报组织领导机构批准后方可实施。

投资方案的审核与评价需考虑多方面的因素。如国家的产业政策、市场发展前景、技术的先进程度、组织效益和社会效益以及资金的支持情况等,但最终体现在财务评价上。而项目投资财务决策评价的基本前提和主要依据是资金的时间价值及投资项目产生的现金流量。

1. 资金的时间价值概述

资金的时间价值是指资金作为资产的货币形式，在扩大再生产及其循环周转过程中，随着时间的推移而产生的资金增值或经济效益，亦即一定量的资金在不同的时点上有不同的经济价值特性，具体体现在资金的利息和资金的纯收益两个方面。众所周知，今天的 1 元钱和将来的 1 元钱是不等值的，前者要比后者的价值大。如将 100 元存入银行，存款年利率为 10%，一年后本息为 110 元，这 10 元的增值为资金的时间价值。它是由于资金的所有者让渡资金的使用权而使资金投入周转使用产生的。

表现资金在不同时间的价值指标有终值和现值。终值就是资金将来的价值，指一定量的资金在未来某一时点上的价值，包括本金和利息。现值是指未来某一时点上一定量的资金折算为现在的价值。资金的时间价值通常以单利和复利计算。下面介绍几种常见的时间价值指标的计算。

(1) 单利终值计算（已知现值 P 求终值 F）。单利是指仅用原始本金来计算利息，不累计先期所获得的利息，即利息不再生利息的方法。其计算公式为：

$$I = P \cdot n \cdot i \qquad (3—8)$$

$$F = P(1 + n \cdot i) \qquad (3—9)$$

式中：I——期末利息；

　　　P——本金；

　　　i——利率；

　　　n——利息周期数；

　　　F——本利和。

(2) 复利终值的计算（已知现值 P 求终值 F）。复利是指本金生息，利息也生息的计息方式，俗称"利滚利"。复利终值是指一定量的货币在若干期后按复利计算的本利和。计算公式为：

$$F = P(1 + i)^n \qquad (3—10)$$

式中：$(1+i)^n$——复利终值系数，通常记为 $(F/P, i, n)$，可通过查阅"1 元复利终值表"直接查得。

(3) 复利现值（已知终值 F 求现值 P）。复利现值是指未来某一时点上的一笔款项折算为现在的价值。可从上述复利终值公式逆运算求得。其计算公式为：

$$P = F[1/(1+i)^n] = F(1+i)^{-n} \qquad (3—11)$$

式中：$(1+i)^{-n}$——复利现值系数，记为 $(F/P, i, -n)$，可直接从"1 元的复利现值系数表"查找。

(4) 普通年金终值的计算（已知年金 A 求终值 F）。普通年金是指每期期末等额收到或支付的款项，其计算公式为：

$$F = A(1+i)^0 + A(1+i)^1 + A(1+i)^2 + \cdots\cdots + A(1+i)^{n-2} + A(1+i)^n$$
$$= A\{[(1+i)^n - 1]/i\} \quad (3\text{—}12)$$

式中：$[(1+i)^n - 1]/i$——年金终值系数，记为$(F/A, i, n)$，可直接从"1元年金终值表"中查取。

(5) 普通年金现值的计算（已知年金A求现值P）。其计算公式为：
$$P = A(1+i)^{-1} + A(1+i)^{-2} + \cdots\cdots + A(1+i)^{-(n-1)} + A(1+i)^{-n}$$
$$= A\{[1-(1+i)^{-n}]/i\} \quad (3\text{—}13)$$

式中：$\{[1-(1+i)^{-n}]/i\}$——年金现值系数，记为$(P/A, i, n)$，可直接从"1元年金现值系数表"中查取。

2. 现金流量概述

投资项目评价的首要环节是估算投资项目预期的现金流量。现金流量是指投资项目在其计算期内各个时点发生的现金流入量和现金流出量的总称。包括现金流出量、现金流入量和现金净流量三项内容。

(1) 现金流出量。一个方案的现金流出量是指该方案引起的组织现金支出的增加额。主要包括建设投资、流动资金投资和其他现金流出。

(2) 现金流入量。一个方案的现金流入量是指该方案引起的组织现金收入的增加额，包括营业现金流入、回收的固定资产残值、回收的流动资金、其他现金收入。

(3) 现金净流量。现金净流量是指投资项目在计算期内每年现金流入量与同年现金流出量的差额。在实际工作中，一般根据投资项目计算期不同时点上的现金流入量和现金流出量的具体内容，直接计算各个时点上的现金净流量，可采用编制现金流量表的形式计算，也可以采用简化计算公式计算。

建设期某年的净现金流量 = 该年发生的原始投资额

经营期某年净现金流量 = 该年净利润 + 该年折旧 + 该年回收净残值

建设期内净现金流量一般为负值，经营期内净现金流量一般为正值。

3. 投资项目的评价方法

对投资项目的经济效益的评价，需用一定的分析指标进行判断。根据指标是否考虑资金时间价值，可分为折现指标和非折现指标。常用的折现指标有净现值、现值指标、内含报酬率，常用的非折现指标有静态投资回收期、投资利润率。下面介绍这几种指标的评价方法。

(1) 净现值法。净现值是指某一投资项目投产后各年报酬（现金净流量）的现值与投资额现值的差额。其计算公式为：
$$NPV = \sum_{t=1}^{n} \frac{NCF_t}{(1+i)^t} - C \quad (3\text{—}14)$$

式中：NPV——净现值；

NCF_t——第t年的现金净流量；

i——折现率；

n——项目预计使用年限；

C——初始投资额的现值。

采用净现值指标的评价标准是：$NPV>0$ 时，方案可行；$NPV<0$ 时，方案不可行；若有几个备选方案，且投资额相等，净现值都大于零，那么净现值最大的方案为最优方案；如果几个方案的初始投资额不等，则不宜采用净现值法，可采用其他评价指标，如现值指数等进行评价。

(2) 现值指数法。现值指数法（简称 PI）又称获利指数法，它是根据投资项目未来报酬的总现值与初始投资额的现值之比即现值指数来评价投资项目的优劣的方法。其计算公式为：

$$PI = \left(\sum_{t=1}^{n} \frac{NCF_t}{(1+i)^t} \right) \div C \tag{3—15}$$

公式各符号与净现值法意义相同。

采用现值指数的评价标准是：$PI \geq 1$ 时，方案可行；$PI<1$ 时，方案不可行；若有几个备选方案，现值指数最大的方案为最优方案。现值指数反映了每一元投资可望获得的现值总收益。现值指数的优点是既考虑了资金的时间价值，又有利于在初始投资额不同的投资方案之间进行对比，但不能直接反映投资项目的实际收益率。

(3) 内含报酬率法。内含报酬率又称内部收益率，它是使投资项目的净现值等于零的折现率，用符号 i 表示。内含报酬率法是以内含报酬率的大小作为投资方案优劣的评价方法。

当内含报酬率大于或等于资金成本时，投资方案可行；在可行的投资方案中内含报酬率最大的方案为最优方案。内含报酬率的计算公式为：

$$\sum_{t=1}^{n} \frac{NCF_t}{(1+i)^t} - C = 0 \tag{3—16}$$

或

$$\sum_{t=1}^{n} \frac{NCF_t}{(1+i)^t} = C \tag{3—17}$$

公式各符号与净现值法意义相同。

如何具体确定 i 值？

由于 NCF_t，n，C 是已知的，一般采用"逐次试算逼近法"确定净现值接近零的一个区间，再用内插法求得近似的内含报酬率。

(4) 静态投资回收期法。投资回收期是指项目投产后引起的现金净流量累积到与初始投资额相等时所需要的时间，一般以年为单位。投资回收期越短，方案越优。静态投资回收期是指不考虑货币时间价值的投资回收期。投资回收期的计算，因经营期每年的现金净流量不同而有所不同。

如果经营期每年的现金净流量相等，投资回收期可按下式计算：

$$投资回收期 = \frac{初始投资额}{年现金净流量} \qquad (3—18)$$

静态投资回收期法的主要优点是简单，易于理解。其缺点主要有两点：① 没有考虑资金的时间价值；② 只考虑了回收期内的现金净流量，没有考虑回收期满后的现金净流量。因此用这一指标评价投资方案的优劣时，有较大的局限性，一般只作为投资项目评价的次要指标使用。

（5）投资利润率法。投资利润率，又称投资报酬率，是指投资项目寿命周期内年平均利润占投资总额的百分比。运用投资利润率评价投资项目时，投资利润率越高越优，低于无风险投资利润率的方案不可行。投资利润率的计算公式为：

$$投资利润率 = \frac{年平均利润}{投资总额} \times 100\% \qquad (3—19)$$

投资利润率的优点是，计算简便，且能与资金成本或必要的投资报酬率比较；缺点是未考虑货币的时间价值，投资利润率指标的分子分母的时间特征一致，在计算口径上可比性较差。因此，投资利润率指标一般作为辅助指标在投资决策中运用。

运用以上五种投资评价方法时，可能会出现结论不一致的情况。当静态投资回收期（次要指标）或投资利润率（辅助指标）的评价结论与净现值等主要指标的评价结论发生矛盾时，应以主要指标的结论为准。

三、证券投资管理

1. 证券投资的概念和种类

证券投资是指组织把暂时或长期不准备用于项目投资的货币资金用于购买股票、债券等金融性资产，以期获取收益的投资行为。

证券投资的种类直接取决于有价证券的种类。根据证券投资的对象，将证券投资分为债券投资、股票投资和组合投资三类。

（1）债券投资。债券投资是指组织将资金投向各种债券，如购买国库券、公司债券和短期融资券等。债券投资属于债权投资，能获得稳定收益，投资风险较低。

（2）股票投资。股票投资是指组织通过购买股票或股份的方式对外投资。股票投资属于权益性投资。组织投资于股票，尤其是普通股，要承担较大风险，但通常情况下，收益也较高。

（3）组合投资。组合投资也叫证券投资组合，是指组织将资金同时投资于多种证券，如购买国库券、组织债券、组织股票等。组合投资可以有效地分散证券投资风险。

2. 证券投资的目的

组织进行证券投资的目的主要有以下几个方面：

（1）充分利用闲置资金，获得投资收益。
（2）调剂资金余缺，预防财务风险。
（3）通过长期证券投资，积累资金，获取长远经济利益。

(4) 获得对相关组织的控制权。

3. 证券投资风险

进行证券投资,必然要承担一定的风险。只有在对证券投资的风险和收益率分析后才能作出决策。证券投资风险主要来源于以下几个方面:

(1) 违约风险。是指证券发行人无法按期支付利息或偿还本金的风险。

(2) 利息率风险。是指由于利息率变动而引起证券价格波动而使投资者遭受损失的风险。一般来说,银行利率上升,则证券价格下跌;反之则证券价格上升。

(3) 购买力风险。是指由于通货膨胀而使证券到期或出售时所获得的货币资金的购买力下降的风险。一般来说,普通股票被认为比公司债券和其他有固定收益的证券能更好地避免购买力风险。

(4) 流动性风险。是指投资者想出售有价证券获取现金时,证券不能以合理价格立即出售的风险。一般来说,国库券比组织债券的流动性风险小。

(5) 期限性风险。是指由于证券期限长而给投资者带来的风险。一项投资期限越长,投资者遭受的不确定性因素就越多,承担的风险越大。

4. 证券投资收益率的计算

(1) 短期证券收益率。短期证券由于期限短,其收益率的计算一般不考虑资金时间价值因素,其计算的基本公式为:

$$K = \frac{(S_1 - S_0) + P}{S_0} \times 100\% \tag{3—20}$$

式中:S_0——证券购买价格;
S_1——证券出售价格;
P——证券投资报酬;
K——证券投资收益率。

(2) 长期证券收益率。长期证券主要包括债券和股票两种。首先是债券投资收益率。组织进行债券投资,一般每年获得固定利息,并在债券到期时收回本金或中途出售收回资金。其收益率计算公式如下:

$$V = \sum_{j=1}^{n} \frac{I}{(1+i)^j} + \frac{F}{(1+i)^n} = I(P/A,i,n) + F(P/A,i,n) \tag{3—21}$$

式中:V——债券的购买价格;
I——每年获得的固定利息;
F——债券到期收回的本金或中途出售收回的资金;
i——债券投资收益率,一般用逐次测试逼近法或内插法进行计算。

其次是股票投资收益率。组织进行股票投资,每年获得的股利是经常变动的,当组织出售股票时,也可收回一定资金。股票投资收益率可按下式计算:

$$V = \sum_{j=1}^{n} \frac{D_j}{(1+i)^j} + \frac{F}{(1+i)^n} \tag{3—22}$$

式中：V——股票的购买价格；
F——股票的出售价格；
D_j——股票的投资报酬（各年获得的股利）；
n——投资期限；
i——股票投资收益率。

由于股票投资收益不能直接计算，因此也是用逐次测试逼近法和插入法计算。

组织在进行具体投资决策时，除了需要衡量风险和收益率外，还要考虑以下因素：① 国民经济形势分析。包括国民生产总值分析、通货膨胀分析、利率分析。② 行业分析。包括行业的市场类型分析和行业的生命周期分析。③ 组织经营管理情况分析。包括组织竞争能力分析、组织盈利能力分析、组织营运能力分析、组织创新能力分析、组织偿债能力分析。

认知实训

实训内容：
到相关企业了解或参与企业经营成本的核算。

实训目的：
1. 培养学生了解与熟悉企业成本的构成。
2. 掌握企业商务经营成本核算方法。
3. 进一步了解企业商务投资方略。

实训要求：
1. 熟悉财务管理及成本相应理论知识。
2. 联系不同种类的企业参观。
3. 向财务人员了解企业商务成本核算的方法。
4. 记录各个企业商务成本核算方法的不同。

实训操作与规范：
1. 有组织地进行活动。
2. 注意安全。
3. 听从现场指挥。
4. 要有保密意识。

实训组织：
1. 每个学生根据实训项目要求，自己寻找可以接、住的企业进行参观。
2. 按照每组5人左右将全班分成若干小组，每个小组成员汇报自己了解企业商务成本的收获。

3. 每个小组选派一名代表在全班讲解，老师进行最后点评。

复习思考题

1. 什么叫财务管理？财务管理的目标和内容是什么？为什么将组织价值最大化或股东财富最大化作为财务管理的最优目标？
2. 简述财务管理的基本环节及其主要工作内容。
3. 我国组织财务管理的法规制度体系主要有哪几个层次？它们之间的关系是怎样的？
4. 什么叫筹资渠道？什么叫筹资方式？我国组织目前有哪些筹资渠道和筹资方式？
5. 什么叫资金成本？不同筹资方式的资金成本如何计算？为什么要计算加权平均资金成本？
6. 什么叫资金结构？如何进行资金结构的优化？
7. 什么叫组织投资？组织投资有哪些分类？简述组织投资管理的程序。
8. 常用的投资项目评价方法有哪几种？各种方法有何特点？
9. 什么叫证券投资？证券投资的目的是什么？进行证券投资应考虑哪些风险？

满地都有省钱路

早上 7 时 30 分，青岛一家文具批发公司的张老板站在路边等待邻居的车来接他。

老张是个"拼车族"。每天，他从家步行 3 分钟来到小区门口，搭上邻居老孙的车，一起上班。每个月，他支付给老孙 300 元，一同搭车的还有另外两个邻居。

早上 8 时，老张刚到单位，桌上的电话已经响个不停。还有两天，北京一种文具产品的订货会就要开幕，催促老张参加的电话一个接着一个。老张不紧不慢在网上搜索着机票打折的信息。

一通忙活，老张终于买到一张 200 元的廉价机票。机票来自该航空公司举办的一个限量抢购活动。

上午 10 时，老张开始解决自己和店员的伙食问题。这看似一件小事儿，却是一天开销最多的一个环节；特别是随着物价的上涨，如何控制好伙食费用至关重要。

不过，老张有信心以低成本维持自己和员工的饮食质量。在老张的朋友圈里，半年前，他一分钱没花就搞定全店一个月午餐的经历，已经成为传奇。

那时，青岛有一家送餐公司举行促销活动。老张得到消息，早早赶到该公司，一口气签订了一年的合同。以每盒 5 元的价格，买到 10 元标准的盒饭。

更离奇的是，老张当场给周边几个店的老板打电话，告诉他们消息。征得他们同意后，以7.5元的价格也替他们订餐，这项"中介"得来的收入，正好抵消自己的订餐费用。

上午11时，老张处理完手头工作，开始给北京的一位老客户打货款。异地汇款，各银行收费标准不一，老张打开电脑，通过网上银行办理业务，节省手续费。

下午2时，老张给电台打电话，因为没有充足资金做广告，老张注意到电台有个点歌节目非常红火，大受听众欢迎。这不是免费广告吗？老张拟好台词，动员所有员工加入到打电话的队伍中。

下午6时，老张接到了大连客户王经理的电话，说是已经到了青岛。老张赶紧请他吃饭。对于王经理这样的客户，老张一般选择那些有特色、价钱适中的餐厅。这样做，一是能体现出地方特色，二是能拉近彼此的关系。老张是个有心人，平时看到报刊上有餐厅广告，他会剪下来，这样除了享受饭馆自身优惠活动外，还可以在此基础上打折。

送走了王经理，夜已经深了，忙碌的一天即将过去，老张对自己这一天斤斤计较的结果很满意。

（摘自《大众投资指南》2008年第12期）

讨论题

1. 现代商务财务管理的最终目的就是省钱，对吗？
2. 本案例张老板的做法是否值得我们学习？

第四章 现代商务合同管理

学习目标 ▶▶▶

◎ 知识的掌握
1. 掌握商务合同的概念、商务合同的类型。
2. 掌握商务合同格式条款。
3. 掌握商务合同的主体、订立与生效。
4. 掌握合同履行的概念、原则。
5. 掌握商务合同的变更、转让和终止。

◎ 技能的提高
1. 能够在商务活动中为了实现一定的商务目的依法订立合同。
2. 能够在商务活动中做到履行合同义务、实现合同权利。
3. 能够在商务活动中正确、适当、全面地完成合同中规定的各项义务和行为。
4. 能够在合同没有履行或者没有完全履行之前,由于实现合同的条件发生变化,与合同关系的当事人依据法律规定的条件和程序对原合同的某些条款进行修改或补充。

"热炉"规则

屋子中间生着炙热旺盛的火炉,围坐的人们如果只顾烤火而不小心翼翼,就很有可能手脚触碰并被烫伤。

启示

炉子火红,一般情况下每个人不用手摸也都知道是热烫的——警告原则。每个企业都有相应的"天条",领导者要经常通过各种方式警告或劝诫下属遵守公司的章程与规范,不要去轻易触犯"天条",以维护公司的严格律治与权威。只要碰到炉子,灼痛就马上发生——即时原则。任何惩处必须在个人错误行为发生后对其立即执行,绝不能拖

第四章 现代商务合同管理

泥带水、贻误时间,以便达到及时纠正与警醒的目的,将企业中的人为失误减至最少状态。不管谁碰到炉子,肯定会被烫伤——公平原则。公司的制度适用每一个人,即使管理层也不例外。不管是谁,违背了规章制度,都一定要受到惩处。商务合同对制订合同的双方都具有约束力,谁不遵守就会烫手。

规则之外通捷径

2004年五一节的时候,深圳市总工会组织了一次梧桐山"万人登山运动"。竞赛的规则是,所有参赛者必须沿着盘山公路登上山顶,优胜者有丰厚的奖励。我身为工作人员,被安排在盘山公路途中执行监督任务。

最初,参赛者们都能规规矩矩地沿着简易的盘山公路或慢跑,或疾走,很快,有人开始"走捷径"。

梧桐山海拔近千米,不算特别高,但山势陡峭,依山借势盘旋而上的"之"字形公路,非常曲折。个别参赛者无视竞赛规则,躲过监督人员的眼睛,直接攀援丛生的藤蔓走捷径,往山上爬。

一段长达1千米的盘山公路,直线距离可能仅仅只有上百米。若攀援藤蔓抄近路,从距离上看,绝对是一条"捷径"。由于山势陡峭,即使有漫山遍野的杂草和灌木枝藤可资攀援,仍然险象环生,一不留神,就有可能摔倒。

最初,"铤而走险"的参赛者只有寥寥几个,很快,每处盘山公路急拐弯处的山林里,都有人走捷径。

盘山公路上的拐弯处特别多,违规的参赛者越来越多,而工作人员严重不足,我和同事们都很焦急,一是担心违规走险径的人发生危险,二是唯恐如此"偷工减料",不守规则的登山者,最终获得名不正言不顺的优胜奖励。

这时,登山运动指挥部监督组负责人坐车巡视来了,我赶紧汇报,他沉思片刻,说:"如此多的人选择走捷径,这是我们准备工作的疏忽。既然一时无法阻止,那么,尽量提醒违规者注意安全,这是最重要的;至于你们担心这些走捷径者会获得优胜奖励,倒是不用担忧。最先登上山顶的优胜者里,肯定没有他们……"

果然,在优胜者里,我没有发现一个不顾阻挠而坚持走捷径的人。

当时,我有些糊涂,后来回想比赛的情形,慢慢地明白了:越来越多的登山者无视规则,都走捷径,狭窄而危险重重的捷径出现了严重堵塞。倒是严格依照比赛规则沿盘山公路前进的攀登者,尽管多走一些弯路,却更快捷地抵达了终点。

(摘自《深圳商报》)

讨论题

1. 在市场经济活动中规则处于什么地位？为什么？
2. 在市场经济活动中若没有约束的规则，经济活动还能持续下去吗？

在商务谈判过程中，商务当事人就双方共同关心的诸多事宜进行了多种形式的磋商，从而达成共识并签订商务合同，以使双方今后的运营与操作有所遵循。

第一节 现代商务合同概述

一、合同的概念

合同在古代就是契约，所以我们讲违反合同的责任，叫作违约责任。

所谓商务合同，是指当事人在商务活动中为了实现一定的商务目的依法订立的合同，是调整商务行为的契约形式。商务活动双方当事人（有时也表现为多方当事人，以下略）就商务合同的内容经过协商达成一致，商务合同即告成立。在现实生活中，双方当事人因各自的利害关系，为订立合同要进行多番讨价还价，使订立合同的程序表现为要约、反要约、再要约直至承诺的反复过程。

当事人在商务活动中享有合同自由的权利，在订立商务合同中，同时还应遵守诚实信用的原则。当事人在商务活动中是否缔结合同、同谁缔结合同以及合同的内容和形式，主要取决于当事人，只要不违反法律、不违背公序良俗，可由当事人自己决定。当事人在签订合同的过程中相互承担保护、保密等随附义务，若当事人违反，即构成缔约上的过失。由此而给对方造成损害的，应当承担赔偿责任。

在合同的概念当中，合同最终归结为一种协议，所以我们讲协议，实际上就是合同。另外，合同法当中所讲的合同，强调的是平等主体之间的合同，所以，行政合同不受合同法调整。合同是多方当事人的法律行为。合同的主体必须有两个或两个以上，合同的成立是各方当事人意思表示一致的结果。

二、商务合同的分类

在现实生活中，当事人双方从事的商务活动内容不同，所签订的商务合同的内容也不同。根据合同内容，本书将商务合同分为如下几类：

（一）买卖合同

1. 买卖合同概述

买卖合同是商务活动的主要有偿合同。买卖合同是出卖人转移标的物的所有权于买受人、买受人支付价款的合同。其中，依约定应交付标的物并转移所有权的一方称为出卖人，受领标的物并支付价款的一方称为买受人，出卖人交付的标的物称为出卖物。

2. 买卖合同的法律特征

（1）买卖合同的是以等价有偿方式转移财产所有权的合同。租赁、借用和保管合同虽然一方也要将标的物转让给另一方，但它并不涉及标的物所有权的转移。因此，转移财产所有权将买卖合同与租赁、借用和保管合同区分开来。同时，买卖合同又是等价有偿的，这又与转移财产所有权但非等价有偿的赠与合同区分开来。

（2）买卖合同是双务有偿合同。买卖合同中一方的权利是另一方的义务，其中出卖人负有交付标的物并转移其所有权给买受人的义务，买受人负有支付价款的义务。

（3）买卖合同是诺成合同。买卖合同自双方关于出卖标的物的意思表示达成一致即成立生效，而不以标的物的现实交付为生效要件，因此，买卖合同是诺成合同。

（二）借款合同

1. 借款合同概述

借款合同是借款人向贷款人借款，到期返还借款并支付利息的合同。除了亲戚、朋友、同事相互之间的借款合同之外，大部分借款合同的贷款人（出借人）是银行或信用合作社。

2. 借款合同特点

（1）借款合同为诺成合同。借款合同的标的物是金钱，属于消费借贷合同。传统民法学说认为，消费借贷合同属于要物合同，即合同的成立，不仅要双方达成合意，还必须以标的物的交付作为合同的成立要件。民法学界通说认为，我国的借款合同应理解为诺成合同，即只要双方当事人就借款合同的主要条款达成合意，借款合同即告成立。

（2）借款合同为双务有偿合同。借款合同的双方当事人互享权利、互负义务。贷款人负有按合同约定拨付款项给借款人的义务，借款人负有按期还本付息的义务。

（3）借款合同大部分为要式合同。除自然人之间借款另有约定外，借款合同应当采用书面形式。借款合同应当包括借款种类、币种、用途、数额、利率、期限和还款方式等条款。另外，借款申请书、借款凭证、协议书及修改借款合同的有关书面材料是借款合同的组成部分。

（三）租赁合同

1. 租赁合同概述

租赁合同是出租人将租赁物交付承租人使用、收益，承租人支付租金的合同。

凡是当事人需要取得对方标的物的临时使用、收益而无须取得所有权，并且该物不是消耗物时，都可以适用租赁合同。租赁合同与借款、买卖等合同相比，有以下特点：一是租赁合同是转移财产使用权的合同，而不转移物的所有权，这是租赁合同区别于买卖、赠与等转移财产所有权合同的特点。二是租赁合同具有临时性。租赁合同不适用于财产的永久性使用，当事人约定的租赁期限不得超过二十年，超过二十年的，超过部分无效。三是租赁合同为双方有偿合同。

2. 当事人双方权利义务

（1）承租人按约定或性质使用致使租赁物损耗的，不承担赔偿责任。未按此使用而造成损耗的，出租人可解除合同并要求赔偿损失。

（2）出租人负维修义务，但另有约定除外。承租人在需维修时可要求出租人维修。出租人未履行的，承租人可自行维修，费用由出租人负担。因此影响承租人使用的，应减少租金或延长租期。

（3）承租人未经出租人同意转租的，出租人可解除合同。

（4）在租赁期间因占有、使用租赁物获得的收益，归承租人所有，但当事人另有约定的除外。

（5）承租人应当按照约定的期限支付租金。对支付期限没有约定或者约定不明确，依照《合同法》有关规定仍不能确定的，租赁期间不满1年的，应当在租赁期间届满时支付；租赁期间1年以上的，应当在每届满1年时支付，剩余期间不满1年的，应当在租赁期间届满时支付。

（6）承租人无正当理由未支付或延迟支付租金，出租人可要求承租人在合理期限内支付。承租人逾期不支付的，出租人可解除合同。

（7）因第三人主张权利，使承租人不能对物使用、收益的，承租人可要求减少租金或不支付租金。

租赁物在租赁期间发生所有权变动的，不影响租赁合同的效力，即实行"买卖不破租赁"的原则。

（四）融资租赁合同

1. 融资租赁合同概述

融资租赁是指在实质上转移与一项资产所有权有关的全部风险和报酬的一种租赁。符合下列条件之一的租赁为融资租赁：① 在租赁期满时，租赁资产的所有权转让给承租方；② 租赁期为资产使用年限的大部分（75%或以上）；③ 租赁期内租赁最低付款额大于或基本等于租赁开始日资产的公允价值。

2. 当事人双方权利义务

（1）典型的融资租赁关系涉及三方当事人，即出租人、承租人、出卖人，包括融资租赁合同和买卖合同两个合同。出租人根据承租人对出卖人、租赁物的选择与出卖人订立买卖合同，出卖人按照约定向承租人交付标的物，承租人享有与受领标的物有关的买受人的权利。承租人检验标的物合格后出具验收合格通知书，并与出租人订立融资租赁合同，出租人据此向出卖人付款。

(2) 出租人享有租赁物的所有权。承租人破产的，租赁物不属于破产财产。

(3) 融资租赁合同的租金，除当事人另有约定的以外，应当根据购买租赁物的大部分或者全部成本以及出租人的合理利润确定。

(4) 租赁物不符租赁合同约定或不符使用目的的，出租人不承担责任；但承租人依赖出租人的技能确定租赁物或出租人干预选择租赁物的除外。

(5) 承租人应履行占有租赁物期间的维修义务。

(6) 承租人经催告后在合理期限内仍不支付租金的，出租人可要求支付全部租金；也可解除合同，收回租赁物。

(7) 约定期满，承租人已支付大部分租金，但无力支付剩余租金，出租人因此解除合同收回租赁物的，收回的租赁物的价值超过承租人欠付的租金及其费用的，承租人可要求部分返还。

(8) 对租赁物归属没有约定或不明的，依照《合同法》不能定的，租赁物所有权归出租人。

（五）承揽合同

1. 承揽合同概述

承揽合同是承揽人按照定作人的要求完成工作，交付工作成果，定作人给付报酬的合同。完成工作并交付成果的一方称承揽人，接受承揽人的工作成果并给付报酬的一方称为定作人。承揽人完成的工作成果称作定作物。承揽活动是人们生产、生活不可缺少的民事活动，诸如加工、定作、修理、印刷等，均与人们的生产、生活息息相关，故承揽合同是现实社会生活中广泛存在的合同类型。

2. 承揽合同的特点

(1) 承揽合同是承揽人独立地提供劳务的合同。承揽人以自己的设备、技术和劳动独立地为定作人完成一定的工作，并交付成果。在承揽合同关系中，定作人所注重的是承揽人的人力、技术设备等劳动条件，因为这些劳动条件对工作成果起决定作用，而工作成果的质量决定着定作人的特殊物质利益能够得到保障的程度，所以，承揽人独立为定作人完成一定工作是承揽合同的特点之一。定作人所需要的不是承揽人的单纯劳务，而是其劳务的结果即工作成果，承揽人的劳务体现在其完成的工作成果上，所以说承揽合同是承揽人独立地提供劳务的合同。

(2) 承揽合同的标的具有特定性。承揽合同的标的是承揽人完成并交付的工作成果。这一工作成果既可以是体力劳动成果，也可以是脑力劳动成果，但它必须具有特定性，是按照定作人的特定要求，能够满足定作人特殊需要的物或其他财产，同时，它又是承揽人独特的劳动的产物。承揽合同的标的物，是不能通过市场大量供应的，而只能由承揽人依定作人的要求通过自己与众不同的劳动技能来完成。

(3) 承揽合同是双务、有偿合同。承揽合同一经成立，当事人双方均负有一定义务,双方的义务具有对应性,一方的义务即为他方的权利,所以是双务合同。在承揽合同关系中,承揽人的义务表现为按照定作人的要求完成工作,交付工作成果;定作人的义务是受领该工作成果支付约定的报酬,双方当事人任何一方从另一方取得利益均应支付对等价款,因此,承揽合同为有偿合同。

(4) 承揽合同是诺成、不要式合同。承揽合同当事人双方意思表示一致即可成立生效,而不以当事人一方对标的物的实际交付为合同成立生效要件,所以是诺成合同。当事人的意思表示可以采用口头形式,也可以采用书面形式,实践中大量的承揽合同是口头合同,所以承揽合同多数是不要式合同。对于生产上的承揽合同或者需较长时间才能完成的项目,应当采用书面合同形式。

(六) 技术合同

1. 技术合同概述

技术合同是当事人就技术开发、转让、咨询或者服务订立的确立相互之间权利和义务的合同。技术合同包括技术开发合同、技术转让合同、技术咨询合同和技术服务合同四种。

2. 技术合同的特点

技术合同不同于经济合同和其他合同。它在本质上不是经济合同的一种。它与其他合同的主要区别在于:

(1) 技术合同的标的是知识形态的商品,即以科学技术成果或技术为社会提供的服务;而一般的民事合同和经济合同的标的则主要是物质形态的商品或服务方面的内容,反映的是物质商品的生产或流通领域中的经济关系。因此,科技合同内容完成后是以科技成果这一特殊方式交付的。

(2) 技术合同具有很强的计划性。它发生在科学技术活动当中,包括科学研究和技术开发、科技成果的转让和推广利用、为社会提供技术咨询和技术服务等。因此,承担的单位在履行合同条款过程中,必须符合国家的法律规定,严格按照国家的计划要求执行。

(3) 技术合同所确立的权利与义务关系,不是物质形态的财产所有权及相关财产权利的分配,而是因脑力劳动而产生的知识产权的归属和利用而产生的财产关系。

(4) 凡是订立技术合同的,都只适用《中华人民共和国技术合同法》,而不再适用经济合同法。

(七) 委托合同

1. 委托合同概述

委托合同,又称委任合同,是指委托人和受托人约定,由受托人处理委托人事务的合同。其中委托他方处理事务的人为委托人,接受他方委托并处理其事务的人为受托人。

2. 委托合同具有以下法律特征：

（1）委托合同是基于双方当事人的信任而产生的。委托他人代为处理事务，必须是以委托方对受托方的办事能力和信誉有所了解，并相信他能办好为基础的。因此，受托方负有忠诚、勤勉地为委托方处理事务的义务。任何一方对对方的不信任，都会导致委托合同的终止。

（2）委托合同为诺成合同。只要双方当事人就委托事务达成一致，即成立委托合同关系，而不以当事人的实际履行作为合同成立的条件。

（3）委托合同既可为有偿合同，也可为无偿合同。罗马法上的委任合同以无偿为原则。但由于现代社会关系的复杂化，被委托的事务往往需要受托人投入相当的人力、物力和财力，因此，委托合同可以是有偿的。至于有偿与否，完全由当事人自由协商而定，法律原则上不予干预。

三、商务合同格式条款

（一）商务合同格式条款的概念

商务合同格式条款就是格式合同。我们到房地产开发公司去买房子，所订的那个合同，实际上对方提供的那个文本，就是格式合同；另外，我们到保险公司去投保，跟保险公司签的保险合同，也是一个格式合同。

（二）《合同法》对格式条款的使用限制

我们到商店里去买东西，商店里贴的告示、顾客须知，实际上就是格式合同的一种表示形式。对于这些格式合同，对于顾客来讲，只有两种选择，要么接受，要么拒绝。因此，法律为了维护不提供格式一方当事人的利益，对于格式合同的内容有一系列的限制性的规定。这个规定有三个方面。首先，提供格式条款的一方有提示说明的义务，应当采取合理的方式提请对方注意免除或限制其责任的条款，按照对方的要求对该条款予以说明。商品房买卖，面积的差额在3%以内是正常的。比如说你要买147平方米的房子，房地产开发公司少做了2平方米，或者少做了1平方米，就不能说对方违约。这个范围之内偏差是允许的，他不承担违约责任。在保险合同保单的反面就是投保人须知，告知在哪些情况下，保险公司是不承担赔偿责任的。

其次，格式条款若有两种解释，应当作出不利于提供格式合同条款的解释。若有条款与格式条款不一致的，应当采用非格式条款。这体现了我们法律保护弱者原则。比如对保险合同的格式条款，如果要解释的，也是按照不利于保险公司的解释来处理。对购房合同也可以对这个格式合同空白的地方，添加补偿协议，或者附加协议。如果附加协议和补偿协议内容跟格式合同的内容不一致，那么应该按照附加协议、补偿协议来执行，而不按格式合同来执行。

最后，某些格式条款无效：

（1）提供格式条款的一方免除自己责任，加重对方责任，排除对方主要权利的条款无效。

（2）格式条款具有《合同法》第 52 条规定的情形时无效。

（3）具有《合同法》第 53 条规定的两种情况，即有造成对方人身伤害的免责条款、有因故意或重大过失造成对方财产损失的免责条款无效。例如：假如建筑公司与建筑工人签的格式合同当中有一条，说被聘用人员在施工过程当中，如果因为不可抗力，或者其他意外事件发生，造成人身伤害，本公司概不负责，这种免责条款无效。

四、合同的效力

（一）合同效力的含义

合同效力，是指依法成立的合同的约束力。对于合同效力的含义，应从以下三方面来理解：

第一，合同效力是合同本身的强制力，表现为对合同的自觉遵守和不履行合同义务应承担责任乃至制裁。合同的目的是通过履行而实现的。在履行中，当事人对合同义务的遵守，其根本动因不在于合同利益的驱使、诚实信用等道德因素，而在于合同的强制力；同时，不履行合同义务，一定会产生相应的责任，并因此承担不利的法律后果。

第二，合同效力是一种法律保护力，合同和合同权利是依靠法律的保护力维持的。依法成立的合同本身，不受任何单位和个人的非法干涉及非法侵害；合同和合同权利的实现，均受国家法律的保护。由此说来，不被法律保护的合同，不可能存在合同效力的问题。

第三，合同效力，实际上是合同的实效力。合同实效力，是实现合同目的的确定性。合同目的实现，包括对合同遵守的必然性和对违反合同制裁的必然性。如果能够做到履行合同义务、实现合同权利，则说明该合同是有实效的。每个合同失去了实效力并不一定意味着失去效力。因此，我们认识和把握合同效力的含义，应当更多地从合同的实效力方面来理解，离开合同的实效力谈论合同效力，没有什么实际意义。

（二）合同效力的范围

合同效力的范围是合同效力的实质内容，它解决合同从何时生效到何时失效的问题，解决对什么人发生效力的问题。合同效力的范围包括下列内容：

1. 对订立主体的效力

合同的订立主体，是合同当事人。合同对订立主体的效力，主要表现在：①对履约人的效力。合同订立后，双方当事人依照合同规定享受权利并承担义务，但有些场合，存在一方或双方将合同权利或者合同义务转移给他人履行的情况，使他人成为合同的履行人。他人能否成为履约人，对新履约人有何限制和要求，这些都取决于合同的规定。

②对承担合同义务的效力。当事人双方必须全面履行合同规定的义务，以实现对方合同权利、完成合同义务。针对不履行合同义务、不全面履行合同义务和迟延履行合同义务的事实所设置的请求权、对抗权，如同时履行抗辩权和异地履行拒绝权，以及履行监督权、合同解除权等等，都表现了合同的效力。③对合同责任的效力。违反合同义务的后果，是承担合同责任。合同的效力，要求责任者必须承担不利的法律后果，接受违约金、赔偿金的制裁。④对合同权利的效力。合同权利是合同规定的权利人所依法享有的权利，其合同效力表现为债权的请求力、执行力、保持力。但权利人越权或者滥用权利，以及使义务人承担合同外义务，都为法律所禁止。⑤对随附义务的效力。与履行合同义务相关联的随附义务，也为合同所约束，如注意义务、催告义务、通知义务、减轻损害义务、举证义务等等，随附义务是合同义务伴生的，与合同义务有不可分割的联系。

2. 对第三人的效力

合同法上的第三人，是指合同双方当事人之外，直接参与合同法律事实的人。并不是指凡是相对于合同双方当事人之外的人都是第三人。第三人有两种情况："第三方受益合同"中的第三人和与合同权利义务有直接利害关系的人。

第三方受益合同是当事人订立合同时，也规定给第三方以一定的合同权利的合同。第三方为主张、实现自己的权利，有权要求义务人履行合同义务，它是该合同的第三人；与合同权利义务有直接利害关系的人，包括保证人，如合同担保人和标的物所有权保证人，以及履行代替人、第三债务人等。

对第三人权利的效力。在第三方受益合同中，受益的第三人享有约定的可以实施的权利，对合同当事人不履行约定，该第三人有赔偿请求权和诉讼权；承担连带责任和偿还义务的第三人，拥有对合同义务人的抗辩权、追偿权；作为履行代替人的第三人，享有全部合同权利；对于合同标的物拥有权利和要求的第三人，享有对该标的物的部分或全部所有权或担保利益。

对第三人恶意行为的效力。第三人恶意行为一般有两种情况：一是合同代理人与第三人恶意串通，损害被代理人的合同权益；二是任何第三人特别是竞争对手非法干预合同的履行。对于第一种情况，代理人和第三人承担赔偿损失的责任；在第二种情况下，可由合同当事人行使排除妨碍请求权和损害赔偿请求权。

3. 对关联主体的效力

关联主体主要是经济主体。在相关合同关系中，经济主体与某项合同有实质上的经济联系，因而存在责任问题。合同对关联主体的效力，主要集中在产品质量责任和担保责任上，同时，合同一方当事人具有对关联主体的追偿权。

（三）合同效力与法律效力、法律约束力的区别

合同效力与法律密不可分。合同的成立、合同的履行、合同的变更和解除以及合同

责任等等，归根到底，都是法律调整的结果，合同效力是法律效力的表现和结果。但合同效力与法律效力、法律约束力是不能等同的，不能相互替代使用。

合同是当事人之间协商一致的表现形式，它产生于当事人，在当事人之间发生作用，其效力也只能是合同本身的效力；而法律效力，是国家制定的法律、法规等法的规范性文件的效力。因此，合同本身的效力与法律本身的效力，属于不同的范围。推而言之，任何一项合法行为的效力，都是它本身的效力。把合同的效力等同于法律效力的错误，关系到对合同法中"合同依法成立，即具有法律效力"的理解，它的含义是：依法成立的合同，具有法律上的效力。法律上的效力与法律效力不同，是说明从法律上有效。

法律约束力与法律效力没有实质性区别，只是概括的角度不同。法律效力强调有效性，着眼于有效还是无效；法律约束力强调制约性，着眼于约束与被约束。对于合同当事人说来，采用"法律上的约束力"比较恰当。

第二节　商务合同的订立与生效

一、商务合同的订立

（一）合同订立的概念

1. 商务合同主体

商务合同主体，是指在商务活动中订立商务合同的当事人，既包括自然人，也包括法人和其他组织。

自然人要成为商务合同的主体，必须具备法律赋予的民事权利和承担民事责任的资格。法人是指具有权利能力和行为能力，依法独立享有民事权利和承担民事义务的组织。

其他组织一般是指具有一定权利能力和行为能力，但不能独立享有民事权利和承担民事义务且不具备法人资格的组织。法人和其他组织一经依法成立，就具备相应的权利能力和行为能力，可成为商务合同的主体。法人权利能力在实践中表现为经国家批准的经营范围，属特殊性，与自然人权利能力的普遍性不同。同时，法人行为能力与权利能力的范围是一致的。超出经营范围的民事活动是无效的，即法人（其他组织也如此）超越自己经营范围所订立的商务合同被认定为无效。

2. 商务合同订立

商务合同的订立是法律行为，是要负法律责任的。合同当事人可以是自然人，也可以是法人或者其他组织，但都应当具有相应的民事权利能力和民事行为能力。

另外，对于法人来讲，法人的行为能力就和他的权利能力是一致的，而且法人的行为能力范围就是营业执照的业务范围，如果超过这个范围，合同就是无效的。比如说一个典当行就不能吸收存款，因为只有银行才能吸收存款。

特别提示

> 我国法律对合同接触没有明确的规定。但在合同实务中，合同接触意义重大，不容忽视。实践证明，充分的合同接触，可以预防和减少合同纠纷，提高合同履约率，减少和避免无效合同的发生，能有效防止合同订立过程中的欺诈行为。

（二）商务合同的形式

合同的形式是当事人内心意思的外在表示。商务合同的形式是指签订合同的当事人所达成的协议的外在表现形式，是商务合同内容的外观体现。通常使用的商务合同的形式主要有口头形式、书面形式和行为默示形式三种。

1. 口头形式

口头形式合同是指合同当事人通过口头交谈方式相互表示意思而订立的合同。口头形式除了有答复期限的约定外，对方应立即作出接受的答复，否则，合同不能成立。口头形式一般用于一些标的数量不大、当时就可以缔结合同关系的情况。

口头形式合同的优点在于简便、易行、迅速、即时缔结，它对于加速商品流转、满足人们日常生活需要有重要的作用，因而是社会生活中不可缺少的一种合同。这种合同一旦成立，具有与书面合同同等的法律效力。比如你到商店买了两节五号电池，这就是一个买卖合同。另外注意，这时候，你可以张嘴说话，也可以什么话也不说。完成了交易，即执行了合同。但口头形式合同缺乏文字根据，一旦当事人发生纠纷，则难以取得证据，不易分清责任。因此，一般关系比较复杂的商务合同不宜采用这种合同形式。

2. 书面形式

从传统意义上言，书面形式指当事人将合同内容以文字方式表达出来的合同形式。随着科技发展特别是计算机网络通讯技术的飞速发展，书面形式的合同已被赋予了更多全新意义的内容。合同的书面形式包括合同书、信件和数据电文（包括电报、传真、电传、电子数据交换和电子邮件）等，可以有形地表现所载内容的形式。

书面形式是商务合同中最普遍和最重要的合同形式。采取书面合同的原因主要是：① 法定原因。法律、行政法规规定采用书面形式的，合同应当采用书面形式。② 约定原因。当事人约定采用书面形式的，应当采用书面形式。当事人作出此种约定一般在要约中声明，但也有在合同成立后再作约定的。

商务合同的书面合同的形式一般包括以下三种：

（1）由当事人共同签订的合同书。这种形式将双方当事人已经协商一致的各种权利义务记载于共同签署的合同书中，便于日后双方共同遵守。这对于重大的、需要一定时间方能履行的商务合同书，是最理想的一种书面合同形式。合同书有标准合同书与非标准合同书之区分，前者是指商务合同的条款由当事一方预先拟定，对方只能表示全部同意或者不同意的合同书；后者是指商务合同的条款完全由当事人各方协商最后达成一致的合同书。

（2）共同协商双方当事人权利义务的信件。这种方式特别适用于双方当事人不在同一地点时，通过信件表达各自愿望，最后达成签订商务合同的共识。这里的信件是指当事人就要约与承诺内容进行往来的普通信函，其内容一般记载于传统的纸张上，因而与通过电脑及网络手段而产生的电子邮件相区别。

（3）共同协商双方当事人权利义务的数据、电文。数据电文，包括电报、电传、传真、电子数据和电子邮件等。这种方式是传统信件方式的延伸，它比信件方式更加快捷、方便。在现代信息社会，通过先进的电讯及计算机网络手段，数据电文已经广泛进入社会的各个领域，为人们迅速高效地传递各种商务信息，可以使当事人更加快捷地从事电子商务活动。在商务活动日益频繁的情况下，将数据电文作为商务合同书面形式从立法上予以肯定，对提高商务活动的效率，大力发展电子商务无疑具有十分重要的意义。这一规定也是我国合同法顺应科技发展最典型的例证之一。

3. 行为默示形式

行为默示形式是指商务合同当事人以某种表明其意图的行为，间接地表示合同内容的合同形式。在实践中，行为默示合同分为两类：一是法定默示合同，即按照法律规定必然推定存在的合同，如在产品买卖合同中已经附加产品使用安全的默示担保。二是依事实推定默示合同，是指受约人虽没有向要约人明示的承诺，但以实际行为作出承诺的形式，如出卖人以发货表示接受要约。

比如期货交易所，期货组的交易员在大厅里比划来，比划去。什么手势代表买进，什么手势代表卖出，什么手势代表买进多少手，什么手势代表卖出多少手，都依据交易习惯。这就是在订合同，这就是合同的表现形式。

（三）书面合同的格式

对于书面形式的商务合同，不管是标准合同还是非标准合同，都有一定的格式，主要表现为条文式、表格式及条文表格结合式。合同的主要内容一般由三部分构成：

（1）合同首部，载明合同名称、编号、缔约日期、缔约地点、当事人的姓名或者名称（全称），代表人或者代理人的姓名等。

（2）合同主干部分，规定当事人双方的权利和义务，包括合同的各项条款，如货物名称、品质、规格、数量、包装、价款、交货方式及日期、付款方式与日期、违约责任等。

（3）合同结尾部分，包括合同有效期限、合同份数、效力、附件情况、双方当事人单位和代表人签字盖章、签约日期等。

二、商务合同的订立程序

当事人订立合同，应当具备相应的资格，即具有相应的民事权利能力和民事行为能力。当事人依法可以委托代理人订立合同。

特别提示

> 我国合同法对合同预约未做规定，但在实际中经常采用。预约合同虽然只是预约，但也是一种合同。依据预约仓储合同，存货人和仓储保管人负有应当订立合同的义务，如果预约的一方当事人不履行其订立本约的义务，则另一方有权请求其履行义务及承担违约责任。在预约仓储合同的情形下，如果存货人或仓储保管人不履行订立本仓储合同的义务，另一方完全有权请求法院强制其订约。

（一）要约

1. 要约的定义及条件

所谓要约，是指希望和他人订立合同的意思表示。要约应具备的条件：

（1）内容具体确定，即表达出订立合同的意思。

（2）表明一经受要约人承诺，要约人即受该意思表示约束。

（3）要约到达受要约人时生效。采用数据电文的时候会有其他的一些要求。要约到达受要约人，并不是指要约一定要实际到达受要约人或者他的代理人的手里。只要这个要约送达到受要约人通常的地址，就视为送达。采用数据电文形式订立合同，收件人指定特定系统接收数据电文的，该数据电文进入该特定系统的时间，视为到达时间；未指定特定系统的，该数据电文进入收件人的任何系统的首次时间，视为到达时间。

特别提示

> 在发生要约邀请之后，要约邀请人撤回其邀请，只要没有给善意相对人造成信赖利益的损失，要约邀请人一般不承担法律责任，但要约邀请给对方造成损失时，须负法律责任。因为此时虽未进入实质缔约阶段，但双方已由一般对待关系进入特殊对待关系，基于诚实信用原则而产生了附随义务，违反此种义务，给对方造成损害的，自然应承担赔偿义务。

2. 要约邀请

要约邀请是希望他人向自己发出要约的意思表示，不属于订立合同的行为。要约邀请是合同的准备阶段，包括价目表、招标公告、招股说明书、商业广告等，但悬赏广告视为要约。

要约与要约邀请有所区别：

（1）要约是希望和他人订立合同的意思表示，是一个一经承诺就成立合同的意思表示，具有法律约束力。

（2）要约邀请是希望他人向自己发出要约的意思表示，其目的是邀请他人向自己发出要约，自己如果承诺才成立合同，没有法律约束力。

（3）根据《合同法》的规定，寄送的价目表、拍卖公告、招标公告、招股说明书均属于要约邀请。

3. 要约的撤回、撤销与失效

要约可以撤回。撤回要约的通知应当在要约到达受要约人之前或者与要约同时到达受要约人。

要约可在发出以后、还没有生效以前撤回。要约到达受要约人的时候生效，因此这实际上是说，要约撤回要先于或同时与要约一起到达，才有可能撤回要约。

而要约的撤销与撤回不一样。撤销是指要约生效后，受要约人尚未做出承诺之前取消。

要约可以撤销。撤销要约的通知应当在受要约人发出承诺通知之前到达受要约人。但有下列情形之一的，要约不得撤销：① 要约人确定了承诺期限或者以其他形式明示要约不可撤销；② 受要约人有理由认为要约是不可撤销的，并已经为履行合同做了准备工作。

有下列情形之一的，要约失效：

（1）拒绝要约的通知到达要约人。我向张三发出一个要约，要跟他订一个买卖合同，张三给我打个电话，明确告诉我，他不跟我订买卖合同，这样，我的要约也就无效了。

（2）要约人依法撤销要约。

（3）承诺期届满，受要约人未作出承诺。我向李四发出一个要约，同时我规定，要是同意的话，要在一个星期内给我答复。可是过了一星期，没有任何消息，就可以认为，要约失效了。

（4）受要约人对要约的内容做出实质性变更。实质性的变更实际上就是一个新的要约，或者叫作反要约，原来的要约也就失去了效力。甲方向乙方订 500 台彩电，要求每台价值是 2500 元，这就是甲方向乙方发出要约。乙方回信说，可以供 500 台彩电，但是每一台的价格要 2600 元。这就对甲方的要约做出了实质性变更，等于说乙方向甲方发出了新的要约，或者叫反要约。由于出现了这种反要约，甲方原来发出的要约无效。

（二）承诺

所谓承诺，是受要约人同意要约的意思表示。它应当具备以下条件：

(1) 承诺必须由受要约人作出。
(2) 承诺必须向要约人作出。
(3) 承诺的内容必须与要约的内容一致。
(4) 承诺必须在有效期限内作出。

承诺一般是以通知的方式进行。这种通知的方式可以是口头的方式，也可以是书面的形式。另外可以根据交易习惯或者当事人之间的约定，承诺也可以不以通知的方式，而以一定的行为，或者以其他的方式作出。要约以对话方式作出的，应当即时作出承诺，但当事人另有约定的除外；要约以非对话方式作出的，承诺应当在合理期限内到达（包括从要约人发出至承诺到达要约人一个来回）。

承诺具有一定的期限。①要约以信件作出的，承诺期限自信件载明的日期开始计算；信件未载明日期的，自投寄该信件的邮戳日期开始计算。②要约以电话、传真作出的，承诺期限自要约到达受要约人时开始计算。③承诺应当在要约确定的期限内到达要约人。受要约人超过承诺期限发出承诺的，除要约人及时通知受要约人该承诺有效的以外，为新要约。

受要约人的承诺按照通常情形能够到达要约人，但因为其他原因，承诺到达要约人超过承诺期限的，除要约人及时通知受要约人，因承诺期限过期不接受该承诺的以外，该承诺有效。承诺的法律效力表现为，承诺生效时合同成立。承诺自通知到达要约人时生效。承诺不需通知的，自交易或要约的要求作出承诺的行为时生效。

在承诺通知到达要约人之前，可以撤回承诺。该撤回通知可与承诺通知同时到达要约人。承诺可以撤回，但不可以撤销。要约既可以撤回，也可以撤销。

受要约人对要约的内容做出实质性变更的，为新要约。凡是对合同标的数量、质量、价款作了改变，那就是实质性的变更；如果承诺对要约的内容做出非实质性变更，除要约人及时表示反对或者要约者承诺对要约的内容做出变更以外，该承诺有效。合同的内容以承诺的内容为准。

三、合同生效

（一）合同生效的含义

所谓合同生效，是指已经成立的合同在当事人之间产生了一定的法律约束力，也就是通常所说的法律效力。此处所说的法律效力并不是指合同能够像法律那样产生约束力。合同本身并不是法律，而只是当事人之间的合意，因此不能具有法律一样的效力。而所谓合同的法律效力，只是强调合同对当事人的约束性。

合同的成立必须具备成立要件。但合同成立后，能否发生法律效力，能否产生当事人所预期的法律后果，则非合同当事人意志所能决定。只有符合生效条件的合同，才能受到法律的保护。而不符合生效条件的合同，尽管其已经成立，并且也可能反映着当事人之间事实上发生了一定的经济往来关系，但是这种合同及其所反映的经济往来关系不仅得不到法律的保护，而且往往还要受到法律的制裁。《民法通则》第85条规定："合同是当事人之间设立、变更、终止民事关系的协议。依法成立的合同，受法律保护。"这里所指的依法成立的合同，应当理解为既具备成立要件也具备生效要件的合同，而不能狭义理解为当事人所成立的合同。显然，立法者是将当事人成立合同的行为与法律对这种合同行为的认可作了严格区分的。第85条的另一层含义是，合同虽是当事人之间的协议，但未依法成立的合同，不受法律保护。

> 无论无效合同于何时被订立，都是自始无效，也就是说无效合同所产生的民事关系没有效力。依法采取返还财产、折价赔偿等使因无效合同所产生的利益消亡，通过没收所得对违法造成合同无效一方给予处罚。

（二）合同生效的必备条件

所谓合同的生效要件，是指使已经成立的合同发生完全的法律效力所应当具备的法律条件。合同的生效要件和成立要件是不同的，具备了成立要件，合同将宣告成立，但已经成立的合同必须符合一定的生效要件，才能产生法律拘束力。合同生效要件是判断合同是否具有法律效力的标准。我国《民法通则》第55条规定："民事法律行为应当具备下列条件：（1）行为人具有相应的民事行为能力；（2）意思表示真实；（3）不违反法律或者社会公共利益。"这是合同的一般生效要件，许多特殊合同也可能有一些特殊的生效要件，如技术引进合同需要经过国家有关部门的批准才能生效。然而民法通则的规定基本上概括了一般合同的生效要件，现就这些要件详述如下。

1. 合同当事人须有合同行为能力

当事人是否具有合同行为能力，依合同主体的不同而有所不同。根据《民法通则》的规定，合同行为能力可以分为自然人与非自然人两种情况。在自然人作为合同主体的情况下，合同当事人有无缔约行为能力，是根据其民事行为能力的状况来确定的。而自然人的民事行为能力，则根据其年龄和精神状态划分为完全行为能力、限制行为能力和无行为能力三种。凡年满18周岁的公民，只要不属于不能辨认自己行为的精神病人，都是具有完全民事行为能力的人，这些人都具有订立合同的行为能力。16周岁以上不满18周岁且精神状态正常的公民，以自己的劳动收入为主要生活来源的，视为完全民事行为能力人。这类公民也应视为有订立合同的行为能力。具有完全民事行为能力的公民，可以订立一切法律允许自然人作为合同主体的合同。10周岁以上的未成年人和不能完全辨认自己行为的精神病人，属于限制民事行为能力人。前者只能实施某些与其年龄、智力相适应的民事活动，后者只能实施某些与其精神健康状态相适应的民事活动。因此，这类限制民事行为能力人作为合同主体的资格是受到严格限制的。一般来讲，他们只能订立一些与其本人生活相关、本人的智力或者精神状态能够理解其行为并能预见行为后果、行为标的数额不大的合同。他们如要订立其他合同，则必须由其法定代理人代理，或者征得其法定代理人同意后才能进行。从实际情况看，限制民事行为能力人所订立的合同，一般限于生活领域内，属于生产领域内的合同并不多见。凡不满10周岁的未成年人和不能辨认自己行为能力的精神病人，属于无民事行为能力人。无民事行为能力人不能成为合同的主体，他们不能独立订立任何合同，而只能由其法定代理人代理订立合同。最高人民法院的司法解释还进一步规定："无民事行为能力人、限制民事行为能力人接受奖励、赠与、报酬，他人不得以行为人无民事行为能力、限制民事行为能力为由，主张以上行为无效。"也就是说，限制民事行为能力人和无民事行为能力人，对于那些纯使其享受法律上的利益，而丝毫不负担任何法律义务的合同，是可以无条件地作为这类合同的主体的。

非自然人作为合同主体的情况，主要包括法人组织和非法人组织。前者如企业法人以及机关、事业单位和社会团体法人，后者如个人合伙、非法人企业、非法人联营企业以及其他非法人的社会组织。这类合同主体一般都具有订立合同的行为能力。

2. 合同当事人意思表示真实

合同双方当事人意思表示一致，合同即告成立。而已成立的合同欲发生法律效力，还必须双方的意思表示真实。

意思表示真实，是指当事人在意思自由，能够认识自己的意思表示的法律效果的前提下，其外部表示出来的意思与其内心的真实意图一致。

意思表示不真实，又称为意思表示的瑕疵，是指当事人的意思表示与其内心真实意图不一致的状态。意思表示瑕疵，依照是否基于表意人本身的原因，可以分为主观原因的不真实和客观原因的不真实。

主观原因的不真实，是由于表意人自己的原因造成的不真实，它是由于表意人自己有意或者怠于注意所致。表意人故意的不真实，是表意人明知自己的内心意图与外部表示不一致的意思表示。表意人这样做，可能是为了欺瞒合同对方当事人，也可能是在估计对方不会信其为真的前提下所作的戏言。

客观原因的不真实，乃是因表意人受他人不正当干涉，在非自觉或非自愿的基础上，作出的与其内心意思不一致的表示。表意人的表示行为，可能是因对方的欺诈、胁迫、乘人之危等所作出。这些行为严重地破坏了意思自治原则，表意人的表示行为并不包含其真实的效果意思，因而其意思表示行为是无效的。

意思表示不真实对合同效力的影响并不一定是无效，应区别情况具体分析。在确定合同效力时应考虑以下三方面因素：一是有利于保护表意人的正当权利；二是有利于维护正常交易的安全；三是有利于维护合同法的尊严。如果意思表示不真实含有违法或损害第三人的因素，则应认定合同无效，任何一方当事人均可主张。如不含违法因素，并且只牵扯到合同当事人双方的利益，则一般可认为是可撤销的合同，但撤销权应由意思表示不自由的人或无过错的当事人享有，有过错的当事人一般不应享有。

3. 合同不违反法律或社会公共利益

不违反法律或者社会公共利益，是合同生效的绝对必要条件。前两个条件不具备，当事人还可采取一些补救措施。而违反法律或者社会公共利益的合同，则绝对无效，当事人不能采取任何措施使其生效，而且还可能因此受到制裁。

合同的违法包括合同内容和合同目的两方面。合同内容违法，合同自然无效。但是，即使合同内容合法，如果合同的目的违法，合同也是无效的。如租赁房屋生产假冒伪劣商品，则该租赁合同无效。

合同不得违反法律，不仅包括民法，而且包括其他部门法律、法规。由于我国法制不健全，许多领域无法可依，而是靠国家政策来调整。在这些领域，合同也不能违反国家政策。合同还不得违反社会公共利益。社会公共利益，是一个很抽象的概念。凡是我国社会生活的政治基础、社会秩序、道德准则、善良风俗等均可归入社会公共利益范围。不得违反社会公共利益，是民法的基本原则之一，在民法的各项制度中都是适用的。因此，合同法中也适用这一原则。

4. 合同的内容必须确定和可能

合同的内容，是当事人借以确定各自的权利义务的根据。合同生效后如何履行，履行中如发生纠纷怎样判断孰是孰非，都要依据合同内容的规定。因此，法律就要求合同的内容必须确定。合同内容确定，是指合同内容在合同成立时必须确定，或者必须处于在将来履行时可以确定的状态。所谓"处于可以确定的状态"，是指合同中包含了约定将来确定内容的方法；或者依照法律规定可以确定合同的内容，以补充当事人意思的不足；或者可依照交易习惯和商业惯例确定合同的内容；或者由法院或仲裁机构，依据对合同行为的解释，能够最终确定合同的内容。但凡合同内容已预先确定，或者依据上述四种方法可于将来确定的，就可以生效，否则就无法生效。

合同的内容不仅必须确定，而且必须可能。合同的内容可能，是指合同所规定的特定事项在客观上有实现的可能性。内容可能又称为标的可能。以客观上不可能实现的事项作为合同内容，理论上称为标的不能。标的如不可能实现，则合同行为不发生法律效力。我国《民法通则》虽未将合同内容的确定和可能规定为合同的生效要件，但综观各种类型的合同，其内容的确定和可能都是应有之义，舍此便无法实现当事人缔结合同的目的。从这个意义上说，合同的生效要件应包括内容须确定和可能。

（三）合同生效的时间

所谓合同生效的时间，是指合同开始产生法律效力的时间。合同一般以其成立时间为生效时间，但有些合同根据法律规定或者当事人约定需要在特定的时间才生效。合同生效的时间，分别情形以下列时间为准：

1. 以成立时间为准

合同一般以承诺生效的时间为成立时间，但有些合同因其性质和订立方式、形式等不同，其成立的时间也不相同。因此，合同分别以下列成立时间为生效时间：

（1）承诺生效的时间。在一般情况下，合同自承诺生效时成立。其中，受要约人以通知作出承诺的，该合同自承诺通知到达要约人时生效；受要约人根据交易习惯或者要约的要求以行为作出承诺的，合同自该行为做出之时生效。

（2）当事人签字或者盖章的时间。如前所述，根据《合同法》规定，当事人采用合同书形式订立合同的，自双方当事人签字或者盖章时合同生效；签字或者盖章不在同一时间的，最后签字或者盖章时合同生效。

2. 以批准、登记时间为准

对法律、行政法规特别规定应当办理批准、登记等手续才能生效的合同，当事人办理这些手续则是合同生效的必备要件。办理批准、登记等手续生效的合同，只是少数合同，且必须有法律或者行政法规的明确规定；法律、行政法规没有规定的，当事人不必向国家有关主管部门办理有关手续。例如，《专利法》第10条规定："全民所有制单位转让专利申请权或者专利权的，必须经上级主管机关批准。""中国单位或者个人向外国人转让专利申请权或专利权的，必须经国务院有关主管部门批准。"也有一些合同依照法律规定，当事人必须将书面的法律行为交主管机关审核、登记，方为有效。例如，《民法通则》第41条规定："在中华人民共和国领域内设立的中外合资经营企业、中外合作经营企业和外资企业，具备法人条件的，依法经工商行政管理机关核准登记，取得中国法人资格。"根据《城市私有房屋管理条例》的规定，房屋的买卖须经房管部门登记，办理过户手续才能生效。还有，如果法律、行政法规规定某类合同必须办理公证、鉴证手续才能生效，该形式也是合同生效的要件。

法律、行政法规规定应当办理批准、登记等手续生效的，合同自国家有关管部门办理批准、登记时生效。当事人若未按规定办理上述批准、登记等手续（这实际上是特殊的书面形式）的，该合同即使成立了也没有生效。

需要指出的是，如果法律、行政法规未规定，而当事人在合同中特别约定必须办理有关手续（主要是登记、公证、鉴证）的，该合同也应当自办理这些手续时生效。

3. 以条件成就或期限到来的时间为准

（1）以条件成就的时间为生效时间。

所谓附效力条件的合同，是指当事人双方约定某一条件成就时生效或者失效的合同。它包括两种，即附生效条件的合同和附解除条件的合同。附解除条件的合同，自该条件成就时消除法律效力。

附生效条件的合同，是指当事人双方约定某一条件成就时才能产生法律效力的合同。例如,甲与乙签订某产品的买卖合同,并约定该合同自出卖人甲生产出该产品时生效,这就是附生效条件的合同。对于这种合同,其成立后,只有在约定的条件成就(出现或者实现等)时才在当事人之间产生法律效力。如果约定的条件没有成就,则成立的合同没有生效。

需要指出的是,在附生效条件的合同中,如果一方当事人为自己的利益不正当地阻止条件成就的,视为条件已成就;不正当地促成条件成就的,视为条件不成就。当事人是否正当促成或者阻止生效条件成就,应根据有关法律规定和该条件的性质、交易习惯及当事人的行为等具体情况来确定。例如,当事人约定待树上苹果成熟时该物的买卖合同才生效,出卖人为了早点得到钱,用不正当的催熟技术使苹果早熟,这就属于不正当地促成条件成就,因为苹果应按其自身的生长规律自然成熟,此时,合同仍然未生效。当然,如果一方当事人为了对方利益或者经对方同意,按正常方法努力阻止或者促成约定的条件成就时,则不为不正当。

(2)以期限届至的时间为生效时间。

所谓附效力期限的合同,是指当事人双方约定一定期限届至时生效或者失效的合同。它包括两种,即附生效期限的合同和附终止期限的合同。附终止期限的合同,自该期限届至时消灭其法律效力。附生效期限的合同,是指当事人双方约定一定期限届至时才能产生法律效力的合同。例如,甲与乙签订租赁合同,并约定该合同自成立 2 个月后生效,这就是附生效期限的合同。对于这种合同,其成立后,只有在约定的期限届至时才在当事人之间产生法律效力。当该期限未届至时,合同不生效。如在上例中,租赁合同在约定的 2 个月期限最后一天到来时才生效;在此之前,该合同虽成立,但并未生效。

第三节 商务合同的履行

一、商务合同的履行概述

(一)合同履行的概念

合同的履行,是指合同的双方当事人正确、适当、全面地完成合同中规定的各项义务的行为。合同生效后,当事人不得因姓名、名称的变更或法定代表人、负责人、承办人的变动而不履行义务。

在社会生活中,人们之所以要磋商和订立合同,以自己的某种具有价值的东西去与别人交换,无非是期望能获得更大的价值,创造更多的财富。而这一价值能否实现,完全有赖于双方订立的合同能否真正得以履行。如果仅仅是订立了合同而没有实际履行合同,那么不但为争取签约的所有努力都会付之东流,而且还可能招致经济上和信誉上的严重损失。因此，履行合同是实现合同目的最重要和最关键的环节，直接关系到合同当事人的利益。

> 某玩具生产厂于 2003 年 9 月 5 日向一仓库公司发出要约，希望和对方签订仓储合同。该仓储公司于 2003 年 9 月 10 日向玩具生产厂发出承诺。承诺中又提出要与玩具生产厂于 2003 年 9 月 10 日签订正式仓储合同。而该玩具生产厂于 2003 年 9 月 16 日与另一仓储公司签订仓储合同，原因是其仓储费更便宜。
>
> **思考题**：该玩具厂的做法对吗？是否违约？为什么？仓储公司又该如何弥补自己的损失呢？

（二）合同履行的规则

合同履行原则是合同当事人在履行合同义务时所应遵循的基本准则，用以指导当事人具体地去实现合同，处理现实履行过程中发生的各种情形。

首先，合同履行原则具有抽象性。合同履行原则并未明确规定当事人之间的具体权利义务关系，反映的是法律对合同履行的基本要求及价值评判，它的精神、宗旨是由合同履行的具体条文来实现的。其次，合同履行原则具有指导性，是指导当事人正常完成合同义务的基本法律准则。再次，合同履行原则是对当事人完成合同义务普遍适用的准则。合同履行原则不是仅适用于某一类合同履行的准则，而应是对各类合同履行普遍适用的准则，是各类合同履行都具有的共性要求或反映。

1. 全面履行原则

《合同法》第 60 条第 1 款规定："当事人应当按照约定全面履行自己的义务。"这一规定，确立了全面履行原则。全面履行原则，又称适当履行原则或正确履行原则。它要求当事人按合同约定的标的及其质量、数量，合同约定的履行期限、履行地点、适当的履行方式全面完成合同义务的履行原则。依法成立的合同，在订立合同的当事人间具有相当于法律的效力，因此，合同当事人受合同的约束，履行合同约定的义务应是自明之理。法律谚语中有"契约必须遵守"的说法，而我国早先颁布的《民法通则》第 88 条第 1 款也规定，合同的当事人应当按照合同的约定，全部履行自己的义务。尽管《民法通则》和《合同法》中相对应的规定在用词上有"全部"和"全面"的差别，但实际上表达了相同的意思。可以认为，新《合同法》在合同履行的问题上确认全面履行原则是对合同法基本原理的强调和重申。在合同履行的问题上，我国曾经奉行过实际履行原则，是否全面履行原则就是实际履行原则呢？答案是否定的。全面履行原则和实际履行原则尽管有相同之处，但两者不是从同一个角度来认识履行的。

按照实际履行原则,合同一经有效成立,合同当事人就必须按照合同的标的履行,不允许以支付违约金或损害赔偿金代替实际履行。计划经济是决定实际履行原则的原因和主要理由,一旦脱离了计划经济,实际履行就失去了其作为原则的意义,而只是作为在特定情形下对违约的一种补救方法。全面履行原则在要求合同当事人按合同标的履行合同义务这一点上和实际履行原则的要求相同,但其并不禁止合同当事人变更和解除合同,也允许通过承担违约责任来代替实际履行,因为这也是合同自由的一部分,是市场经济的内在要求。应该注意的是,全面履行原则尽管要求合同当事人严格履行合同义务,但这只是一个总体性的要求,我们要避免以单一、片面的观点来理解全面履行原则,而这也正是我国《合同法》在合同的履行中规定另一个重要原则——诚实信用原则的理由。

2. 诚实信用原则

《合同法》第60条第2款规定:"当事人应当遵循诚实信用原则,根据合同的性质、目的和交易习惯履行通知、协助、保密等义务。"此规定可以理解为在合同履行问题上将诚实信用作为基本原则的确认。从字面上看,诚实信用原则就是要求人们在市场活动中讲究信用,恪守诺言,诚实不欺,在不损害他人利益和社会利益的前提下追求自己的利益,以"诚实商人"的形象参加经济活动。从内容上看,诚实信用原则并没有确定的内涵,因而有无限的适用范围。即它实际上是一个抽象的法律概念,内容极富于弹性和不确定,有待于就特定案件予以具体化,并随着社会的变迁而不断修正自己的价值观和道德标准。从功能上看,诚实信用原则兼有法律调节和道德调节的双重功能,在当事人就合同发生争执时,赋予法官较大的公平裁量权,如同给了法官一张空白委任书,可以由法官根据合同履行过程中出现的具体情况,作出不同的解释,直接调整合同当事人的权利义务。有人认为诚实信用原则体现的是人们可以期待的交易的基础;也有人认为诚实信用原则是兼顾当事人双方的利益,求得利益的调和;另有观点认为诚实信用原则旨在谋求利益的公平,而公平就是市场交易中的道德。究其实质,法律不过是借用了"诚实信用"这个带有强烈道德色彩的词来寻求利益的均衡,促进交易,实现交易所带来的社会经济功能,是一种高超的法律技术。

诚实信用原则最初在《德国民法典》就被作为履行合同的基本原则加以规定。随着社会的发展、市场经济实践的丰富及理论研究的深化,人们越来越认识到,只有遵守诚实信用才是维护当事人自身利益的最佳方式,才是交易成功的最好保障。因此,诚实信用原则的适用范围逐步扩大,不仅适用于合同的履行,而且扩及合同的订立、解释及所有与合同有关的权利的行使及义务的履行,成为整个合同法甚至民法的基本原则。因此,诚实信用原则被奉为合同法以至民法的最高指导原则,被称之为"帝王原则"或"帝王条款"。正因如此,《民法通则》第4条就规定了诚实信用原则,指导一切权利的行使和所有义务的履行,而《合同法》第6条又再次将其作为基本原则加以规定。

根据诚实信用原则的要求，当事人在履行合同时至少应做到以下几点：①债务人不得履行自己已知有害于债权人的合同，于此种情形，债权人可以请求撤销合同；②在以给付特定物为义务的合同中，债务人于交付物之前，应以善良管理人的注意，妥善保存该物；③在发生不可抗力或者其他原因致使合同不能履行或者不能按预定条件履行时，债务人应及时通知债权人，以便双方协商处理合同债务；④在合同就某一有关事项未规定明确时，债务人应依公平原则并考虑事实状况合理履行。

《合同法》第60条第2款对诚实信用原则作了具体化规定，即根据合同的性质、目的和交易习惯履行通知、协助和保护等义务。在传统民法上，这些基于诚实信用原则而在合同履行过程中发展起来的义务被称为附随义务。此类义务并非自始确定，而是随着合同的发展，于具体情形下要求当事一方有所为或有所不为，以维护相对人的利益，于任何合同都可发生，而不受合同类型的限制。

3. 情势变更原则

情势变更原则，是指合同成立后至履行完毕前，合同存在的基础和环境，因不可归属于当事人的原因发生变更，若继续履行合同将有失公平，故允许变更合同或者解除合同。

情势变更原则最早见于13世纪注释法学派著作《优帝法学阶梯注解》中的"情势不变条款"。该条款假定每个合同在成立时均以当时作为合同基础的客观情况的继续存在作为默示条款，一旦这种客观情况不复存在，允许当事人变更或解除合同并免除责任。其后随经济的发展和法学流派的更替，几经起伏，直至20世纪20～40年代，受两次世界大战的影响，各国社会动荡，物价飞涨，币值下跌，维持原有合同内容或效力势所不能，于是继德国法院援引《德国民法》第157条及第242条规定，赋予情势变更原则以新的内容，使其产生增减给付、终止合同等效力之后，大陆法系各国如法国、日本、意大利等纷纷以不同方式在立法及司法上确认了这项原则。情势变更原则发展至今，已成为大陆法系合同法上重要原则之一。英美法系没有情势变更原则这一法律术语，但有与之类似功能的"合同落空"原则，其实质是诚实信用原则的具体运用，目的在于消除合同因其基础发生变化而产生的不公平后果。

我国在计划经济时期，情势变更多为计划变动所致，主要依靠行政手段解决。因此，情势变更问题遂以各种形式出现，因情势变更而发生的纠纷也逐年增多。但《合同法》没有对情势变更原则作出明文规定，这是由于《合同法》考虑到该原则在认定和适用上的复杂性，特别是考虑到正常的商业风险与情势变更难以划分以及我国经济形势可能变动较大等原因，而最终在立法上采取了谨慎态度，但这并不意味着我国不承认情势变更原则。既然《合同法》已经肯定了诚实信用原则，而情势变更原则又属于诚实信用原则的具体运用，所以应认为情势变更原则可以通过诚实信用原则加以适用。另一方面，法律没有加以规范并不意味着现实中不存在，我国的司法实践中已有关于情势变更原则的判例。因此，可以认为，情势变更原则是合同履行问题上的一个补充原则，在特定的情况下仍具有指导意义，用以解决因情势变更而产生的若干问题。

二、商务合同的变更、转让和终止

（一）合同的变更

1. 什么叫合同的变更

合同的变更，是对原订合同的内容进行修改或补充。它是指合同在没有履行或者没有完全履行之前，由于实现合同的条件发生变化，合同关系的当事人依据法律规定的条件和程序，对原合同的某些条款进行修改或补充。

2. 合同的变更特点

（1）被变更的合同必须是已经发生法律效力的合同。无效的合同，从订立的时候起就没有法律约束力，因而不存在变更问题。合同虽然合法，但还没有发生法律效力，对当事人没有约束力，也不存在变更的问题。

（2）被变更的合同必须尚未履行或正在履行过程中，如果已经履行完毕，合同已终止，也不存在变更的问题。

（3）合同的变更有狭义和广义之分。

狭义的变更是指合同内容的变更。即在主体不变的条件下，对合同某些条款的进行修改或补充。广义的合同变更，除包括合同内容的变更以外，还包括合同主体的变更，即由新的主体，取代原合同的某一主体，这实质上是合同转让。合同内容的变更，是当事人之间债权债务关系的某种变动，它是本质意义上的变更；而主体的变更，则是合同某一主体与新的主体设立债权债务关系，因而，它不是真正意义上的合同变更。

合同内容的变更，是指在合同没有履行或没有全部履行之前，由于一定的原因，由当事人对合同约定的权利义务进行局部调整。这种调整，通常表现为对合同某些条款的修改或补充。如买卖合同标的物数量的增加或减少、交货时间的提前、延期，运输方式和交货地点改变等都可视为合同的变更。

（4）合同的变更，是当事人之间的一种法律行为，因此，除法律另有规定者外，合同的变更应达成协议，协议未达成之前，原合同仍然有效。

（5）在一般情况下，合同的变更必须双方协商一致，并在原来合同的基础上达成新的协议。合同的任何内容都是经过双方协商达成的，因此，变更合同的内容须经过双方协商同意。任何一方未经过对方同意，无正当理由擅自变更合同内容的，不仅不能对合同的另一方产生约束力，反而将构成违约行为。由于合同变更必须经双方协商，所以，在协议未达成以前，原合同关系仍然有效。如果当事人对变更的约定不明确，视为未变更。

（二）合同的转让

1. 合同转让的概念

合同的转让，即合同主体的变更，是指合同的一方当事人将合同的全部或者部分权利义务转让给第三人，而合同的内容并不变更。

合同的转让，体现了债权债务关系是动态的财产关系这一特性。合同的转让，必须以合同有效为前提，否则，合同转让就没有合法的依据。

2. 合同转让的特点

（1）合同的转让并不改变原合同的权利义务内容。一方面，合同的转让是对合法有效的合同权利或义务的转让，如果原合同因被确认无效或被撤销，或者已经发生了解除，则不能发生转让。另一方面，合同转让原则上并不引起原合同内容的变更。因为合同的转让旨在使原合同的权利义务全部或部分地从合同一方当事人转移给第三人，因此受让的权利和义务既不会超出原权利义务的范畴，也不会从实质上更改原合同的权利义务内容（如将买卖换成租赁）。转让后的合同内容与转让前的合同内容的同一性，正是由债权债务的稳定性及转让的性质所决定的。如果在合同转让过程中受让人希望变更原合同的内容，那么必须在合同转让已经完成以后，由转让人和受让人之间通过协商变更合同的内容。当然此时已不再是合同的转让而是合同变更的问题。

（2）合同的转让将发生合同主体的变化。合同的转让通常将导致第三人代替原合同当事人一方而成为合同当事人，或者由第三人加入到合同关系之中成为合同当事人。由于主体的变更不是合同非实质要素的变更，而是合同的根本变化，主体的变化将导致原合同关系的消灭，产生新合同关系。可见，合同的转让并非在于保持原合同关系继续有效，而是通过转让终止原合同，产生新的合同关系。正是从此种意义上说，合同的转让与一般的合同变更在性质上是不同的。

（3）合同的转让通常要涉及两种不同的法律关系，即原合同当事人双方之间的关系、转让人与受让人之间的关系。合同的转让主要是在转让人和受让人之间完成的，但因为合同的转让关涉到原合同当事人的利益，所以法律要求义务的转让应取得原合同当事人另一方的同意，而转让权利应及时通知原合同当事人另一方。可见，合同的转让涉及原合同当事人双方以及受让的第三人。

与合同的转让不同，合同的第三人履行或接受履行中，第三人并不是合同的当事人，他只是代债务人履行义务或代债权人接受义务的履行。合同责任由当事人承担而不是由第三人承担。合同转让时，第三人成为合同的当事人，虽然在合同内容上没有发生变化，但出现了新的债权人或债务人，故合同转让的效力在于成立了新的法律关系，即成立了新的合同，原合同应归于消灭，由新的债务人履行合同，或者由新的债权人享受权利。

在债务转移场合，从属债务的义务，如利息债务、赔偿损失等，也随同债务转移。

新债务人以外的第三人对债务所作的担保,是基于对原债务人的了解和信任而设定的,因此不经担保人认可,它们将随债务转移而消失。我国《担保法》明确规定,债务人转让债务,应当经债权人和保证人的同意。在债权转移场合,新债权人对债务人享有权利范围不得超过原债权人,凡债务人得以对抗原债权而享有的抗辩权,同样可以对抗新债权人。

3. 合同转让的要件

合同的转让,直接关系到未转让一方当事人的利益,因而,合同的转让必须符合一定的条件:

(1) 债权债务具有转让性。具有特定身份、特定信任为基础的债权债务不得转让,如借款合同、工程承包合同、加工承揽合同、演出合同等。

(2) 一方当事人转让合同,应当取得另一方的同意。合同是双方当事人共同参加的法律关系,涉及双方的权利义务,如果双方随意转让合同,合同债权人不知向谁请求履行,其权利将难以实现;义务人不知债权人是谁,合同也就无法履行。所以,对合同的转让应加以限制。

合同的转让,分为债权让与与债务让与。债权让与,是指合同债权人将其债权转让给第三者,第三者基于债权让与成为新的债权人,他取代了原债权人的地位,如果债务人不履行义务,新的债权人有权以自己的名义向债务人提起诉讼,请求予以救济。因此,债权让与无须征得债务人同意。但是,债权人转让权利的,应当通知债务人。未经通知,该转让对债务人不发生效力。

债权人转让权利的通知,不得撤销,但经受让人同意的除外。债务让与,是指由新的合同债务人代替原债务人履行债务。债务让与只是合同的债务人发生了变更,合同内容仍未改变,债务人的改变,对债权能否实现影响甚大。因而,基于保护债权人利益方面考虑,债务承担应取得债权人的同意。合同法明确规定,债务人将合同的义务全部或者部分转移给第三人的,应当经债权人同意。

(3) 合同权利、义务的转让不得损害国家、集体、社会的利益,不能损害其他人的权益,以免因合同权利、义务的转让而使国家、集体、社会和他人的权益受到损害。对合同他方利益原则上也不应有损害,若造成损害,要负赔偿责任。

(4) 合同转让必须在让与人与受让人之间达成协议。合同的让与本身需要由转让人与受让人达成合意才能完成,此种合同的当事人是转让人和受让人。当事人订立转让合同必须符合民事法律行为的有效要件。如果合同转让具有可撤销的原因,则撤销权人可以行使撤销权。如果转让合同被撤销以后,受让人已接受债务人的履行,应作为不当得利返还给原债权人。

(三) 合同的权利义务终止

合同权利义务的终止,指依法生效的合同,因具备法定情形和当事人约定的情形,债权、债务消灭,债权人不再享有合同权利,债务人不必履行合同义务。

合同是平等主体的公民、法人、其他组织之间设立、变更、终止债权债务关系的协议。合同的性质，决定合同是有期限的民事法律关系，不可能永恒存在，有着从设立到终止的过程。根据《合同法》第91条规定，有下列情形之一的，合同的权利、义务终止：

（1）债务已经按照约定履行。

（2）合同解除。

（3）债务相互抵消。

（4）债务人依法将标的物提存。

（5）债权人免除债务。

（6）债权债务同归一人。

（7）法律规定或者当事人约定终止的其他情形。

法律规定的其他终止合同的情形，比如《民法通则》第69条规定：代理人死亡、丧失民事行为能力，作为被代理人或者代理人的法人终止，委托代理终止。该法第411条规定：委托人或者受托人死亡、丧失民事行为能力或者破产的，委托合同终止。

当事人约定终止合同的情形，比如当事人订立的附解除条件的合同，当解除条件成就时，债权债务关系消灭，合同终止。当事人订立附终止期限的合同，期限届至时，合同终止。比如，赠与人与受赠人约定，赠与人每月负担受赠人的生活费至其18周岁，受赠人18周岁前参加工作的，自参加工作之日，赠与合同终止。如果受赠人17周岁参加工作，赠与人可以通知受赠人终止合同。

（四）违约责任

1. 违约责任的概念

违约责任，又称违反合同的民事责任，是指合同当事人因违反合同债务所应承担的责任。作为保障债权实现及债务履行重要措施的违约责任制度与合同债务联系密切。一方面，违约责任是债务不履行所导致的结果，是以债务存在为前提的；另一方面，违约责任是在债务人不履行债务时，国家强制债务人履行债务和承担责任的法律表现。因此，违约责任和合同债务的关系可以归结为：债务是责任发生的前提，责任是债务不履行的结果。

2. 违约责任特点

（1）民事责任包括违约责任和侵权责任，因此，违约责任是民事责任的一种，不同于行政责任和刑事责任。

（2）违约责任是当事人不履行债务所导致的结果。构成违约，必须存在有效成立的合同关系，而且存在债务人不履行债务的事实。因此，违反合同义务是违约责任与侵权责任相区别的重要特点。

（3）违约责任具有相对性。违约责任只能发生在特定的合同当事人之间，只有守约方才能基于合同向违约方提出请求或提起诉讼，与合同无关的第三人不能依据合同对违约方提出请求或诉讼。

（4）当事人可以预先约定违约责任。当事人根据合同自由原则，在法律规定的范围内，对违约责任预先约定。例如预先约定违约金的数额幅度，预先约定损害赔偿额的计算方法，预先设定免责条款等。当然，当事人对违约责任的预先约定必须公正合理，否则将会被宣告无效或被撤销。

（5）违约责任具有惩罚性和补偿性双重属性。违约责任具有惩罚性毋庸置疑，法律通过对违约方的制裁促使债务人履行债务，同时也可以起到预防或减少违约现象发生的作用。另一方面，根据平等、等价有偿的原则，违约责任以损害赔偿作为违约责任的主要方式，具有较强的补偿性。根据违约责任的补偿性，一方在违约后，所承担的赔偿责任应相当于另一方因此而受到的损失。

根据《合同法》第 107 条之规定，违约方承担的违约责任包括继续履行、采取补救措施或者赔偿损失等形式。

3. 承担违约责任的主要形式

《合同法》规定，当事人一方明确表示或者以自己的行为表明不履行合同义务的，对方可以在履行期限届满之前要求其承担违约责任。

当事人一方不履行合同义务或者履行合同义务不符合约定的，应当承担继续履行、采取补救措施或者赔偿损失等违约责任。违约的当事人承担违约责任的主要形式有继续履行、采取补救措施、赔偿损失、支付违约金和定金等。具体适用哪种违约责任，由当事人根据自己的要求加以选择。

（1）继续履行。订立合同的目的是为了实现合同的约定，即实际履行合同。继续履行合同，既是为了实现合同目的，又是一种违约责任。当事人一方未支付价款或者报酬的，对方可以要求其支付价款或者报酬。当事人一方不履行非金钱债务或者履行非金钱债务不符合约定的，对方可以要求履行，但有下列情形之一的除外：①法律上或者事实上不能履行或者债务的标的不适于强制履行或者履行费用过高；②债权人在合理期限内未要求履行。

（2）采取补救措施。履行质量不符合约定的，应当按照当事人的约定承担违约责任。受损害方可以根据标的的性质以及损失的大小，合理选择要求对方采取修理、更换、重做、退货、减少价款或者报酬等补救措施。

（3）赔偿损失。当事人一方不履行合同义务或者履行合同义务不符合约定的，在履行义务或者采取补救措施后，对方还有其他损失的，应当赔偿损失。损失赔偿额应当相当于因违约所造成的损失，包括合同履行后可以获得的利益，但不得超过违反合同一方订立合同时预见到或者应当预见到的因违反合同可能造成的损失。当事人一方违约后，对方应当采取适当措施防止损失的扩大；没有采取适当措施致使损失扩大的，不得就扩大的损失要求赔偿。当事人因防止损失扩大而支出的合理费用，由违约方承担。

（4）支付违约金。为了保证合同的履行，保护自己的利益不受损失，合同当事人可以约定一方违约时应当根据情况向对方支付的一定数额的违约金，也可以约定因违约产生的损失赔偿额的计算方法。

违约金是指合同当事人一方由于不履行合同或者履行合同不符合约定时，按照合同的约定，向对方支付的一定数额的货币。违约金是对不能履行或者不能完全履行合同行为的一种带有惩罚性质的经济补偿手段，不论违约的当事人一方是否已给对方造成损失，都应当支付。约定的违约金低于造成的损失的，当事人可以请求人民法院或者仲裁机构予以增加；约定的违约金过分高于造成的损失的，当事人可以请求人民法院或者仲裁机构予以适当减少。当事人迟延履行约定违约金的，违约方支付违约金后，还应当履行债务。

（5）定金。定金是合同当事人一方为了担保合同的履行而预先向对方支付的一定数额的金钱。当事人可以依照《担保法》约定一方向对方给付定金作为债权的担保。债务人履行债务后，定金应当抵作价款或者收回。给付定金的一方不履行约定的债务的，无权要求返还定金；收受定金的一方不履行约定的债务的，应当双倍返还定金。

当事人既约定违约金，又约定定金的，一方违约时，对方可以选择适用违约金或者定金条款。但由于二者在目的、性质、功能等方面具有共性而不能并用。当事人执行定金条款后不足以弥补所受损害的，仍可以请求赔偿损失。

4. 违约责任的免除

一般来说，在合同订立之后，如果一方当事人没有履行合同或者履行合同不符合约定，不论是自己的原因，还是第三人的原因，都应当向对方承担违约责任。但是，当当事人一方违约是由于某些无法防止的客观原因造成的，则可以根据情况免除违约方的违约责任。《合同法》规定，因不可抗力不能履行合同的，根据不可抗力的影响，部分或者全部免除责任；当事人迟延履行后发生不可抗力的，不能免除责任。不可抗力造成违约的，违约方虽然没有过错，但法律规定因不可抗力造成的违约也要承担违约责任的，违约方也要承担无过错的违约责任。当事人一方因不可抗力不能履行合同的，应当及时通知对方，以减轻可能给对方造成的损失，并应当在合理期限内提供证明。

认知实训

实训内容：
1. 到企业参与商务合同的订立过程。
2. 到一个具体企业了解该类型企业的合同格式及订立过程。

实训目的：
1. 培养学生了解与掌握一般商务合同订立的步骤。
2. 掌握企业商务合同的内容。

3. 掌握不同类型企业商务合同的内容格式及条款的差异。

实训要求：

1. 熟悉一般商务合同内容，掌握普通商务合同签订的过程。
2. 了解商务合同的格式。
3. 熟悉不同类型商务合同的内容，并到企业看商务合同的制作方法。

实训操作与规范：

1. 有组织地进行活动。
2. 注意安全。
3. 听从现场指挥。
4. 按照不同商务合同格式，自己尝试相关操作。

实训组织：

1. 每个学生根据实训项目要求，自己寻找可以接、住的企业进行参观。
2. 老师也可以提供相关经典的合同案例。

复习思考题

1. 商务合同如何分类？
2. 商务合同效力的含义是什么？
3. 商务合同效力与法律效力、法律约束力有什么区别？
4. 商务合同是怎样订立的？
5. 如何保证商务合同的履行？

课后案例

1994年12月，深圳甲公司与英国乙公司签订451号合同，甲公司向乙公司购买法国产青霉素针剂15万瓶，总价款8万美元。

1995年3月20日，乙公司向中国卫生部申请并取得了333号进口药品许可证。许可证规定，青霉素针剂的生产厂为Teajon Co.，原产地为法国。甲公司在得到乙公司已获取许可证的通知后于1995年4月10日开出信用证。信用证规定了唛头标志、药品产地、单价、总价款和价格术语。

1995年5月30日，货到目的港大连港。经目的港海关查验，发现该批药品的标签、批号、合同号、唛头标志与333号许可证允许进口的药品完全不符。1995年8月28日，目的港所在地的药品检验机关出具药品检验证书，确认"本品由于生产厂牌与提供的进口药品许可证的生产药厂名称不符，不准进口"。甲公司在得知上述书面文件后立即通知乙公司。乙公司致函甲公司表示，将重新申请临时进口许可证。双方为此进行了多次协商，但时至1995年11月13日仍未有结果。于是甲公司不得不将货物退至法国马赛港，但乙公司拒绝收回该批货物，货物又被退至中国大连港。

由于双方的争议得不到解决，甲公司于1996年3月4日提起仲裁。甲公司称，乙公司的行为已经构成根本违约，要求解除451号合同，请求乙公司返还货款及利息、总货款价值10%的预期利润，承担退货运费及利息和货在马赛港因乙公司无理拒收而发生的仓储保管费用以及中国海关关税等。

乙公司辩称，已经正确履行451号合同，所交货物完全符合合同规定。由于甲公司迟开信用证，导致生产厂商无法及时通知甲公司，但商品的实际品质与乙公司向中国卫生部申报的样品的品质完全一致。在货物未能通关的情况下，甲公司不积极向中国医药部门申请一次性进口许可证，导致货物最终未能入关。乙公司要求甲公司承担自交货时至目前的利息和全部损失，要求甲公司接受货物，不同意承担甲公司提出的任何损失。

讨论题

1. 如何判定此案例中乙公司是否违约？有何依据？
2. 试讨论乙公司应承担的责任范围？

第五章 现代商务税务管理

学习目标 ▶▶▶

◎ 知识的掌握
1. 了解税务管理的概念；理解税务管理的任务和内容。
2. 理解中华人民共和国税收征收管理法。
3. 掌握我国税收征收方式及加强税务管理的意义
4. 掌握商务主要税务种类以及每种税种的特征、计算。
5. 掌握企业商务税务筹划的原则和方法。
6. 掌握国内企业避税方式。

◎ 技能的提高
1. 能够根据商务每种税种特点计算企业应缴税额。
2. 能够运用不同筹划方法对企业商务活动工作中的税务进行筹划。
3. 能够利用合法手段以减少企业税收负担，实现企业自身经济利益最大化。

拿糖果的小孩

有一个聪明的男孩，有一天，妈妈带着他到杂货店去买东西，老板看到这个小孩非常可爱，就打开一罐糖果，要小男孩自己拿一把。但是这男孩却没有任何动作。几次邀请之后，老板亲自抓了一大把糖果放到他的口袋中。

回到家中，母亲很好奇地问小男孩，为什么没有自己去抓糖果而要老板抓呢？

小男孩的回答很妙："因为我的手比较小呀！而老板的手比较大，所以他拿的一定比我拿的多很多！"

启示

这是一个聪明的孩子，他知道借别人之手有时会给自己带来更多利益的道理。自己的事业在发展中是不可能不要别人的帮助的。如何要呢？别人以怎样的方式帮助才能给自己最大的利益呢？这个小孩似乎已经给出了答案。

买方不需发票卖方大肆隐匿收入案

2015年10月，上海市松江区国税局稽查局对上海市B化妆品有限公司隐匿销售收入1900多万元偷逃国家税款一案做出税务处理决定，在扣除相应成本后，追缴各类税款合计110余万元，同时将案件移送司法机关做进一步处理。

案情简介

2014年7月，上海市松江区国税局稽查局接到举报称B公司采用"收入不入账、不开发票"的方式偷逃国家税款。对此，该局迅速立案开展检查。经过案头分析，B公司为增值税小规模纳税人，2012年、2013年两年合计申报销售收入10万元，缴纳税款2000余元。为摸清该公司实际经营情况，检查人员决定对B公司实施突击检查。

B公司经营地址位于市中心某高级写字楼内，面积超过200平方米，装修精致、时尚。B公司公告栏中贴有部分业务员的生活照和他们的新年愿望，内容为"买新房"、"出国旅游"。其中，B公司每年在海南召开大型订货会"盛况"的照片尤为引人注目。

稽查经过

检查当日，B公司负责接待的人事经理李某称公司负责人赵某在外地出差，并以自己不能承担相关责任为由拒不签收检查通知书。同时李某坚称B公司不设财务部、没有聘请专职会计，没有财务及经营数据可供采集。双方交涉过程中，一名检查人员找到了B公司财务办公室。李某继续推诿阻挠，称采集数据一定要咨询律师并获得公司负责人同意。检查人员通过电话告知赵某相关税收法规，以及不依法配合检查需要承担的法律责任，赵某最终同意李某配合税务检查。

检查人员通过信息技术手段，发现B公司未建立财务账套，采集的200多个文件夹、3800多个文档的3GB业务数据，均为文档性文件。对数据进行分析和整理后，检查人员发现了1000多份发货确认单，涉及100多家客户。检查人员将发货确认单按月份、客户汇总后，发现B公司仅2013年涉及的收入金额就达1000多万元。为完善证据链，检查人员调取了B公司银行账户和赵某个人银行账户的交易记录。经过与发货确认单比对，B公司银行账户中仅体现零星货款，而赵某个人银行账户则交易频繁，相关交易时间、金额等要素与发货确认单基本匹配。检查人员抽取部分发货确认单进行协查，确认了业务的真实性。

面对证据，赵某终于承认了逃税事实。B公司化妆品销售对象主要是美容院，而美容院的消费群体大都为个人，B 公司以提供销售折扣的方式引导美容院等客户不索取发票，销售款项大部分由客户直接汇入赵某个人银行账户，仅对少数需要开票并汇入公司银行账户的销售收入进行纳税申报。因此，B 公司隐匿了大量不开票的销售收入，纳税申报情况与实际经营情况严重不符。检查人员经过对 B 公司账外销售收入、销售折扣、销售退回等情况的汇总统计，查实 B 公司 2012 年、2013 年共计隐匿销售收入 1900 多万元。

讨论题

1. 本案例对你有何启示？

日前，某地税机关在对工业进行风险应对时发现，某企业将闲置的厂房对外出租，合同约定付款金额为 20000 元，付款期限为合同签订时，但因某种原因，承租方未按期付款，导致企业少申报相关税金。

税法解析：根据《中华人民共和国营业税暂行条例》第十二条规定："营业税纳税义务发生时间为纳税人提供应税劳务、转让无形资产或者销售不动产并收讫营业收入款项或者取得索取营业收入款项凭据的当天。国务院财政、税务主管部门另有规定的，从其规定。"

根据《中华人民共和国营业税暂行条例实施细则》（财政部 国家税务总局第 52 号令）第二十四条规定："条例第十二条所称取得索取营业收入款项凭据的当天，为书面合同确定的付款日期的当天；未签订书面合同或者书面合同未确定付款日期的，为应税行为完成的当天。"为此，税务人员根据相关规定，确认了该单位需补缴营业税 1000 元，城市维护建设税 70 元。

第一节　税务管理

税务管理从狭义上讲是税务机关依据国家税收政策法规所进行的税款征收活动，从广义的角度来说是国家及其税务机关，依据客观经济规律和税收分配特点，对税收分配的全过程进行决策、计划、组织、监督和协调，以保证税收职能得以实现的一种管理活动。

一、税务管理概述

1. 税务管理概念

税收管理是指主管税收工作的职能部门，代表国家对税收分配的全过程所进行的计划、组织、协调和监督工作，旨在保证财政收入及时足额入库，充分发挥税收对经济的调节作用。

税收管理的主体是指国家,即由国家负责管理。各级政府主管税收工作的职能部门是税收管理的具体执行机构,代表国家行使税收管理权限。各级政府主管税收工作的职能部门的分工是:国家税务总局和所属的税务分支机构以及各级地方税务局负责各种工商税收;财政部及各级地方政府的财政机关负责农(牧)业税、耕地占用税、契税;海关总署及其所属机构负责关税、船舶吨税以及进口商品所缴纳的增值税、消费税。

2. 税务管理任务

(1)执行税收政策法令,贯彻税收管理体制的规定,掌握税源变化,提出一定时期税收收入目标,组织税收活动正常进行。

(2)坚持以法治税,监督纳税人依法履行纳税义务,正确处理国家同企业和个人的分配关系,保证完成组织收入任务。

(3)充分发挥税收杠杆作用,促进国民经济持续、稳定、协调发展。

3. 税务管理内容

税务管理的内容包括:

(1)制度管理。在坚持公有制和按劳分配为主体,其他经济成分和分配方式为补充的基础上,建立和完善社会主义市场经济体制。依此经济体制改革为目标,建立和完善社会主义税收体系,健全税收法制和各项管理制度,强化税收组织收入和宏观调控功能,逐步理顺国家、企业和个人之间的分配关系。同时要制定和贯彻执行税收管理体制,正确处理中央与地方税收管理的权限,充分调动中央和各级地方政府管理税收的积极性。

(2)核算和监督。担负税收核算和监督的任务,是税收工作实现科学管理的重要工具。通过计划、会计、统计管理,分析预测税源和税收的发展趋势,为组织收入工作提出明确目标,促进税务管理,增强预见性,减少盲目性,调动各级税务机关和全体税务干部的积极性。

(3)征收管理。包括税收的宣传,税收的征收、管理、检查,税收的促产等。科学严密的征收管理,是税务管理的中心环节。通过大量的日常征收管理工作,贯彻执行国家税收政策法令;有效地集中分散在各个方面、各个环节的税收,及时足额地纳入国库;发挥税收调节生产、调节分配、调节消费的职能作用;实现帮助企业加强经济核算、提高经济效益、促产增收工作。

(4)干部管理机构。健全税务专业管理机构,完善税务机构、干部管理体制,培养和造就一支政治、业务素质高的税务干部队伍,这是加强税务管理的组织保证。税务机构分散点多、面广,税务干部经常同钱财打交道,手中握有一定权力,又往往是独立进行工作,加强税务机关的思想政治工作和廉政建设至关重要。

4. 税务管理原则

(1)以法治税。税收是以法律为依据进行的特殊分配,一征一免,征多征少,既体现国家政策,又关系到生产发展和人民群众的切身利益,坚持依法治税,是税收管理全过程应遵循的原则。

（2）从经济到税收。税收同经济息息相关，经济决定税收，税收又反作用于经济。制定税收制度和税收政策、法令，要有利于社会主义市场经济的发展；在税收管理工作中，要面向生产、关心生产，在促进生产发展的基础上增加税收收入。

（3）统一领导。税收具有涉及面广、政策性强的特点，税收管理具有较大的集中统一性。要统一税法，集中税权，强化税收管理。税务机构实行上级税务机关与同级政府双重领导，以上级税务机关领导为主的管理体制。同时又要注意发挥中央和地方的积极性，给地方一定的管理权，以便因地制宜处理税收问题。

（4）政策与任务。正确处理执行税收政策与完成收入任务的关系，坚持依法办事，依率计征，在正确执行税收政策的前提下，促产增收，努力完成税收计划任务。

（5）专业与群众管理。社会主义税收的特点是"取之于民，用之于民"，税务机关同纳税人在根本利益上是一致的。在加强专业税收管理的同时，要发动群众参加税收管理。加强税收宣传，提高群众依法纳税的自觉性，依靠群众协税护税，把税务管理建立在可靠的群众基础上。

5. 税务管理目的

企业经营目的是实现利润最大化，而利润既是企业经营发展的基本保证，也是经营绩效的重要指标，这就决定企业必然会想方设法减少成本，以获得较高利润。企业税务会计在多种纳税方案中通过事先筹划，合理安排公司筹资、投资、经营、利润分配等财务活动，针对采购、生产经营以及内部核算等进行合理决策，利用国家法规积极税务筹划，既保证企业完成利税义务增加自身"造血"能力，降低税收负担，也提高了税后利润，实现自身的持续健康发展。航信软件"懂税的ERP"产品与国家涉税系统进行信息传递与要素延续，对企业经营过程涉及的诸多税种（增值税、所得税、营业税、消费税、关税、出口退税等）进行业务处理，既可准确核算各种应纳税金进行申报纳税，提高财税人员工作效率，又可对企业账务、票证、经营、核算、纳税情况进行评估，更好帮助企业正确执行国家税务政策，进行整体经营筹划及纳税风险防范，为企业管理决策献计献策，为创利打下坚实基础。

二、中华人民共和国税收征收管理法（2015年）修订草案

国务院法制办向社会公开征求《中华人民共和国税收征收管理法修正案（征求意见稿）》的意见，之后在研究、吸收了社会各界意见后又对意见稿进行了修改完善，此次是再度向社会征求意见。该修正案与2014年前的税收征管法的区别如下：

1. 买房买车缴社保都要登记纳税人识别号

征求意见稿中列举了纳税人签订合同、协议，缴纳社会保险费，不动产登记以及办理其他涉税事项时都将使用纳税人识别号。

2. "灰色收入"将无法再逃税

目前我国对个人所得税实行的是代扣代缴和自行申报制度。其中人们的常规收入，比如工资、奖金等都是由单位代扣代缴。而在这些常规收入外的自行申报方面则存在着不小的漏洞，也就是所谓的"灰色收入"。

根据征求意见稿规定，这部分收入也需要由给付者履行一定责任，虽然没有明确代扣代缴，但应当向税务机关提供给付的数额以及收入方的名称、纳税人识别号。这一规定相当于把"灰色收入"放在了明处，而且这上升到了法律层面。

3. 依据消费监管收入将成为可能

以前我国的税收制度还不是十分严密，比如很多人把目前的个人所得税制度称为是"工薪族所得税"，就是因为普通工薪族的收入比较单一，容易监管，反而成为了最依法纳税的阶层。而很多富豪、老板可以想方设法把自己的资产表现为不可监控的形式，税务部门很难确认他们的收入，因而也就无法应收尽收，最终造成了税收制度的不公平。有了纳税人识别号后，纳税人买房、买车、高档消费以及投资、理财等都与识别号挂钩，监管机构就可从单纯的收入角度监管变为了通过收入和消费、支出等多个角度共同监管，从而在一定程度上解决纳税公平的问题。

4. 个人网店收税将不再有障碍

对于社会上争议颇多的网店征税问题也将通过纳税人识别号的推出而迎刃而解。国家并没有给电商免过税，但是一些中小电商没有适合的税务登记类型，相关信息又不在税务机关掌握范围，因而出现了税务登记问题。此次征求意见稿将纳税人识别号覆盖到自然人，意味着以后在家开网店的小电商，也将按照自然人纳税人管理，有了纳税识别号，纳税理所当然。

公民须报告自己在境外究竟赚了多少钱，不仅要为自己在境内取得的收入纳税，也必须为在其他国家和地区取得的收入缴纳国内税。

5. 纳税人识别号可为税收改革铺路

目前我国实行的是分项纳税制度，存在着一些不合理性。随着社会的发展，我国家庭成员的社会分工开始多元化，越来越多的家庭出现一人工作、一人全职照顾家庭的趋势，这就相当于一个人的收入要扶养两到三口人。一人挣钱一人花和一人挣钱一家花都实行相同的税率，确实是不合理的。尤其是随着独生子女成为社会纳税主体后，他们赡养老人的负担日益沉重，一个三口之家可能要赡养四位老人。这意味着一名劳动者要扶养的人数比以前更多，压力自然也更大。

目前我们只能监控到公民的收入情况，而公民究竟有多大的支出需求并没有数据，即税务部门无法监测到公民究竟有多大的负担，自然也就无法区别收税。引入纳税识别号后就将每个人的收入和支出系统关联在一起，把纳税人的所有收入支出都归结到一个纳税识别号下，同时也能使纳税人的家庭、配偶、子女等都形成完整系统。

三、发票管理

(一)发票的概念

发票是指一切从事生产经营的单位和个人在购销商品、提供劳务以及从事其他经营活动取得收入时,向付款方开具的销售凭据或营业收款凭证。在商品生产和商品交换过程中,发票是普遍使用的商事凭证,一切从事生产经营的单位和个人记录经济活动,反映财务收支,进行会计核算,均以发票为法定凭证。

(二)中华人民共和国发票管理办法实施细则

(2015年2月14日国家税务总局令第25号公布 根据2014年12月27日《国家税务总局关于修改〈中华人民共和国发票管理办法实施细则〉的决定》修正)

第一章 总 则

第一条 根据《中华人民共和国发票管理办法》(以下简称《办法》)规定,制定本实施细则。

第二条 在全国范围内统一式样的发票,由国家税务总局确定。

在省、自治区、直辖市范围内统一式样的发票,由省、自治区、直辖市国家税务局、地方税务局(以下简称省税务机关)确定。

第三条 发票的基本联次包括存根联、发票联、记账联。存根联由收款方或开票方留存备查;发票联由付款方或受票方作为付款原始凭证;记账联由收款方或开票方作为记账原始凭证。

省以上税务机关可根据发票管理情况以及纳税人经营业务需要,增减除发票联以外的其他联次,并确定其用途。

第四条 发票的基本内容包括:发票的名称、发票代码和号码、联次及用途、客户名称、开户银行及账号、商品名称或经营项目、计量单位、数量、单价、大小写金额、开票人、开票日期、开票单位(个人)名称(章)等。

省以上税务机关可根据经济活动以及发票管理需要,确定发票的具体内容。

第五条 用票单位可以书面向税务机关要求使用印有本单位名称的发票,税务机关依据《办法》第十五条的规定,确认印有该单位名称发票的种类和数量。

第二章 发票的印制

第六条 发票准印证由国家税务总局统一监制,省税务机关核发。

税务机关应当对印制发票企业实施监督管理,对不符合条件的,应当取消其印制发票的资格。

第七条 全国统一的发票防伪措施由国家税务总局确定,省税务机关可以根据需要增加本地区的发票防伪措施，并向国家税务总局备案。

发票防伪专用品应当按照规定专库保管，不得丢失。次品、废品应当在税务机关监督下集中销毁。

第八条 全国统一发票监制章是税务机关管理发票的法定标志，其形状、规格、内容、印色由国家税务总局规定。

第九条 全国范围内发票换版由国家税务总局确定；省、自治区、直辖市范围内发票换版由省税务机关确定。

发票换版时，应当进行公告。

第十条 监制发票的税务机关根据需要下达发票印制通知书，被指定的印制企业必须按照要求印制。

发票印制通知书应当载明印制发票企业名称、用票单位名称、发票名称、发票代码、种类、联次、规格、印色、印制数量、起止号码、交货时间、地点等内容。

第十一条 印制发票企业印制完毕的成品应当按照规定验收后专库保管，不得丢失。废品应当及时销毁。

第三章 发票的领购

第十二条 《办法》第十五条所称经办人身份证明是指经办人的居民身份证、护照或者其他能证明经办人身份的证件。

第十三条 《办法》第十五条所称发票专用章是指用票单位和个人在其开具发票时加盖的有其名称、税务登记号、发票专用章字样的印章。

发票专用章式样由国家税务总局确定。

第十四条 税务机关对领购发票单位和个人提供的发票专用章的印模应当留存备查。

第十五条 《办法》第十五条所称领购方式是指批量供应、交旧购新或者验旧购新等方式。

第十六条 《办法》第十五条所称发票领购簿的内容应当包括用票单位和个人的名称、所属行业、购票方式、核准购票种类、开票限额、发票名称、领购日期、准购数量、起止号码、违章记录、领购人签字（盖章）、核发税务机关（章）等内容。

第十七条 《办法》第十五条所称发票使用情况是指发票领用存情况及相关开票数据。

第十八条 税务机关在发售发票时，应当按照核准的收费标准收取工本管理费，并向购票单位和个人开具收据。发票工本费征缴办法按照国家有关规定执行。

第十九条 《办法》第十六条所称书面证明是指有关业务合同、协议或者税务机关认可的其他资料。

第二十条 税务机关应当与受托代开发票的单位签订协议，明确代开发票的种类、对象、内容和相关责任等内容。

第二十一条　《办法》第十八条所称保证人，是指在中国境内具有担保能力的公民、法人或者其他经济组织。

保证人同意为领购发票的单位和个人提供担保的，应当填写担保书。担保书内容包括：担保对象、范围、期限和责任以及其他有关事项。

担保书须经购票人、保证人和税务机关签字盖章后方为有效。

第二十二条　《办法》第十八条第二款所称由保证人或者以保证金承担法律责任，是指由保证人缴纳罚款或者以保证金缴纳罚款。

第二十三条　提供保证人或者交纳保证金的具体范围由省税务机关规定。

第四章　发票的开具和保管

第二十四条　《办法》第十九条所称特殊情况下，由付款方向收款方开具发票，是指下列情况：

（一）收购单位和扣缴义务人支付个人款项时；

（二）国家税务总局认为其他需要由付款方向收款方开具发票的。

第二十五条　向消费者个人零售小额商品或者提供零星服务的，是否可免予逐笔开具发票，由省税务机关确定。

第二十六条　填开发票的单位和个人必须在发生经营业务确认营业收入时开具发票。未发生经营业务一律不准开具发票。

第二十七条　开具发票后，如发生销货退回需开红字发票的，必须收回原发票并注明"作废"字样或取得对方有效证明。

开具发票后，如发生销售折让的，必须在收回原发票并注明"作废"字样后重新开具销售发票或取得对方有效证明后开具红字发票。

第二十八条　单位和个人在开具发票时，必须做到按照号码顺序填开，填写项目齐全，内容真实，字迹清楚，全部联次一次打印，内容完全一致，并在发票联和抵扣联加盖发票专用章。

第二十九条　开具发票应当使用中文。民族自治地方可以同时使用当地通用的一种民族文字。

第三十条　《办法》第二十六条所称规定的使用区域是指国家税务总局和省税务机关规定的区域。

第三十一条　使用发票的单位和个人应当妥善保管发票。发生发票丢失情形时，应当于发现丢失当日书面报告税务机关，并登报声明作废。

第五章　发票的检查

第三十二条　《办法》第三十二条所称发票换票证仅限于在本县（市）范围内使用。需要调出外县（市）的发票查验时，应当提请该县（市）税务机关调取发票。

第三十三条　用票单位和个人有权申请税务机关对发票的真伪进行鉴别。收到申请的税务机关应当受理并负责鉴别发票的真伪；鉴别有困难的，可以提请发票监制税务机关协助鉴别。

在伪造、变造现场以及买卖地、存放地查获的发票，由当地税务机关鉴别。

<h3 style="text-align:center">第六章　罚　　则</h3>

第三十四条　税务机关对违反发票管理法规的行为进行处罚，应当将行政处罚决定书面通知当事人；对违反发票管理法规的案件，应当立案查处。

对违反发票管理法规的行政处罚，由县以上税务机关决定；罚款额在2000元以下的，可由税务所决定。

第三十五条　《办法》第四十条所称的公告是指，税务机关应当在办税场所或者广播、电视、报纸、期刊、网络等新闻媒体上公告纳税人发票违法的情况。公告内容包括：纳税人名称、纳税人识别号、经营地点、违反发票管理法规的具体情况。

第三十六条　对违反发票管理法规情节严重构成犯罪的，税务机关应当依法移送司法机关处理。

<h3 style="text-align:center">第七章　附　　则</h3>

第三十七条　《办法》和本实施细则所称"以上"、"以下"均含本数。

第三十八条　本实施细则自2011年2月1日起施行

四、税务管理主要方法及意义

1. 我国税收征收方式

（1）查账征收，是指由纳税人依据账簿记载，先自行计算缴纳，事后经税务机关查账核实，如有不符合税法规定的，则多退少补的一种税款征收方式。

（2）查定征收，是指由税务机关根据纳税人的生产设备等情况在正常情况下的生产、销售情况，对其生产的应税产品查定产量和销售额，然后依照税法规定的税率征收的一种税款征收方式。

（3）查验征收，是由税务机关对纳税申报人的应税产品进行查验后征税，并贴上完税证、查验证或盖查验戳，并据以征税的一种税款征收方式。

（4）定期定额征收，是指税务机关依照有关法律、法规的规定，按照一定的程序，核定纳税人在一定经营时期内的应纳税经营额及收益额，并以此为计税依据，确定其应纳税额的一种税款征收方式。

（5）代扣代缴，是指按照税法规定，负有扣缴税款的法定义务人，在向纳税人支付款项时，从所支付的款项中直接扣收税款的方式。

（6）代收代缴，是指负有收缴税款的法定义务人，对纳税人应纳的税款进行代收代缴的方式。即由与纳税人有经济业务往来的单位和个人向纳税人收取款项时，依照税收的规定收取税款。

(7) 委托代征，是指受托单位按照税务机关核发的代征证书的要求，以税务机关的名义向纳税人征收一些零散税款的一种税款征收方式。

2. 加强税务管理的意义

（1）加强企业税务管理有助于降低税收成本。

随着社会的发展，为满足政府公共部门以及国家实现其职能的财政需要，税收不可避免地要逐年增加。企业必须将税收当作其经营的必要成本，并通过加强税务管理，有效地节税，获得最大限度的税后利润。

（2）加强企业税务管理有助于提高企业经营管理人员的税法观念，提高财务管理水平 随着税法的不断完善和征管力度的不断加大，偷、逃税现象越来越少。企业应着眼于加强税务管理，减轻税收负担。加强企业税务管理的过程，实际就是税法的学习和运用过程，有助于提高纳税意识。

（3）加强企业税务管理有助于企业内部产品结构调整和资源合理配置。

通过加强企业税务管理，可以根据国家的各项税收优惠、鼓励政策和各项税种的税率差异，进行合理投资、筹资和技术改造。如目前国家鼓励使用国产设备，允许在技术项目上采购国产设备价款的 40% 抵免新增企业所得税；国家对高新技术产品、新产品的销售由财政返还一定的增值税和企业所得税等。企业在投资和技术改造上应最大程度享受税收优惠，实现企业内部产品结构调整和资源的合理配置，提高企业竞争力。

第二节　商务主要税务种类

一、增值税

（一）增值税的定义及特征

1. 增值税的定义

增值税是对纳税人生产经营活动的增值额征收的一种间接税。征收范围包括所有的工业生产环节，商业批发和零售环节，提供加工、修理修配的劳务，以及进口货物。增值税实行价外税，在征收管理上分为一般纳税人和小规模纳税人。在规定标准以上，从事货物生产或提供应税劳务的纳税人年销售额 100 万元以上或从事货物批发或零售的纳税人年销售额在 180 万元以上，经申请审批后认定为一般纳税人，一般纳税人基本税率为 17% 或 13%，有权领购使用增值税专用发票和按规定取得进项税额的抵扣权。小规模纳税人按 6% 的征收率征收，不能领购增值税专用发票，不得抵扣进项税额。

2. 增值税的特征

相对其他流转税而言，增值税具有以下的特征：

(1) 多环节征税、税基广泛。增值税可以从商品的生产开始，一直延伸到商品的批发和零售等经济活动的各个环节，使增值税能够拥有较其他间接税更广泛的纳税人。

(2) 实行税款抵扣制度。对纳税人投入的原材料等中所包含的税款进行抵扣。因此，增值税实际上是对增值——销售价格减去购买价格的差价征税。

(3) 采用了凭发票注明税款抵扣制度，增值税的专用发票是纳税人享受税款抵扣的合法凭证。

(4) 在生产、流通的征税环节中享受免税，意味着丧失增值税税款的抵扣权，同时要负担以前环节的已征税款。

(5) 增值税可以对某些商品采用零税率的办法，实行彻底的免税。

(6) 同其他间接税一样，增值税仍具有税负转嫁的属性。

3. 增值税的纳税人

根据增值税暂行条例的规定，在我国境内销售货物或者提供加工、修理修配劳务以及进口货物的单位和个人，为增值税的纳税人。具体包括以下三类纳税人：

(1) 企业。不分其所有制性质或隶属关系，不分工业企业还是商业企业或从事其他生产、经营活动的企业，也不分是国内企业还是外商投资企业和外国企业，只要发生销售货物或者提供加工、修理修配劳务以及进口货物的行为，都属于增值税的纳税人。具体包括国有企业、集体企业、私营企业、外商投资企业、外国企业、股份制企业和其他企业。

(2) 非企业性单位。事业单位、机关、团体、学校、部队等一切非企业性单位，只要发生销售货物或者提供应税劳务以及进口货物的行为，都应当缴纳增值税。

(3) 个人。指个体经营者和其他个人，包括中国公民和外国公民。

(二) 增值税的征税对象和征税范围

增值税的征税对象是生产经营者销售货物、提供应税劳务和进口货物的增值额。增值额可从以下两方面来理解：对一个企业而言，增值额是该企业商品的销售额扣除为生产而外购商品的价值额后的余额；对一个商品的生产全过程而言，增值额是商品各个生产环节的增值额之和，即商品实现消费时的最后销售额。

增值税的征税范围是：凡在中华人民共和国境内生产、销售应税货物、提供应税劳务及进口货物的，都属于增值税的征税范围，应按规定缴纳增值税。

1. 征税范围的基本规定

(1) 销售货物。销售货物，是指有偿转让货物的所有权。货物是指有形动产，包括电力、热力、气体在内。

(2) 应税劳务。纳入增值税征税范围的劳务是加工、修理修配劳务。提供加工、修理修配劳务，是指有偿提供加工、修理修配劳务。加工是指受托加工货物，即委托方提供原料及主要材料，受托方按照委托方的要求制造货物并收取加工费的业务；修理修配是指受托对损伤和丧失功能的货物进行修复，使其恢复原状和功能的业务。

（3）进口货物。凡进入我国的国境或关境的货物，在报关进口环节，除了依法缴纳关税以外，还必须缴纳增值税。

2．征税范围的特殊规定

（1）视同销售货物。单位或个体经营者的下列行为，视同销售货物：

①将货物交付其他单位或者个人代销；

②销售代销货物；

③设有两个以上机构并实行统一核算的纳税人，将货物从一个机构移送其他机构用于销售，但相关机构设在同一县（市）的除外；

④将自产或委托加工的货物用于非增值税应税项目；

⑤将自产、委托加工的货物用于集体福利或个人消费；

⑥将自产、委托加工或购进的货物作为投资，提供给其他单位或个体工商户；

⑦将自产、委托加工或购进的货物分配给股东或投资者；

⑧将自产、委托加工或购进的货物无偿赠送其他单位或个人。

上述第⑤项所称"集体福利或个人消费"是指企业内部设置的供职工使用的食堂、浴室、理发室、宿舍、幼儿园等福利设施及设备、物品等，或者以福利、奖励、津贴等形式发放给职工个人的物品。

（2）混合销售。混合销售是指既涉及销售货物又涉及提供非应税劳务的销售行为，其特点是销售货物与提供非应税劳务的价款是同时向一个购买方取得的。所谓非应税劳务是指属于应缴营业税的交通运输业、建筑业、金融保险业、邮电通信业、文化体育业、娱乐业、服务业税目征收范围的劳务。

纳税人的下列混合销售行为，应当分别核算货物的销售额和非增值税应税劳务的营业额，并根据其销售货物的销售额计算缴纳增值税，非增值税应税劳务的营业额不缴纳增值税；未分别核算的，由主管税务机关核定其货物的销售额：

① 销售自产货物并同时提供建筑业劳务的行为；

② 财政部、国家税务总局规定的其他情形。

除上述规定外，从事货物的生产、批发或者零售的企业、企业性单位和个体工商户的混合销售行为，视为销售货物，应当缴纳增值税；其他单位和个人的混合销售行为，视为提供非增值税应税劳务，不缴纳增值税。混合销售行为依照前述规定应当缴纳增值税的，该混合销售行为所涉及的非增值税应税劳务所用购进货物的进项税额，符合《增值税暂行条例》有关规定的，准予从销项税额中抵扣。

（3）兼营非应税劳务。兼营非应税劳务是指纳税人的经营范围既包括销售货物（包括加工、修理修配），又包括提供非应税劳务。但销售货物与提供非应税劳务不同时发生在同一购买者身上。对于纳税人兼营非增值税应税项目的，应分别核算货物或者应税劳务的销售额和非增值税应税项目的营业额；未分别核算的，由主管税务机关核定货物或者应税劳务的销售额。

3. 增值税的优点

增值税之所以能够在较短的时间内在世界众多的国家得到推广，就是因为增值税较其他的间接税有独特的优越性。从世界各国增值税的实践结果看，增值税主要有以下几方面的优点：

（1）对经济活动有较强的适应性。由于增值税应用了税款抵扣制，对纳税人征税时，允许纳税人抵扣购买货物和劳务时已支付的增值税税款，避免了阶梯式征税可能造成重复征税的弊端，使同一商品或劳务的税收负担具有一致性。

（2）有较好的收入弹性。税收的收入弹性，是指税收收入的增减与经济发展状况的内在联系。一个税种的税收弹性好坏，取决于税收对经济的适应程度和它所产生的收入规模与国民收入的联系程度。增值税不仅对经济活动有较强的适应性，而且它所产生的收入规模与同期的国民收入规模有一个相对稳定的比例关系。

（3）有利于本国商品和劳务公平地参与国际竞争。由于增值税的税率反映的是某一商品或劳务的最终税收负担水平，所以，对出口商品和劳务适用零税率，就可以使出口商品或劳务完全以不含税的价格进入国际市场，即使进口国按本国的税收规定对进口商品或劳务征税，征税后的税收负担也不会高于进口国的同类商品或劳务的税收负担；同样，对进口商品或劳务按本国的同类商品或劳务的税率征税后，进口商品或劳务与本国的商品或劳务的税收负担是一致的，这就有利于本国的商品和劳务在税收待遇一致的前提下公平竞争。

（4）有内在的自我控制机制。由于增值税实行的是税款抵扣制，一般情况下，纳税人能否取得购买货物或劳务已付税款的抵扣权，取决于他能否提供购买货物或劳务时已付增值税的有效凭证（通常是指注明增值税税额的专用发票）。如果供应商销售货物或劳务没有按规定开具增值税发票，他就可能有偷税的动机。但只要这种情况不是发生在商品或劳务供应的最终环节，对政府而言，不会造成税收损失。

（三）增值税计算实例

例5-1 某百货商场2008年6月份有关资料如下：(1) 自营商品销售收入93600元；(2) 代销商品销售收入46800元；(3) 代销手续费收入7020元；(4) 购进食品一批，金额（不含税）75000元，专用发票已入账，货已验收入库，货款已付；同时支付运费1500元，运费发票已入账；(5) 购进化妆品一批，金额（不含税）68000元，专用发票已入账，货已验收入库，货款尚未支付；该笔货物支付运费4000元，运费发票已入账；(6) 支付营业用电费（不含税）3600元，专用发票已入账。计算该商场本月份应纳增值税（该商场所售食品的增值税税率均为17%）。

【解】：(1) 确定计税销售额。按照税法规定，该商场的代销货物应视同销售纳税；代销手续费收入属于兼营非应税劳务，由委托方支付，商场单独核算，不征增值税。据此，该商场的计税销售额为：

销售额 = （93600 + 46800） ÷ （1 + 17%） = 120000（元）

(2) 销项税额 = 120000 × 17% = 20400（元）

(3) 确定进项税额。该商场购进的化妆品，因货款尚未支付，该批货物和运费的进项税额不得在本月抵扣。准予抵扣的进项税额为：

进项税额 = 75000 × 17% + 1500 × 7% + 3600 × 17% = 13467（元）

(4) 应纳增值税 = 20400 - 13467 = 6933（元）

例 5-2 A 企业为增值税一般纳税人，2008 年 7 月份，发生以下业务：(1) A 企业采用分期收款方式出售机器一台，A 企业无同类机器售价，成本 5 万元。按合同规定本月预收货款 3 万元，下月对方可付清货款并提货；(2) A 企业从某服装厂购入工作服 200 套，每套 300 元。A 取得增值税专用发票后，在当期还未进行进项税额的抵扣时，仓库盘存发现库存只有 100 套，100 套丢失；(3) 某医疗机构请 A 厂代为生产轮椅，A 厂用上期购进的材料等生产轮椅 30 辆，已知生产每辆轮椅耗用的原材料为 850 元；(4) A 企业该月还销售机器 2 台，每台销售额为 4 万元；(5) 赠送关联企业同型号机器 1 台；(6) 当期取得允许抵扣的增值税专用发票上注明的进项税额 15400 元。计算 A 企业当期应缴纳的增值税（以上价格均不含增值税）。

【解】：(1) A 企业用分期收款方式出售机器，A 企业的纳税义务发生时间则为合同规定的收款日期当天。所以 3 万元应计征销项税。

(2) A 企业购入的工作服为劳保用品，准予抵扣进项税额。但丢失的 100 套属非正常损失，进项不得抵扣。

(3) 轮椅属免税项目，耗用的原材料进项税金不允许抵扣，应做进项转出。

(4) 赠送关联企业的机器，应按售给非关联企业处理。

A 企业应缴纳的增值税如下：

当期销项税额 = 30000 × 17% + 2 × 40000 × 17% + 1 × 40000 × 17% = 25500（元）

当期进项税额 =（200 - 100）× 300 × 17% + 15400 -（30 × 850）× 17% = 24835（元）

应纳增值税 = 25500 - 24835 = 665（元）

（四）增值税的出口货物退（免）税

我国的出口货物税收政策分为以下三种形式：

(1) 出口免税并退税（又免又退）。出口免税是指对货物在出口销售环节不征增值税，这是把货物出口环节与出口前的销售环节都同样视为一个征税环节；出口退税是指对货物在出口前实际承担的税收（进项税额）负担，按规定的退税率计算后予以退还。

(2) 出口免税不退税（只免不退）。出口免税与上述第 1 项含义相同。出口不退税是指适用这个政策的出口货物因在前一生产、销售环节或进口环节是免税的，因此，出口时该货物的价格中本身就不含税，也无须退税。

(3) 出口不免税也不退税（不免不退）。出口不免税是指对国家限制或禁止出口的某些货物的出口环节视同内销环节，照常征税；出口不退税是指对这些货物出口不退还出口前其所负担的税款。适用这个政策的主要是税法列举限制或禁止出口的货物。出口货物的退税率，是出口货物的实际退税额与退税计税依据的比例。出口企业应将不同税率的货物分开核算和申报，凡划分不清适用退税率的，一律从低计算退（免）税率。出口货物只在适用既免税又退税的政策时，才会涉及如何计算退税的问题。由于各类出口企业对出口货物的会计核算办法不同，有对出口货物单独核算的，有对出口和内销的货物统一核算成本。为了与出口企业的会计核算办法相一致，我国《出口货物退（免）税管理办法》规定了两种退税计算办法：第一种是"先征后退"办法，主要适用于收购货物出口的外贸企业；第二种是"免、抵、退"办法，主要适用于自营和委托出口自产货物的生产企业。

二、消费税

1. 消费税的概念

消费税（Consumer tax/Excise Duty）（特种货物及劳务税）是以消费品的流转额作为征税对象的各种税收的统称；是政府向消费品征收的税项，可从批发商或零售商征收；消费税是典型的间接税。消费税以消费品为课税对象，在此情况下，税收随价格转嫁给消费者负担，消费者是实际的负税人。

消费税是1994年税制改革在流转税中新设置的一个税种。消费税实行价内税，只在应税消费品的生产、委托加工和进口环节缴纳，在以后的批发、零售等环节，因为价款中已包含消费税，因此不用再缴纳消费税，税款最终由消费者承担。

消费税法是指国家制定的用以调整消费税增收与缴纳之间权利及义务关系的法律规范。消费税的纳税人是我国境内生产、委托加工、零售和进口《中华人民共和国消费税暂行条例》规定的应税消费品的单位和个人。

消费税的征收具有较强的选择性，是国家贯彻消费政策，引导消费结构从而引导产业结构的重要手段，因而在保证国家财政收入，提现国家经济政策等方面具有十分重要的意义。

2. 我国消费税的特点

（1）增收范围具有选择性。我国消费税在征收范围上根据产业政策和消费政策仅选择部分消费品征税，而不是对全部的消费品征税。

（2）征税环节具有单一性。主要在生产和进口环节征收，除少数消费品的纳税环节为零售环节外，再继续转销售该消费品不再征收消费税。

（3）平均税率水平比较高且税负差异大。消费税的平均税率一般比较高，并且不同征税项目的税负差异较大，对需要限制或者控制消费的消费品，通常税负较重。

（4）征收方法具有灵活性。既采用对消费品制定单位税额，以消费品的数量实行从量定额的征税方法，也采用对消费品制定的比例税率，以消费品的价格实行从价定率的征收方法。

根据我国近五年的全国税收资料普查数据显示，目前我国消费税的收入不断增长，2010年实现消费税收入达到6 071.55亿元，2011年达到6 935.93亿元，2012年达到7 872.14亿元，2013年达到8 231.32亿元，2014年达到8 626.42亿元；在我国，缴纳消费税的企业普遍经营生产状况良好，利润总额、资产总额、主营业务收入、税收总额等各项指标都呈现出稳定增长的态势。

但是，目前经济全球化趋势明显，随着我国经济不断发展，带来了人均GDP的大幅增加，在全国人民生活水平日益提高的形势下，现行的制度并不适应当今我国发展的态势，主要体现在消费税征税范围选择方面不够优化完善，我国消费税在征税范围方面已存在不少与当今各种趋势发展不适应之处，它们甚至可能成为经济发展继续前进的阻力。

3．消费税的征税对象和征税范围

根据《消费税暂行条例》，现行消费税以特定消费品为征税对象。我国实行的是选择性的特种消费税，现有税目14个，很多税目还包括了若干子目。主要包括如下五大类：

（1）过度消费会对人类健康、社会秩序和生态环境造成危害的特殊消费品，包括烟、酒及酒精、鞭炮与烟火、木制一次性筷子、实木地板等；

（2）奢侈品、非生活必需品，包括贵重首饰及珠宝玉石、化妆品、高尔夫球及球具、高档手表、游艇等；

（3）高能耗及高档消费品，包括游艇、小汽车、摩托车等；

（4）使用和消耗不可再生和替代的稀缺资源的消费品，例如成品油等；

（5）具有特定财政意义的消费品，例如汽车轮胎等，这类消费品的税基宽广、消费普遍、征税后不影响广大居民基本生活，还可以起到增加财政收入的目的。

4．我国最新消费税的税目税率表

表5-1　2015—2016年最新消费税税目税率表

税　目	税　率
一、烟	
1. 卷烟	
（1）甲类卷烟（调拨价70元（不含增值税）/条以上（含70元））	56%加0.003元/支（生产环节）
（2）乙类卷烟（调拨价70元（不含增值税）/条以下）	36%加0.003元/支（生产环节）
（3）商业批发	11%（批发环节）
2. 雪茄烟	36%（生产环节）
3. 烟丝	30%（生产环节）

续表 5–1

税　目	税　率
二、酒及酒精	
1. 白酒	20% 加 0.5 元/500 克（或者 500 毫升）
2. 黄酒	240 元/吨
3. 啤酒	
（1）甲类啤酒	250 元/吨
（2）乙类啤酒	220 元/吨
4. 其他酒	10%
5. 酒精	5%
三、化妆品	30%
四、贵重首饰及珠宝玉石	
1. 金银首饰、铂金首饰和钻石及钻石饰品	5%
2. 其他贵重首饰和珠宝玉石	10%
五、鞭炮、焰火	15%
六、成品油	
1. 汽油	
（1）含铅汽油	1.52 元/升
（2）无铅汽油	1.52 元/升
2. 柴油	1.20 元/升
3. 航空煤油	1.20 元/升
4. 石脑油	1.52 元/升
5. 溶剂油	1.52 元/升
6. 润滑油	1.52 元/升
7. 燃料油	1.20 元/升
七、摩托车	
1. 气缸容量（排气量，下同）在 250 毫升（含 250 毫升）以下的	3%
2. 气缸容量在 250 毫升以上的	10%
八、小汽车	
1. 乘用车	
（1）气缸容量（排气量，下同）在 1.0 升（含 1.0 升）以下的	1%
（2）气缸容量在 1.0 升以上至 1.5 升（含 1.5 升）的	3%

续表 5-1

税　目	税　率
（3）气缸容量在 1.5 升以上至 2.0 升（含 2.0 升）的	5%
（4）气缸容量在 2.0 升以上至 2.5 升（含 2.5 升）的	9%
（5）气缸容量在 2.5 升以上至 3.0 升（含 3.0 升）的	12%
（6）气缸容量在 3.0 升以上至 4.0 升（含 4.0 升）的	25%
（7）气缸容量在 4.0 升以上的	40%
2. 中轻型商用客车	5%
九、高尔夫球及球具	10%
十、高档手表	20%
十一、游艇	10%
十二、木制一次性筷子	5%
十三、实木地板	5%
十四、铅蓄电池	4%（2016 年 1 月 1 日起实施）
无汞原电池、金属氢化物镍蓄电池、锂原电池、锂离子蓄电池、太阳能电池、燃料电池和全钒液流电池	免征
十五、涂料	4%
施工状态下挥发性有机物（Volatile Organic Compounds，VOC）含量低于 420 克/升（含）	免征

来源：国家税务总局

5. 消费品税计算实例

例 5-3 某汽车制造公司被税务机关核定为增值税一般纳税人。已知：小汽车轮胎适用的消费税税率为 10%，小汽车适用的消费税税率为 5%，支付运输费用按 7% 的扣除率计算进项税额，销售小汽车、小汽车轮胎适用的增值税税率为 17%。1998 年 3 月份，该公司发生以下经济业务：

（1）销售自产小汽车 50 辆，取得汽车价款（不含增值税）550 万元。另外，向购买方收取价外费用 5 万元。

（2）销售自产小汽车轮胎取得销售额（含增值税）58.50 万元。

（3）购进各种原材料、从销售方取得的增值税专用发票上注明的增值税税额合计为 70 万元。

（4）购进原材料，支付了昌华运输公司开具的运费结算单据上注明的运费 3 万元。

要求:
(1) 计算该公司 3 月份销售小汽车应纳消费税税额,并列出计算过程。
(2) 计算该公司 3 月份销售小汽车轮胎应纳消费税税额,并列出计算过程。
(3) 计算该公司 3 月份应纳增值税税额,并列出计算过程(答案中金额单位用万元表示,计算结果保留到小数点后两位)。

【解】:(1) 销售小汽车应纳消费税税额 = 销售额×消费税税率 = (550 + 5)×5% = 27.75(万元)

(2) 销售小汽车轮胎应纳消费税税额 = 含增值税销售额/(1 + 增值税税率)×消费税税率 = 58.50/(1 + 17%)×10% = 5(万元)

消费税的计税依据是含消费税而不含增值税的销售额(纳税人销售应税消费品向购买方收取的全部价款和价外费用)。

(3) 3 月份应纳增值税税额 = [550 + 5 + 58.50/(1 + 17%)]×17% - (70 + 3×7%) = 32.64(万元)

三、营业税

1. 什么是营业税?它的纳税人有哪些?

营业税是对在中华人民共和国境内提供应税劳务(加工、修理修配劳务除外)、转让无形资产或者销售不动产的单位和个人征收的一种税。它是地方税体系中的主体税种。

营业税的纳税人:凡在我国境内提供应税劳务、转让无形资产或者销售不动产的单位和个人,为营业税的纳税义务人。具体包括国有企业、集体企业、私有企业、股份制企业、其他企业和行政单位、事业单位、军事单位,社会团体以及个体工商户及其他有经营行为的个人。税制改革后,取消了工商统一税,所以营业税也适用于外商投资企业和外国企业。

2. 营业税的纳税范围有哪些?

营业税的纳税范围为提供应税劳务、转让无形资产和销售不动产。这里所说应税劳务是指属于交通运输业、建筑业、金融保险业、邮电通信业、文化体育业、娱乐业、服务业税目范围的劳务。

3. 营业税的税目税率及征收范围

表 5-2 营业税税目税率表

税 目	征收范围	税率
一、交通运输业	陆路运输、水路运输、航空运输、管道运输、装卸搬运	3%
二、建筑业	建筑、安装、修缮、装饰及其他工程作业	3%
三、金融保险业		8%

续表 5-2

税目	征收范围	税率
四、邮电通信业		3%
五、文化体育业		3%
六、娱乐业	歌厅、舞厅、卡拉OK歌舞厅、音乐茶座 台球、高尔夫球、保龄球、游艺	10% 5%
七、服务业	代理业、旅店业、饮食业、旅游业、仓储业、租赁业、广告业及其他服务	5%
八、转让无形资产	转让土志使用权、专利权、非专利技术、商标权、著作权、商誉	5%
九、销售不动产	销售建筑物及其他土地附着物	5%

4. 营业税的计税依据及计算应纳税额方法

营业税的计税依据为提供应税劳务、转让无形资产或销售不动产取得的全部价款和价外费用（又称营业额）。税额计算为：

应纳税额 = 营业额 × 税率

一切收入都要征税，这是基本原则。但这并不排除某些特定经营项目的营业额，可以依特殊规定确定。按照《条例》及实施细则规定，下列几种情况的营业额为：

（1）对运输业务

①运输企业自中华人民共和国境内载运旅客或货物出境，在境外其载运的旅客或货物改由其他运输企业承运的，以全程运费减去付给转运企业的运费后的余额为营业额。

②联营运输业务，以实际取得的营业收入为营业额。

（2））对旅游业务

①旅游企业组织旅游团到中华人民共和国境外旅游，在境外改由其他旅游企业接团，以全程旅费减去付给该接团企业的旅费后的余额为营业额。

②旅游企业在境内组团旅游，改由其他旅游企业接团的，其营业额也允许扣除付给接团企业的费用。

④旅游业务，以全部收费减去替旅游者付给其他单位的餐费、住宿费、交通费、门票和其他代付费用后的余额为营业额。

（3）对建筑业

①建筑业的总承包人将工程分包或转包给他人的，以全部价款减去付给分包人或转包人的价款后的余额为营业额。

②从事建筑、修缮、装饰工程作业，无论与对方如何结算，其营业额均应包括工程所用原材料及其他物资和动力的价款在内。

③从事安装工程作业的，凡设备价值作安装产值的，设备价款计入营业额。

④自建行为营业额，由主管税务机关确定。

(4) 对金融保险业

①转贷业务，以贷款利息收入减去借款利息支出后的余额为营业额。

②买卖外汇、有价证券、期货，以卖出价减去买入价后的余额为营业额。

③典当业的抵押贷款业务，无论资金来源如何，均按自有资金贷款确定营业额。

(5) 对文化体育业

单位或个人进行演出，以全部收入减去付给提供出场地的单位、演出公司或经纪人的费用后的余额为营业额。

(6) 对娱乐业

娱乐业的营业额为经营娱乐业向顾客收取的各项费用，包括门票收费、台位费、点歌费、烟酒和饮料费及经营娱乐业的其他各项收费。

(7) 单位将不动产无偿赠送他人的行为，其营业额由主管税务机关确定。

(8) 对纳税人提供应税劳务，转让无形资产或销售不动产的价格明显偏低而无正当理由的，主管税务机关有权依据规定原则确定营业额。

5．营业税纳税期限的确定

营业税的纳税义务发生时间为纳税人收讫营业收入款项或者取得索取营业收入款项凭据的当天。营业税的纳税期限分别5日、10日、15日或者1个月，具体由主管税务机关根据应纳税额大小确定，不能按固定期限纳税的，可以按次纳税。

以1个月为一期的纳税人，于期满后10日申报纳税；以5日、10日或15日为一期的纳税人，自期满后的5日内预缴税款，次月1日起10日内申报纳税并结算上月应纳税款。

营业税的扣缴义务人的解缴税款比照上述规定执行。

金融业（不包括典当业）的纳税期限为1个季度。

保险业的纳税期限为1个月。

6．营业税的纳税地点确定

(1) 纳税人提供应税劳务，在应税劳务发生地申报纳税；纳税人从事运输业务，在其机构所在地申报纳税。

(2) 纳税人转让土地使用权，在土地所在地申报纳税；转让其他无形资产，在其机构所在地申报纳税。

(3) 纳税人销售不动产，在不动产所在地申报纳税。

此外，税法还对营业税的纳税地点作如下特殊规定：

(1) 纳税人提供的应税劳务发生在外县（市），应向劳务发生地主管税务机关申报纳税而未申报纳税的，由其机构所在地或居住地主管税务机关补征税款。

(2) 纳税人承包的工程跨省、自治区、直辖市的，向其机构所在地主管税务机关申报纳税。

(3) 纳税人在本省、自治区、直辖市范围内发生应税行为，其纳税地点需要调整的，由省、自治区、直辖市人民政府所属税务机关确定。

7. 营业税的起征点规定

根据《〈中华人民共和国营业税暂行条例实施细则〉的决定》（2011 年财政部令第 65 号），决定对《中华人民共和国营业税暂行条例实施细则》的部分条款予以修改，自 2011 年 11 月 1 日起施行。历年来营业税调整一览表具体如下：

表 5-3　历年来营业税调整一览表

项目	1994 年 1 月 1 日	2003 年 1 月 1 日	2009 年 1 月 1 日	2011 年 11 月 1 日	2014 年 10 月 1 日—2015 年 12 月 31 日
按期纳税的	200～800 元	1000～5000 元	1000～5000 元	5000～20000 元	2 万～3 万元
按次纳税的	50 元	100 元	100 元	300～500 元	300～500 元

营业税起征点的适用范围限于个人。

依据财税（2013）52 号文件的规定，为进一步扶持小微企业发展，经国务院批准，自 2013 年 8 月 1 日起，对营业税纳税人中月营业额不超过 2 万元的企业或非企业性单位，暂免征收营业税。

根据财税〔2014〕71 号文件规定，为进一步加大对小微企业的税收支持力度，经国务院批准，自 2014 年 10 月 1 日起至 2015 年 12 月 31 日，对月销售额 2 万元（含本数，下同）至 3 万元的增值税小规模纳税人，免征增值税；对月营业额 2 万元至 3 万元的营业税纳税人，免征营业税。

8. 营业税的兼营业务处理

营业税的兼营业务是指以下三种情况：一是指既经营应纳营业税的应税劳务项目又经营缴纳增值税的应税劳务项目或货物；二是指既经营适用高税率应税劳务项目，又经营低税率的应纳营业税的应税劳务项目；三是指既经营全额缴纳营业税的应税劳务项目，又经营适用减免营业税的应税劳务项目。

兼营业务的税务处理要求兼营的不同项目分别核算。纳税人兼营应税劳务与非应税劳务或货物的，应分别核算应税劳务的营业额和非应税劳务或货物的销售额，不分别核算或不能准确核算的，其应税劳务与货物或非应税劳务一并征收增值税，不征营业税；纳税人兼营不同税率应税劳务项目的，应分别核算不同税目的营业额，不分别核算或者不能准确核算的，其适用不同税率的应税劳务项目一并按高税率征税；纳税人兼营应税劳务项目与减免税项目的，应单独核算减免税项目的营业额，未单独核算或不能准确核算的，不得减税、免税。

9. 营业税的减免规定

新的营业税对减免税政策作了比较大的调整，一是将减免税权全部集中于国务院，任何部门、地区都无权决定营业税减免；二是只保留统一减免税，取消对单位和个人的个别性减免税；三是统一性减免，也只保留那些公益性较强、收入水平较低、需扶持的政策性减免税项目。按照条例及实施细则规定，新的营业税减免项目及免税范围是：

（1）托儿所、幼儿园、养老院、残疾人福利机构提供的育养服务、婚姻介绍、殡葬服务。

（2）残疾人员个人提供的劳务。

这里所说的残疾人员个人提供的劳务，是指残疾人员本人为社会提供的劳务。

（3）医院、诊所、其他医疗机构提供的医疗服务。

这里所说的医疗服务，是指对患者进行诊断、治疗和防疫、接生、计划生育方面的服务，以及与这些服务有关的提供药品、医疗用具、病房和伙食的业务。

（4）学校及其他教育机构提供的教育劳务、学生勤工俭学提供的劳务服务。

这里所说学校及其他教育机构，是指普通学校以及经地市级人民政府或同级教育行政主管部门批准成立、国家承认其学员学历的各类学校。

（5）农业机耕、排灌、病虫害防治、农牧保险以及相关技术培训、家禽、牲畜、水生动物的配种和疾病防治业务。

所谓农业机耕，是指在农业、林业、牧业中使用农业机械进行耕作（包括耕耘、种植、收割、植保等）的业务；

排灌，是指对农田进行灌溉或排涝的业务；

病虫害防治，是指从事农业、林业、牧业、渔业的病虫害测报和防治的业务；

农牧保险，是指为种植业、养殖业、牧业、种植和饲养的动植物提供的保险业务。

相关技术培训，是指与农业机耕、排灌、病虫害防治、植保业务相关以及为使农民获得农牧保险知识的技术培训业务；

家禽、牲畜、水生动物的配种和疾病防治业务免税范围，包括与该项劳务有关的提供药品和医疗用具的业务。

（6）纪念馆、博物馆、文化馆（站）、美术馆、展览馆、书画院、图书馆、文物保护单位举办文化活动的门票收入，宗教场所举办文化、宗教活动的门票收入。

这里所说的纪念馆、博物馆、文化馆、美术馆、展览馆、书画院、图书馆、文物保护单位举办文化活动，是指这些单位在自己的场所举办的属于文化体育业税目征税范围的文化活动。其售票收入，是指销售第一道门票的收入。

宗教场所举办文化、宗教活动的售票收入，是指寺庙、宫观、清真寺和教堂举办文化、宗教活动销售门票的收入。

除了这些免税规定外，还有对个人应税收入未达到起征点的免税。此外，根据国务院的决定，财政部、国家税务总局又陆续规定了一些减免税政策，这些政策在有关章节中将详细讲到，这里就不一一叙述了。

10. 营业税的计算实例

（1）销售不动产

以销售不动产为主营业务的是房地产开发企业，其他企业也会发生此类业务，但两者在做会计处理时，所使用的科目是不同的，以下举两例分别介绍。

例 5-4 某物业房地产开发公司 1994 年 9 月出售商品房收入 300 万元;代建市政工程已办理竣工验收,收到工程结算款 100 万元;同期收到出租商品房的租金 10 万元。

【解】 根据营业税暂行条例及实施细则,出售商品房及配套设施的销售收入、出租商品房租金收入适用的营业税税率 5%,代建房屋和工程的结算收入适用的税率为 3%。因此,该公司当期应交的营业税为:

应纳税额 =(300+10)×5% +100×3% =15.5+3=18.5(万元)

计税入账

借:经营税金及附加	185,000
贷:应交税金——应交营业税	185,000

解交税款

借:应交税金——应交营业税	185,000
贷:银行存款	185,000

期末结转营业税金及附加

借:本年利润	185,000
贷:经营税金及附加	185,000

例 5-5 某市机械设备总公司出售市区厂房、仓库及附属建筑,计算应缴纳的营业税为 55 万元。

【解】 计税入账

借:固定资产清理——厂房	550,000
贷:应交税金——应交营业税	550,000

解交税款

借:应交税金——应交营业税	550,000
贷:银行存款	550,000

(期末结转固定资产清理至损益略)

(2)建筑施工企业

在建筑施工行业中,一家建筑施工企业承包某项工程后,再将其中部分作业转包出去是很普遍的。对这种情况,总承包人除自身业务收入需依法纳税外,对分包、转包人还应代扣代缴税款。

例 5-6 某建筑总公司承包某工程,并将其中装饰业务转包给下属装饰公司。1995 年 1 月实现总承包收入 1.2 亿元,其中 0.2 亿元为装饰工程收入。

【解】 总公司主营业务收入应负担的营业税 =(1.2-0.2)×3% =300(万元)

应由总公司代扣代缴的营业税 =0.2×3% =60(万元)

计税入账

借:工程结算税金及附加	3,000,000
应付账款——下属装饰公司	600,000
贷:应交税金——应交营业税	3,600,000

上交税款
借：应交税金——应交营业税 3,600,000
　　贷：银行存款 360,000
结转本期损益时
借：本年利润 3,000,000
　　贷：工程结算税金及附加 3,000,000

(3) 交通运输企业

运输企业包括陆路、水路、航空和管道运输企业。铁路系统执行的会计制度中核算营业税的会计科目与前述其他交通运输企业稍有不同；前者通过"营运税金及附加"科目，后者使用"运输税金及附加"科目。但核算方式并无区别。以下分别举例说明。

例5－7 某市铁路分局1995年2月旅客车票收入200万元，行李运费收入12万元，货运收入100万元。

【解】当月应缴营业税 = (200 + 12 + 100) × 3% = 9.36 (万元)
计税入账
借：运输税金及附加——营业税 93,600
　　贷：应交税金——应交营业税 93,600
解交税款
借：应交税金——应交营业税 93,600
　　贷：银行存款 93,600

例5－8 某航空公司199×年1月收取国际运费50万元，其中5万美元为代收境外运输公司承运费用。当月美元与人民币比价为1∶8.5。

【解】根据税法规定，企业自我国境内运输旅客或货物出境，在境外改由其他运输企业承运时，如收到的是全程运费，则计税营业收入应为全程运费扣除应付给有关转运企业运费后的余额，并按外汇市价折合为人民币入账。该航空公司当月营业收入入账分录如下：

借：银行存款 4,250,000
　　贷：运输收入 3,825,000
　　　　其他应付款——××公司 (等) 425,000
计税入账
应缴营业税 = 3,825,000 × 3% = 114,750 (元)
借：营运税金及附加 114,750
　　贷：应交税金——应交营业税 114,750
支付给有关公司时
借：其他应付款——××公司 425,000
　　贷：银行存款 425,000
解交税款

借：应交税金——应交营业税　　　　　　　　　　　　　114,750
　　　　贷：银行存款　　　　　　　　　　　　　　　　　　114,750

（4）金融、保险企业

金融、保险企业营业税的会计处理主要通过"营业税金及附加"科目来进行核算。接受其他企业委托发放贷款，收到委托贷款利息和计提代扣的营业税时，通过"应付账款——应付委托贷款利息"科目处理。

例 5-9　某保险公司 199×年 9 月保费收入 50 万元，公司当期售出一批债券，售价与买入价之差为 10 万元，发生的分保支出 2 万元。金融企业适用的营业税税率为 8%。

【解】根据税法规定，实行分保的保险企业，对初保人按其向投保人收取的保费收入全额（即不扣除分保费支出）征税，对分保人取得的分保费收入不再征收营业税。

则该公司当月应纳营业税金 =（50+10）×8% = 4.8（万元）

计税入账

　　借：营业税金及附加　　　　　　　　　　　　　　　　48,000
　　　　贷：应交税金——应交营业税　　　　　　　　　　48,000

解交入库

　　借：应交税金——应交营业税　　　　　　　　　　　　48,000
　　　　贷：银行存款　　　　　　　　　　　　　　　　　48,000

例 5-10　某商业银行某一纳税期利息收入 100 万元，金融业务手续费收入 2 万元，受托开发银行委托发放某项工程贷款的利息收入 20 万元。

【解】该银行当期应纳营业税 =（100+2）×8% = 8.16（万元）

代扣代缴税金 = 20×8% = 1.6（万元）

计税入账

　　借：营业税金及附加　　　　　　　　　　　　　　　　81,600
　　　　应付账款——应付委托贷款利息　　　　　　　　　16,000
　　　　贷：应交税金——应交营业税　　　　　　　　　　97,600

解交入库

　　借：应交税金——应交营业税　　　　　　　　　　　　97,600
　　　　贷：银行存款　　　　　　　　　　　　　　　　　97,600

（5）旅游、饮食服务、娱乐企业

例 5-11　某市某私营歌厅 2015 年 2 月计税收入为 8 万元，该市确定的营业税税率为 10%。

【解】根据税法规定，娱乐业实行单列税目，税率为 5%～20%，具体由省、自治区、直辖市人民政府在此幅度内决定，现假定该市规定为 10%。

歌厅当期应交营业税 = 80,000×10% = 8,000（元）

计税入账

```
借：营业税金及附加                                    8,000
    贷：应交税金——应交营业税                          8,000
解交税款
借：应交税金——应交营业税                             8,000
    贷：银行存款                                      8,000
```

例 5-12 某旅行社 1995 年 × 月共收取境内旅游费 200 万元，其中包括代其他单位收取的房费、餐费、交通、门票等各项代付费用 140 万元。

【解】 根据税法规定，旅行社收取的境内旅游费，应减去替游客支付给其他单位的房费、餐费、交通门票等各项代付费用后的余额为营业额。则：

应计营业税收入 = 200 - 140 = 60（万元）

应纳营业税 = 60 × 5% = 3（万元）

```
借：营业税金及附加                                   30,000
    贷：应交税金——应交营业税                         30,000
解交税款
借：应交税金——应交营业税                            30,000
    贷：银行存款                                     30,000
```

例 5-13 某餐厅 1995 年 2 月餐费、酒水、服务费收入合计 50 万元，按 5% 的税率计税。

【解】 应交营业税 = 50 × 5% = 2.5（万元）

计税入账

```
借：营业税金及附加                                   25,000
    贷：应交税金——应交营业税                         25,000
解交税款
借：应交税金——应交营业税                            25,000
    贷：银行存款                                     25,000
```

（6）转让无形资产

转让无形资产与出租不动产一样，并不局限在某一行业，各类企业、事业单位和个人都可能从事此类业务。虽然各类企业执行的会计制度有所不同，但无形资产的转让成本及应缴纳的税金及附加应通过"其他业务支出"来核算。

例 5-14 某企业 1995 年 3 月转让一项无形资产。计算应交纳营业税 10 万元。

【解】 会计处理为：

```
借：其他业务支出                                    100,000
    贷：应交税金——交应营业税                        100,000
解交税款
借：应交税金——应交营业税                           100,000
    贷：银行存款                                    100,000
```

四、所得税

（一）个人所得税

1. 个人所得税的概念

（1）个人所得税是对个人（自然人）取得的各项应税所得征收的一种税。它最早于1799年在英国创立，目前已是世界各国普遍开征的一个税种，并成为一些国家最主要的税收来源。

（2）个人所得税率是个人所得税税额与应纳税所得额之间的比例。个人所得税率是由国家相应的法律法规规定的，根据个人的收入计算。缴纳个人所得税是收入达到缴纳标准的公民应尽的义务。

在我国，个人所得税已经历了20年的历史，对于维护我国税收权益、增加国家财政收入和调节收入分配等发挥了越来越显著的积极作用。2011年6月30日，十一届全国人大常委会第二十一次会议6月30日表决通过了个税法修正案，将个税免征额由现行的2000元提高到3500元，适用超额累进税率为3%至45%，自2011年9月1日起实施。

2. 个人所得税分类

个人所得税的税目可分为三大类：劳务所得、经营所得、其他所得，个人所得税的税目又可分为十一小类：①工资薪金所得；②个体工商户的生产经营所得；③对企事业单位的承包经营、承租经营所得；④劳务报酬所得；⑤稿酬所得；⑥特许权使用费所得；⑦利息股息红利所得；⑧财产租赁所得；⑨财产转让所得；⑩偶然所得；⑪其他所得。

（1）劳务所得

采用七级超额累进税、实行按月综合征收。"降低税率，减并级次"是个人所得税改革的共识，为兼顾现行工薪所得、劳务报酬所得和稿酬所得纳税人的纳税负担，可将税率简化为五级超额累进税率。以纳税人当月的三项收入综合之和，超额累进税率，仍实行按月征收的办法。这样既可以减轻低收入者的负担，又可以培养壮大中产阶级，还可以适当增加高收入者的纳税负担。

（2）经营所得

采用三级超额累进税的、实行按年综合征收。为兼顾现行个体工商户的生产、经营所得，对企事业单位的承包经营、承租经营所得，特许权使用费所得，财产租赁所得，财产转让所得，个人独资企业所得和合伙制企业所得纳税人的纳税负担，衔接个人所得税和企业所得税的征收，可将税率简化为三级超额累进税率。以每一纳税年度的各项收入总额，减除成本、费用和损失后的余额为应税所得额，按年综合征收，分月（或季）预缴、年终汇算清缴。

第五章 现代商务税务管理

(3) 其他所得

采用20%的比例税率、实行按月（次）分类征收。对利息、股息、红利所得，偶然所得，其他所得，遗产继承所得和接受捐赠所得等非劳动所得采用20%的比例税率，分项按月（或按次）征收，不作任何扣除，并对一次性收入畸高的实行加成征收。对一次性收入超过100万不超过500万的，加五成征收；对一次性收入超过500万的，加十成征收。这样既可以适当扩大个人所得税的税基，又能够强化个人所得税的调节功能，有利于和谐社会的发展。

3. 所得税税率表

(1) 个人的工资、薪金所得适用所得税税率（表5-4）

说明：

本表含税级距指以每月收入额减除费用后的余额或者减除附加减除费用后的余额。以工薪所得为例，个人所得税按月缴纳，在工薪所得的基础上减去按标准扣除的养老保险、医疗保险、失业保险和住房公积金等免税项目后所得的应税收入为基础。在应税收入的基础上扣除3500元的免征额得出应纳税所得额。

应缴个人所得税的计算公式为 =（月应税收入—3500）×税率 - 速算扣除数

含税级距适用于由纳税人负担税款的工资、薪金所得，不含税级距适用于由他人（单位）代付税款的工资、薪金所得。

表5-4 个人的工资、薪金所得适用税率表

级数	含税级距	不含税级距	税率（%）	速算扣除数
1	不超过1,500元的	不超1455元的	3	0
2	超过1,500元至4,500元的部分	超过1455元至4155元的部分	10	105
3	超过4,500元至9,000元的部分	超过4155元至7755元的部分	20	555
4	超过9,000元至35,000元的部分	超过7755元至27255元的部分	25	1005
5	超过35,000元至55,000元的部分	超27255元至41255元的部分	30	2,755
6	超过55,000元至80,000元的部分	超41255元至57505元的部分	35	5,505
7	超过80,000元的部分	超57505元的部分	45	13.505

(2) 个体工商户所得适用所得税税率（表5-5）

个体工商户的生产、经营所得和对企事业单位的承包经营、承租经营所得适用表5-5。

说明：

本表含税级距指每一纳税年度的收入总额，减除成本，费用以及损失的余额。

含税级距适用于个体工商户的生产、经营所得和对企事业单位的承包经营承租经营所得。不含税级距适用，他人（单位）代付税款的承包经营、承租经营所得。

表 5-5 个体工商户所得适用税率表

级数	含税级距	不含税级距	税率（%）	速算扣除数
1	不超过 5,000 元的	不超过 4,750 元的	5	0
2	超过 5,000 元到 10,000 元的部分	超过 4,750 元至 9,250 元的部分	10	250
3	超过 10,000 元至 30,000 元的部分	超过 9,250 元至 25,250 元的部分	20	1,250
4	超过 30,000 元至 50,000 元的部分	超过 25,250 元至 39,250 元的部分	30	4,250
5	超过 50,000 元的部分	超过 39,250 元的部分	35	6,750

（3）各种报酬所得

劳动报酬所得、稿酬所得、特许权使用费所得、财产租赁所得适用如下计税方式：

每次收入不超过 4,000 元的，减除费用 800 元，4,000 元以上的，减除 20% 的费用；然后就其余额按比例税率 20% 征收。

（4）财产转让所得适用

减除财产原值和合理费用后的余额，按比例税率 20% 征收。

（5）其它所得适用

利息、股息、红利所得，偶然所得和其他所得适用表 5-6。

表 5-6 利息、股息、红利所得，偶然所得和其他所得适用税率表

级距	劳务报酬所得	税率	税款加征
1	不超过 20,000 部分	20%	一成
2	超过 20,000-50,000 元部分	20%	五成
3	超过 50,000 元部分	20%	十成

（6）年终奖适用

①月薪超过 3500 的（不含保险）：所得年终奖÷12，然后再乘以对应的税率就是要交的税费了。

②月薪不超过 3500 的（不含保险）：要先拿出年终奖中的一部分填足月薪 3500，然后在所得年终奖÷12，再乘以对应的税率就是要交的税费了。

4. 个人所得税的计算实例

例 5-15 某员工 2012 年 1 月工资收入 5000 元，并同时获发 2011 年度年终奖总额 10000 元。

【解】 该员工2012年1月的个人所得税计算如下：

当月工资收入的个人所得税 = ［5000 – 3500 – 5000×10%（个人社保部分）– 5000×5%（个人住房公积金部分）］×3% – 0（速算扣除数）= 22.5元整。

该员工年度奖金的个人所得税适用的税率：10000÷12 = 833.33元整，其相对应的适用税率是3%，速算扣除数为0。

该员工年终奖金应纳个人所得税为：10000×3% – 0 = 300元整。

新税制下，总纳税额：2012年1月共应纳个人所得税22.5 + 300 = 322.5元整。

表5–7 个人所得税税率表

级数	含税级距	不含税级距	税率（%）	速算扣除数
1	不超过500元的	不超过475元的	5	0
2	超过500元至2000元的部分	超过475元至1825元的部分	10	25
3	超过2000元至5000元的部分	超过1825元至4375元的部分	15	125
4	超过5000元至20000元的部分	超过4375元至16375元的部分	20	375
5	超过20000元至40000元的部分	超过16375元至31375元的部分	25	1375
6	超过40000元至60000元的部分	超过31375元至45375元的部分	30	3375
7	超过60000元至80000元的部分	超过45375元至58375元的部分	35	6375
8	超过80000元至100000元的部分	超过58375元至70375元的部分	40	10375
9	超过100000元的部分	超过70375元的部分	45	15375

（二）企业所得税

1. 企业所得税的概念

企业所得税是对我国内资企业和经营单位的生产经营所得和其他所得征收的一种税。纳税人范围比公司所得税大。

从宏观角度而言，所得税的调节职能，着眼于调节国家、企业和个人之间的分配关系，使资源优化配置；从微观而言，所得税是企业的一项费用。这是因为，会计以企业的受益人来划分费用与利润分配。所谓受益人指企业最后风险的承担者或报酬的享受者，即企业所有者。凡是分配给受益人的即为利润分配，支付给受益人以外的均为费用。任何经济性质、任何组织形式的企业，其所得税支出与利息支出一样，均不是由受益人享受，故视为企业的费用。

企业所得税是指对中华人民共和国境内的企业（居民企业及非居民企业）和其他取得收入的组织以其生产经营所得为课税对象所征收的一种所得税。作为企业所得税纳税人，应依照《中华人民共和国企业所得税法》缴纳企业所得税。但个人独资企业及合伙企业除外。

2. 纳税人

企业所得税纳税人即所有实行独立经济核算的中华人民共和国境内的内资企业或其他组织，包括以下 6 类：①国有企业；②集体企业；③私营企业；④联营企业；⑤股份制企业；⑥有生产经营所得和其他所得的其他组织。

企业是指按国家规定注册、登记的企业。有生产经营所得和其他所得的其他组织，是指经国家有关部门批准，依法注册、登记的，有生产经营所得和其他所得的事业单位、社会团体等组织。独立经济核算是指同时具备在银行开设结算账户；独立建立账簿，编制财务会计报表；独立计算盈亏等条件。

个人独资企业、合伙企业不使用本法，这两类企业征收个人所得税即可，避免重复征税。

企业所得税的征税对象是纳税人取得的所得。包括销售货物所得、提供劳务所得、转让财产所得、股息红利所得、利息所得、租金所得、特许权使用费所得、接受捐赠所得和其他所得。

3. 企业所得税征税税率

按《中华人民共和国企业所得税法》（2007 年 3 月 16 日第十届全国人民代表大会第五次会议通过），中国企业所得税的税率为 25%。

原《企业所得税暂行条例》规定，企业所得税税率是 33%，另有两档优惠税率，全年应纳税所得额 3 万~10 万元的，税率为 27%，应纳税所得额 3 万元以下的，税率为 18%；特区和高新技术开发区的高新技术企业的税率为 15%。外资企业所得税税率为 30%，另有 3% 的地方所得税。新所得税法规定法定税率为 25%，内资企业和外资企业一致，国家需要重点扶持的高新技术企业为 15%，小型微利企业为 20%，非居民企业为 20%。

企业应纳所得税额 = 当期应纳税所得额 × 适用税率

应纳税所得额 = 收入总额 - 准予扣除项目金额

企业所得税的税率即据以计算企业所得税应纳税额的法定比率。根据 2008 年新的《中华人民共和国所得税法》规定，一般企业所得税的税率为 25%。

非居民企业在中国境内设立机构、场所的，应当就其所设机构、场所取得的来源于中国境内的所得，以及发生在中国境外但与其所设机构、场所有实际联系的所得，缴纳企业所得税。

符合条件的小型微利企业，减按 20% 的税率征收企业所得税。

国家财税务总局下发的《关于小型微利企业所得税优惠政策有关问题的通知》（财税〔2011〕117 号）明确，自 2012 年 1 月 1 日至 2015 年 12 月 31 日，对年应纳税所得额低于 6 万元（含 6 万元）的小型微利企业，其所得减按 50% 计入应纳税所得额，按 20% 的税率缴纳企业所得税。

国家需要重点扶持的高新技术企业,减按15%的税率征收企业所得税。

4. 其他国家企业所得税

企业所得税税率在全球范围内已不断下降,其中大部分是西方国家对各自的本籍(即在国内注册成立的)跨国公司把自己产生大部分应税所得的业务迁往境外的应对之策。有些国家或地区的公司无需支付企业所得税,而还有一些国家或地区的公司要把企业利润的三分之一上交给政府。

美国:美国跨国公司企业所得税是35%。税收减免后,本土公司税率中位数为23%,跨国公司28%。

日本:日本法定企业所得税为40%,本土公司实际税率为37%,而大型跨国公司实际税率为38%,均为全球最高。

德国:德国本土公司及跨国公司的法定所得税税率为37%,但缴付的实际税率中位数分别为16%和24%。

英国:英国跨国公司及本土公司的法定企业所得税税率是30%。但经税收减免之后,本土公司的总税收负担是20%左右,而跨国公司则为24%左右。

法国:法国企业的基准税率为35%。税收减免后,本土公司实际税率中位数为25%,跨国公司为23%。

澳大利亚:澳大利亚的企业所得税税率为30%,税收减免后,本土公司及跨国公司实际税率中位为22%。

瑞典:瑞典的企业所得税为28%,比美国低。本土公司的实际税率仅10%,跨国公司为18%。

台湾地区:台湾的企业所得税税率为25%。经税收减免后,本土公司税率中位数为20%,而跨国公司为18%。

印度:印度的法定企业所得税税率为34%,跨国公司实际支付的税率中位数仅为17%;本土公司为22%。

开曼群岛:跨国公司最终为它们在开曼群岛注册的业务部门所产生的利润支付约13%的税率。

马来西亚:马来西亚本土公司缴纳的税率平均为19%,而跨国公司缴纳的税率平均为17%左右。

百慕大:百慕大没有公司所得税。但跨国公司的实际税率平均为12%左右。

巴哈马:巴哈马没有企业所得税,跨国公司最终支付的实际税率介于5%至15%之间不等。

瑞士:瑞士的企业所得税税率是21%,本土公司的实际税率中位数为17%,而跨国公司为19%。

加拿大:加拿大的企业所得税税率为36%,税收减免后,跨国公司税率中位数仅21%,本土公司14%。

5. 企业所得税计算方法

第一，扣除项目。

企业所得税法定扣除项目是据以确定企业所得税应纳税所得额的项目。企业所得税条例规定，企业应纳税所得额的确定，是企业的收入总额减去成本、费用、损失以及准予扣除项目的金额。成本是纳税人为生产、经营商品和提供劳务等所发生的各项直接耗费和各项间接费用。费用是指纳税人为生产经营商品和提供劳务等所发生的销售费用、管理费用和财务费用。损失是指纳税人生产经营过程中的各项营业外支出、经营亏损和投资损失等。除此以外，在计算企业应纳税所得额时，对纳税人的财务会计处理和税收规定不一致的，应按照税收规定予以调整。企业所得税法定扣除项目除成本、费用和损失外，税收有关规定中还明确了一些需按税收规定进行纳税调整的扣除项目。

主要包括以下内容：

（1）利息支出的扣除。纳税人在生产、经营期间，向金融机构借款的利息支出，按实际发生数扣除；向非金融机构借款的利息支出，不高于按照金融机构同类、同期贷款利率计算的数额以内的部分，准予扣除。

（2）计税工资的扣除。条例规定，企业合理的工资、薪金予以据实扣除，这意味着取消实行多年的内资企业计税工资制度，切实减轻了内资企业的负担。但允许据实扣除的工资、薪金必须是"合理的"，对明显不合理的工资、薪金，则不予扣除。今后，国家税务总局将通过制定与《实施条例》配套的《工资扣除管理办法》对"合理的"进行明确。

（3）在职工福利费、工会经费和职工教育经费方面，实施条例继续维持了以前的扣除标准（提取比例分别为14%、2%、2.5%），但将"计税工资总额"调整为"工资薪金总额"，扣除额也就相应提高了。在职工教育经费方面，为鼓励企业加强职工教育投入，实施条例规定，除国务院财税主管部门另有规定外，企业发生的职工教育经费支出，不超过工资薪金总额2.5%的部分，准予扣除；超过部分，准予在以后纳税年度结转扣除。

（4）捐赠的扣除。纳税人的公益、救济性捐赠，在年度会计利润的12%以内的，允许扣除。超过12%的部分则不得扣除。

（5）业务招待费的扣除。

业务招待费，是指纳税人为生产、经营业务的合理需要而发生的交际应酬费用。税法规定，纳税人发生的与生产、经营业务有关的业务招待费，由纳税人提供确实记录或单据，分别在下列限度内准予扣除。《企业所得税法实施条例》第四十三条进一步明确，企业发生的与生产经营有关的业务招待费支出按照发生额的60%扣除，但最高不得超过当年销售（营业收入的5‰，也就是说，税法采用的是"两头卡"的方式。一方面，企业发生的业务招待费只允许列支60%，是为了区分业务招待费中的商业招待和个人消费，通过设计一个统一的比例，将业务招待费中的个人消费部分去掉；另一方面，最高扣除额限制为当年销售（营业）收入的5‰，这是用来防止有些企业为不调增

第五章 现代商务税务管理

40%的业务招待费,采用多找餐费发票甚至假发票冲账,造成业务招待费虚高的情况。

(6)职工养老基金和待业保险基金的扣除。职工养老基金和待业保险基金,在省级税务部门认可的上交比例和基数内,准予在计算应纳税所得额时扣除。

(7)残疾人保障基金的扣除。对纳税人按当地政府规定上交的残疾人保障基金,允许在计算应纳税所得额时扣除。

(8)财产、运输保险费的扣除。纳税人缴纳的财产。运输保险费,允许在计税时扣除。但保险公司给予纳税人的无赔款优待,则应计入企业的应纳税所得额。

(9)固定资产租赁费的扣除。纳税人以经营租赁方式租入固定资产的租赁费,可以直接在税前扣除;以融资租赁方式租入固定资产的租赁费,则不得直接在税前扣除,但租赁费中的利息支出。手续费可在支付时直接扣除。

(10)坏账准备金、呆账准备金和商品削价准备金的扣除。纳税人提取的坏账准备金、呆账准备金,在计算应纳税所得额时准予扣除。提取的标准暂按财务制度执行。纳税人提取的商品削价准备金准予在计税时扣除。

(11)转让固定资产支出的扣除。纳税人转让固定资产支出是指转让、变卖固定资产时所发生的清理费用等支出。纳税人转让固定资产支出准予在计税时扣除。

(12)固定资产、流动资产盘亏、毁损、报废净损失的扣除。纳税人发生的固定资产盘亏、毁损、报废的净损失,由纳税人提供清查、盘存资料,经主管税务机关审核后,准予扣除。这里所说的净损失,不包括企业固定资产的变价收入。纳税人发生的流动资产盘亏、毁损、报废净损失,由纳税人提供清查盘存资料,经主管税务机关审核后,可以在税前扣除。

(13)总机构管理费的扣除。纳税人支付给总机构的与该企业生产经营有关的管理费,应当提供总机构出具的管理费汇集范围、定额、分配依据和方法的证明文件,经主管税务机关审核后,准予扣除。

(14)国债利息收入的扣除。纳税人购买国债利息收入,不计入应纳税所得额。

(15)其他收入的扣除。包括各种财政补贴收入、减免或返还的流转税,除国务院、财政部和国家税务总局规定有指定用途者,可以不计入应纳税所得额外,其余则应并入企业应纳税所得额计算征税。

(16)亏损弥补的扣除。纳税人发生的年度亏损,可以用下一年度的所得弥补,下一纳税年度的所得不足弥补的,可以逐年延续弥补,但最长不得超过5年。

第二,不得扣除项目。

在计算应纳税所得额时,下列支出不得扣除:

(1)资本性支出。是指纳税人购置、建造固定资产,以及对外投资的支出。企业的资本性支出,不得直接在税前扣除,应以提取折旧的方式逐步摊销。

(2)无形资产受让、开发支出。是指纳税人购置无形资产以及自行开发无形资产的各项费用支出。无形资产受让、开发支出也不得直接扣除,应在其受益期内分期摊销。

(3) 资产减值准备。固定资产、无形资产计提的减值准备，不允许在税前扣除；其他资产计提的减值准备，在转化为实质性损失之前，不允许在税前扣除。

(4) 违法经营的罚款和被没收财物的损失。纳税人违反国家法律。法规和规章，被有关部门处以的罚款以及被没收财物的损失，不得扣除。

(5) 各项税收的滞纳金、罚金和罚款。纳税人违反国家税收法规，被税务部门处以的滞纳金和罚款、司法部门处以的罚金，以及上述以外的各项罚款，不得在税前扣除。

(6) 自然灾害或者意外事故损失有赔偿的部分。纳税人遭受自然灾害或者意外事故，保险公司给予赔偿的部分，不得在税前扣除。

(7) 超过国家允许扣除的公益、救济性捐赠，以及非公益、救济性捐赠。纳税人用于非公益、救济性捐赠，以及超过年度利润总额12%的部分的捐赠，不允许扣除。

(8) 各种赞助支出。

(9) 与取得收入无关的其他各项支出。

第三节 企业税务合理筹划

任何事物的形成都有它的原因，避税的出现也不例外。合理、合法的避税行为，不是违法的偷税，是国家税收政策所允许的。在国外，纳税人为有效减轻税收负担，都对税务管理加以研究，专门聘请税务顾问研究税收政策和征管制度的各项规定，利用优惠政策，达到节税的目的。

相关链接

荷兰国际财政文献局对避税下的定义是："避税一词指的是用合法手段以减少税收负担。该词含有贬义，通常表示纳税人通过个人或企业活动的巧妙安排，钻税法上漏洞、反常或缺陷，谋取税收利益。"

一、为避税正名：合法的税收筹划

从主观上看，避税的原因在于企业具有减轻税收负担、实现企业自身经济利益最大化的强烈愿望；从客观上看，一个优秀企业能看到税制差异以及税收关系中的法律漏洞，这也为避税活动创造了必要的条件。

愚昧者偷税，糊涂者漏税，野蛮者抗税，精明者避税。以合法的方式，使企业的税负最优化，目前已成为企业商务活动理财的中心内容之一。然而，避税行为会直接导致国家财政收入的减少，所以，避税是个常常引起人们争议的概念。

1. 避税定义

关于避税概念，比较共同一致的看法是："避税指纳税人用合法手段，在税收法规的许可范围内，通过经营与财务活动的安排，达到规避或减轻税收负担的目的。"由此可见，避税的特征是：

（1）避税采用的手段是合法的。

（2）避税利用的是税法规定上的漏洞、不足或差异。避税方案是钻法律漏洞而利用这些条款。

（3）避税目的包括规避或减少应纳税的义务，少交税，减轻纳税负担。

2. 避税与偷税、漏税的区别

（1）偷税也称逃税，一般是指纳税人违反税法规定，不缴或少缴应纳税款的行为，这是一种非法行为。漏税指纳税义务人无意识地发生漏缴或少缴应纳税款的行为，虽不具有欺诈性，但同样属于违法行为。

（2）避税与偷税虽然无论从动机还是从最终结果来看，两者之间均无绝对明显的界限，但避税并不违法。明摆着是钻税法的漏洞，有悖国家政府的税收政策导向，似乎不符合道德的要求，但避税是法律许可的。

依据不同的判定标准，避税可分为不同种类：按避税的内容和特征，可分为国内避税和国际避税；按照税的性质，可分为税收筹划、税收规避和税收法规的滥用三种；按利用税收法规的情况不同，可分为利用选择性条文避税、利用不明条文避税、利用绅缩性条文避税、利用矛盾性或冲突性条文避税等等。

二、企业税务筹划的原则和方法

1. 企业税务筹划遵循的原则

遵循筹划原则是做好税务筹划工作的基础。这些原则包括：

（1）依法进行筹划。依法进行税务筹划是指按照国家有关法律、法规、政策的规定进行筹划。这些法律、法规、政策主要是税法规定的税收优惠方式包括免税、减税、加计扣除、加速折旧、减计收入、税额抵免等。

（2）不违法进行筹划。不违法进行税务筹划是指利用税收法律、法规、政策的漏洞进行税务筹划。不违法进行税务筹划是西文发达国家的企业进行税务筹划的主要手法。

（3）讲究成本效益。讲究成本效益是经济工作的一条基本原则。在税务筹划工作中讲究成本效益是指应考虑筹划的成本及效益，如果通过税务筹划产生的效益大于为此而发生的成本就应进行筹划，否则就没有必要进行筹划。

（4）与时俱进进行筹划。与时俱进进行筹划是指企业随着税收法律、法规及政策的变动，相应调整税务筹划的方式、方法。如果税收法律、法规及政策变动了，企业仍然按照原来的规定进行筹划，可能造成偷税、漏税等违法行为，并受到处罚。例如，自

2008年1月1日起，原享受低税率优惠政策的企业，在新税法施行后5年内逐步过渡到法定税率。其中：享受企业所得税15%税率的企业，2008年按18%税率执行，2009年按20%税率执行，2010年按22%税率执行，2011年按24%税率执行，2012年按25%税率执行；原执行24%税率的企业，2008年起按25%税率执行。

2. 企业税务筹划的方法

所谓企业税收筹划是指在遵守国家税法、不损害国家利益的前提下，通过合理筹划，选择合适的经营方式，实现税负最低。税收筹划必须与企业的实际情况相结合，运用在企业投资、筹资和生产经营活动过程中。

（1）企业投资选择中的税收筹划。企业在进行投资选择时，由于地区、方向、行业和产品的不同，其税收负担就存在差异。如在国务院批准的高新技术开发区、沿海经济开发区、经济技术开发区、经济特区和西部地区进行投资，可获一定期限的免征或减征所得税优惠；投资兴建高新技术企业、与外商合资兴办中外合资企业以及兴建利用"三废"为原料的环保企业，也可获一定期限的免征或减征所得税优惠等等。

（2）企业筹资选择中的税收筹划。筹资融资是进行生产经营活动的先决条件。企业的资金有借入资金和权益资金两种。权益资金具有安全性、长期性、不需要支付固定利息等优点，但要支付股息，且股息不能从税前扣除，资金成本较高；而借入资金虽需到期还本付息，风险较大，但利息可税前扣除，达到抵税作用，资金成本较低。加强企业筹资选择中的税务管理，就是要合理选用筹资方式达到降低税负的目的。

（3）企业生产经营活动中的税收筹划。主要指企业在生产经营活动中，通过对存货计价方法、固定资产折旧方法、费用分摊和坏账处理中的会计处理，在不同的会计年度内实现不同的所得税，从而达到延缓纳税目的，提高企业资金使效率。如在遵循现行税法和财务制度的前提下，通过选择合适的存货计价方法，使发货成本最大化，以实现账面利润最少的目标；采用加速折旧法，加大当期折旧，达到延缓纳税目的；选择最有利的坏账损失核算办法减轻税收负担等等。

（4）在履行纳税义务中，要充分利用税法对纳税期限的规定、预缴与结算的时间差，合理处理税款，从而减少企业流动资金利息的支出。

（5）在选择不同的纳税方案时，应全面衡量该方案对企业整体税负的影响，避免由于选择某种方案减轻了一种税负而引起另一些税负增加，造成整体税负加重。

三、企业所得税的合理筹划

企业在税法允许的范围内，通过进行科学合理的税收缴纳方式规划，利用税法给予的对自己有利的可能选择与优惠政策，选择合适的税收方法，从而达到降低企业所得税的目的。

1. 企业组织形式对企业所得税的影响

企业所得税的纳税义务人是指在中国境内实行独立经济核算的企业或组织，不同的组织形式,对是否构成纳税人,有着不同的结果。

公司在设立下属公司时,选择设立子公司还是分公司对企业所得税负会产生影响。由于子公司是独立法人,如果盈利,其利润不能并入母公司利润,应当作为独立的纳税义务人单独交纳企业所得税。当子公司所在地税率较低时,子公司可以少纳企业所得税,使公司整体税负较低。而分公司不是独立法人,只能将其利润并入母公司交纳企业所得税,无论其所在地税负高低,均不能增减公司的整体税负。再者作为公司,其营业利润要交纳企业所得税,是企业所得税的纳税义务人,而税后利润作为股息分配给投资者,投资者还要缴纳一次个人所得税,又成为个人所得税的纳税义务人。而合伙企业则不作为公司对待,不构成企业所得税的纳税义务人,只课征各个合伙人分得收益的个人所得税。

例 5-16 纳税人甲、乙、丙经营一家商店,年应纳税所得额为 300000 元。

该商店如果按合伙企业课征个人所得税(假定甲、乙、丙分配比例相同),应纳税额为(100000×40%-10375)×3=88875(元)。

如按公司课征所得税,税率 25%,应纳税额 300000×25%=75000(元),税后利润 225000 元全部作为股息分配,甲、乙、丙还要交纳一道个人所得税(75000×35%-6375)×3=59625(元),共纳税 75000+59625=134625(元)。

很明显两者税负不一致。因此,甲、乙、丙做出了不立即组建公司,而是开办合伙企业的决策。因此,在设立企业时,要考虑好各种组织形式的利弊,做好所得税的税收筹划,才能决定是设立股份有限公司还是设立合伙企业,是设立子公司还是设立分公司。

2. 选择最佳的企业资本结构

企业筹资决策的一个基本依据就是资金成本,不同渠道来源的资金获得成本各不相同。如股票的筹资成本为发放的股息和红利,债券和银行借款的筹资成本为利息。

税法规定:股息支付不得作为费用列支,只能在交纳所得税后的收益中分配;而利息支付则可作为费用列支,在计算应税所得中允许扣除。因此,企业在筹资时,要充分考虑利息的抵税作用和财务杠杆的作用,选择最佳的资本结构。

例 5-17 某企业通过债券筹资,债券票面利率为 12%,企业所得税率 25%,则企业实际负担的税后利率为 9.0% [12%×(1-25%)],借入资金的利息费用可以起到节税作用,而企业普通股筹资所支付的利息和红利都必须由税后利润承担,实际成本等于其支付额。

3. 选择合适的企业费用列支方法

费用的列支时间、数额直接影响每期的应纳税所得,所以进行费用列支应注意以下几点:

(1) 已发生的费用及时核销入账。如已发生的坏账、呆账应及时列入费用,税法取消了应收账款的坏账准备金;存货的盘亏及毁损应及时查明原因,属于正常损耗部分及时列入费用。

(2) 对于能够合理预计发生额的费用、损失应采用预提方法计入费用。

(3) 适当缩短以后年度需要分摊列支的费用、损失的摊销期。例如低值易耗品、待摊费用等的摊销应选择最短年限,增大前几年的费用,递延纳税时间。

(4) 对于限额列支的费用,如业务招待费(发生额的60%,最高不得超过当年销售收入的0.5‰);广告费和业务宣传费(不超过当年销售收入15%的部分);公益性捐赠支出(符合相关条件,不超过年度利润总额12%的部分)等,应准确掌握其允许列支的限额,争取在限额以内的部分充分列支。

4. 企业营业收入对企业所得税的影响

纳税人如果能够推迟应纳税所得的实现,则可以使本期应纳税所得减少,从而推迟或减少所得税的缴纳。对一般企业来说,主要的收入是销售商品的收入,因此推迟销售商品的收入的实现是税收筹划的重点。我国税法规定,直接收款销售以收到货款或取得索取货款的凭证,并将提货单交给买方的当天作为收入确认时间;分期收款销售商品以合同约定的收款日期为收入确认时间;而订货销售和分期预收货款销售则在货物发出时确认收入实现;委托代销商品销售在收到代销单位销售的代销清单时确认收入。这样企业可以通过销售方式的选择,推迟销售收入的实现,从而延迟缴纳企业所得税。同时企业要综合运用各种销售方式,使企业既能延迟缴纳企业所得税,又能使收入安全地收回。

5. 企业固定资产折旧对企业所得税的影响

固定资产折旧是缴纳所得税前准予扣除的项目,在收入既定的情况下,折旧额越大,应纳税所得额就越少。我国企业税收优惠方式包括:免税、减税、加计扣除、加速折旧、减计收入、税额抵免等。

(1) 加计扣除。据实扣除后加计扣除50%;适用范围:①研究开发费,②形成无形资产的按成本150%摊销。据实扣除后加计扣除100%;适用范围:企业安置残疾人员所支付的工资。

(2) 加速折旧。缩短折旧年限(不得低于规定折旧年限的60%);适用范围:①用于技术进步,产品更新换代较快的固定资产,②常年处于强震动、高腐蚀状态的固定资产。

固定资产的折旧涉及到三个问题:折旧方法的选择、折旧年限的估计和净残值的确定。在折旧方法确定之后,首先应估计折旧年限。除国务院财政、税务主管部门另有规定外,固定资产计算折旧的最低年限分别为:①房屋、建筑物为20年;②飞机、火车、轮船、机器、机械和其他生产设备为10年;③与生产经营活动有关的器具、工具、家具等为5年;④飞机、火车、轮船以外的运输工具为4年;⑤电子设备为3年。

四、国内企业避税方式

1. 筹资方案避税法

企业筹资渠道众多。从纳税角度看,不同筹资方案所产生的税收后果有很大差异。这里有两个选择。

(1) 合理负债,利息在税前列支,可发挥财务杠杆的正效应。企业内部集资和企业间提供利率,避税效果最好。

(2) 有关企业间提高利息支付,减少企业利润,抵销所得税额;同时,再用某种形式将获得的高额利息返还给企业或以更方便的形式为企业提供担保等服务。

有人统计,同是年应税所得为1000万的企业,内地5年应纳税1650万元,如果嫁接企业在特区、经济开发区,前5年仅纳税22.5万元,前10年合计不过95.5万元。

2. 利用免税收入和无限制费用,减轻企业所得税法

《企业所得税法》第二十六条规定:国债利息收入为免税收入;第三十八条规定:利息支出不超过按照金融企业同期同类贷款利率计算的数额的部分,准予扣除。国债利息收入免税,不超标的贷款利息允许无限制扣除,利用这两项优惠政策,为某企业设计的国债投资节税方案如下:

(1) 操作思路。企业先期投资500万元买入国债,然后在国债市场通过抵押贷款再买入国债(国债回购,类似贷款买国债),放大到20000万元。

(2) 收益分析。投入资金500万元,投资国债规模20000万元。其收益和成本计算如下:

① 收入。国债利息收入:20000×2.66%(国债利率)=532(万元)。

国债差价收入在这里暂且忽略不计。

② 支出。回购资金(贷款)的利息支出:20000×2.6%=520(万元)。买卖手续费支出:20000×0.1%=20(万元)。回购手续费支出:20000×0.05‰×30=30(万元)。

其中,30为20000万元国债在一个年度里资金回购的次数;0.05‰为7天的回购手续费支出比例。合计支出=520+20+30=570(万元)。

③ 利润。收入-支出=532-570=-38(万元)

(3) 节税效益分析。国债利息收益免税(企业所得税税率为25%),购买20000万元国债产生的节税效益为:532×25%=133(万元)。

回购资金的利息支出、买卖手续费支出和回购手续费支出,都可以作为财务费用在税前列支,购买20000万元国债利息支出等产生的节税效益为:570万元×25%=142.50万元。

尽管投资利润是负38万元,刨去利息收入的免税效益不计,利息支出产生的节税效益减去负利润38万元,尚有104.50万元(142.50-38),仍是很可观的。

投入500万元闲置资金,纯收益达104.50万元,收益率为20.9%,这比把钱存在银行吃利息高出几十倍,划算多了。并且,这个方案具有通用性,有闲钱的企业都可以套用。

3. 分设企业增加扣除限额,减轻企业所得税法

《企业所得税法》第四十三条规定:企业发生的与生产经营活动有关的业务招待费支出,按照发生额的60%扣除,但最高不得超过当年销售(营业)收入的5‰。第四十四条规定:企业发生的符合条件的广告费和业务宣传费支出,不超过当年销售(营业)收入15%的部分,准予扣除;超过部分,准予在以后纳税年度结转扣除。费用扣除规定了限额,企业超标就要进行纳税调整。

(1)以企业的数据为例。计算如下:

例5-18 某生产企业某年度实现销售净收入20000万元,企业当年发生业务招待费160万元,发生广告费和业务宣传费3500万元。根据税收政策规定的扣除限额计算如下:

业务招待费超标:160-(160×60%)=64(万元)

广告费和业务宣传费超标:3500-20000×15%=500(万元)

超标部分应交纳企业所得税税额:(64+500)×25%=141(万元)

费用超标的原因是企业的收入"低",如果收入基数提高了,那么费用的扣除额也就多了。

问题是:企业没有那么大的市场份额,是无法靠市场销售立马提高收入的。在这个条件下的节税技巧就是:拆分企业的组织结构——也就是通过分设企业来增加扣除限额,从而增加税前的扣除费用,减轻企业所得税。

(2)将企业的销售部门分离出去,成立一个独立核算的销售公司。

例5-19 企业生产的产品以18000万元卖给销售公司,销售公司再以20000万元对外销售。费用在两个公司分配:生产企业与销售公司的业务招待费各分80万元,广告费和业务宣传费分别为1500万元和2000万元。由于增加了独立核算的销售公司这样一个新的组织形式,也就增加了扣除限额;因最后对外销售仍是20000万元,没有增值,所以不会增加增值税的税负。

这样,在整个利益集团的利润总额不变的情况下,业务招待费、广告费和业务宣传费分别以两家企业的销售收入为依据计算扣除限额,结果如下:

① 生产企业。业务招待费的发生额为80万元,扣除限额=80×60%=48(万元)

超标:80-48=32(万元)

广告费和业务宣传费的发生额为1500万元,而扣除限额=18000×15%=2700(万元)

生产企业就招待费用大于扣除限额32万元,需做纳税调整。

② 销售公司。业务招待费的发生额为80万元,扣除限额=80×60%=48(万元)

超标:80-48=32(万元)

广告费和业务宣传费的发生额为 2000 万元,而扣除限额 = 20000 × 15% = 3000(万元)

也是招待费用超标 32 万元,需做纳税调整。

两个企业调增应纳税所得额 64 万元(32 + 32),应纳税额为:64 × 25% = 16(万元)

两个企业比一个企业节约企业所得税 141 - 16 = 125(万元)。

需要注意的是,案例中的交易价格会影响两个公司的企业所得税,即生产企业以多少价款把产品卖给销售公司,才能保证两个企业都不亏损?如果一方亏损一方盈利,那亏损一方的亏损额就产生不了抵税作用,盈利的一方则必须多交企业所得税。所以,交易价格一定要仔细核算,以免发生不必要的损失。

如果生产企业和销售公司是关联企业,那么在确定交易价格时,也要注意关联交易的限制规定,以免在受到税务机关稽查时说不清楚。但在实务中,产品大都有批发价和零售价,并且还可以根据批量大小,确定不同的批发价。所以,生产企业和销售公司确定交易价格有很大的筹划空间。

通过这个案例可以看出,对于国家税法限制的费用,我们可以通过新设企业、增加扣除限额的途径来解决。但前提条件是不能违法,并且要测算好相关的数据,不要"按下葫芦浮起瓢",这边节约了税金,那边却又多交了税金。

4. 利用安排工资支出,合理减轻企业所得税

(1) 合理安排职工工资支出,创造避税环境。《企业所得税法实施条例》规定:"企业发生的合理的工资、薪金支出,准予扣除。前款所称工资、薪金,是指企业每一纳税年度支付给在本企业任职或者受雇的员工的所有现金形式或者非现金形式的劳动报酬,包括基本工资、奖金、津贴、补贴、年终加薪、加班工资,以及与员工任职或者受雇有关的其他支出。"税收专家认为,从 2008 年开始,企业实际发生的合理的工资薪金支出,在企业所得税税前扣除时,将不再受计税工资(或者工资挂钩)扣除限额的限制。

因此,企业在安排工资、薪金支出时,应当充分考虑工资、薪金支出对企业所得税和个人所得税的影响,并且在事前做好筹划,尽可能实现税负最小化和总收益最大化。

企业在发放普通职工工资时,一方面,应当分析现行个人所得税的相关政策规定,根据员工的年度工资、薪金总额,合理安排月度工资奖金和全年一次性奖金,有条件的企业还可适当安排股票期权、住房(让员工低价取得住房)等项目,从而让员工的"工资薪金所得"充分享受低税率,使个人所得税负担最小化;另一方面,企业每安排职工工资 100 元,就会减少企业所得税负担 25 元(假设企业所得税适用税率为 25%,下同),只要工资、薪金个人所得税适用的最高税率不超过 25%,多发工资就不会增加额外的税收负担,这就为企业实施高薪策略提供了较为宽松的税收环境。

5. 用足税收优惠政策合理避税

税收优惠是税制设计的基本要素,国家为了实现税收调节功能,一般在税种设计时,都设有税收优惠条款,企业如果充分利用税收优惠条款,就可享受节税效益,企业所得税的优惠政策许多都是以扣除项目或可抵减应税所得制定的,准确掌握这些政策,用好、用足税收优惠政策本身就是税收筹划的过程。

(1) 2014年4月24日,国务院出台扩大小微企业所得税优惠后,应纳税小微企业享受优惠政策面,将由原来的26%提高到85%以上。

(2) 为进一步支持小微企业发展,2014年4月初召开的国务院常务会议决定,扩大减半征税企业所得税范围,将减半应纳税所得额标准由6万元提高到10万元。

(3) 据税务总局所得税司介绍,为落实小微企业税收优惠,税务总局已正式下发公告,明确小微企业享受优惠不再审批,同时明确以前不列入税收优惠范围的核定征税的小微企业这次也可以享受优惠政策。

(4) 针对小微企业的税收优惠近年来不断密集出台,包括统一并提高增值税和营业税起征点至2万元;增值税小规模纳税人的征收率由以前的6%和4%降至目前的3%;在营业税改征增值税中,有230万户小规模纳税人,由以前缴纳5%的营业税,改为缴纳3%的增值税,税负降低40%等。

6. 利用四险一金进行筹划避税

薪酬标准指的是公司发给你的工资总数,是指未扣除基本养老保险金、失业保险金、医疗保险金和住房公积金和个人所得税之前的总额。

(1) 养老保险金:单位按照工资总额的20%缴纳,个人按照工资总额的8%缴纳。

(2) 失业保险金:城镇企业事业单位按照本单位工资总额的2%缴纳,城镇企业事业单位职工按照本人工资的1%缴纳失业保险费。

(3) 医疗保险金:一般单位缴费6%计入统筹账户,个人缴纳2%计入个人账户。

(4) 住房公积金:这个各地各单位缴纳比例不一,一般单位缴纳在8%~15%左右,个人缴纳只能低于或者等于单位缴纳比例。

(5) 个人所得税:按照工资薪金所得7级超额累进税率进行计算。

税收筹划主要体现在企业所得税和个人所得税两个方面。

(1) 企业所得税。《企业所得税税前扣除办法》第十八条"纳税人发生的下列支出,不作为工资薪金支出"中的第八项是"纳税人负担的住房公积金"。即企业可在提取"住户公积金"许可的范围内(目前为12%)全部列支。

《企业所得税税前扣除办法》第四十九条规定,纳税人为全体雇员按国家规定向税务机关、劳动社会保障部门或其指定机构缴纳的基本养老保险费、基本医疗保险费、基本失业保险费,可以扣除。虽然各地缴纳"四金"缴纳比例不一,但是需要按照税法规定的比例。具体缴费比例参照国家或省(自治区、直辖市)人民政府规定的缴费比率。

通常情况下,在税法规定可以税前扣除的范围如下:

个人缴纳:养老保险金=工资×8%;

医疗保险金=工资×2%;

失业保险金＝工资×1%；
住房公积金＝工资×12%。
企业缴纳：养老保险金＝工资×20%；
医疗保险金＝工资×6%；
失业保险金＝工资×2%；
住房公积金＝工资×12%。

如果一名职工月工资为3000元，个人需要缴纳"四金"为：3000×（8%＋2%＋1%＋12%）＝690元，企业需要缴纳"四金"为：3000×（20%＋6%＋2＋12%）＝1200元。

由于"四金"单位缴纳时可以税前扣除，所以不需要纳税调整。由于"四金"缴纳后绝大部分归个人所有，因此单位、个人缴纳的比例越多，个人得到的实惠就越多。

（2）个人所得税如果把"四金"这四项法律允许扣除项目综合计算，实际上个人所得税税前总扣除额会大大超过每月1600元，初步统计超过2000元，这就需要纳税人能够做好筹划，用好"四金"。

同时，对于企事业单位上缴"四金"部分，个人实际领（支）取原提存的"四金"时，免征个人所得税，这样可以按照规定尽可能多地使用而无需缴纳个人所得税。

对"四金"免征个人所得税将是国家长期执行的一项税收优惠政策。对未提取纳税"四金"的单位，需要尽快落到实处；已提取"四金"的单位，可以尽可能地在税法许可的范围内提足提够。这样，既减少了税款缴纳，又让员工得到更多实惠，减轻单位许多负担，可谓"一举多得"。

认知实训

实训内容：

1. 到企业了解税务开业登记、变更登记、停复业登记、注销登记、外出经营报验登记等过程。

2. 到一个具体企业了解该类型企业在税法允许的范围内科学合理地规划税收缴纳方式的过程。

实训目的：

1. 培养学生了解与掌握一般税务管理的基本知识。
2. 掌握商务主要税务种类。
3. 掌握不同税务种类的计税方法。

实训要求：

1. 熟悉税务开业登记、变更登记、停复业登记、注销登记、外出经营报验登记等过程。
2. 了解不同税务种类的计税方法。
3. 熟悉国内企业合理的避税方式。

实训操作与规范：
1. 有组织地进行活动。
2. 注意安全。
3. 听从现场指挥。
4. 按照不同税种格式、自己尝试计算缴税金额的相关操作。

实训组织：
1. 每个学生根据实训项目要求，自己寻找可以接住的企业进行参观。
2. 老师也可以提供相关经典的税务规划案例。

复习思考题

1. 什么是税务管理？税务管理有何意义？
2. 什么叫避税？它有何特征？
3. 避税与偷税、漏税有何区别？
4. 试述商务活动常遇主要税种的避税方式。

企业业务招待费、广告费和业务宣传费的筹划

维思集团2010年度实现产品销售收入8000万元，"管理费用"中列支业务招待费150万元，"营业费用"中列支广告费、业务宣传费合计1250万元，税前会计利润总额为100万元。试计算企业应纳所得税额并拟进行纳税筹划。

【分析】

业务招待费若按发生额150万的60%扣除，则超过了税法规定的销售收入的5‰，根据就低原则，只能扣除40万元（8000万元×5‰）。企业发生的广告费和业务宣传费合计共1250万元，超过当年销售收入的15%，两者取其低故只能扣除1200万元。该企业总计应纳税所得额为260万元（100万元+110万元+50万元）。企业应纳所得税65万元（260万元×25%）。

【筹划方案】

把维思集团将其下设的销售部门注册成一个独立核算的销售公司。先将产品以7500万元的价格销售给销售公司，销售公司再以8000万元的价格对外销售，维思集团与销售公司发生的业务招待费分别为90万元和60万元，广告费和业务宣传费分别为

900万元、350万元。假设维思集团的税前利润为40万元,销售公司的税前利润为60万元。两企业分别缴纳企业所得税。

【筹划后分析】

维思集团当年业务招待费可扣除37.5万元(7500万元×5‰);广告费和业务宣传费合计发生900万元,未超过销售收入的15%。则维思集团合计应纳税所得额为92.5万元(40万元+90万元-37.5万元),应纳企业所得税23.125万元(92.5万元×25%)。

销售公司当年业务招待费可扣除36万元,未超过销售收入的5‰;广告费和业务宣传费合计发生350万元,未超过销售收入的15%。则销售公司合计应纳税所得额为84万元(60万元+24万元),应纳企业所得税21万元(84万元×25%)。

因此,则整个利益集团总共应纳企业所得税为44.125万元(23.125万元+21万元),相较与纳税筹划前节省所得税20.875万元(65万元-44.125万元)。

【风险提示】

设立独立核算的销售公司除了可以获得节税收益外,对于扩大整个利益集团产品销售市场,规范销售管理均有重要意义,但也会因此增加一些管理成本。纳税人应根据企业规模的大小以及产品的具体特点,兼顾成本与效益原则,从长远利益考虑,决定是否设立独立纳税单位。

讨论题

1. 将企业所有业务招待费都混入会务费、差旅费中核算,是否可以逃避缴纳税?
2. 根据上述案例启示,你还有何种纳税筹划建议?

第六章 现代商务冲突管理

学习目标 ▶▶▶

◎ **知识的掌握**
1. 掌握冲突的产生及类型。
2. 掌握商务冲突的调解与仲裁。
3. 掌握商务冲突的应对策略及管理方法。
4. 掌握商务冲突管理中的谈判技巧。

◎ **技能的提高**
1. 能够有效分析商务活动中冲突产生的原因。
2. 能够在商务活动中立场公正，秉公办事，有效调解与仲裁商务冲突。
3. 能够在实际的冲突面前，组合多种策略化解商务冲突。
4. 能够根据实际情况采用不同应对策略的组合，在商务中解决和防止冲突。

猎人的誓言

一个猎人有个习惯，爱立誓言。一天他要去打猎，出门前立下誓言：今天只打兔子。然而，这天他遇到的全是山鸡。于是这天他便空手而归。晚上，他躺在床上十分后悔，发誓明天一定要打山鸡。第二天，他按照自己的誓言去打猎。然而，这天他遇到的全是狐狸。结果还是空手而归，后悔过后，他又发誓明天只打狐狸。第三天，他又按照他的誓言去打猎。而这天他遇到的全是野猪。晚上他又空手而归。后来，这个猎人在自己的誓言中死去了。

启示

对于一个企业来说，生存和体制常是发展的两大矛盾。一个企业的体制应该是健全的、符合长远发展要求的，如果一味地固守传统的习俗而不知随着时代而变革，那么，

第六章 现代商务冲突管理

企业的最终命运会和故事中猎人的命运一样。

亚通网络公司

亚通网络公司是一家专门从事通信产品生产和电脑网络服务的中日合资企业。公司自1991年7月成立以来发展迅速，销售额每年增长50%以上。与此同时，公司内部存在着不少冲突，影响着公司绩效的继续提高。

因为是合资企业，尽管日方管理人员带来了许多先进的管理方法，但是日本式的管理模式未必完全适合中国员工。例如，在日本，加班加点不仅司空见惯，而且没有报酬。亚通公司经常让中国员工长时间加班，引起了大家的不满，一些优秀员工还因此离开了亚通公司。

亚通公司的组织结构由于是直线职能制，部门之间的协调非常困难。例如，销售部经常抱怨研发部开发的产品偏离顾客的需求，生产部的效率太低，使自己错过了销售时机；生产部则抱怨研发部开发的产品不符合生产标准，销售部门的订单无法达到成本要求。

研发部胡经理虽然技术水平首屈一指，但是心胸狭窄，总怕他人超越自己，因此，常常压制其他工程师。这使得工程部人心涣散，士气低落。

讨论题

1. 亚通公司的冲突有哪些？原因是什么？
2. 如何解决亚通公司存在的冲突？

企业开展商务活动，必须与外界发生广泛的经济联系，同时也不可避免产生各种摩擦、冲突，从而影响和制约着商务活动的健康运行。与商务活动相关的各种摩擦、冲突通常称之为商务纠纷或商务冲突。典型的实例是由合同履行过程中产生的各种纠纷。如何协调合同纠纷、化解商务冲突是商务管理的重要内容。本章借鉴国外商务冲突管理的理论和方法，结合中国国情，就商务冲突及其管理的有关知识予以系统地阐述。

第一节 商务冲突概述

一、冲突的产生及类型

（一）冲突的起源

冲突是指由于某种差异而引起的抵触、争执或争斗的对立状态。人与人之间由于利益、观点、掌握的信息或对事件的理解上存在差异,就可能引起冲突。不管这种差异是否真实存在,只要一方感觉到有差异就会发生冲突。肯尼思·托马斯认为,冲突是一个过程,"这个过程始于一方感到另一方阻挠或似乎阻挠他所关注的事物之时"。由此可见,当一方察觉自身利益受到损害或将会受到损害时,他就会反击对方的侵害,从而引起商务冲突。商务冲突可以表现为心理冲突和行为冲突。由于人们之间存在的差异多种多样,冲突产生的原因也是多方面的。大体上可归纳为三类。

1. 沟通差异

由于文化和历史背景不同、语义方言困难、内容误解及沟通过程中噪声的干扰;或由于当事人从不同信源获得信息,信息内容存在差异;同一信息未按规定时间传输,造成信息时效偏差;信息传输顺畅,但因当事人理解错误,发生信息理解的语义偏差;信息传输、理解都正确,或许因当事人的利害关系未按信息规定办事,造成信息应用的偏差等,这一切都可能造成人们之间意见不一致、沟通不良而产生冲突。沟通差异是冲突的重要原因,但不是主要原因。

小知识

秀才买柴

有一个秀才去买柴,他对卖柴的人说:"荷薪者过来!"卖柴的人听不懂"荷薪者"(担柴的人)三个字,但是听得懂"过来"两个字,于是把柴担到秀才前面。秀才问他:"其价如何?"卖柴的人听不太懂这句话,但是听得懂"价"这个字,于是就告诉秀才价钱。秀才接着说:"外实而内虚,烟多而焰少,请损之。"(你的木材外表是干的,里头却是湿的,燃烧起来,会浓烟多而火焰小,请减些价钱吧。)卖柴的人因为听不懂秀才的话,于是担着柴就走了。

启示

管理者平时最好用简单、易懂的语言来传达讯息,而且对于说话的对象、时机要有所掌握,有时过分的修饰反而达不到想要完成的目的。

2. 结构差异

观察商务活动中经常发生的冲突,绝大多数是由组织结构的差异引起的。分工造成组织结构中垂直方向和水平方向各系统、各层次、各部门、各单位、各不同岗位的分化。组织愈庞大、愈复杂,组织分化愈细密,组织整合就愈困难。由于信息不对称和利益不一致,人们在计划目标、实施方法、绩效评价、资源分配、劳动报酬、奖惩等许多问题上都会产生不同看法,这种差异是由组织结构本身造成的。为了本单位的利益和荣

誉，许多人都会理直气壮地与其他单位甚至上级组织发生冲突。不少商务管理者甚至把挑起这种冲突看作是自己的职责，或作为建立自己威望的手段。几乎每位管理者都会经常面临着与同事或下属之间的冲突。

3. 个体差异

每个人的社会经历、地位、知识、文化、国别、籍别、民族、性别等差异，塑造了每个人对事物会有不同的态度和价值观。这种当事人的态度和价值观的不同使得商务活动中的当事人复杂多样。例如跨国经营中交叉文化一直是商务活动中的棘手问题。一件平常的事，往往会因不同的文化和价值观念，产生激烈的争论和冲突。人们之间这种个体差异造成的合作和沟通的困难往往也容易成为导致某些冲突的根源。

由此可见，商务冲突概括起来说，不外乎由认识和利益两方面所引起，它表现为心理冲突和行为冲突。商务冲突管理是商务活动正常开展的重要保证。没有有效的商务冲突管理就不会有轻松愉快的、符合规范的经商环境。

> 调查表明：企业经理要花费20%的时间用于处理冲突，冲突管理能力因此被认为是管理者事业成功的关键因素之一。
>
> 冲突（Conflict）是指一方（包括个体、群体和组织）认识到另一方正在或将要采取阻碍、危害自己实现目标的行动的过程。冲突发生的条件有：① 双方存在不同的利益；② 双方均认为对方会损害自己的利益；③ 察觉到对方正在采取不利于自己的行为或预测到对方将会采取类似的行为。
>
> 根据冲突范围可将冲突分为人际冲突（Interpersonal Conflict）、群际冲突（Intergroup Conflict）和组织间冲突（Interorganizational Conflict）。

（二）商务冲突管理的重要性

（1）商务冲突管理是建立高质量工作环境的需要。冲突有建设性的，也有破坏性的。有些冲突解决得好，能转化为建设性的，解决不好会变为破坏性的。同时有些冲突本身就是破坏性的，它会给正常的商务活动带来破坏性影响。两种类型的冲突都需要管理，只有对冲突进行有效管理，才能建立高质量的商务工作环境。

（2）商务冲突管理关系到工作效率和事业的成功。据肯尼思·托马斯和沃伦·施米特的调查，在他们了解的280名管理人员中，解决冲突居然占了20%的管理时间。如此重头的工作解决不好，就会严重干扰工作，影响工作效率。冲突管理和企业众多管理职能相比有十分重要的作用。格雷夫斯列举了25项指标，向管理者了解它们的重要性。管理者认为在25项指标中，处理冲突的效率与工作效率、事业成功的关系最大。

(3) 商务冲突管理对企业的生存与发展至关重要。商务冲突涉及企业与政府、金融、税务、公安、社区、用户等多方面的关系。它关系到企业的外部环境，处理得好，企业就可以顺水顺风迅速发展；处理不好，就会使企业的千里大堤毁于蚁穴，一个环节的失控，使企业全线崩溃。这样的例子也屡见不鲜。

二、商务冲突的类型

在商务活动和非商务活动中，经常发生一些与商务活动相关的冲突。这些冲突主要反映在六个方面，也可以说商务冲突有六种类型。

（一）合同履行中产生的冲突

由于不履行合同或不完全履行合同发生的商务冲突是商务活动中最常见、最大量的商务冲突。合同履行中合同的许多内容都可能产生纠纷和冲突，如标的数量、质量、型号、规格；价格、定金；执行期限；付款日期、付款形式；赔偿金和违约金等。

例如，甲乙双方签订了一项买卖合同，约定甲方向乙方购买化工原料100吨，总价值200万元，合同签订后3个月内供货，甲方支付定金10万元，合同违约金为10万元。合同签订3个月后，乙方未能供货，甲方多次催讨未果。经查乙方已将该批货物高价转卖他人。由于乙方违约，致使甲方遭受经济损失50万元。甲方诉诸人民法院，请求依法维护其合法权益。显然，这是一件逾期未交货的合同纠纷，争议的焦点是究竟谁违约。

（二）假冒、侵权产生的冲突

假冒和侵权两者是有区别的。假冒是假冒商标罪的简称，它是指以营利或者以获取其他非法利益为目的，违反商标管理法规，假冒他人的有效注册商标，故意侵犯他人注册商标专用权的一种情节严重、危害很大的行为。假冒的表现形式有：

一是假冒他人注册商标。

二是伪造、擅自制造他人注册商标或销售伪造、擅自制造注册商标标识。

三是销售明知是假冒注册商标的商品。

侵权是指商标侵权行为，一般是指他人在未经注册商标所有人许可的情况下，擅自使用某一注册商标，或者把注册商标的主要部分作为自己的商标或商标名称、装潢等，用在与注册商标人指定的商品相同或类似的商品上，从而产生商标混同和消费者的误认。具体表现为三种：

一是未经注册商标所有人许可，在同一种商品或者类似商品上使用与其注册商标相同或近似的商标。

二是擅自制造或销售他人的注册商标标识产品。

三是给他人注册商标专用权造成其他损害的行为（如销售侵犯他人商标权的商品）。

不管假冒还是侵权，都是损害利益的行为。假冒与被假冒，侵权与被侵权，双方构成相互冲突的关系。

早在 1982 年,当进口汽车进入中国市场时,天津汽车工业公司经过市场预测,发现微型面包车在国内市场潜力很大,便于 1984 年 3 月,与日本大发汽车株式会社签订了引进微型面包车的技术合同。合同约定:日方提供技术,由天津方面组织生产。但在签订合同时,并未讨论有关"天津大发"商标的注册保护问题。

天津汽车工业公司在与日方技术合作期间,不但充分吸收了日方的先进技术,还进行了多项技术的改进,使"天津大发"汽车迅速成为市场畅销产品。天津汽车工业公司更是耗资上百万元,大做广告宣传,提高该品牌的知名度。

与此同时,日方为了控制"天津大发"车在中国的市场,不动声色地将"大发"在中国商标局进行了商标注册。这样在 1991 年双方合同期满后,天津汽车工业公司已无资格继续延用"天津大发"商标,不仅使几年来力创名牌的努力化为乌有,而且损失了巨额的广告费。该公司只好忍痛放弃"天津大发"的商标权,以新商标"华利"以及后来的"夏利",作为微型面包车的商标重新注册。

商标作为企业重要的知识产权,直接关系到企业的生存和发展。企业欲在激烈的市场竞争中谋取一席之地,必须善于运用法律武器来保护自己。我国《商标法》规定,只有商标注册人享有商标专用权,受法律保护。改革开放以来,企业逐步从生产型向生产经营型转变。但很多企业对于与市场生产成败密切相关的商标意识还缺乏紧迫感,缺乏创名牌、创一流产品的长远发展眼光。随着市场经济的深化,工商企业亟须将自己的生产经营活动纳入法治轨道,以保护自己的合法权益。

(三) 为争夺技术权益引起的冲突

科学技术是第一生产力。企业界为获取或垄断某种技术会展开激烈的争夺。他们猎取的目标有的是技术资料本身,有的是掌握技术资料的技术人员。

用人与留人的冲突

遵义长征电器九厂花了 300 万马克从德国引进了 ME 产品图纸,经过改进后,以此制造的产品已达到国际标准,产品订货显迅猛上升。ME 产品技术吸引了同行企业。吴江市某开关厂花 1 万元酬金,买通九厂退休工人、原 ME 生产小组成员陆跃林窃取 ME 产品图纸。又如,南京五星高能研究所几年前研制成功 TSM 通信计费系统,其产品市场大、利润高。1988 年国内某厂有偿获取技术后 9 个月创利 300 多万元。次年该厂为垄断这项技术,以金钱、住房为诱饵,把带住房和高薪的招聘广告贴到高能所门口,致使 7 名技术人员应聘而去,带走整套加密软件技术诀窍及其他改进技术,使五星高能所失去这项技术,蒙受巨大的损失。

> **商务冲突**
>
> 河南省某县化工总厂花40万元买了化学用剂的专利,投产后产品畅销,利润颇丰。原属该厂的下属厂为了自成一家,采取"潜伏到敌人心脏里去"的战术,趁总厂扩大生产线招聘工人之机,派人员应聘,学成后窃取新型化学剂料的配方和技术诀窍,然后借故辞职,跳槽回到乡镇化工厂。

(四)争夺原料和销售渠道所引起的冲突

原料是生产要素、工业的食粮;销售渠道是产品通向用户的途径。这一进一出,是每个企业都少不了的,因此在商界争夺原料和销售渠道的斗争一天也没停止过。为了原料和渠道,商家使出浑身解数,进行着拼死的搏杀。

上海某钢铁厂冶炼的钢材质好价廉,是流通企业求购的紧俏物资。江苏某金属公司一直想攻下这块市场,却苦于无门而望洋兴叹。后来新上任经理以公关小姐拉拢腐蚀该厂的销售处长,从而掌握了这条进货渠道。这是争夺货源、材料的例子。开拓销售渠道的难度不亚于争夺货源。

20世纪60年代初,美国西方石油公司在加利福尼亚州开采到大量的天然气,准备利用"太平洋煤气与电力公司"这条渠道销售自己的产品,并打算签订为期20年的天然气销售合同。不料太平洋公司说:"我们不需要你们的天然气,最近我们已经耗费巨资修建了一条从加拿大到旧金山的天然气管道。"西方石油公司的哈默就赶到洛杉矶,向该市议员们说:"我们计划从拉思罗普修一条天然气管道直达洛杉矶,可以比太平洋煤气与电力公司或其他任何投标人更为便宜的价格提供天然气,满足整个洛杉矶的需要。"面对西方石油公司咄咄逼人的架势,太平洋公司自知难以招架,只好屈服于哈默的压力,签订了销售天然气的长期合同。

(五)广告活动中的冲突

广告活动中的冲突是商贸冲突的公开化。企业的利益冲突,总是寻求多种解决途径,广告是其中最重要的手段之一。

如杭州娃哈哈集团公司诉珠海巨人高科技集团公司不正当竞争纠纷案。

原告:杭州娃哈哈集团公司。"娃哈哈儿童营养液"是该公司研制生产的产品,其广告词"喝了娃哈哈,吃饭就是香"已经家喻户晓。该产品先后获全国最受欢迎的保健产品、国家星火二等奖、中国优质保健品金奖等二十余项大奖,销售额近年来一直保持在全国同类产品的领先地位。原告也由于此产品在海内外享有较高的商业信誉和商品声誉。1995年初,被告巨人集团生产了一种与"娃哈哈儿童营养液"类似的产品"巨人吃饭香"投放全国市场,并专门印制了一种《巨人集团健康产品销售书 巨人大行动》的宣传册子，在全国各地的食品、医药等销售单位、消费者中广为散发。该宣传册子中称"据说娃哈哈有激素，造成小孩早熟，产生许多现代儿童病"。为此，全国各地娃哈哈产品的销售商和消费者纷纷要求原告对此做出解释。被告的这一行为，致使娃哈哈儿童营养液在全国各地的销售量下跌，出现了1987年投产以来的第一次负增长，就连原告"大本营"杭州市的销售量也难逃厄运。截止到1995年12月31日，原告由此减少销售收入4492.92万元，直接经济损失达673.938万元。更为严重的是，原告良好的商业信誉、商品声誉和企业形象亦因此而受到了极大损害。被告的行为已构成不正当竞争，侵害了原告的合法权益。故请求法院判令被告立即停止损害原告商业信誉和商品声誉的不正当竞争行为，要求被告赔偿直接经济损失673.938万元和名誉损失费320万元，并要求被告公开赔礼道歉、恢复影响及承担本案诉讼费用等。

被告巨人集团未作书面答辩。

杭州市中级人民法院经审理查明：原告娃哈哈集团的产品"娃哈哈儿童营养液"经鉴定，证明不存在含"有激素，造成小孩早熟，产生许多现代儿童病"的问题。原告举证充分，经查证明所诉属实。

杭州市中级人民法院认为，《中华人民共和国反不正当竞争法》第14条规定："经营者不得捏造、散布虚伪事实，损害竞争对手的商业信誉、商品声誉。"被告巨人集团散布虚伪事实损害原告的商品声誉，是不正当竞争行为，依照反不正当竞争法第20条的规定，应当承担侵权损害赔偿责任，并应当承担原告因调查其不正当竞争行为所支付的合理费用。据此，杭州市中级人民法院依照《中华人民共和国民事诉讼法》第85条的规定，在查明事实、分清是非的基础上主持调解。被告表示要对自己的侵权行为进行反思并引以为戒。被告的态度得到原告的谅解。在法院的主持下，双方于1996年10月7日达成调解协议如下：

（1）被告巨人集团承认有不正当竞争行为，给原告娃哈哈集团的商业信誉和商品声誉造成损害，愿意承担相应的法律责任。

（2）巨人集团停止不正当竞争行为。在本案结束后，双方以新闻发布会形式，由巨人集团向娃哈哈集团赔礼道歉，消除影响。具体时间与方式双方另行商定。

（3）巨人集团向娃哈哈集团赔偿直接经济损失人民币200万元，由巨人集团以相等价值的房产折抵。具体手续由双方按有关规定办理。

（六）刑事犯罪所引起的冲突

刑事犯罪分子的犯罪行为，如投毒、放火、造谣等，可能对企业信誉和形象产生巨大的破坏。这样犯罪分子和企业之间就会形成对抗与冲突。1994年6月9日华盛顿州的西雅图有人声称在百事可乐易拉罐内发现注射器针头和注射器。接着又有人说发现了螺丝、子弹甚至可卡因小瓶。类似的投诉在美国19个州内蔓延，到6月13日报案超过50起。这对百事可乐来说是关系到其能否生存的一场危机。百事可乐公司开始断然否认，但并未解除大众的疑虑。接着公司派惠特勒准备了百事可乐装罐过程的录像带，让消费者亲眼目睹在装罐过程中不可能插入注射器。6月15日惠特勒在6个新闻节目中播放了这幅录像带。在联邦调查局的协助下，终于当场抓获了制造谎言、假象的罪犯。之后，百事可乐公司在广播电视中报道了作案人犯罪动机和经过，消除了消费者的顾虑，使百事可乐转危为安，再度辉煌。

第二节 商务冲突的调解与仲裁

一、商务冲突的调解

商务冲突在合同的签订与执行中尤为普遍。在合同签订和执行中的商务冲突，我们通常称为合同纠纷。合同纠纷的调解，是解决合同纠纷的首要方法。合同纠纷的调解，就是国家经济合同管理机关依据纠纷当事人的申请，在弄清事实的前提下，通过说服教育的方法，使双方互谅互让，自愿达成协议。这种解决合同纠纷的方法，既不经仲裁，也不上法庭，是属于行政协商的性质。这是行政管理机关妥善处理法人之间合同纠纷的基本方法。从我国处理合同纠纷的实际看，大多数合同纠纷通过调解是能够解决的，申请仲裁和提起诉讼的为数相对较少。

（一）合同纠纷调解的原则

（1）双方当事人自愿原则。调解不是解决合同纠纷的法定途径，调解必须在双方当事人自愿的基础上才能进行。如果当事人一方不愿意调解，那么就不能强迫调解。调解过程中要让当事人双方充分发表自己的意见，调解人要进行细致的诱导、说服教育，直到双方自愿协商和解、达成协议。调解中要防止把调解看成是解决合同纠纷必经的法定程序，不达成调解协议决不罢休的做法是错误的。

（2）调解必须立场公正，秉公办事。调解人不是合同当事人某一方的说客，而是双方可以信赖的第三者。所以，调解人必须立场公正、秉公办事，任何偏袒都会引起当事人一方的反感。违反公正原则，当事人双方很难心平气和、实事求是地协商解决问题，搞得不好反而会引起事态扩大，相互争吵、攻击。调解人办事不公，即使使双方达成了调解协议，也很难保证协议的贯彻落实。

（3）双方当事人必须积极配合。合同双方当事人要认识到，调解成功既有利于双方的合作关系，也可以节省费用。因此当事人双方要积极配合，如实反映情况、提供资料。另外，双方提出的要求要合理，不能只顾自己、不考虑对方。合同当事人要本着团结的愿望，及时纠正错误、互谅互让，使纠纷尽快得到解决。

（二）合同纠纷的调解要符合时效规定的要求

经济合同纠纷的调解，是由当事人提出申请，合同管理机关受理后开始的。当事人对合同纠纷提出调解申请有一个时间限制问题，即时效问题。根据我国现行法律规定，合同当事人向合同管理机关申请调解，应从其权利被侵害之日起一年内提出，超过期限主管机关一般不予受理。但是如果当事人确有正当理由，如出现难以预料的复杂情况，延误了时间，超过一年而提出申请时，合同管理机关经研究也可以受理。

合同当事人双方经调解达成协议后，由国家规定的合同管理机关制作调解书，经合同管理机关和当事人双方盖章后生效，具有法律的约束力，当事人应当履行。如果一方或双方当事人对调解协议事后反悔的，可以在收到调解书之日起十五天内向国家规定的仲裁机关申请仲裁，也可以直接向人民法院起诉。在法定期间内，既不申请仲裁，也不向人民法院起诉的，当事人就应当自动履行。

（三）调解书的要求和内容

调解书应由指定的合同管理机关和当事人双方盖章，调解书应该具体、明确、肯定，叙述事实要清楚，责任要分清，引用的法律要准确。调解书的内容包括：法人双方的名称、地址、法人代表，纠纷产生的原因和经过，双方争议的事实依据，达成协议的具体内容，制作协议书的机关以及签订协议的时间。

注意小人

张松人长得丑，心也比较丑。马超被曹操打败，带着几万部下逃到汉中，想报答张鲁收留之恩，主动提出收购刘璋的益州公司。

刘璋很害怕，张松出主意，只要曹操收购张鲁的汉中公司，益州就可以保全。刘璋觉得有理，让张松去曹操那里游说。张松把益州公司的核心资料偷偷复印一份，上了路。

有些人生来觉得自己是顶级聪明人，可惜，始终没人用自己，就想着法儿攀高枝。张松就是这样的人。

来到曹操公司的总部许都，张松自认为是济世之才，大大咧咧地一拱手，差点把曹操气得跳起来。

曹操听了张松说的大话、虚话，转身离开会议室，把张松撂在那里。

曹操的经理杨修，也是一个狂妄自大的人，觉得张松实在太狂妄了，出于知识分子的本能，他跟张松辩论起来。随后，杨修把曹操刚写好的兵书《孟德新书》拿出来，本想告诉张松，曹操不但是一个企业家，也是一个杰出的思想家。

张松确实聪明绝顶，书翻了一遍，背了下来，然后强词夺理地说，古时候就有这本书，不稀奇。

杨修不信，张松背了一遍，把杨修惊得目瞪口呆，马上报告曹操。

曹操一听，吃了一惊，改天就请张松到公司转转，问张松感觉如何。

张松还是大大咧咧地说话，居然一口气把曹操这些年在市场上吃的大亏，一个一个数落出来。曹操再也忍不住了，叫人把张松棒打出许都。

张松本想把益州公司的核心资料交给曹操，谋个优官高职，现在，没指望了，就往回赶。他突然想起刘备，那是著名的企业家，投靠他，自己说不定还有指望。

张松离荆州公司还有很远的时候，刘备派的人居然等在那里。张松这类书呆子，素来是吃软不吃硬，一看刘备这样对待自己，觉得找到了好老板，赶紧把益州公司的核心资料拿出来，并劝刘备收购益州公司。

其实，刘备通过益州的眼线，已经知道张松的事情，老远前来迎接，就是投其所好，把张松拍得晕乎乎的，掏出自己的全部本钱。

张松走的时候，千叮咛万嘱咐，希望刘备赶紧收购益州公司，还告诉刘备，益州公司的法正和孟达经理也打算跳槽。

在张松的运作下，刘备带着大队人马，来到益州，后来，张松不小心泄露了公司的事情，被刘璋砍了头，刘璋与刘备反目成仇。

结果，刘璋不是刘备的对手，没几年，刘备收购了刘璋的益州公司。

最可笑的是张松，这位自以为是天才的小人物，出卖了公司利益，最后，也没有得到好处，倒给他人做了嫁衣。刘备明知张松是小人，却让小人为自己做出了最大的成绩。

（摘自《三国职场人生》北京师范大学出版社）

二、商务冲突的仲裁

仲裁，是指商务活动中当事人双方发生冲突，由国家规定的管理机关做出的有约束力的裁决。仲裁不同于调解也不同于诉讼。调解，不论业务主管机关和工商行政管理部门的调解，还是贯穿于仲裁和司法审判活动中的调解，都是双方当事人在有关机关的主持下就双方争议的事项，在查清事实、分清是非的基础上，依照国家法律和政策，自愿达成的协议。诉讼则以法院审判为依据，不论当事人的主观意愿，它具有严肃性和强制性。仲裁介于调解和诉讼之间，既有自愿的一面，也有强制的一面，并具有行政和司法管理的双重特征。

（一）仲裁机关应遵循的原则

根据《经济合同仲裁条例》的规定，仲裁机关应遵循的原则有：

（1）必须贯彻以事实为根据、以法律为准绳的原则。仲裁机关对受理合同纠纷案件，必须进行深入的调查研究，查清事实，明辨是非，根据国家法律、法令和行政规定、政策进行仲裁。

（2）当事人行使权利一律平等原则。为了公正合理地解决纠纷，在进行仲裁时，合同当事人不论所有制性质、规模大小，都是以合同纠纷当事人身份出现的，他们在法律上享有平等的权利。仲裁机关仲裁时保证它们享有的权利，不允许任何人凌驾于法律之上。

(3) 贯彻以调解为主、仲裁为辅的原则。经济合同当事人双方一般都有密切的经济往来，为了维持合理的协作联系，仲裁机关首先要对当事人双方进行政策、法制教育，引导双方协商，自愿达成协议。

(4) 允许和保证当事人运用本民族语言进行陈述答辩。在少数民族居住地或多民族共同居住地区，应当用少数民族语言进行调解、仲裁、制作仲裁决定书，为少数民族当事人提供翻译，以扫除调解、仲裁的语言障碍。

（二）仲裁的基本制度

根据《经济合同仲裁条例》规定，仲裁的基本制度是：

(1) 实行一次终局裁决制度。在经济合同纠纷中，仲裁机关实行一次终局裁决制度。这是因为合同纠纷的调解和仲裁，不是向人民法院起诉的必经程序。如果当事人一方或双方不愿服从仲裁，可以直接向法院起诉，不必实行二级仲裁。

(2) 实行委托代理制。委托代理制是说，当事人、法定代表人可以委托一人或二人代为诉讼。如果当事人委托他人代为诉讼，必须向仲裁机关提交委托代理书。委托书要写明委托的事项以及受托人的权项。诉讼代理人根据案情需要，可以查阅除涉及国家机密材料以外的与本案有关的材料。

(3) 时效制度。时效制度规定：当事人向仲裁机关申请仲裁，应从其知道或者应当知道权利被侵害之日起一年内提出，超过规定的时间，仲裁机关不予受理；但侵权人愿意承担相关责任的，不受时效的限制。

(4) 实行回避制度。回避制度的含义是：仲裁庭组成人员，如果认为办理本案不适宜，应当自行申请回避；当事人发现仲裁庭成员与本案有关联，有权用口头或书面方式申请他们回避。首席仲裁员的回避，由仲裁委员会主任或副主任决定。仲裁机关可通过口头或书面方式对回避与否做出决定。回避制度能保障当事人平等行使权利，从而公正、合理地解决合同纠纷。

（三）经济合同纠纷仲裁程序

根据《经济合同仲裁条例》，我国经济合同纠纷仲裁程序包括申请仲裁、受理案件、仲裁、仲裁裁决的执行和监督等。

(1) 申请仲裁。经济合同纠纷发生以后，当事人中的任何一方都可以向合同管理机关提出仲裁申请，递交申请书，并按被诉人数提交副本。仲裁申请书的内容包括：被诉人名称、地址、法人代表姓名、职务；申诉理由、证据、要求；证人姓名、地址。

(2) 案件受理。仲裁机关接到仲裁申请后，经审查认为符合立案条件的，应在 7 天内立案；不符合条件的应在 7 天内通知申诉人不予受理，并说明理由。对立案受理的案件，仲裁机关应在 5 天内将申请书副本发送到各个被诉人，通知他们在收到申请书后 15 天内提交答辩书和有关证据。被诉人不按时提交答辩书或不提交答辩书的，不影响案件的处理。仲裁机关的仲裁人员要认真阅读申请书、答辩书；对现场进行勘查或对物证进行技术鉴定；对有关信息资料要记录清楚。为了减少合同纠纷的不良后果，仲裁机关在处理案件时可以采取保全措施。保全措施包括中止经济合同履行，查封和扣压货物，对不易保存的货物加以变卖并保存价款。

（3）仲裁。当调解不成或对调解协议反悔的经济合同纠纷，仲裁庭立案仲裁。开庭前仲裁机关要将开庭时间、地点以书面方式通知当事人。当事人经两次通知，无正当理由拒不到庭的，可作缺席仲裁。仲裁开庭后，可以再次进行调解。调解仍不能达成协议的，由仲裁庭合议后裁决，并制作裁决书。仲裁决定书应写明申诉人与被申诉人的名称、地址及其代表人或者代理人的姓名、职务，申请理由，争议的事实与要求；裁决认定的事实、理由和适用的法律；裁决的结果和仲裁费用的负担；不服裁决的起诉期限。

（4）仲裁的执行与监督。经济合同当事人双方收到仲裁决定书如没有意见，应在规定期限自动履行。当事人一方或双方对仲裁不服的，在收到仲裁决定书之日起 15 天内向人民法院起诉，期满不起诉，仲裁决定书即发生法律效果。一方逾期不履行，另一方可向有管辖权的人民法院申请执行。所以仲裁执行，是指仲裁决定书已发生法律效力而当事人仍不履行时所采取的强制性措施。仲裁决定执行过程中若发现确有错误，仲裁委员会有权撤销原裁决，另行组织仲裁庭重新裁决。在经济合同纠纷处理中如发现犯罪行为，需要追究刑事责任的，应移送司法机关处理。

（四）经济合同纠纷的管辖

对经济合同纠纷仲裁，我国实行分级管辖的体制，根据案情轻重实行有效的分工。一般纠纷案件的管辖，是指根据民事案件的不同情况和各级人民法院的职权范围，确定案件由哪一个法院受理的一种司法制度。案件的管辖是诉讼中首先遇到的问题。当事人应当了解管辖的规定，向有管辖权的人民法院提起诉讼。根据民事诉讼法规定，管辖主要可以归纳为级别管辖、地域管辖和移送管辖与指定管辖等三种情况。此处，仅介绍级别管辖和地域管辖。

1. 级别管辖

我国的人民法院分为四级，即基层人民法院、中级人民法院、高级人民法院、最高人民法院。级别管辖是指各级人民法院经济审判庭之间受理第一审案件的分工和权限。确定级别管辖的原则是以案情是否重大复杂、影响范围大小为标准的，具体规定如下：

（1）基层人民法院管辖第一审经济纠纷案件，但民事诉讼法另有规定的除外。

（2）中级人民法院管辖下列第一审民事案件：重大涉外案件；在本辖区内有重大影响的案件；最高人民法院确定由中级人民法院管辖的案件。

（3）高级人民法院管辖在本辖区有重大影响的第一审民事案件。

(4) 最高人民法院管辖下列第一审经济案件：在全国有重大影响的案件；认为应当由本院审理的案件。

2. 地域管辖

地域管辖是指确定同级人民法院之间在各自的辖区审理第一审民事案件的分工和权限。地域管辖可分为一般地域管辖、特殊地域管辖、专属地域管辖、协议管辖和选择（共同）管辖。

(1) 一般地域管辖。其原则是"原告就被告"，即民事诉讼由被告所在地人民法院管辖。被告所在地是指自然人的户籍地、居所地，法人及其他组织的主要营业地、主要办事机构所在地等。一般情况下，原告应到被告住所地有管辖权的人民法院起诉。被告为自然人的，住所地为其户籍地，户籍地与住所地不一致时，以其经常居住地为住所地；被告为法人或其他组织的，住所地为其主要机构所在地、主要营业地、登记地。

(2) 下列案件，实行特殊地域管辖：① 因合同纠纷提起的诉讼，由被告住所地或者合同履行地人民法院管辖；② 因保险合同纠纷提起的诉讼，由被告住所地或者保险标的物所在地的人民法院管辖；③ 因票据纠纷提起的诉讼，由票据支付地或者被告住所地人民法院管辖；④ 因铁路、公路、水上、航空运输和联合运输合同纠纷提起的诉讼，由运输始发地、目的地或者由被告住所地人民法院管辖；⑤ 由侵权行为提起的诉讼，由侵权行为地或者被告住所地人民法院管辖；⑥ 因船舶碰撞或者其他海事损害事故请求损害赔偿提起诉讼的，由碰撞发生地、碰撞船舶最先到达地、加害船舶被扣留地或者被告住所地人民法院管辖；⑦ 因铁路、公路、水上和航空事故请求损害赔偿提起的诉讼，由事故发生地或者车辆、船舶最先到达地、航空器最先降落地或者被告住所地人民法院管辖；⑧ 因海难救助费用提起的诉讼，由救助地或者被救助船舶最先到达地人民法院管辖；⑨ 因共同海损提起的诉讼，由船舶最先到达地、共同海损理算地或者航程终止地的人民法院管辖。

(3) 专属管辖。专属管辖是指按照诉讼标的特殊性与管辖的排他性而确定的管辖。下列案件实行专属管辖：① 因不动产纠纷提起的诉讼，由不动产所在地人民法院管辖；② 因港口作业中发生纠纷提起的诉讼，由港口所在地人民法院管辖；③ 因继承遗产纠纷提起的诉讼，由被继承人死亡时住所地或者主要遗产所在地人民法院管辖。

(4) 选择（共同）管辖。同一诉讼的几个被告住所地、经常居住地在两个以上人民法院辖区的，各人民法院都有管辖权；两个以上人民法院都有管辖权的案件，原告可以向其中一个人民法院起诉；原告向两个以上有管辖权的人民法院起诉的，由最先立案的人民法院管辖。

(5) 协议管辖。合同的双方当事人可以在书面合同中协议选择被告住所地、合同履行地、合同签订地、原告住所地、标的物所在地人民法院管辖，但不得违反合同法对级别管辖和专属管辖的规定。

第三节 商务冲突管理方法

一、商务冲突的分析与诊断

（一）冲突管理的权变思维

商务冲突较多地表现为企业与外部的关系。当双方或多方的权利、义务关系失去均衡，相互关系紧张起来时，表明冲突已经产生。冲突管理的目的，就是要调整相互关系，实现新的均衡或谅解。据此可以看出，冲突是否需要解决，首先要看相互利益的不均衡是否影响到它们的相互协作或商务往来。如果冲突没有妨碍有关各方的正常关系，没有引起相互仇视和攻击，就认为冲突已经得到了管理。比如，在商务活动中，由于工作作风、思想方法不同，引起当事人心情不舒畅，但对双方商定的协议、合同仍能共同承担责任，有一个正常的工作关系，就认为冲突已经得到了成功的管理。

冲突有时并不表现为客观有形的现象，而只是存在于人们头脑里的东西，如"当面笑嘻嘻，背后不满意"。对于存在于人们头脑里的冲突，管理者要心中有数，但并不要避免和解决一切冲突。商务活动当事人要善于分析冲突的性质，分清建设性冲突和破坏性冲突，要在有害方面和有益方面取得最佳平衡，以正确的管理行为缓解冲突的消极作用，增强其积极作用。冲突过多或过少，都不一定是好事，关键是要在多、少之间搞好平衡。心理学家布朗认为，群体对冲突的态度因情况而异。冲突过多时应采取的策略是：强调当事人双方利益的一致性和相互依赖性；明确冲突升级的动态和造成的损失；培养共同感情、消除成见。没有冲突是不正常的，也未必是好事。这时当事人双方应看到相互利益的不一致方面，增强相互之间的界限意识。这好比两家做邻居，关系过于亲密，不分彼此，长此以往，利益均衡严重失调，会导致激烈的冲突。这种情况，在我们的生活中屡见不鲜。这种现象，在商务活动中很有借鉴作用。

（二）冲突诊断模型

商务活动中冲突普遍存在。对这些冲突不仅要有正确的管理思想，还要有分析、处理冲突的正确诊断方法。美国学者伦纳德·格林哈尔希提出了一个具有实用价值的冲突诊断模型，见表6-1。

表6-1 冲突诊断模型表

诊断要素	不易解决	容易解决
争论的焦点	原则性问题	可调和性问题

续表 6–1

诊断要素	不易解决	容易解决
利害大小	大	小
利害的相关性	负相关（一方得益会引起另一方的相应损失）	正相关（一方得益不会引起另一方损失）
冲突双方交往的历史	一次性合作	长期合作
冲突双方的组织结构	混乱或分裂，领导懦弱	组织严密，领导坚强
第三方的介入	没有可接受的保持中立的第三方	有可信赖的有权威的中立者介入
对冲突后果的看法	不平衡，一方感到受损害较大	双方认为受同等损害

模型说明：

（1）争论焦点。这涉及对争论问题的定性。如果将问题定为原则性问题，就可能使当事人双方走向敌对状态。因为问题定性涉及双方在道德、责任、是非上承担的判定结果，所以双方互不相让，使冲突难以解决。其实这种策略反过来会用来对付使用者自身，这是一种容易陷入僵局的策略。对这一局面的有效解决办法是使当事人双方认识到，调解人已经了解了双方的观点，并认为双方的观点都有一定的道理。这样就能使双方由争论不休转向和解并解决问题。

（2）利害大小。利害关系大，问题难于解决。如涉及双方违法、违反合同、企业信誉、品牌声誉等问题，当事人一般都不轻易让步。在许多情况下，双方对利益的斤斤计较，不一定要采取强硬措施，教育诱导反倒能奏效。如果双方争论不休、情绪激动，调解、仲裁者对他们可不予理睬，放一段时间来个"冷处理"，迫使双方对问题作出评价，恢复他们的理智和对问题的客观评价。

（3）利害相关性。冲突双方的利益如果是负相关，即一方在相互交往中所得以牺牲另一方为代价，冲突不容易解决。在正相关依存条件下，通过解决问题，双方都能得到好处，冲突容易解决。解决利害相关性冲突时，要引导双方寻找利益共同点，把分配中争夺份额大小转化为寻求最佳解决方案，即力图获得最佳初始分配比例。

（4）冲突双方交往的历史。冲突双方交往的历史涉及相互打交道时间的长短。如果双方要长期合作共事，大家都会求同存异，在小问题上相互迁就，以谋求双方取得长期的最大利益，这样他们之间的冲突就容易解决。如果双方关系是一次性买卖，一方很难迁就对方，冲突便难于解决。

（5）冲突双方的组织结构。这里是指当事人双方企业内部组织结构及领导职位状况。如果企业内部组织混乱，分崩离析，领导软弱无力，它对外的谈判力量弱，不容易解决与贸易伙伴的冲突。反之，组织严密，团结一致，领导坚强有力，它的对外谈判力量强，容易解决与外部的冲突。

(6) 第三方的介入。在商务活动中发生冲突时，人们容易情绪激动，导致认识片面，产生非理性想法，从而诱发争吵。态度上不合情理，妨碍人们的思想交流，容易造成相互攻击，使冲突难以解决。

在双方激烈争执的情况下，第三方的介入，就可能成为有效的"劝架人"。这是因为，人们都有自我尊重的需要，希望别人承认他是通情达理的。第三方有威望、可信赖、保持中立，更能使冲突双方克制感情、约束自我。第三者如调解、仲裁者介入，可以监督双方对话，或为对立双方牵线搭桥，寻找解决冲突的阶梯。

(7) 对冲突后果的看法。让冲突双方了解冲突现状和后果，对冲突缓解和最终解决是有益的。例如，从冲突现状来看，一方占了便宜，另一方吃了亏。吃亏的一方往往不满足于现状，采取多种办法改变现状。但有时事物不可能完全平衡，保持利益的适度倾斜，可能会使双方取得更大的利益。打破现状，追求绝对平衡，也可能使双方失去合作基础，蒙受更大的损失。

二、商务冲突的应对策略

冲突的应对可以分为五种基本策略。

1. 回避或者撤出

回避或者撤出是指卷入冲突的人们从实际情况中撤出来，避免发生实际冲突或者潜在冲突。这种方法有时并不是一种积极的解决途径，它可能会使冲突积累起来，而在后来逐步升级。

2. 竞争或者强制

这一策略的实质是"非赢即输"，它认为在冲突中获胜要比"勉强"保持人际关系更为重要。这是一种积极解决冲突的方式。当然有时也可能出现一种极端的情形，如用权力进行强制处理，可能会导致团队成员的怨恨，恶化工作的氛围。

3. 缓和或调停

"求同存异"是这种策略的实质，即尽力在冲突中强调意见一致的方面，最大可能地忽视差异。尽管这一方式能够缓和冲突，避免一些矛盾，但它并不利于问题的解决。

4. 妥协

协商并寻求双方在一定程度上都满意的方法是这一策略的实质。这种方法的主要特征是寻求一种折中方案。尤其当两个方案势均力敌、难分优劣时，妥协也许是较为恰当的解决方式。但是，这种方法并非永远可行。

5. 正视

直接面对冲突是克服分歧、解决冲突的有效途径。通过这种方法，项目团队成员直接正视问题、面对冲突，共同探讨，采取解决问题的态度，使冲突得到一个明确的结局。这种方法是一种积极的冲突解决途径，它既正视问题的结局，也重视团队成员之间的关系。以诚待人、形成民主的氛围是这种方法的关键。它要求成员花更多的时间去理解把握其他成员的观点和方案,要善于处理而不是压制自己的情绪和想法。

以上策略的分类和评价主要针对的是普遍情况,通常"正视冲突"是最有效的方法。但在实际的冲突面前,商务管理者需要组合多种策略以达到最佳的效果。例如,在冲突最激烈的时候或是信息掌握不充分的时候,可以考虑先采用"回避、撤出"的策略缓解双方激烈、冲动的气氛,然后再采取积极的解决措施。

以上的这些策略都有适用的场合,但是最终应该对冲突采取"面对"的态度:对冲突原因进行分析,解决冲突并采取预防措施,防止类似冲突的发生。

三、商务冲突管理的方法

(一) 传统处理冲突方法

传统观点往往只看到冲突的消极影响,把冲突当作组织内部矛盾、斗争、不团结的征兆,因而管理者总是极力消除、回避或掩饰冲突。事实上由于沟通差异、结构差异和个体差异的客观存在,冲突也就不可避免地存在于一切组织之中。我们不仅应当承认冲突是正当现象,并且要看到冲突的积极作用。任何一个组织如果没有冲突或很少冲突,任何事情都意见一致,这个组织必将非常冷漠,对环境变化反应迟钝、缺乏创新、万马齐喑、死水一潭。当然如果冲突过多过激也会造成混乱、涣散、分裂和无政府状态。

所以组织应保持适度的冲突,使组织养成批评与自我批评、不断创新、努力进取的风气,组织就会出现人人心情舒畅、奋发向上的局面,组织就有旺盛的生命力。这就是管理者冲突处理的使命。

当组织缺乏冲突时,管理者应细心地寻找原因,问问自己是否过于看重决策的"意见一致"?是否过分强调"团结、友谊和支持比什么都重要"?是否处理问题过于"中庸"?在用人、奖励、惩罚时,是否过于关注不同意见?或者你是否走到另一极,过于独断专行?是否压制打击过批评者?或者对不同意见者态度过于严厉?最后,你要静下来扪心自问,我是否已被"点头称是的人们"所包围?为了促进冲突,管理者除改变自身的思想观念和工作作风外,还要有意识地鼓励、支持、任用、晋升持不同意见的人。有时为了引起冲突、听到不同意见,可有意散布一点"小道消息"作为探测气球、问路之石,也可通过引进外人、调整机构等方法改变组织的现状。

缺乏冲突时,希望有冲突,真有冲突时,又有可能害怕冲突,"叶公好龙",这是许多管理者的通病。处理冲突实际上是一种艺术,优秀的管理者通常这样处理商务冲突:

(1) 谨慎地选择你想处理的冲突。管理者可能面临许多冲突。其中,有些冲突非常琐碎,不值得花很多时间去处理;有些冲突虽很重要但不是自己力所能及的,不宜插手。有些冲突难度很大,要花很多时间和精力,未必有好的回报,不要轻易介入。管理者应当选择那些群众关心,影响面大,对推进工作、打开局面、增强凝聚力、建设组织文化有意义、有价值的事件，亲自抓，一抓到底。其他冲突均可尽量回避。事事时时都冲到第一线的人并不是真正的优秀管理者。

（2）仔细研究冲突双方的代表人物。是哪些人卷入了冲突？冲突双方的观点是什么？差异在哪里？双方真正感兴趣的是什么？代表人物的人格特点、价值观、经历和资源因素如何？

（3）深入了解冲突的根源。不仅要了解公开的表层的冲突原因，还要深入了解深层的、没有说出来的原因。冲突可能是多种原因交叉作用的结果，如果是这样，还要进一步分析各种原因作用的强度。

（4）妥善地选择处理办法。通常的处理办法有五种：回避、迁就、强制、妥协、合作。当冲突无关紧要时，或当冲突双方情绪极为激动、需要时间恢复平静时，可采用回避策略；当维持和谐关系十分重要时，可采用迁就策略；当必须对重大事件或紧急事件进行迅速处理时，可采用强制策略，用行政命令方式牺牲某一方利益处理后，再慢慢做安抚工作；当冲突双方势均力敌、争执不下需采取权宜之计时，只好双方都做出一些让步，实现妥协；当事件十分重大，双方不可能妥协，经过开诚布公的谈判，走向对双方均有利的合作，或双赢的解决方式。

（二）商务冲突管理方法

在商务中解决和防止冲突的方法，大致有以下几种。在具体使用时，商务经理可以根据实际情况采用不同应对策略的组合。

（1）建立公司范围内解决冲突的方针和管理程序，形成健康的文化氛围。通过管理流程加强大家对商务目标和各自期望的理解，明确各方彼此分工等等，能在一定程度上避免冲突的发生。但是公司中的部门之间差异比较大，其中产生的冲突也各有各的特点，因此这种方法不一定很有效果。如果公司内部形成一种有利于冲突解决的文化气氛，例如鼓励员工之间进行坦诚的交流和建立信任，并得到公司制度的支持，在这种氛围下很多冲突、矛盾比较容易解决。

（2）在早期计划活动中建立商务冲突的解决程序。商务中的冲突是可以"计划"的，可以通过计划消除一些冲突的发生，也可以通过计划对可能发生的冲突事先安排处理方案，包括把责任落实到人。

（3）借助上级解决冲突。有时商务经理和职能经理的分歧各有各的道理，冲突需要上一级管理者从更高层次进行权衡，这样有利于维护公司利益的最大化。但是在实践中这往往会成为"打小报告"。所以，建议冲突各方在充分协商沟通之后，仍达不成解决方案时再向上求救。

（4）冲突双方以积极的态度直接接触，通过沟通和协商解决问题。维持友好的合作关系对处理冲突是十分有利的。在实际工作中，冲突双方可以采用正式或者非正式的方法进行沟通，尽可能在最小范围解决问题。

（三）商务冲突管理中的谈判

谈判是双方或多方为实现某种目标就有关条件达成协议的过程。这种目标可能是为了实现某种商品或服务的交易，也可能是为了实现某种战略或策略的合作；可能是为了争取某种待遇或地位，也可能是为了减税或贷款；可能是为了弥合相互的分歧而走向联合，也可能是为了明确各自的权益而走向独立。市场经济本身就是一种契约经济，一切有目的的经济活动，一切有意义的经济关系都要通过谈判来建立。管理者总是面对无数的谈判对手。

谈判有两种基本方法，即零和谈判和双赢谈判。

零和谈判就是有输有赢的谈判，一方所得就是另一方所失，一方赢就是另一方输。零和谈判为什么能成功？这是因为双方的目标都有弹性并有重叠区存在，重叠区就是双方和解达成协议的基础。

双赢谈判就是谈判结果找到一种双方都赢的方案。双赢谈判要求双方对另一方的需求十分敏感，各自都比较开放和灵活，双方都对另一方有足够的了解和信任。在此基础上通过开诚布公的谈判，就可能找到双赢的方案，从而建立起牢固的长期的合作关系。

优秀的管理者通常这样进行重要的谈判：

（1）理性分析谈判的事件。抛弃历史和感情上的纠葛，理性地判别信息、依据的真伪，分析事件的是非曲直，分析双方未来的得失。

（2）理解你的谈判对手。他的制约因素是什么？他的真实意图是什么？他的战略是什么？他的兴奋点和抑制点在哪里？

（3）抱着诚意开始谈判。态度不卑不亢，条件合情合理，提法易于接受，必要时可以主动做出让步（也许只是一个小小的让步）。尽可能寻找双赢的解决方案。

（4）坚定与灵活相结合。对自己目标的基本要求要坚持，对双方最初的意见（如报价）不必太在意，那多半只是一种试探，有极大的伸缩余地。当陷入僵局时，应采取暂停、冷处理后再谈，或争取第三方调停，尽可能避免破裂。

商务冲突管理的方法还有很多，如协调法。在不同企业、部门之间，工作、业务不协调的情况经常出现，这也是导致冲突的原因。预先对相互关联的工作做出安排，可以减少因工作结果不合标准而产生的冲突。在工作计划实施之前采取共同决策、制定共同目标，也可以避免和减少冲突。

认知实训

实训内容：

到人民法院参加一次民事冲突的庭审过程。

实训目的：
1. 培养学生了解冲突产生的原因是多方面的。
2. 掌握企业商务活动当事人要善于分析冲突的性质，分清建设性冲突和破坏性冲突。
3. 掌握不同类型企业商务冲突的不同解决方法。

实训要求：
1. 熟悉一般商务冲突纠纷调解的原则。
2. 了解我国经济合同纠纷仲裁程序包括申请仲裁、受理案件、仲裁、仲裁裁决的执行和监督等。
3. 熟悉一般商务冲突的调解方法。
4. 熟悉一般商务商务冲突的仲裁方法。
5. 熟悉一般商务冲突管理方法。

实训操作与规范：
1. 有组织地到法院进行参观活动。
2. 注意安全。
3. 听从现场指挥。

实训组织：
1. 有条件的学校，组织学生参观后，最好请法院的法官就某一具体的冲突案例给学生进行讲解。
2. 老师也可以提供相关经典的冲突案例。

复习思考题

1. 什么是商务冲突？为什么会产生商务冲突？
2. 商务冲突的主要类型有哪些？
3. 什么是商务冲突管理？加强商务冲突管理有什么意义？
4. 简述商务冲突的调解方法。
5. 简述商务冲突的仲裁方法。
6. 简述商务冲突的应对策略。
7. 简述商务冲突管理方法。
8. 简述优秀管理者进行重要谈判的方法。

斯诺公司的冲突

1985年，中外合资的斯诺制药公司经过双方近六年的协商、谈判，最终以中方

第六章 现代商务冲突管理

48%、外方52%的投资股份，组成了20世纪90年代中具世界先进水平的现代化制药公司——中国斯诺公司。

"建厂不易，管理更难；谈判艰辛，合作更难。"无论是中方还是外方的管理人员，一开始都意识到这个问题。从中方角度来说，合资的利益是引进外方的专利产品，利用外方的资金，学习西方开发市场的经验，将真正符合良好的制药管理规范生产的新产品推上中国市场和国际市场，服务于大众。而对于外方，合资的利益是利用中国的廉价土地和劳力，开发尚未被开发的中国巨大的潜在市场，扩大市场份额。很明显，如果中外双方都只执意坚持各自的利益为导向，斗争自然会兴起。

90年代初，中国的药品价格很低廉（由于中国的绝大部分药品是仿制品，生产厂家不用支付技术使用费，故药品价格很低）。当时一片治疗过敏的扑尔敏药仅4分钱，而中国斯诺生产的无嗜睡作用的抗过敏药需大约1元人民币。对于长期使用廉价药品的中国人来说，高达20来倍的抗过敏药是十分难以接受的。而外方认为：发明一种新药需要长达10年左右的时间，耗资近2亿~3亿美元。外方在国外其他地区销售此过敏药的价格比卖给中国人的价格高6~8倍。更重要的是，服用一片无嗜睡作用的抗过敏药不仅减少了对身体的副作用，保证了人员健康，而且工人可以照常上班，学生可以照常上学。一场"利益战争"就此拉开了序幕。

在公司内部，第一个强烈反对的就是中方销售经理和销售员。他们认为高于国内药品价格十几倍或几十倍的产品，客户根本无法接受。所以由销售经理领头，全体销售人员向总裁集体"请愿"，请求产品降价。总裁说服无效，就采取强制手段。首先提出："不会销售高价产品的销售经理不是好经理"；"要么领导，要么跟随，要么就离开"。总裁要求销售总监将销售指标下达到每个人头上，每周将销售与收款的业绩公布于众。完成任务的视为是"雄鹰"，予以重奖；完不成任务的则视为是"火鸡"；大会小会宣传、评比，让"雄鹰"把头抬得高高的，让"火鸡"灰溜溜抬不起头。这冲破了中国长期以来的传统观念——枪打出头鸟！凡是出头鸟的"鹰"，就鼓励、提升，凡是"火鸡"就受冷落。这对中国员工的思想、观念和行为是一个很大的冲击，在冲突激烈时人员流动率高达60%。

1991年，公司开始从困境中走了出来，销售额逐年上升，公司从亏损、持平走向了盈利。为了庆贺成功，新年的答谢晚宴在市内的一家五星级宾馆拉开了序幕，几十桌的客人来自各行各业：感谢海关帮助公司办理进口原料手续；感谢银行办理收款；感谢运输部门帮助送货；感谢邮局帮助……总裁被各部门经理轮着邀请去为各自的客户敬酒，致谢，总裁一边祝酒，一边思索：在中国难道有这么多"免费的午餐"吗？盈利后应该且必须举办如此隆重的答谢晚宴吗？"酒文化"是中国不可改变的吗？

1992年初，经过精心策划后，总部挑选了公司近50位管理骨干（当时员工总数为六百多人）在省政府招待所，举行一次具有历史意义的"公司大革命"。这次依照日本"魔鬼营"方式的培训持续了一周，受训者每天睡觉不足四小时，无论中外方管理人员，每天早上五点半起床跑步、锻炼，就连发高烧的人也不能缺席。培训以日本松下公司总裁的"铁拳头，绒手套"作为教材，要求学员背诵松下幸之助的102个管理的金科良训，讨论诺贝尔经济学获奖人、著名的麻省理工学院研究生部创始人保罗·A.萨缪尔森经济学教科书中引用的格言："世上没有免费的午餐。"

总裁要求公司管理人员以身作则，节省公司每一分钱；不允许随便请客吃饭，必须要请的，也要填写交际费用申请报告，说明请谁，为什么需要请，解决公司业务中的什么问题……总裁开诚布公地讲：在中外合资这条"船"上，我现在是船长，是舵手，你们必须服从我，跟随我，不接受我的领导和管理案例研究风格的，请立即离开……这次触动灵魂的，几乎是惊心动魄的"思想大革命"，给每一个管理者心灵上留下了深深的烙印。会后，大约20%以上的管理人员离开了公司。为了强化"世上没有免费的午餐"的观念，总裁将这句格言挂在公司餐厅的墙壁上，写在工作笔记本的扉页上，并在若干次大小会议上强调："我们的工资是谁付的？我们的水费、电费是谁付的？我们工作条件与环境是谁提供的？是顾客，是顾客掏出腰包中的钱买我们的产品，我们才得以生存，因此，顾客是上帝。

"而'世上没有免费的午餐'，如果我们不能提供优质的产品和良好的服务，如果我们不控制成本，给客户提供合理的价格，客户就会离我们而去，企业将面临倒闭，我们将会失业。因此，市场导向、顾客至上是我们每位员工的责任和义务。只有每位员工在各自的岗位上都尽职尽责为顾客服务，为顾客创造性地提供服务，我们的企业才有生机，我们的事业才会兴旺发达。"

慢慢地，大家逐渐意识到每一分花费都会进入成本，增加消费者的负担，从而影响产品价格，影响销售，影响企业经营甚至前途，慢慢地"世上没有免费的午餐"的观念被大多数员工接受，并逐步形成了共识。

随着公司资产的逐年提高，员工对涨工资的期望值也越来越高。1985年到1989年，公司从国有企业招聘的员工、干部一般平均工资不足100元，工人一般不足80元。到合资公司以后，待遇几乎翻番。这是由于合资企业的风险较大，管理机制也不同所致。员工刚开始考虑到企业没效益，还亏损，每从银行贷款1元人民币，以后须以3倍的本息代价来偿还，所以精打细算，埋头苦干，期待着公司经营好了，自己的待遇也会提高。在建设公司初期的艰苦年代里，绝大多数人不计较个人得失，加班不要加班费，出差乘坐火车硬座，住招待所，吃盒饭……大家默默地无私地奉献着。

从1985年到1990年，公司的平均工资水平大约在300元人民币左右。从1990年到1992年，每年工资上调两次，每次平均上涨40%~50%，但对员工来讲，从亏损到数百万、数千万的盈利，总觉得待遇不够好。外方总裁对此十分忧虑。工资增幅同国外每年平均工资增长大约2%~5%左右相比，他几乎无法向外方股东交代，而员工的满意度还不高。

于是，总裁又策划了另一场"思想革命"，他将销售经理们组织起来，进行市场经济的"洗脑"。总裁问大家："公司给员工涨工资依据什么？"大家异口同声回答："根据公司效益。""公司效益好，员工的工资就该大幅度的增长，以保持企业竞争力。否则，独资公司、合资公司越来越多，他们会来我们这挖人才。""只有将我们的待遇提高到比平均水平高得多的地步，我们的队伍才会稳定，人才才留得住。"……大家越说越热烈，越讲越兴奋，希望给这位不知道公司历史的新总裁"上上课"，给他个"忆苦思甜"，让他理解公司效益已翻番，员工待遇是不足的。

总裁越听越恼火，这样的观念还了得！我们该涨多少倍的工资才能满足大家的期望？他厉声阻止大家再讲下去并问到："你们知道雇员与股东的区别是什么吗？""企业效益好，是股东应获得的利润，而不是你们员工！当年公司亏损时，不是在贷高利息的款给你们付比国营企业高得多的工资吗？这是由于企业需要用人才。股东当年冒那么大风险投资，现在是该得到回报的时候了，这与你们没关系。如果你们到现在还不懂什么是雇员，什么是股东，我就来告诉你们：作为总裁，我能在街上用一角钱买到的东西，我绝对不付一角一分。我们为什么到中国来投资？中国市场大，劳动力便宜，我们的产品售价已远远低于国际市场，我们还要付高工资？中国如果失去了竞争力，外国人就不会再来中国投资，那你们就得再回国有企业或者失业。"当时，销售经理们如同被大棒打醒了。噢，原来我们的"无私奉献"都给资本家白干了。现在企业效益好了，倒是股东的事了。我们当年多傻呀，为什么要那么拼命地干呢？为什么呢？反正中国机会多，在这里涨工资指望不大，别的公司出高价就走……员工心灵上受到深深的刺痛。他们明明知道按经济学理论，工资按市场价确定也没错，可感情上的伤害实在难以忍受。

（编自：中外合资斯诺制药公司谷里虹的观点）

讨论题

1. 你如何看待斯诺公司的冲突？
2. 请为斯诺公司的冲突提出一些建议？

第七章 现代商务物流管理

学习目标 ▶▶▶

◎ 知识的掌握

1. 掌握物流及其分类。
2. 掌握物流系统的各子系统的构成。
3. 掌握物流管理的定义、职能、主要内容和需要解决的问题。
4. 掌握电子商务对物流的作用、物流运作方式、物流管理模式和现代物流管理的发展趋势。

◎ 技能的提高

1. 能够设计物流系统的各子系统。
2. 能够制订物流管理各环节的任务。
3. 能够保证物流系统高效运作。

兔子的论文

在一个明媚的午后,兔子在自己的山洞口享受阳光。一只狐狸走过来:"我要吃了你!"兔子说:"别着急,让我把论文写完再说吧。""喔?你的论文题目叫什么?"狐狸很好奇地问。"《兔子比狐狸更强大》。"狐狸觉得很有趣:"呵呵呵,小东西,你可真会讲笑话。"兔子闪着大眼睛说:"不信,你跟我来。"狐狸跟着兔子走进了洞内,就再也没有出来。几天后一只狼又来到兔子跟前,恶狠狠地说:"我要吃了你。"兔子照样不急不慢:"请等我把论文写好了,再吃不迟。"狼哈哈大笑:"你还会写论文?"兔子答道:"是的。我的论文就叫《兔子比狼更强大》。"狼舔了舔舌头:"我的小点心,你别笑死我了呀,你居然比我还强大?""不信,你跟我来。"狼跟着兔子走进洞去,也再也没有出来。山洞里边,是一只威风凛凛、正在打着饱嗝的狮子。

第七章 现代商务物流管理

启示

这是一则非常有意义的寓言。企业绝不能轻视与忽略任何一个对手，即使今天还是很弱小的对手。因为一旦他们通过战略联盟获得了大企业的支持，一夜之间便可具备相当强大的资源和能力。兔子与狮子战略合作，所以能很轻易地消灭掉狐狸和狼。企业家要有危机意识，积极实现与别的企业优势互补，互通有无，就能爆发出巨大的发展能量。

德尔菲公司的现代物流

总部设在美国阿拉斯加的德尔菲公司，生产深海鱼油和各种保健品。虽然它在产品设计和开发方面始终保持优势，但德尔菲公司由于其复杂、昂贵和无效率的物流系统而面临着利润下降。德尔菲公司发现，对过多的承运人和过多的系统正在全面失去管理控制。为了重新获得控制，德尔菲公司不得不重新组织其物流作业。德尔菲公司新的物流结构的实施是以其将全部物流作业都转移到联邦速递的一家分支机构——商业物流公司为开端的。商业物流公司的任务是重新构造、改善和管理在德尔菲公司供应链上的货物和信息流动的每一个方面。

在重新组织之前，公司有6个大型仓库，8家最重要的承运人和12个相互独立的管理系统。其结果是从顾客订货到顾客交货之间需要漫长的时间，公司存在巨大的存货和太多的缺货。如果一位顾客向德国一家仓库寻求一种销售很快的商品，他会被告知该商品已经脱销，新的供应品要等几个月才能运到。与此同时，该商品却在威尔士的一家仓库中积压着。按平均计算，所有的生产线中16%的产品在零售店脱销。

德尔菲公司认识到它需要重新分析其现有设施的地点位置。公司决定全美所有仓库除一家外全部关闭，该仓库将从仅为当地顾客服务转变为向全球顾客服务。该仓库位于靠近美国的制造工厂现场，成为一个世界性的"处理中心"，充当着德尔菲公司产品的物流交换所。虽然这种单一中心的概念有可能要花费较高的运输成本，但是德尔菲公司认为，这种代价将会由增加的效率来补偿。在过去，意想不到的需求问题导致更高的存货，以弥补不确定性和维持顾客服务。

公司知道，单一的服务地点与若干小型的服务地点相比，会有更多可以预料的流动，现在随机的需求会在整个市场领域内普遍分享，使得某个领域的水平提高就会降低另一个领域的需求水平。

运输成本通过存货的周转率得到弥补。事实上，德尔菲公司发现，由于减少了交叉装运的总量，单一中心系统实际降低了运输成本。从美国仓库立即装运到零售店，虽然从订货到送达的时间大致相同，但是产品只需一次装运，而不是在许多不同的地点进行装运和搬运。

德尔菲公司认识到，物流的改进已超出了仅仅降低成本的范围。该公司正在瞄准机会增加服务和灵活性，它计划在 24~48 小时之内，向世界上位于任何地点的商店进行再供货。先进的系统和通信将被用于监督和控制世界范围的存货。联邦速递的全球化承运人网络将确保货物及时抵达目的地。德尔菲公司还在计划发动一项邮购业务，其特色是 48 小时内将货物递送到世界上任何地点的最终顾客的家门口。它当前的 1000 万美元的邮购业务已经变得越来越强大，但是直到如今，该公司还必须限制其发展，因为它难以跟上不断扩大的订货。新的优越的地点网络将会使这种发展成为可能并有利可图。

讨论题

1. 通过分析德尔菲公司向现代物流的转变过程，你认为其转变成功之处在哪里？
2. 你认为本案例对中国目前传统物流企业实现向现代物流的转变有何借鉴意义？

组织为了保证生产的节奏，必须不断组织原材料、零部件、辅助材料等的供应。这种生产资料的流通过程，就是组织的物流活动。

物流作为组织生产经营服务中有形实体的流动，它凸现了组织的生产过程和现状，与整个组织的生存和发展息息相关。没有生产要素的有效流动，组织的生产经营活动就会停止。物流是组织的动脉，是整个组织发展的物质基础，是组织的"第三个利润源"。物流管理是组织管理的重要内容之一。

物流管理源于美国。作为引进不久的一门新兴学科，近年来在我国得到了长足的发展，一些新的物流理念与方法不断地被引进与吸收，给我国企业注入了新的活力。无论在国内还是国外，物流领域的潜力还远远没有开发。随着世界经济一体化与新理念的发展，特别是信息技术的发展，物流领域也必将得到进一步的发展。

第一节　物流概述

一、物流的概念

（一）物流的由来

"Distribution"一词最早出现出美国。1921 年阿奇·萧在《市场流通中的若干问题》(*Some Problems in Market Distribution*) 一书中提出，"物流是与创造需要不同的一个问题"，并提到"物资经过时间或空间的转移，会产生附加价值"。这里，Market Distribution 指的是商流；时间和空间的转移指的是销售过程的物流。

在第一次世界大战的 1918 年，英国犹尼里佛的利费哈姆勋爵成立了"即时送货股份有限公司"。其公司宗旨是在全国范围内把商品及时送到批发商、零售商以及用户的手中,这一举动被一些物流学者誉为有关"物流活动的早期文献记载"。

30年代初,在一部关于市场营销的基础教科书中,开始涉及物流运输、物资储存等业务的实物供应(Physical Supply)这一名词,该书将市场营销定义为"影响产品所有权转移和产品的实物流通活动"。这里所说的所有权转移是指商流,实物流通指物流。

1935年,美国销售协会最早对物流进行了定义:"物流(Physical Distribution)是包含于销售之中的物质资料和服务,与从生产地到消费地点流动过程中伴随的种种活动。"上述历史被物流界较普遍地认为是物流的早期阶段。

日本在1964年开始使用物流这一概念。在使用物流这个术语以前,日本把与商品实体有关的各项业务,统称为"流通技术"。1956年日本派出"流通技术专门考察团",由早稻田大学教授宇野正雄等一行7人去美国考察,弄清楚了日本以往叫做"流通技术"的内容,相当于美国叫做"Physical Distribution"(实物分配)的内容,从此便把流通技术按照美国的简称,叫做"PD","PD"这个术语得到了广泛的使用。1964年,日本池田内阁中五年计划制定小组成员平原谈到"PD"这一术语时说,"比起来,叫作'PD'不如叫作'物的流通'更好。"1965年,日本在政府文件中正式采用"物的流通"这个术语,简称为"物流"。

1981年,日本综合研究所编著的《物流手册》,对"物流"的表述是:"物质资料从供给者向需要者的物理性移动,是创造时间性、场所性价值的经济活动。从物流的范畴来看,包括包装、装卸、保管、库存管理、流通加工、运输、配送等诸种活动。"

我国开始使用"物流"一词始于1979年(有人认为,孙中山主张"贸畅其流",可以说是我国"物流思想的起源")。1979年6月,我国物资工作者代表团赴日本参加第三届国际物流会议,回国后在考察报告中第一次引用和使用"物流"这一术语。但有一段小的曲折,当时商业部提出建立"物流中心"的问题,曾有人认为"物流"一词来自日本,有崇洋之嫌,乃改为建立"储运中心"。其实,储存和运输虽是物流的主体,但物流具有更广的外延。而且物流是日本引用的汉语,物流作为"实物流通"的简称,提法既科学合理,又确切易懂。不久仍恢复称为"物流中心"。1988年台湾也开始使用"物流"这一概念。1989年4月,第8届国际物流会议在北京召开,"物流"一词的使用日益普遍。

(二)Logistics一词的出现

在第二次世界大战期间,美国对军火等进行的战时供应中,首先采取了后勤管理(Logistics Management)这一名词,对军火的运输、补给、屯驻等进行全面管理。从此,后勤逐渐形成了单独的学科,并不断发展为后勤工程(Logistics Engineering)、后勤管理(Logistics Management)和后勤分配(Logistics of Distribution)。后勤管理的方法后被引入到商业部门,被人称之为商业后勤(Business Logistics)。定义为"包括原材料的流通、产品分配、运输、购买与库存控制、储存、用户服务等业务活动",其领域统括原材料物流、生产物流和销售物流。

在 20 世纪 50~70 年代期间,人们研究的对象主要是狭义的物流,是与商品销售有关的物流活动,实物流通过程中的商品实体运动。因此,通常采用的仍是 Physical Distribution 一词。1986 年,美国物流管理协会(NCPDM;National Council of Physical Distribution Management)改名为 CLM 即 The Council of Logistics Management。将 Physical Distribution 改为 Logistics,其理由是因为 Physical Distribution 的领域较狭窄,Logistics 的概念则较宽广、连贯、整体。改名后的美国物流协会(CLM)对 Logistics 所做的定义是:"以适合于顾客的要求为目的,对原材料、在制品、制成品与其关联的信息,从产业地点到消费地点之间的流通与保管,为求有效率且最大的'对费用的相对效果'而进行计划、执行、控制。"到 1992 年,CLM 修订了物流定义,将 1985 年定义中的"原材料、在制品、制成品"修改为"产品、服务",这实际上大大拓展了物流的内涵与外延,既包括生产物流,也包括服务物流。

Logistics 与 Physical Distribution 的不同,在于 Logistics 已突破了商品流通的范围,把物流活动扩大到生产领域。物流已不仅仅从产品出厂开始,而是包括从原材料采购、加工生产到产品销售、售后服务,直到废旧物品回收等整个物理性的流通过程。这是因为随着生产的发展,社会分工越来越细,大型的制造商往往把成品零部件的生产任务包给其他专业性制造商,自己只是把这些零部件进行组装,而这些专业性制造商可能位于世界上劳动力比较便宜的地方。在这种情况下,物流不但与流通系统维持密切的关系,同时与生产系统也产生了密切的关系。这样,将物流、商流和生产三个方面连结在一起,就能产生更高的效率和效益。近年来,日、美的进口批发及连锁零售业等,运用这种观念积累了不少成功的经验。

(三)供应链管理时代

1998 年,美国物流管理协会又在 1992 年物流概念的基础上引入了"供应链"的概念。CLM 对物流的最新定义是:"物流是供应链流程的一部分,是为了满足客户需求而对商品、服务及相关信息从原产地到消费地的高效率、高效益的正向和反向流动及储存进行的计划、实施与控制过程。"这个定义不仅把物流纳入了企业间互动协作关系的管理范畴,而且要求企业在更广阔的背景上来考虑自身的物流运作。即不仅要考虑自己的客户,而且要考虑自己的供应商;不仅要考虑到客户的客户,而且要考虑到供应商的供应商;不仅要致力于降低某项具体物流作业的成本,而且要考虑使供应链运作的总成本最低。总之,该定义反映了随着供应链管理思想的出现,美国物流界对物流的认识更加深入,强调"物流是供应链的一部分",并从"反向物流"角度进一步拓展了物流的内涵与外延。

2005 年初,有着 40 多年历史的美国物流管理协会(CLM)正式更名为美国供应链管理专业协会(CSCCMP),标志着全球物流进入供应链时代的开始。这一变化从某种意义上揭示了 21 世纪国际物流发展的主流趋势:供应链管理。

（四）物流管理在中国

在我国，物流是一个外来词，于20世纪70年代末从日本引进。1979年6月，中国物资经济学会派代表团参加在日本举行的第三届国际物流会议，把物流的概念介绍到了国内。此后，有关部门及专家学者展开了对物流的研究，代表性的物流定义有：

1987年，王嘉霖、张蕾丽教授在《物流系统工程》一书中指出：物流系泛指物资实体的场所（或位置）转移和时间占用，即物资实体的物理移动过程（有形的与无形的）。狭义地讲，物流包括从生产企业内部原材料、协作件的采购开始，经过生产制造过程中的半成品的存放、装卸、搬运和成品包装，到流通部门或直达客户后的入库验收、分类、储存、保管、配送，最后送达顾客手中的全过程，以及贯穿于物流全过程的信息传递和顾客服务工作的各种机能的整合。

1987年，在李京文教授等主编的《物流学及其应用》一书中，物流被定义为："物质资料在生产过程中各个生产阶段之间的流动和从生产场所到消费场所之间的全部运动过程。"

1995年，王之泰教授在《现代物流学》一书中，将物流定义为："按用户（商品的购买者、需求方、下一道工序、货主等）要求，将物的实体（商品、货物、原材料、零配件、半成品等等）从供给地向需要地转移的过程。这个过程涉及到运输、储存、保管、搬运、装卸、货物处置和拣选、包装、流通加工、信息处理等许多相关活动。"

1996年，吴清一教授在《物流学》一书中，将物流定义为："指实物从供给方向需求方的转移，这种转移既要通过运输或搬运来解决空间位置的变化，又要通过储存保管来调节双方在时间节奏方面的差别。"

1997年，何明珂教授在《现代物流与配送中心》一书中，定义物流是"物质实体从供应者向需要者的物理性移动，它由一系列创造时间和空间效用的经济活动组成，包括运输（配送）、保管、包装、装卸、流通加工及物流信息处理等多项基本活动，是这些活动的统一"。

2000年，宋华博士等在《现代物流与供应链管理》一书中，将物流定义为"为了实现顾客满意，连接供给主体和需求主体，克服空间和时间阻碍的有效、快速的商品、服务流动经济活动过程"。

2001年4月，由中国物资流通协会牵头组织，中国物资流通技术开发协会、北京工商大学、北京物资学院、北方交通大学、华中科技大学、原国内贸易局物流技术研究所等单位专家学者编写的中华人民共和国国家标准《物流术语》（以下简称"《物流术语》标准"）正式颁布。在充分吸收国内外物流研究成果的基础上，《物流术语》标准将物流定义为："物品从供应地向接收地的实体流动过程。根据实际需要，将运输、储存、装卸、搬运、包装、流通加工、配送、信息处理等基本功能实现有机结合。"这个定义除了对概念准确性进行斟酌之外，还考虑了中国文化和国外现代物流理念接轨。

大家都知道，英文"Logistics"直译为"后勤"，但中文的后勤与物流的概念相距甚远，一般理解，后勤是吃、喝、拉、撒、睡等生活保障（并非军队对后勤的要求），而"物流"汉语词义解释是"物的位移过程"。所以我国在研究了美国工程学派、管理学派、军事学派、企业学派等几个学派对 Logistics 的定义及欧洲、日本的物流定义之后,认为国外的定义按中文理解是物流系统管理。而中文物流与物流管理不是一个层面上的概念,所以在国标"物流"定义中我们用了两句话来描述(见前面的叙述),第一句是汉语的物流概念;第二句则引入国际上对物流强调系统的含义,但用"有机结合"取代了"计划、实施、控制"等词,因为后者属管理范畴。在国标中我们单列出了"物流管理"这一词条并进行了界定,即"为了以最低的物流成本达到客户所满意的服务水平,对物流活动进行的计划、组织、协调与控制"。

二、物流的分类

1. 按照物流涉及范围分类

(1)国际物流:指伴随和支撑国际经济交往、贸易活动和其他国际交流所产生的物流活动。

(2)国内物流:指国内经济、贸易、交往所产生的物流活动。

(3)区域物流:指某一特定范围的物流活动,如城市物流活动、某经济区域的物流活动,通常各有其突出特点。

(4)企业物流:指某一生产企业、物流企业具体的物流活动。

2. 按照物流业务活动性质分类

(1)供应物流:指企业为了保证生产节奏,不断从生产者或中间商那里组织并购入生产资料的物流活动。企业供应物流的目标不仅要保证供应,而且要降低成本、减少消耗。

(2)生产物流:指物质资料从投入生产的第一道工序开始,到半成品、成品或可出售制品入库整个生产工艺中的物流活动,以及流通过程生产性劳务所产生的物流活动。

(3)销售物流:指企业为了保证本身的经营效益,不断伴随销售活动,将产品所有权转给用户的物流活动,包括包装、装货、配送等。

(4)回收物流:指将生产、供应、销售活动中产生的各种边角余料和废料等可再生物品回收过程中伴随发生的物流活动。

(5)废弃物流:指将企业排放的无用物、废旧物进行运输、装卸、处理等的物流活动。

中国物流行业投资分析及前景预测

物流业已成为国际经济体系的重要组成部分。现代物流是经济全球化的产物,也是推动经济全球化的重要服务业。近年来,世界现代物流业呈稳步增长态势,欧洲、美国、日本成为当前全球范围内的重要物流基地。

第七章 现代商务物流管理

中国物流行业起步较晚，随着国民经济的飞速发展，物流业的市场需求持续扩大。进入21世纪以来，在国家继续加强和改善宏观调控政策的影响下，中国物流行业保持较快增长速度，物流体系不断完善，行业运行日益成熟和规范。

2007年中国物流业持续快速发展，物流需求规模进一步扩大，物流业增加值较快增长，社会物流总费用增速加快，与GDP比率略有上升。全国社会物流总费用为45406亿元，同比增长18.2%，增幅比2006年提高4.7个百分点。

2008年，雨雪冰冻和汶川地震两大自然灾害，北京奥运交通限行和环境整治，油价剧烈波动和燃油税出台，特别是国际金融危机，都对物流业带来冲击。在严峻形势下，中国物流业增速放缓，但行业总体发展仍保持增长。2008年12月，国家海关总署、财政部、国家税务总局和外汇局联合发文，正式批准设立上海西北物流园区等17个保税物流中心，进一步推动国内物流园区的发展壮大。

当前国际金融危机对中国宏观经济的影响仍在持续，中国宏观经济增速趋缓，物流行业遭受一定冲击。但随着政府各类"扩内需、保增长"政策的陆续出台，中国经济有望继续保持平稳较快增长，物流行业的市场前景也开始逐步好转，农村物流、零售业物流等细分市场成为投资热点。

"十一五"乃至未来更长时期，中国物流产业将进入更高层次的发展阶段，并呈现一些新的发展趋势与特征。第一，伴随着国民经济的快速稳定发展，物流产业规模将继续快速扩张。第二，与经济结构和产业布局调整相适应。物流产业的集中度进一步提升。第三，随着物流市场的进一步扩大，物流产业内的分工将越来越细。第四，物流服务方式日益多样化。以现代信息技术、运输技术、管理技术为基础的集成化、一体化物流服务将得到更为广泛的应用。第五，物流产业技术进步与创新步伐加快，现代化水平进一步提升。第六，合作互动将成为物流产业实现规模扩张、协调发展的重要途径。第七，物流产业发展的制度环境日趋规范，市场秩序与环境条件进一步优化。

（来源：《2009—2012年中国物流行业投资分析及前景预测报告》2009年5月）

第二节 物流系统

物流系统同其他的任何系统都一样，是由人、财、物等相关要素构成的。在物流系统的构成基本要素中，人员的要素是核心要素、首要要素，提高人员的素质是建立一个高效化、合理化物流系统的根本条件。其次，资金要素也非常重要，没有有力的资金支持，则无法保证物流过程的有效实现，同时物流服务本身也需要以货币为媒介。最后，物的要素是物流系统目标实现的基础条件，现代化的运输是物流系统效率实现的保证。以上三个要素是构成物流系统的基本要素，在此基础上，物流系统的构成要素是物流系统的各个子系统，这些系统是物流系统中相互联系、相互作用的各个环节。按照它们各自的功能区域划分，可以分为以下七个子系统。

一、运输子系统

就物流过程而言,运输通常是物流成本中最大的单项成本。一般认为,货物运输费用占物流总成本的 1/3 到 2/3,因此,运输问题(如运输规划、运输管理)是物流系统规划的重要甚至是主要组成部分。

(一)运输的概念

运输(Transportation):用设备和工具,将物品从一地点向另一地点运送的物流活动。其中包括集货、分配、搬运、中转、装入、卸下、分散等一系列操作。在本章的讨论中,运输的概念限于运输过程的主要环节,即将物品从一地点向另一地点运送的物流活动,而不包括相关的辅助活动,如集货、搬运、装卸等工作。

(二)运输的作用

从国民经济角度看,运输是保证国民经济正常运作的重要基础之一。

(1)运输是社会物质生产顺利进行的必要条件。在社会分工日益精细的今天,社会物质生产的顺利进行高度依赖于运输生产的顺利进行。任何正常运转的企业(无论是工业企业还是商业企业),每天都有大量物资进出。某些重要的交通线路如果不能正常运转,将对国民经济产生重大影响。

(2)运输是物流的主要功能要素之一。从物流的观点,物流是"物"的物理性移动,它改变了"物"的时间和空间状态。而其空间状态改变则主要依赖于运输完成。

(3)实现货物的空间位移,创造"场所价值"。物流是物品在时空上的移动。运输主要承担改变物品空间位置的作用,是物品改变空间位置的主要技术手段,是物品实现价值增值的主要原因。

随着社会的发展,社会分工迅速发展,生产与供应的关系日趋紧密。现代生产的基本要求是生产过程平稳、生产各环节节奏一致,而生产、供应、消费等社会行为在空间上的联系却日趋分离,因此运输的作用显得空前突出。

(4)决定了物流的速度。多个物流环节都对物流速度起着影响。但一般而言,在物品从供应方向需求方转移的过程中,尤其是空间距离较大或者是运输过程的组织难度较大、运输条件基础较差时,主要是运输决定了物流的速度。而运输工具(运输方式)、运输线路状况、运输组织等方面水平的高低决定了运输速度。

(5)决定了社会生产规模与社会的联系水平。社会生产规模与运输能力是相适应的。在现代化生产中,没有高速度、运输能力大、价格合适的运输体系支持,供应与销售的能力、范围及规模就会受到很大程度的限制,甚至是不可能实现的。现代社会的高度的社会分工、顺畅的商品流通的前提就是良好的运输支持。

人们之间的联系在很大程度是以"物"作为联系的枢纽,因此运输越是发达的地区,社会联系越是广泛而深入。

运输通常是物流系统中费用最高的部分。对于初级产品，运输费用甚至可能高于生产费用。运输业的发展水平在一定程度上决定着一个国家或地区经济发展水平。

较高的运输发展水平拓展了企业资源获取的空间范围和企业产品的销售空间范围。由于产品能以较低的价格、合适的速度从一个地方运输到另一个地方，企业竞争可以在更广阔的空间进行，因而更加激烈。激烈竞争的结果是生产更为集中，市场规模扩大，而更大的市场规模使生产设备得到充分利用，劳动力专业化水平进一步加强，从而使规模经济得以形成。于是产品价格进一步降低，运输规模进一步扩大，运输价格也随之降低。显然，较高的运输发展水平有助于使资源配置在更大范围内趋于合理、社会产品价格降低，从而提高居民的物质生活水平。

由于运输水平的提高，目前，经济全球化趋势日益增长，企业在更大的范围内参与竞争、进行资源配置，使企业面临着更多的机会和更多的挑战。

（三）运输系统的结构

运输系统中的运输方式结构，包括铁路、公路、水运、航空和管道等五个运输子系统。综合运输系统的结构和功能是一个复杂的、多层次的社会经济系统，包括三个重要组成部分：一是由各种运输方式的线路、枢纽、换装点及运输工具组成的运输网及运输结合部，这是综合运输体系的物质基础；二是运输生产过程中，具有各种运输方式间衔接配合的联合运输生产系统；三是具有宏观上对各种运输方式进行组织协调的管理系统。这些子系统各有优势，在一定的地理环境和经济条件下有其各自的合理使用范围。

按照系统论与运输经济学的观点，建立合理的运输结构，不仅要科学地确定各种运输方式在运输系统中的地位和作用，而且还必须在全国范围内根据运输方式的合理分工和社会经济发展对运输的需求，做到宜铁则铁、宜公则公、宜水则水、宜空则空，逐步建立一个经济协调、合理发展的综合运输系统。运输系统结构的形式，从不同国家或地区看，主要有以下几种形式：

（1）并联结构。各运输子系统间为一个并联关系，如图7-1所示：

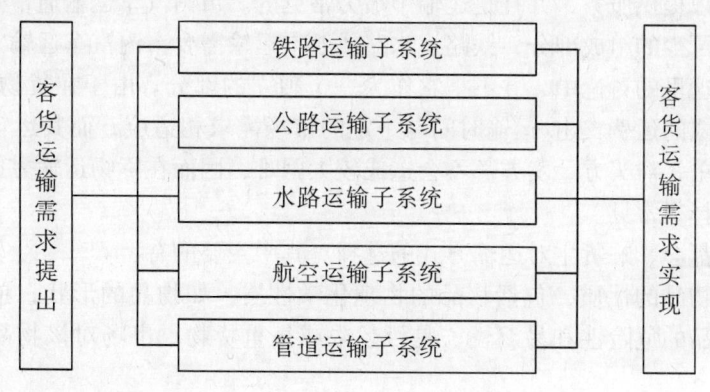

图7-1 运输系统并联结构

一般在区域面积大、经济发达国家或区域可能出现这种结构，当然并联方式可能是二种、三种、四种或五种运输方式。

（2）串联结构。各运输子系统间为一个串联关系，如图7-2所示：

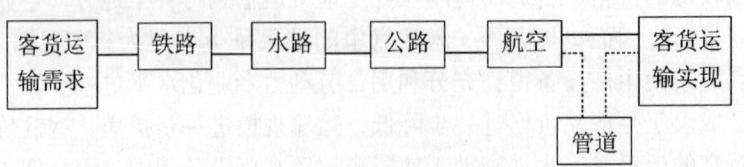

图7-2 运输系统串联结构

当然串联的运输方式可能是两种、三种、四种或五种，其中具体运输子系统亦可能不同，如铁——公——水或公——铁——水或水——铁——公等。

（3）串并联结构。一个国家或地区交通子系统的组成结构，大多数为串并联关系，如图7-3所示，当然串并联的运输子系统可能又有不同的组合。

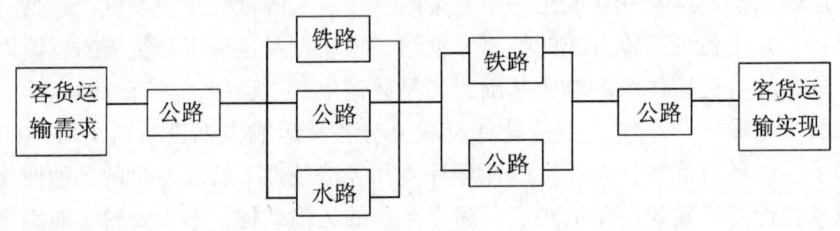

图7-3 运输系统串并联结构

（四）运输方式的选择

尽管货物从卖方到买方通常涉及公路运输与其他运输方式，但五种运输方式的每一种都直接为用户提供服务，并且是运输中最为常见的。市内汽车运输通常是一个完整运输过程中必不可少的组成部分，铁路、水路或航空运输需要市内汽车运输完成其接续工作，但在我们这里的讨论中，并不把它作为一个独立的部分。由于在货物运输过程中，某一种运输方式的运费支出/运输时间与一定的市场需求相适应，而其运输组织相对联合运输较为简单，对买方、卖方都不会造成较大困难，因而在货物运输方式选择中，单一运输方式选择很常见。

许多因素都会影响货主对运输方式的选择。其中主要的有：

（1）运输物品的性质，包括物品的物理化学性质，如物品的形状，单件物品的重量、体积，物品的危险性和易腐性，是否超限或集重货物，市场对该物品需求的紧急程度。

（2）该物品可承受的运价。物品对运价的承受能力通常是选择运输方式的主导因素。一般地，较高的运价承受能力使托运人在运输方式选择中有更大的选择空间，或者可以对承运人提出严格的运输要求。就托运人而言，运输成本不仅包括支付给主要承运人的费用，也包括支付给市内汽车运输的部分。

（3）运量。较大运量时，承运人一般有较大的运费折扣，而托运人在价格谈判上也会处于较为有利的地位，通过比较，托运人可以选择适当的运输方式。

（4）运输距离。随着运输距离的增加，通常地，公路运输会因为可变成本增长较快而逐步地变得不经济。

（5）送达时间及其波动。一般地，送达时间从少到多（送达速度从快到慢），运输方式依次为航空运输、公路运输、铁路运输、水路运输。送达时间的波动大小情况也基本一致。

（6）市场供求状况。在某些地区，某些运输方式不可得；在某些时候，某些运输方式会变得不易得（比如，春运期间，铁路货物运输受到较多限制）。

托运人对运输方式的选择通常是对上述多方面的综合平衡。

近年来，越来越多的运输使用两种或两种以上的运输方式。除了显著的经济效益外，水运发展是其主要动力。多式联运的主要特点是在不同运输方式间转换运输工具，如将拖车装上铁路车辆、将拖车上的集装箱装上飞机、船舶，或将铁路车厢拖上船等。这是使用单一运输方式的托运人办不到的。多式联运服务通常需要在彼此合作的各承运人单独提供的服务间达成妥协。

多式联运服务的组合高达约十种，国际上只有铁路运输与公路运输的组合（驼背运输，Piggy Back）得到广泛使用。公路运输与水路运输的组合（鱼背运输，Fish Back）也得到越来越多的采用。

（五）运输合理化

运输合理化，就是对各种运输方案做技术经济分析，制作合理的运输计划，进行合理的运输调度，选择适当的运输工具，确定合理的运输线路，确定合适的运输环节。

（1）合理规划。无论是运输站场的选址、设计，运输线路的选线与规格，还是运输装备或运输关联设施的配置，都应该在一定的现实基础与适当的预测下进行合理的规划，从宏观上使供给与需求在数量、质量、流向、运输的等级层次等多个方面都能够相互协调，避免某些站场、线路或运输装备形成"瓶颈"环节，并能够在社会成本、企业成本方面达到综合最优化。

（2）制作合理的运输计划。在制作运输计划时，要综合考虑多方面的要求。从营销部门的角度看，要求运输应能做到多批次、小批量，以满足批发商、零售商或消费者的个性化需求。从生产部门的角度看，应该以少批次、大批量进行运输，以节约成本。合理的运输计划，应该是在增加收入与节约成本之间、在成本与物流服务水平之间达到某种平衡，确定合适的批次、批量，以符合企业的战略。

（3）进行合理的运输调度。在经营运输网络时，合理的运输调度能大大减少运输成本。加强社会运输能力的管理，提供适当的信息交换平台，可以使货主、运输业经营者充分利用社会运输资源，提高车辆利用率，减少运用车辆数量，减少空车里程。这是运输合理化的重要途径。

（4）选择适当的运输方式与运输工具。一般而言，如果运输成本较低的运输方式能够满足企业需求，就应该选用它；应该优先考虑水路运输、铁路运输是否可以满足企业需求。运输工具选择不当，将增加运输成本。比如，在可能的条件下，应尽可能选用运费较低的运输方式或运输工具，应尽可能提高货物实载率。

（5）选择合理的运输线路。在有多条运输线路可供选择时，必须进行技术经济分析，以确定合理的运输线路。

（6）确定合适的运输环节。有时，采用联合运输的方式可能会节省运输费用。

（7）合理配载。合理配载可以充分利用车辆的载重量和车辆容积，是提高车辆运用效率的有效措施。

二、储存子系统

（一）储存的有关概念

物品的储存与运输不同，主要发生在物流网络的节点处，处于相对静止的状态。从物流全过程、动态的观点来看，储存是一个运动速度为零的特殊运动阶段。据估算，储存和装卸搬运成本约占企业物流总成本的1/4。

在物品整个物流过程中，储存通常占用了最长的时间，并因此需要进行相应的养护、适当的进出库管理、适当的仓库管理，以防止出现交接差错、物品变质。

储存与仓库有着密切的联系，储存子系统的全部活动几乎都是发生在仓库里。相关概念如下：

（1）储存（Storing）：保护、管理、贮藏物品。与运输相对应，储存主要以协调需求、供应在时间上的差异为目的，以充分实现产品的价值，满足社会需求。储存一般具有保管功能。

（2）仓库（Warehouse）：是保管、储存物品的建筑物和场所的总称。

（3）库房（Storehouse）：有屋顶和围护结构，供储存各种物品的封闭式建筑物。

（4）自动化仓库（Automatic Warehouse）：由电子计算机进行管理和控制，不需人工搬运作业而实现收发作业的仓库。

（5）立体仓库（Stereoscopic Warehouse）：采用高层货架配以货箱或托盘储存货物，用巷道堆垛起重机及其他机械进行作业的仓库。

（6）虚拟仓库（Virtual Warehouse）：建立在计算机和网络通讯技术基础上，进行物品储存、保管和远程控制的物流设施。可实现不同状态、空间、时间、货主的有效调度和统一管理。

（7）保税仓库（Bonded Warehouse）：经海关批准，在海关监管下，专供存放未办理关税手续而入境或过境货物的场所。

(二) 储存的作用

1. 储存的社会作用

(1) 储存是社会物质生产及生活顺利进行的必要条件。储存可以调节供需矛盾。一般而言，在社会生产和生活中，储存必不可少。农业生产具有较强的季节性，而需求却是基本平稳的，这二者之间的矛盾要通过储存解决。在工业生产中，需求和供给之间也存在类似的问题，大规模生产、大批量生产有利于降低成本，而需求却常常表现为基本平稳的状况。储存的作用，被形象地称为"蓄水池"作用。在供过于求的时期，起着蓄积供应物品、延缓供应时间的作用；在供不应求的时期，起着调剂供应不足的作用。信息化时代，就储存环节而言，尽管需求、储存和供应之间信息流通发生障碍的可能性越来越少、障碍发生的程度越来越小，但由于未来的不确定性，储存的作用仍然非常重要。只不过储存的盲目性减少了，人们能有效控制储存的规模，降低储存环节的费用，使储存的目的性更加明确，更具有针对性。雨季时，蓄水池（水库）常常面临两难的选择：在蓄水量达到一定规模后，是继续蓄水还是开闸泄水？如果继续蓄水，则上游持续大量来水时，将可能带来毁灭性的后果；如果不再蓄水，干旱季节可能无水可用，造成供应短缺。在决定蓄水池（水库）的蓄水量时，良好的信息支持显然能很好地指导工作。现代的储存常常面临类似的问题。

对于企业而言，储存常常可以满足营销的需要。为了增强产品的可得性，常常需要更接近客户的储存。储存还可以起到协调各运输方式间运输能力差距的作用。各种运输方式、运输工具的运量相差很大。船舶的运量大，海运船一般是万吨以上，内河船也以百吨或千吨计。每辆铁路货车约能装50～60吨，一列火车的运量可达数千吨。汽车的运量最小，一般每车只有4～10吨。不同运输方式之间需要进行转运时，由于运输能力很不匹配，这种运力的差异往往要通过仓库或货场的储存进行调节和衔接。

(2) 储存可以创造时间价值。储存是物流系统功能的两个主要的基本功能要素之一。物流系统的作用，归根结底就是要保证社会经济生产、生活的顺利进行，也就是在需求、供给都存在的情况下，实现供给与需求，也就是要改变物品的空间/时间状态，帮助物品实现其价值。改变空间状态的任务主要由运输完成，而改变时间状态的任务则主要由储存完成。通常，企业创造产品或服务的四种价值，它们是形态价值、时间价值、空间价值和占有价值。而储存主要创造时间价值。供求关系的改变必然影响产品的价格，在供不应求时，产品价格将比供过于求时高得多。事实上，由于储存具有这一特点，从利润获取的角度看，它也常常成为企业"第三利润源泉"的重要组成部分。

(3) 储存可能增加企业经营风险。不适当的储存可能导致成本上升。在物品价值一定的情况下，无论增加什么工作环节，都会导致成本的上升，储存也不例外。同时，储存还将导致占用流动资金，影响企业的正常运作。储存的风险不仅表现在增加了成本、占用了流动资金，而且也表现为储存品的价值减少。一方面，储存过程中物品将出现有形损耗,同时也可能出现无形损耗。这在高新技术行业尤其明显。如计算机产品,往往降价很迅速。另外,如食品类,有有效期,当过了有效期,商品就失去了社会价值。储存好比一把双刃剑,既要看到其有利的一面,也必须积极防止其有害的一面。

2. 储存子系统

在物流过程中的功能从流通的角度看,由于仓储设施一般具有汇(物品从多个地点向这里集结,并在这里保存)、源(物品从这里流向多个地点)的特点,因此储存子系统主要具有如下功能:

(1) 存储。储存子系统最显著的功能表现在有序地储存和保护物品。储存基础设施种类很多,既有长期的、专门的储存仓库(如陈年烈酒酒窖),也有通用商品的储存仓库(如一般批发企业的仓库),以及暂时存放商品的仓库(如货运站的仓库)。在最后一种情况下,货物在仓库只停留很短的时间,以便装满整车或货主提货。最常见的是第二种情况,物品在仓库中被堆存起来,以便延期进入需求市场。

(2) 加工。一般地,流通加工都是在储存场所完成。

(3) 集中。运输价格折扣对仓储设施有较大影响。如果货物供应来源多,而各自的规模相对较小,那么,建立仓储设施可能是合算的办法。因为可以将零星物品集中成较大批量的运输单位,降低单位运输成本。在这种情况下,储存子系统的作用相当于物流系统中的一个集中型"汇"点。

(4) 拆装。利用仓储设施进行拆装与利用仓储设施进行集中运输正好相反。以低价格运输的物品进入仓库后,再根据客户的需求以较小批量送到客户手中。由于货物规格较大,而需求规模较小,储存环节的拆装功能就显得很必要了(当数量较多的客户以较小的批量定购某些商品而其总量较大时,拆装通常是有利的)。在这种情况下,储存子系统的作用相当于物流系统中的一个分散型"源"点。

(5) 混合。有的企业会从多个生产商那里采购产品供应多个工厂的生产线,管理人员会发现,建立一个仓库将需要的产品集中在一起,而后进行拆装、混合,可能会带来较好的经济效益。

一般来说,在生产运作中,储存子系统还可以起到如下作用:①防止脱销,并缩短从接受订单到送达货物的时间,以保证良好的服务能力。②降低物流成本。用适当的时间间隔,补充与需求量相适应的合理的货物量,可以降低物流成本,消除或避免销售波动对生产与运输产生不利的影响。③保证生产计划平稳进行。适当储存生产所需物品,可以消除或避免供应波动的影响。④储备功能。在价格下降时大量储存,减少损失,以应灾害等不时之需。

三、装卸搬运子系统

(一) 概述

装卸搬运通常与储存是密不可分的,这不仅表现在装卸搬运活动的一端通常连接着储存，而且表现在装卸搬运设施的日常管理、维护、活动场所多发生在储存系统的空间范围内。装卸搬运设备是储存子系统正常运作的必要辅助工具。

装与卸是一个相反的、相互对应的过程。装，是指物品在指定地点以人力或机械装入运输设备；卸，是指物品在指定地点以人力或机械从运输设备卸下。装货与卸货是物品搬运所涉及的一系列工作的最初/最后环节。装货和卸货相类似，但在装货时可能还要做一些其他的工作，如在货物被装入运输工具之前一般应对货、单进行校核；为了保证运输安全，还必须对货物进行加固或其他处理。通常将装卸合并成一个概念。

搬运的空间跨度一般较小，局限于同一场所。由于装卸作业通常必须要有搬运作为支持，而搬运的原因通常在于装卸，因而尽管装卸、搬运大多是前后相继的独立过程，却常常将它们作为一个不可分割的整体看待。在实际工作中，有时将装卸搬运简称为装卸或搬运。当然，也有装卸搬运相互分离的情形。如卸车地点与临时储存地点一致时（铁路运输中，利用低站台进行卸煤作业或利用跨线漏斗式高站台进行装煤作业）；在整理仓库库存时，也可能仅出现明显的搬运作业。

搬运与运输一般有着明显的界限。从被移动物品的所有权（是否是自有物品），被移动物品的加工特征（是加工过程已经完成还是没有完成），运输工具的社会属性（是否仅限于内部使用），移动的空间跨度，移动的空间跨度范围的管理者（只在厂区内移动，管理者是工厂；进入了社会公共区域，管理者是政府）等方面综合考察，搬运与运输一般都有较为明显的界限。

相关定义：

（1）装卸（Loading and Unloading）：物品在指定地点以人力或机械装入运输设备或从运输设备上卸下。

（2）搬运（Handing/Carrying）：在同一场所内，对物品进行水平移动为主的物流作业。

（二）装卸搬运的作用与分类

1. 装卸搬运子系统在物流过程中的地位

装卸搬运是连接生产与流通、储存与运输、不同运输方式的重要技术手段。

完整的装卸搬运过程一般包括卸下、搬运、入库、堆垛或出库、搬运、装入、加固等技术环节。

针对一定的物品，在物流过程中，装卸搬运活动以较高的频率在不同的地方反复出现。由于装卸搬运活动要花费一定的时间，因而对物流速度有着一定的影响。由于这一过程反复出现，而且由于场地及设备的限制，通常要消耗较多的劳动，使其在物流成本中占据较高的比重。

在装卸搬运过程中，装卸搬运设备在进行工作时常常没有对物品进行完备的加固，而工作场地的障碍物较多，容易因此导致物品遭受破坏。装卸搬运过程是造成货损货差的重要环节。

2. 装卸搬运子系统在物流过程中的功能

（1）装货和卸货。装货和卸货通常是运输或储存环节一系列工作的最初和最后环节。货物抵达仓库后需要从运输工具上卸下来。一般地，卸货及其后的搬运、堆码等被看作是一个完整的操作。当然，也存在另外的一些情况，尤其是货物在卸下来后、运入仓库储存之前需要进行分类整理、检验和分级时。

（2）物品出入库。在仓储设施的装货点和卸货点之间，货物可能被移动多次。如从卸货地点转移到存储区而后运到拣货区、码头等处。

（3）订单履行。订单履行指根据销售订单从储存区拣选物品，它通常是本子系统的关键部分，因为处理大量小批量订单通常是劳动力密集型活动，费用较高。

3. 装卸搬运子系统的分类

按照不同的标准，可对装卸搬运进行不同的分类。

（1）按照装卸搬运针对的运输工具，可以分为：船舶装卸，铁路装卸，汽车装卸，飞机装卸。

（2）按照货物的物理特点，可以分为：流体货物的装卸，散装货物的装卸，成件货物的装卸。

（3）按照装卸搬运过程中所使用的工具不同，可以分为：人工装卸，吊车装卸，叉车装卸，拖车装卸，输送机装卸等。

四、包装子系统

（一）相关定义

（1）包装（Package/Packaging）：为在流通过程中保护产品、方便储运、促进销售，按一定技术方法而采用的容器、材料及辅助物等的总体名称。也指为了达到上述目的而采用容器、材料和辅助物的过程中施加一定技术方法等的操作活动。

（2）销售包装（Sales Package）：又称内包装，是指直接接触商品进入零售网点、和消费者或用户直接见面的包装。

（3）定牌包装（Pack of Nominated Brand）：买方要求卖方在出口商品/包装上使用买方指定的牌名或商标的做法。

（4）中性包装（Neutral Packing）：在出口商品及其内外包装上都不注明生产国别的包装。

（5）运输包装（Transport Package）：以满足运输贮存要求为主要目的的包装，具有保障产品的安全，方便储运装卸，加速交接、点验等作用。

（6）托盘包装（Palletizing）：以托盘为承载物，将包装件或产品堆码在托盘上，通过捆扎、裹包或胶粘等方法加以固定，形成一个搬运单元，以便用机械设备搬运。

(二)包装的作用

包装是我国物流系统的薄弱环节。从生产销售的角度看,包装的作用具有二重性。一方面,它是商品价值增值、促进销售的重要手段;另一方面,包装增加了商品成本。从流通的角度看,包装具有保护其中的商品、集中商品及方便流通的作用。

包装处于生产过程与物流过程的结合处,是生产过程的终点与物流过程的起点。传统上,包装通常被认为是生产过程的一部分。当前,由于产品营销在社会再生产过程中的地位越来越重要,社会再生产过程的"瓶颈"逐步从生产过程转变为销售过程,使包装的重点也从适应生产转为适应销售,而包装也就归属于物流过程了。事实上,包装与物流的关系比其与生产的关系要大得多。

包装的功能主要表现为:保护功能、定量功能(单位化,按单位定量)、标识功能、商品功能、便利功能、效率功能、促销功能。

工业包装的主要作用是保护功能、定量功能、便利功能和效率功能。

(1)保护功能:避免物品在装卸搬运过程中脱落;减小运输过程中的振动、冲击;减少在保管中由于承受物重所造成的破损;避免异物的混入和污染;防湿、防水、防锈、遮光,防止因为化学或细菌的污染而出现的腐烂变质;防霉变、防虫害。

(2)定量功能:将一定数量的物品整理成为适合装卸搬运、运输的单元,比如整理成适合使用托盘、集装箱、货架或载重汽车、货运列车等运载的单元。

(3)便利动能:使物品包装后的形状便于运输、装卸、搬运和保管;便于实施运输、装卸、搬运和保管等物流作业;便于生产,便于进行现代化管理;便于废弃物的处理。

(4)效率功能:使物品包装后的尺寸规格便于运输、装卸、搬运或保管;有利于提高生产、搬运、销售、输配送、保管等效率。

商业包装也叫零售包装(Retail Packaging)或消费者包装(Commercial Packing)。主要是根据零售业的需要,作为商品的一部分、为方便携带所作的包装。商业包装的主要功能是定量功能(形成适合装卸搬运、运输、储存或销售的商品单元)、标识功能(容易识别)、形象功能(创造商品形象)、便利功能和促销功能(具有广告作用,唤起购买欲望)。主要目的在于促销或便于商品在柜台上零售或为了提高作业效率。

这里应注意,在有些情况下工业包装同时又是商业包装。比如装橘子的纸箱(15千克装,或其他包装规格)应属工业包装,连同箱子出售时,也可以认为是商业包装。为使工业包装更加合理并为促进销售,在有些情况下,也可以采用商业包装的办法来做工业包装,如大型家电用品就是兼有商业包装性质的工业包装。

五、配送子系统

(一)概述

1. 开展配送的意义

配送是现代物流重要组成部分,是物流过程中的"最后一公里",对物流服务质量有着重要影响。

社会化大生产要求社会化大流通与之相匹配。商品流通的社会化自然要求物流的社会化。社会化是以行业、技术的分工和全社会的广泛协作为基础的。商品经济的发展和现代化生产的建立，客观上要求社会提高分工协作水平。

从我国目前流通业的情况看，仓储业和运输业的社会化程度都处于一个较低的层次。从运输业来看，根据有关资料统计，前些年我国专业营运车辆只占全国汽车的17%，专业营运车辆的实载率高，空载率低，经济效益好。而85%的社会车辆的实载率只有25%。发展配送可以大大减少企业的自有车辆，实现车辆的专营化，从而减少不合理运输造成的运力浪费和交通紧张，还为企业卸下了一个沉重的包袱，为生产企业和销售企业节约了物流成本。从仓储业来看，长期以来，我国储运体制分散，在行业上有外贸、商业、物资、铁道、交通等各部门的储运系统，在层次上有中央、省、市、县的各级储运机构，这种条块分割的管理体系是造成储运设施多而散、重复建库、盲目发展、利用率低下的主要原因。目前仓储的社会化虽然有一定的发展，例如仓储设施向社会开放，但还远远不够。通过开展配送，通过为生产企业、销售企业配送，借助于配送商品的对象品种不同，可以打破行业、地区的条块分割。尤其是共同配送，把各储运企业联合在一起，统筹计划，共同送货，取代了一家一户的"取货制"，取代了层层设库、户户储运的分散的、多元化的物流格局。配送所实行的集中社会库存、集中配送等大生产形式，对于从根本上结束小生产方式的商品流通，改变其分散的、低效率的运行状态，从而实现与社会化大生产相适应的流通的社会化，具有重要意义。发展配送，有利于促进物流设施和装备的技术进步，具体表现在三个方面：

第一是促进信息处理技术的进步。随着配送业务的开展，处理的信息量越来越多，原始的手工信息处理速度慢且容易出差错，已适应不了配送工作的要求，必然大量应用电子计算机这一现代化的信息处理技术。

第二是促进物流处理技术的进步，从而提高物流速度，缩短物流时间，降低物流成本，减少物流损耗，提高物流服务质量。配送业务的发展，必然伴随着自动化立体仓库、自动化分拣装置、无人搬运车、托盘化、集装箱化等现代化物流技术的应用。

第三是推动物流规划技术的开发和应用。随着配送业务的展开，配送货主越来越多，随后就会产生配送路线的合理选择、配送中心选址、配送车辆的配置和配送效益的技术经济核算等问题，对于这些问题的研究解决，将促进我国物流技术的发展，并使之达到一个新阶段。

开展配送业务后，现代仓储的作用已由储存、保管商品的使用价值向着集散、分送商品，加快商品流通速度的方向发展。仓储业将从储存、保管的静态储存转向以保管储存、流通加工、分类、拣选、商品输送等为一体的动态储存。建立配送中心后，仓储业的经营活动将由原来的储备型转变为流通型。不仅要保证商品的使用价值完好无损，而且要做到货源充足，品种齐全，供应及时，送货上门，其经营方式将从等客上门向主动了解用户的需求状况以满足用户的各种要求的方向转变。

未开展配送业务之前，各个商店都有自己的仓库，并各自进行物流活动（商物一致）。开展配送业务以后，配送中心就可以充分发挥自己网络多、情报快、物流手段先进和物流设施齐全的优势，专门从事物流活动，而各商店只需保持较低水平的库存。这就大大改善了零售企业的外部环境，使零售企业有更多的资金和精力来专心从事商流活动（商物分离）。

通过配送中心，开展"计划配送"、"共同配送"等形式，能够减少迂回运输、重复运输、交叉运输、空载运输等不合理运输。用大型卡车成批量地将物品送到消费地配送中心，再用自用小型车从配送中心运给用户的方法，也可以从总体上节省费用。集中配送，也有利于集中库存，维持合理的库存水平，消除了分散库存造成的各种浪费；同时还能减少不必要的中转环节，缩短物流周转时间，减少商品的损耗。因此，配送对提高物流综合经济效益有利。

2. 配送相关定义

（1）配送（Distribution）：在经济合理区域范围内，根据用户要求，对物品进行拣选、加工、包装、分割、组配等作业，并按时送达指定地点的物流活动。

（2）共同配送（Joint Distribution）：由多个企业联合组织实施的配送活动。

（3）配送中心（Distribution Center）：从事配送业务的物流场所或组织，应基本符合下列要求：①主要为特定的用户服务；②配送功能健全；③完善的信息网络；④辐射范围小；⑤多品种、小批量；⑥以配送为主，储存为辅。

（4）分拣（Sorting）：将物品按品种、出入库先后顺序进行分门别类堆放的作业。

（5）拣选（Order Picking）：按订单或出库单的要求，从储存场所选出物品，并放置指定地点的作业。

（6）集货（Goods Collection）：将分散的或小批量的物品集中起来，以便进行运输、配送的作业。

（7）组配（Assembly）：配送前，根据物品的流量、流向及运输工具的装载质量和容积，组织安排物品装载的作业。

（8）流通加工（Distribution Processing）：物品在从生产地到使用地的过程中，根据需要施加包装、分割、计量、分拣、刷标志、拴标签、组装等简单作业的总称。

（9）冷链（Cold Chain）：为保持新鲜食品及冷冻食品等的品质，使其在从生产到消费的过程中，始终处于低温状态的配有专门设备的物流网络。

（10）检验（Inspection）：根据合同或标准，对标的物品的品质、数量、包装等进行检查、验收的总称。

3. 配送的特点

（1）配送是从配送中心到用户的一种特殊送货形式。其特殊性表现为：从事送货的是专职流通企业，而不是生产企业；配送是"中转"型送货，而工厂送货一般是直达型送货，而且是生产什么送什么，配送是用户需要什么送什么。

（2）配送不是单纯的运输或输送，而是运输与其他活动共同构成的组合体。而且配送所包含的那一部分运输在整个运送过程中处于"二次运输"、"支线运输"或"终端运输"的位置。

（3）配送不是广义概念的组织物资订货、签约、进货及对物资处理分配的供应，而是供给者送货到户式的服务性供应，是一种"门到门"的服务。

（4）配送是在全面配货基础上，完全按用户要求，包括种类、品种搭配、数量、时间等方面的要求所进行的运送，是"配"和"送"的有机结合。

4. 配送的作用

商品运输和储存，作为商业物流的两大支柱，在物流活动中占有重要地位，但商品储运不是物流的目的，物流的最终目的是为满足消费者对商品的需求。而配送正好体现了物流的最终目的，它直接为用户服务，满足用户的各种需要。因此，配送是物流成果的重要体现方式。从物流功能看，配送几乎包括了所有的物流功能要素，如运输、储存、包装、装卸、搬运等，是物流的一个缩影或在较小范围中物流全部活动的体现。配送以运输及分拣配货为主。分拣配货是配送的独特要求，也是配送中有特点的活动。做好配送工作具有十分重要的作用，概言之，有以下几点：

（1）完善了输送及整个物流系统。配送环节处于支线运输，灵活性、适应性、服务性都较强，能将支线运输与小搬运统一起来，使运输过程得以优化和完善。

（2）降低了末端物流成本。采取配送方式可以使需求方做到经济地进货。它采取将各种商品配装集中起来向用户发货和将多个用户小批量商品集中在一起进行发货等方式，可以提高物流经济效益。

（3）通过集中库存，可使企业实现低库存或零库存。生产企业可以解放大量储备资金，改善财务状态，降低成本。

（4）简化手续，方便用户。用户只需向配送中心一处订购，就能达到向多处采购的目的，减少订货等一系列费用开支。

（5）提高了供应保证程度。用户因缺货而影响生产的风险减少了。

由于配送在物流系统中占有重要的地位，在发达的国家中，目前很重视配送业务的发展。

5. 配送种类

配送有不同的分类方法：

（1）按配送组织者分类：①商店配送，组织者是商业或物资企业的门市网点，它的规模一般不大。②配送中心配送，组织者是专职从事配送工作的配送中心，它的规模大，配送能力强，是配送的发展方向。

（2）按配送商品种类及数量分类：①单品种、大批量配送。②多品种、小批量配送。③定时定量配送即按规定配送时间和配送数量进行配送。④定时、定路线配送，指在规定的运行路线上制定到达时间表，按运行时间表进行配送。⑤即时配送，指完全按碍当前国际物流顺利发展的重要阻力。

2. 物流信息资源

（1）事务处理系统。事务处理系统是物流业务可以运用的基础系统。它向管理信息系统、决策支持系统和其他信息系统及管理工作提供所需要的数据。

事务处理系统的处理对象是企业经营的基础——订单和票据。

（2）管理信息系统。管理信息系统是帮助管理者掌握通过系统传输的信息，随时掌握和了解业务的进展及变化情况，以便进一步采取有效的管理和控制措施。

管理信息系统虽然是20世纪六七十年代兴起的，但是至今仍是物流领域重要的信息系统。其应用范围很广，实用价值很高。国内外经验证实：物流的各个领域都可以通过以计算机为基础的管理信息系统得到改善。

（3）决策支持系统。决策支持系统是为管理层提供的信息系统资源。它的作用是给管理层的决策过程提供所需的信息、数据支持、方案选择支持，尤其对于非常规、非结构化问题，它具有较强的决策支持能力。

（4）资源计划系统。资源计划系统是现代企业增强竞争力的有力工具。

（5）条码系统。条码系统是现代物流系统中基础信息的一个重要组成部分。它可以满足大量、快速采集信息的要求，能适应物流产业化、标准化和高速化的要求，可大幅度提高物流效率和效益，减少差错。它为物流现代化、信息化管理做好了准备，打下了基础。

（6）射频及标签系统。射频——标签识别系统的主要功能是对处于运动或静止状态的标签进行不接触的识别。

（7）销售时点信息系统。销售时点信息系统是指通过能够自动读取信息的设备，在销售商品时，直接读取和采集商品销售的各种信息，然后通过通信网络或计算机系统将读取的信息传输到管理中心进行数据的处理和使用。

（8）电子数据交换系统。电子数据交换系统是对信息进行交换和处理的网络自动化系统，是将远程通讯、计算机及数据库三者有机结合在一个系统中，实现数据交换、数据资源共享的一种信息系统。

电子数据交换系统是物流领域非常重要的信息系统，它的主要功能是利用计算机广域网，进行远程、快速的数据交换和数据的自动处理。对于物流领域而言，通过电子数据交换系统，很容易对远程的物流数据及时认知，从而大大推动了物流管理水平的提升。在物流国际化趋势下，这个系统成为支撑经济全球化和物流国际化的重要手段。

（9）地理信息系统。地理信息系统是多学科交叉的产物，它以地理空间数据为基础，采用地理模型分析方法，适时地提供多种空间的和动态的地理信息，是一种为地理研究和地理决策服务的计算机技术系统。

（10）全球卫星定位系统。

在生产企业和商业企业都进入了一个微利时代的今天，物流已成为企业取得竞争优势的重要源泉。好的物流系统可以降低成本，降低风险，提高服务水平，为决策提供科学依据。而加强物流信息系统建设是物流系统建设的关键。利用先进的物流信息技术可以为企业发掘出更大的利润空间。

宝洁公司与沃尔玛公司的物流信息联运

为加强与大合作伙伴沃尔玛公司的信息沟通，宝洁公司建立了一个复杂的电子数据交换系统与其进行联接。通过这一联网，大量收集有关的物流活动信息，使宝洁有能力监控沃尔玛的存货管理。

通过数据传送，宝洁可以连续收到来自众多独立的沃尔玛商场的各种不同规格产品的即时销量、需求数量，并自动传送订单及整个交易循环使用的发票和电子货币。由于订单处理周期缩短，沃尔玛在产品卖给最终客户之后的结算非常迅速。这种物流信息的共享不仅提高了企业物流工作的质量及效率，同时为经销商和客户创造了巨大的价值。

第三节 物流管理

一、物流管理的概念

所谓物流管理，是指为了以最低的物流成本达到客户所满意的服务水平，在社会再生产过程中，根据物质资料实体流动的规律，应用管理的基本原理和科学方法，对物流活动进行计划、组织、指挥、协调、控制和监督，使各项物流活动实现最佳的协调与配合，以降低物流成本，提高物流效率和经济效益。

二、物流管理的职能及其重要性

物流管理同其他管理一样具有计划、组织、协调和控制的职能。

1. 计划职能

计划职能在物流管理职能中居于首要地位。计划具有指导性，是行动的指南。正如美国学者斯特恩（Stern）所说：计划提供了一种管理哲理，一种日常的运作指南，一个评估个人绩效和公司绩效的基础。任何一项管理工作都离不开计划的指导。物流管理是对物流活动的管理，不仅涉及不断转移的物资实体，也涉及使物资实体发生运动的手段与所使用的设施设备的规划、设计、选择、使用，以及与此有关的经济、技术、劳务等方面的问题。物流计划主要包括如物流量计划、采购计划、存储计划、装运计划等。

2. 组织职能

组织职能是指把物流企业经营活动的各个要素、各个环节、各个方面，从劳动的分工和协作上、从纵横交错的相互关系上及从时间和空间的相互衔接上合理地组织起来，形成一个有机整体，从而有效地进行物流活动。

3. 协调职能

协调职能主要是指在物流管理过程中人与人的关系、事与事的关系及人与事的关系的协调，使企业的物流活动处在一个良好的运行机制下。

4. 控制职能

控制是实现物流活动高效性的一项重要职能，一般包括质量控制及成本控制。物流活动的高效性一方面体现在物资供应商——生产商——消费者之间的转移过程中的高质与快速，另一方面体现在物流活动达到高质、快速目标前提下的低成本。控制的功能是多方面的，主要包括监督、评价、指导、激励等。

三、物流管理的主要内容

从物流活动的全过程看，物流管理包括对物流活动诸要素的管理，对物流系统诸要素的管理，对物流活动中具体职能的管理等。

（1）对物流活动诸要素的管理，包括运输、储存等环节的管理。

（2）对物流系统诸要素的管理，即对其中人、财、物、设备、方法和信息等六大要素的管理。

（3）对物流活动中具体职能的管理，主要包括物流计划、质量、技术、经济等职能的管理等。

从产品的企业运作流程角度看，物流贯穿于整个企业的运作流程中，即包括在供应、生产和销售的全过程中。从这一点看，物流管理包括基于供应领域的物流管理、基于生产领域的物流管理，以及基于销售领域的物流管理。分销物流，包括采购物流和生产（服务）物流。因此，实体分销管理的原理若应用到原材料、零部件的购进物流活动中，即成为通常所谓的"采购物流管理"（Physical Supply Management）；若应用到企业生产（服务）的物流活动中，即成为所谓的"生产（制造）物流管理"（Production or Manufacturing Support Management）或"服务物流管理"（Service Logistics Management）。

企业的生产经营活动是人、财、物和信息的融合，是产、供、销的统一，而物流活动贯穿始终。企业物流管理要抓好主要矛盾，重点就是要搞好供应、生产、销售三个环节的物流管理。

1. 供应物流

（1）供应物流的作用：企业的生产过程同时也是物质资料的消费过程。企业只有不断投入必要的生产要素，才能顺利进行生产并保证其经济活动最终目的的实现。企业供应物流的作用：①为企业提供生产所需的各种物资。物资供应费用在产品成本中占有很大的比重，机械产品中约占60%左右，所以加强供应物流的科学管理，合理组织供应物流活动,如采购、存储、运输、搬运等,对降低产品成本有重要意义。②现代企业的储备资金在流动资金中的比例占到一半左右,做好供应物流的组织管理,合理储备,对压缩储备资金,减少资金积压,加快资金周转有重要作用。③保证供应生产需要的物资,对提高产品质量、开发新产品,提高劳动生产率有重要意义。

(2) 供应物流管理的内容:围绕供应物流的基本任务,供应物流管理主要是物资供应计划管理、物资消耗定额管理和供应存货、库存管理等几个方面。

首先,物资供应计划管理。企业物资计划一方面要适应生产、维修、技术措施、基建、成本、财务等对物资和资金使用方面的要求,另一方面又反过来为其他计划的顺利执行提供物资保证。

正确确定物资需要量,是编制物资计划的重要环节。物资需求量的确定因其用途、种类的不同而采取不同的计算方法,通常采用的有:根据物资消耗定额和计划任务量来核算需求量的定额计算法;用来确定便于制定消耗定额的辅助材料需要量,或者用来确定某些辅助生产部门的部分用料的经验推算法。

其次,物资消耗定额管理。指在一定技术条件下,为制造单位产品或完成某项任务所规定的物资消耗量标准。物资消耗定额,包括质的定额与量的定额。

质的定额包括:品种、规格、质量的选择必须符合产品性能的要求;选用的物资,应考虑具有良好的工艺性,以利于保证产品的加工质量和提高劳动生产率,有利于提高产品制造的经济性;选用的物资,应考虑尽量降低成本的要求;选用物资要考虑现实资源情况。

物资消耗量标准的制定方法有:根据产品图纸和工艺说明等资料计算物资消耗定额的技术计算法;选择先进合理的典型作为测定对象,对实际物资消耗进行测定,通过分析研究,确定定额的实际测定法;根据实际物资消耗的历史统计资料,进行简单的计算和分析,以此为依据确定物资消耗定额的统计分析法;以有关人员的经验和资料为依据,通过估算,制定物资消耗定额的经验估计法。

最后,供应存货与库存管理。存货即储存的货物,指库存的原材料、燃料、备品、备件与工具,库存的在制品、半成品,库存的成品,等。存货与库存管理,就是通过适量的库存,用最低的存货成本,实现对企业生产经营活动的供应,即经济合理的供应。现代库存管理是提高企业经济效益的重要手段。

2. 生产物流

企业生产物流指企业在生产过程中的物流活动。这种物流活动伴随整个生产工艺过程,实际上已构成了生产工艺过程的一部分,它始于原材料、零部件、辅助材料等从仓库提出,进入到生产线,直至成品储存到成品仓库。生产物流贯穿于生产的全过程。

(1) 生产物流的任务:在企业生产系统中,物流活动贯穿于加工制造过程的始终。无论是厂区内、库区内、车间内,还是车间之间、工序之间、机台之间都存在材料、零部件、半成品和成品的流转运动,都离不开物料的装、卸、运等活动。生产物流的任务主要是:① 提供畅通无阻的物料流转,以保证生产过程顺利、高效地运行;② 减少物料搬运的数量、频率和距离，减少搬运费用，降低成本；③ 防止物料损坏、丢失，防止人身、设备事故。

（2）生产物流管理的内容。生产物流管理的内容主要包括：① 生产物流的组织管理。物流的组织管理与生产过程的组织管理是同步进行的，随着生产过程的空间组织和时间组织的变化而变化。② 生产物流的成本管理。生产过程的物流活动以装卸搬运为主。生产物流管理的重点首先是强调装卸搬运的合理化，借此缩短生产周期，降低生产过程的物流费用，加快物流速度；其次是努力实现无库存的滚动式生产，根据生产的批量、工艺、质量、时间、成本的要求，准确、无积压、不间断地送货到加工机组；此外，选用合适的搬运设施，不仅可以改善物料搬运工作条件，而且可以提高劳动生产率和降低搬运费用。因此，要控制生产物流费用，重点就是要控制搬运成本。③ 生产物流设备的选择。装卸搬运机械化是提高装卸效率的重要环节。装卸机械化程度可以分为三个层次：第一层次是使用简单的装卸器具；第二层次是使用高效率的专用机具；第三层次是依靠计算机控制实现自动化的无人操作。选择装卸的机械化程度高低，主要考虑以下四个因素：其一，是否经济合理？其二，能否加快物流速度？其三，可否减轻劳动强度？其四，能否保证人身和物品的安全？确定装卸搬运机械的种类，首先必须依据装卸搬运物品的性质来确定；其次应依据物流过程输送和存储作业的特点来确定；最后，应依据搬运和储存的具体条件和作业的需要以及机械使用效益来确定。选用机械时，一定要从经济和技术可行性出发，科学地选择，确保机械有较高的利用率和作业效率。

3. 销售物流

企业销售物流是伴随销售活动将产品所有权转给用户的物流活动，包括包装、运输、配送等环节。销售物流是企业物流与社会物流的衔接点，与企业销售系统相配合，完成产品的流通。

（1）销售物流的任务：企业生产的产品只有通过销售物流，产品的消费才成为可能。企业为了赢得市场，为了获得较好的经济效益，必须以最低的成本和最佳的服务将产品在适当的时间送达到适当的地点。事实上，要提供良好的服务，就需要较多的库存量、最快的运输、分布广泛的网点，这样势必增加物流成本。若降低物流成本，势必要采用廉价的运输、降低库存量、减少服务网点，服务质量必然受到影响。销售物流管理的任务就是提高销售物流效率，在降低成本和提高服务质量上取得平衡；通过销售物流管理使产品的价值和使用价值真正得以实现，通过销售物流树立企业良好的形象，通过销售物流的合理化降低成本，提高经济效益。

（2）销售物流管理的内容：销售物流的管理主要是抓好运输环节和存货环节的管理。产品由生产地向消费地的流转是靠运输实现的。运输成本是销售物流成本中最主要的项目。运输决策的科学化，对企业信誉、经济效益均有直接的影响。运输管理决策的目标是进行合理运输。即在一定条件下，以尽可能快的速度，尽可能低的成本，尽可能大地利用运输工具的容积和载重来组织运输。在选择运输方式时，要尽量减少中转环节。直达运输和集装箱运输就是一种比较好的方式。

运输管理的重点就是从提高企业经济效益的角度出发，运用系统的观点，规划选择合理的运输方案，实现成本和服务绩效之间的最佳平衡。

企业为了达到减少库存的目的，一般可以通过两种方式来组织生产：一种是按照订单生产，以销定产，最终实现零库存的管理模式；另外一种方式是按照市场预测生产，力求通过准确的市场预测减少不良库存量的管理模式。

评价整个物流系统效率的指标中，存货周转率是一个重要的标准。能否建立起适应市场变化的在库管理系统，并且发挥最佳的效率，是企业追求的目标之一。为此，企业必须按照市场需要的变化，建立柔性生产管理体制，加快生产与销售之间的流通速度；对现有的物流配送网点进行清理，调整网点分布，减少仓库数量，提高大宗商品和大件产品的直送率；建立从原材料的采购物流到销售物流，以及废旧物的回收物流的综合的混合型物流运输系统，必须建立一个准确、高效的物流信息系统；为了减少因缺货而流失的潜在客户的比例，要建立一个多频度需求与自动供货系统来管理整个流程，这样可以在小批量生产的同时，以小批量多频度配送的方式减少中间环节，使库存量减小和交货期缩短；建立全方位的物流保障系统，随着生产企业的全球化发展，"在最佳地点进行部件的采购，在最佳地点生产，以最快的速度将产品投入海外消费市场"，是物流保障系统追求的目标。

除上述供应、生产、销售三个环节的物流外，在生产过程中形成的边角余料、废渣、废水，在流通过程中产生的废弃包装器材，还有一些由于变质、损坏、使用寿命终结而丧失使用价值或者在生产过程中未能形成合格产品而不具有使用价值的物资，它们都要从物流主渠道中分离出来成为废弃物。这些废弃物一部分可以通过回收、再生利用而变成再生资源，形成回收物流；另一部分在物流过程中或循环利用过程中，基本或完全失去了使用价值，变成无法再利用的最终废弃物，形成废弃物流。自然界的物资是有限的，在资源日渐枯竭的今天，人类社会越来越重视回收物流，将可以利用的废弃物收集、加工，重新补充到生产、消费的系统中去，使之成为社会物资大循环的组成部分，并给企业带来一定的经济效益。由于废弃物的大量产生严重地影响甚至污染环境，必须有效地组织回收物流和废弃物流，使废弃物得到妥善处理，才能保护好人类赖以生存的自然环境。废弃物流和回收物流在某些企业的物流活动中也占有相当的比重，搞好回收物流和废弃物流的管理，对于这些企业来说，具有十分重要的社会意义。

四、物流管理需要解决的问题

企业实施物流管理的目的，就是要在尽可能低的总成本条件下实现既定的客户服务水平，即"寻求服务优势和成本优势的一种平衡"，并由此创造企业在竞争中的战略优势。根据这个目标，物流管理要解决的基本问题主要包括企业物流的合理化和企业物流的效益化两个方面。

（一）企业物流的合理化

实现企业物流合理化，是物流科学管理的主要目的。企业物流合理化，就是通过改进企业的物流组织和高速物流作业，消除物流活动中的不合理因素，提高物流效益。在传统观念上，降低产品成本似乎只有在生产环节才有文章可做，供应物流的合理化往往不被企业重视。

从企业生产经营活动的角度来考察物流，主要是解决企业生产经营过程中的供应、生产、销售和废旧物回收中的物流合理化，也就是通过有效地控制企业物流，把合适的产品（Right Product），以合适的数量和价格（Right Quantity，Right Price），在合适的时间和地点（Right Time，Right Place），提供给顾客（人称"5 Rights"）。

要实现企业物流的合理化，可以从以下几方面入手：

（1）进货方式合理化。现代企业生产规模大、产品品种多，技术复杂，生产所需要的物资不仅数量、品种、规格、型号繁多，供应来源也广，因此在采购方面应有所改变，改革过去那种分别购买、各自进货的习惯做法，可以根据企业生产经营的用货要求和进货要求，采取联合进货方式，也可以委托物流公司（第三方物流）帮助组织货源，使企业的物流批量化，减少资金的占有，以提高进货工作效率。

（2）供应方式合理化。企业应发展以产定供等多种形式的物资供应技术，例如按需加工供应、承包配套供应、定点直达供应等方式，也可以采用供运需一体化进货方式，即要求物资供应商按照企业生产、工艺和设备要求，与企业订立供货合同，实行定品种、定质量、定数量、定时间送货上门，按合同规定的时间将物料送达规定地点，这种方式有利于缩短物流供应时间，减少物流费用。

（3）生产制造物流合理化。生产制造过程物流的目标就是提供畅通无阻的物料流转，以保证生产制造过程顺利高效地运行，减少物料搬运的距离、频率和数量，减少物流费用，降低生产制造成本，防止物料损坏丢失。要实现生产制造过程的物流合理化，关键问题就是要实现工序之间的以产定供。一些公司实行看板订货生产方式，其目的就是尽可能减少库存量。要实现这种合理化的管理方式，必须实行小批量、高效率、迅速及时供货。

（4）销售物流合理化。销售物流合理化的形式有很多种：① 可以采用大批量配送方式，延长配送周期，适当减少配送次数；② 采用计划配送的方式，按照买主要求在规定时间、规定数量、规定要求送达指定地点；③ 采用销售和物流分开的方式，使销售部门专责搞销售，物流部门或物流企业全权负责物流，可以通过合理设置仓库，压缩库存量，集中配送，减少交叉运输和中间环节；④ 采取分类库存的方式，对流量大的产品分散库存，对流量小的产品集中保管，依此减少库房面积；⑤ 建立物流联营或请物流企业参与，减少企业物流设备投资。物流合理化，更多考虑的是提高物流效率，有效降低物流成本，但必须保证提高服务质量。

(二) 企业物流的效益化

从企业追求利润最大化和提高经济效益的角度来考察物流管理，主要是解决企业生产经营活动中如何开发和发展物流战略，帮助企业进一步降低成本，扩展新的利润源头。从这种意义上讲，物流是继物资资源、人力资源之后的"第三利润源"。

(1) 在经济高速发展的今天，企业面临着能源、原材料供应的紧张和价格上涨等几个方面的冲击，如何保证有稳定的生产要素投入，成为企业连续化生产、实现预期利润目标的前提。

(2) 在市场日益成熟的形势下，企业竞争仅有产品质量、价格、广告和促销等几个基本手段已远远不够了，而降低销售物流的费用和提高销售物流的服务水平，已成为企业积极努力的方向。

(3) 由于劳动生产率和企业管理水平的不断提高，靠降低物质消耗和提高劳动生产率来实现产品成本降低的余地已经很小，而物流是一块新领地，在管理和技术加以改进，将有可能使产品的成本进一步降低，利润进一步增长。

物流管理强调运用系统方法（Systems Approach）解决问题。现代物流通常被认为是由运输、存储、包装、装卸、流通加工、配送和信息诸环节构成。各环节原本都有各自的功能、利益和观念。系统方法就是利用现代管理方法和现代技术，使各个环节共享总体信息，把所有环节作为一个一体化的系统来进行组织和管理，以使系统能够在尽可能低的总成本条件下，提供有竞争优势的客户服务。

扩展知识

物流贯穿于整个企业的运作流程中，不仅包括分销物流，而且包括采购物流和生产（服务）物流。因此，实体分销管理的思想和方法后来同样应用到原材料、零部件的购进物流活动中，即通常所谓的"采购物流管理"；应用到企业生产（服务）的物流活动中，即所谓的"生产（制造）物流管理"或"服务物流管理"。这样，将采购物流、生产（服务）物流和分销物流集成起来，形成了企业内部的集成化物流管理（Integrated Logistics Management），它能最大程度地降低企业内部物流的总成本，获得更大整合效果。ILM 使得企业内部从采购到销售等生产经营全过程的物流活动建立在高效率、合理化的基础之上。Logistics 原意是"兵站业务"，指的是与军事物资运输、野营宿舍安置与食品、武器、衣物用品的配给和补给等后续活动相关的管理运营技术，以求战略物资补给的费用更低、速度更快、服务更好。"二战"中，Logistics 被美国陆军广泛采用。战后，产业界也把这种管理技术应用到企业管理活动之中。到 20 世纪 70 年代末，许多发达国家的企业都设立了"物流部"，全面负责生产经营过程中的采购、物料控制、制造、装配、仓储、分销所有环节的物流活动。ILM 的目标是：在适宜的时间，以所期望的服务水准和最低的成本将原材料和制品配置到指定的场所。ILM 的特征是依据企业的经营战略,将存在于企业生产经营全过程中的物资移动作为一个有机整体加以管理,以实现经营效益的最大化。

丰田汽车公司的"看板生产方式"中的即时配送系统(Just-In-Time)集中体现了ILM的思想。其原理是,根据市场需求确定产品生产的品种和数量之后,公司内部专业工厂之间、工厂内的各道工序之间以及委托零部件生产厂到组装厂的零部件供应,在指定时间内完成,供货时免除数量和质量的检验,供货时间误差规定在30分钟以内,其结果使得零部件的库存量只保持在4~8小时的水平上。

第四节 电子商务与物流发展

一、电子商务与物流

1. 电子商务概述

(1)电子商务的概念。电子商务是通过互联网实现企业、经销商及消费者的网上购物、网上交易及在线电子支付的一种不同于传统商业运营的新型商业运营模式,电子商务是随着国际互联网(Internet)技术发展而发展起来的,主要以电子数据交换和Internet来实现的。电子商务有广义和狭义之分,狭义的电子商务是主要利用网络(Web)在网上进行交易,称作电子贸易(E-Commerce);广义的电子商务包括基于 Web 的全部商业活动,称作电子商业(E-Business)。

(2)电子商务的优点。与传统商务相比,电子商务有以下优点:① 电子商务将传统的商务流程数字化、电子化,让传统的商务流程转化为电子流、信息流,突破了时间、空间的局限,大大提高了商业运作的效率,并有效地降低了成本。② 电子商务是基于互联网的一种商务活动,互联网本身具有开放性、全球性的特点,电子商务可为企业、个人提供丰富的信息资源,为企业创造更多商业机会。③ 电子商务简化了企业与企业、企业与个人之间的流通环节,最大限度地降低了流通成本,能有效地提高企业在现代商业活动中的竞争力。④ 电子商务对大中型企业有利,因为大中型企业买卖交易活动多,采用电子商务能有效地进行管理和提高效率;对小企业同样有利,因为电子商务可以使企业以相近的成本进行网上交易,这样使中小企业可能拥有和大企业一样的流通渠道和信息资源,大大提高中小企业的竞争力。⑤ 电子商务将大部分商务活动搬到网上进行,可以实行无纸化办公,节省开支。

电子商务通过全球性的联网运作,简化了贸易流程,改善了物流系统,大幅度地降低了交易成本,增加了贸易机会,推动了企业业务重组和经济结构调整,极大地提高了生产力。

(3)电子商务加快了第三方物流的发展。电子商务是伴随着物流活动的发展而产生的,它将伴随物流活动的发展而发展。离开了物流活动,电子商务存在的意义将大打折扣。电子商务是物流技术发展的一个重要标志，它为物流事业的快速发展提供了技术支持。离开了电子商务，物流事业的发展空间和发展速度将受到很大限制。因此，电子商务对物流有着十分重要的影响。首先，电子商务巩固了物流的地位。电子商务的发展将导致产业大调整，这种调整主要呈现两种趋势：一是制造商的弱化，二是物流企业的强化。其次，电子商务推动了物流的发展。传统的物流与电子商务的结合，使得市场交易双方的时间和空间距离变得很小，所以电子商务能够实现跨越时空的物流。物流发展必须适应这一潮流，向智能化、信息化、自动化发展，物流管理必须逐步实现柔性化、网络化管理。

（4）开展电子商务活动的技术条件。开展电子商务必须得到一些先进技术的辅佐，必须创造开展电子商务的基本条件。

在电子商务中，配送速度是电子商务活动竞争的一个重要砝码。物流系统各环节必须全面实现信息化，提供高效的物流信息处理和物流作业处理，方便管理人员和客户对货物的全程运输状态与仓储状态的跟踪，才能形成一个真正的、完整的、具有现代物流特征的具备较强竞争力的电子商务企业。这就需要一些先进的技术集成应用于物流信息系统中，这些技术主要包括：条形码、电子数据交换、卫星定位系统（GPS）、地理信息系统、射频技术（RE）等。

大型跨国公司为了便于顺利开展业务，取得速度方面的竞争优势，还采用虚拟库存技术。它是一个虚拟系统，利用 GPS、RE 等无线电传播技术，通过某种特殊算法，对整个公司分散在虚拟各处的货物（包括在途货物），进行动态持续的物流管理。

2. 电子商务对现代物流业的发展起着至关重要的作用

电子商务的出现和兴起对现代物流业的发展和物流企业的运作产生了深远的影响。

（1）电子商务为物流企业提供了良好的运作平台，大大节约了社会总交易成本。

尽管物流管理同样具有一般企业管理的共性，它也有其独特的个性。物流管理的大部分内容涉及企业内部各个部门之间的衔接和协调，因此，物流管理是企业管理的盲区和难点，运作不好，将导致企业物流效率乃至整个企业运作效率的低下。

电子商务则恰好为物流管理提供了良好的运作平台。在电子商务环境下，供应链中的各个节点企业能更好地实现信息共享，加强供应链中的联系，使企业可以提高生产力，为产品提供更大的附加值。

（2）电子商务极大地方便了物流信息的收集和传递。

信息对于企业经营的重要意义不言而喻，在电子商务环境下，包括电子数据交换、条形码系统等先进的信息交换手段得到广泛应用，大大提高了工作效率，减少了手工工作带来的失误，降低了运营费用。

更为重要的是，电子商务系统能够收集到大量的市场信息，通过对这些信息的加工和处理，很容易得到富有价值的商业资讯和情报，比如客户的订购数量、购买习惯、商品的需求变化特征，等等。这些资料对企业制定营运管理政策、商品开发和销售具有重要的价值。

3. 电子商务对现代物流业发展产生的影响

（1）信息化。电子商务时代，物流信息化是电子商务的必然要求。物流信息化表现为物流信息的商品化、物流信息收集的数据库化和代码化、物流信息处理的电子化和计算机化、物流信息传递的标准化和实时化、物流信息存储的数字化等。因此，条码技术（Bar Code）、数据库技术（Database）、电子订货系统（EOS）、电子数据交换（EDI）、快速反应（QR）及有效的客户反应（ECR）、企业资源计划（ERP）等技术与观念在物流中将会得到普遍应用。信息化是一切的基础，没有物流的信息化，任何先进的技术设备都不可能应用于物流领域，信息技术及计算机技术在物流中的应用将会彻底改变世界物流的面貌。

（2）自动化。自动化的基础是信息化，自动化的核心是机电一体化，自动化的外在表现是无人化，自动化的效果是省力化，它可以扩大物流作业能力、提高劳动生产率、减少物流作业的差错等。

（3）网络化。物流领域网络化的基础也是信息化。这里指的网络化有两层含义：一是物流配送系统的计算机通信网络，包括物流配送中心与供应商或制造商的联系要通过计算机网络，另外与下游顾客之间的联系也要通过计算机网络通信，比如物流配送中心向供应商提出订单的过程，就可以使用计算机通信方式，借助于增值网（Value Added Network，VAN）上的电子订货系统和电子数据交换技术来自动实现，物流配送中心通过计算机网络收集下游客户的订货的过程也可以自动完成。二是组织的网络化，即所谓的企业内部网（Intranet）。比如，台湾的电脑业在20世纪90年代创造出了"全球运筹式产销模式"，这种模式的基本点是按照客户订单组织生产，生产采取分散形式，即将全世界的电脑资源都利用起来，采取外包的形式将一台电脑的所有零部件、元器件、芯片外包给世界各地的制造商去生产，然后通过全球的物流网络将这些零部件、元器件和芯片发往同一个物流配送中心进行组装，由该物流配送中心将组装的电脑迅速发给订户。这一过程需要有高效的物流网络支持，当然物流网络的基础是信息、电脑网络。

物流的网络化是物流信息化的必然，是电子商务下物流活动的主要特征之一。当今世界Internet等全球网络资源的可用性及网络技术的普及为物流的网络化提供了良好的外部环境，物流网络化不可阻挡。

（4）智能化。这是物流自动化、信息化的一种高层次应用。物流作业过程大量的运筹和决策，如库存水平的确定、运输（搬运）路径的选择、自动导向车的运行轨迹和作业控制、自动分拣机的运行、物流配送中心经营管理的决策支持等问题都需要借助大量的知识才能解决。在物流自动化的进程中，物流智能化是不可回避的技术难题。好在专家系统、机器人等相关技术在国际上已经有比较成熟的研究成果。为了提高物流现代化的水平，物流的智能化已成为电子商务下物流发展的一个新趋势。

（5）柔性化。柔性化本来是为实现"以顾客为中心"理念而在生产领域提出的，但要真正做到柔性化，即真正地能根据消费者需求的变化来灵活调节生产工艺，没有配套的柔性化的物流系统是不可能的。20世纪90年代，国际生产领域纷纷推出弹性制造系统（FMS）、计算机集成制造系统（CIMS）、制造资源系统（MRP）、企业资源计划（ERP）以及供应链管理的概念和技术，这些概念和技术的实质是要将生产、流通进行集成，根据需求端的需求组织生产，安排物流活动。因此，柔性化的物流正是适应生产、流通与消费的需求而发展起来的一种新型物流模式。这就要求物流配送中心根据消费需求"多品种、小批量、多批次、短周期"的特色，灵活组织和实施物流作业。

另外，物流设施、商品包装的标准化，物流的社会化、共同化也都是电子商务环境下物流的新特点。

4. 电子商务推动现代物流业的发展趋势

电子商务时代，由于企业销售范围的扩大，企业和商业销售方式及最终消费者购买方式的转变，使得送货上门等业务成为一项极为重要的服务业务，促使了物流行业的兴起。物流行业即能完整提供物流机能以及运输配送、仓储保管、分装包装、流通加工等服务以收取报偿的行业。其主要包括仓储企业、运输企业、装卸搬运配送企业、流通加工业等。信息化、全球化、多功能化和一流的服务水平，已成为电子商务下的物流企业追求的目标。

（1）多功能化——物流业发展的方向。在电子商务时代，物流发展到集约化阶段，一体化的配送中心不单单提供仓储和运输服务，还必须开展配货、配送和各种提高附加值的流通加工服务项目，也可按客户的需要提供其他服务。现代供应链管理即通过从供应者到消费者供应链的综合运作，使物流达到最优化。企业追求全面的系统的综合效果。

（2）一流的服务——物流企业的追求。在电子商务下，物流业是介于供货方和购货方之间的第三方，以服务作为第一宗旨。从目前物流的现状来看，物流企业不仅要为本地区服务，而且还要进行远距离的服务。因为客户不但希望得到很好的服务，而且希望服务点不是一处，而是多处。优质和系统的服务使物流企业与货主企业结成战略伙伴关系（或称策略联盟），一方面有助于货主企业的产品迅速进入市场，提高竞争力，另一方面则使物流企业有稳定的资源。对物流企业而言，服务质量和服务水平正逐渐成为比价格更为重要的选择因素。

（3）信息化——现代物流业的必由之路。在电子商务时代，要提供最佳的服务，物流系统必须要有良好的信息处理和传输系统。在大型的配送公司里，一般都建立了有效客户反应和及时（Just in Time—JIT）系统。有了它，就可做到客户要什么就生产什么，避免了盲目生产。仓库商品的周转次数一般每年达 20 次左右，若利用客户信息反馈这种有效手段，可增加到 24 次。通过 JIT 系统，可从零售商店很快地得到销售反馈信息。配送不仅实现了内部的信息网络化，而且增加了配送货物的跟踪信息，从而大大提高了物流企业的服务水平，降低了成本。

（4）全球化——物流企业竞争的趋势。20 世纪 90 年代初，电子商务的出现加速了全球经济的一体化，物流企业的发展也达到了多国化。它从许多不同的国家收集所需要的资源，再加工后向各国出口。全球化战略的趋势，使物流企业和生产企业更紧密地联系在一起，形成了社会化大分工。生产厂集中精力制造产品、降低成本、创造价值；物流企业则集中精力从事物流服务。物流企业的满足需求系统比原来更进一步了。例如，在配送中心里，对进口商品的代理报关业务、暂时储存、搬运和配送，必要的流通加工，从商品进口到送交消费者手中的服务实现一条龙。

二、物流运作方式的发展方向

1. 第三方物流

物流供应链管理模式广为应用后，无论是制造商、批发商，还是零售商，从系统的角度考虑，一方面都希望各方协作，另一方面为了更加加快物流的周转，都希望提高物流专业化水平，把物流委托给第三方管理，与第三方物流结成供应链。一种新的物流运作方式——第三方物流（Third Party Logistics）也就应运而生了。第三方物流是物流活动逐步从生产、交易和消费过程中分化出来的一种专业化的、由独立经济组织承担的新型经济活动，它本身不拥有商品，而是通过协议合作，在特定的时间内向客户提供个性化的有偿物流服务。

第三方物流的概念有广义与狭义之分。广义的第三方物流是指提供全部或部分企业物流功能的一个外部服务的提供者，或者说是指商品买卖双方之外的第三方提供的物流服务，主要指储运和配送。狭义的第三方物流是指提供全部物流业务服务活动，即一站式一体化的综合物流服务。

第三方物流是物流专业化的重要形式，是社会分工的表现。第三方物流公司的经营方式通常是与客户签订较长时间的物流服务合同，所以有时第三方物流又称"合同物流"。第三方物流有以下几个特点：① 整合、实现一个以上的物流职能；② 第三方物流公司本身不拥有货物的所有权；③ 第三方物流公司按照与客户的合同要求提供劳动力或管理服务，属于提供劳务型公司；④ 物流中的运输设备、仓库等由第三方物流公司控制，但不一定为第三方物流公司所有。

第三方物流是社会化、专业化的物流，是将各个不同企业的物流整合起来进行管理的运作方式，它在实现自身效益最大化的同时，事实上也实现了社会物流的合理化，节约了社会物流成本，提高了社会效益。它的优势主要表现在：① 有利于物流企业实现规模化经营，提高规模效益；② 有利于物流设施资源优化配置，减少不必要的投资；③ 有利于物流和生产企业提高经营的专业化水平；④ 有利于发展以信息技术为基础的现代物流；⑤ 有利于为消费者提供更加全面、快捷的服务。

其中，最主要的是发挥物流企业的专业化优势，特别是为用户提供增值服务。第三方物流建立在现代电子信息技术基础之上，因此电子商务在货物配送、库存控制、电子订单、退货管理等方面能够发挥明显的优势，大大降低物流费用。

2. 第四方物流

随着物流业的进一步发展，行业购并、整合风潮促使以利用信息技术、提供供应链解决方案为主的"第四方物流"的出现。

美国埃森哲公司最早提出了第四方物流（Fourth Party Logistics，4PL）的概念，并依据其业务进行了定义："第四方物流供应商是一个供应性的集成商，它对公司内部和具有互补性的服务供应商所拥有的不同资源、能力和技术进行共同管理，提供一整套供应性解决方案。"第四方物流公司应物流公司的要求为其提供物流系统的分析和诊断，或提供物流系统优化和设计方案等。第四方物流公司要从事物流咨询服务就必须具备良好的物流行业背景和相关经验，它并不需要从事具体的物流活动，更不用建设物流基础设施，只是对于整个供应链提供整合方案。

第四方物流是一个供应链集成商，调集和管理组织自己及具有互补性服务供应商提供的资源、能力和技术，以提供一个综合的供应链解决方案。第四方物流不仅控制和管理特定的物流服务，而且对整个物流过程提出方案，并通过电子商务将这个程序集成起来。第四方物流的关键在于为顾客提供最佳的增值服务，即迅速、高效、低成本和个性化服务等。发展第四方物流可平衡第三方物流的能力、技术及贸易流畅管理等，亦能扩大本身营运的自主性。第四方物流为客户带来的效益包括利润增长和降低营运成本，即通过优化整条供应链而提高运作效率、降低采购成本，使流程一体化从而达到目的。

与第三方物流注重实际操作相比，第四方物流更多地关注整个供应链的物流活动，这种差别主要体现在以下两个方面，并形成第四方物流独有的特点：

1. 4PL 提供一整套完善的供应链解决方案

第四方物流和第三方物流不同，不是简单地为企业客户的物流活动提供管理服务，而是通过对企业客户所处供应链的整个系统或行业物流的整个系统进行详细分析后提出具有指导意义的解决方案。第四方物流服务供应商本身并不能单独地完成这个方案，而是要通过物流公司、技术公司等多类公司的协助才能将方案得以实施。

第三方物流服务供应商能够为企业客户提供相对于企业的全局最优，却不能提供相对于行业或供应链的全局最优，因此第四方物流服务供应商就需要先对现有资源和物流运作流程进行整合和再造，从而达到解决方案所预期的目标。第四方物流服务供应商整个管理过程大概设计四个层次，即再造、变革、实施和执行。

2. 4PL 通过其对整个供应链产生影响的能力来增加价值

第四方物流服务供应商可以通过物流运作的流程再造，使整个物流系统的流程更合理、效率更高，从而将产生的利益在供应链的各个环节之间进行平衡，使每个环节的企业客户都可以受益。如果第四方物流服务供应商只是提出一个解决方案，但是没有能力来控制这些物流运作环节，那么第四方物流服务供应商所能创造价值的潜力也无法被挖掘出来。因此，第四方物流服务供应商对整个供应链所具有的影响能力直接决定了其经营的好坏，也就是说第四方物流除了具有强有力的人才、资金和技术以外，还应该具有与一系列服务供应商建立合作关系的能力。

第四方物流的三种运作模式

1. 协同运作模型

该运作模式下,第四方物流只与第三方物流有内部合作关系,即第四方物流服务供应商不直接与企业客户接触,而是通过第三方物流服务供应商将其提出的供应链解决方案、再造的物流运作流程等进行实施。这就意味着,第四方物流与第三方物流共同开发市场,在开发的过程中第四方物流向第三方物流提供技术支持、供应链管理决策、市场准入能力以及项目管理能力等,它们之间的合作关系可以采用合同方式绑定或采用战略联盟方式形成。

2. 方案集成商模式

该运作模式下,第四方物流作为企业客户与第三方物流的纽带,将企业客户与第三方物流连接起来,这样企业客户就不需要与众多第三方物流服务供应商进行接触,而是直接通过第四方物流服务供应商来实现复杂的物流运作的管理。在这种模式下,第四方物流作为方案集成商除了提出供应链管理的可行性解决方案外,还要对第三方物流资源进行整合,统一规划,为企业客户服务。

3. 行业创新者模式

行业创新者模式与方案集成商模式有相似之处:都是作为第三方物流和客户沟通的桥梁,将物流运作的两个端点连接起来。两者的不同之处在于:行业创新者模式的客户是同一行业的多个企业,而方案集成商模式只针对一个企业客户进行物流管理。这种模式下,第四方物流提供行业整体物流的解决方案,这样可以使第四方物流运作的规模更大限度地得到扩大,使整个行业在物流运作上获得收益。

三、物流管理模式的发展方向

进入21世纪以来,科技的高度发达和经济的飞速发展,使得全球化竞争市场日益形成,技术进步和需求多样化使得产品生命周期不断缩短,企业面临着缩短交货期、提高产品质量、降低成本和改进服务的压力。企业出于对制造资源的占有要求和对生产过程的直接控制的需要,传统上对为其提供原材料、半成品或零部件的企业常采取投资自建、投资控股或兼并的"纵向一体化"策略。但是,在高科技迅速发展、市场竞争日益激烈、顾客需求不断变化的今天,"纵向一体化"战略已逐渐显示出其无法快速敏捷地响应市场机会的弱点。各企业家开始清醒地认识到,利用外部资源,促使产品快速响应市场需求,本企业只抓最核心的产品方向和市场,努力使自己的产品具有低成本和高品质两种优势，这才是企业的生存发展之道。于是，"纵向一体化"的管理模式升级为"横向一体化"，将供应商到制造商再到分销商的渠道形成一条贯穿所有企业的"链"，把所有相邻企业彼此连接起来，便形成了供应链。供应链也称为物流网络，包括供应商、制造中心、仓库、配送中心和零售点，以及在各机构之间流动的原材料、在制品库存和产成品，直至到达最终消费者手中。因此，供应链是指在商品从加工原料开始直到最终到达消费者手里的整个过程中，参与了该商品价值形成活动的上、下游企业相互连接所形成的网络。

传统的物流管理强调单个企业物流各级组织最优化，对运输、仓储、包装、装卸搬运、流通加工、配送和物流信息实施一体化管理。供应链管理是指在满足服务水平需要的同时，为使系统成本最小而把供应商、制造商、仓库和商店有效地结合成一体来生产商品，并将适当数量的商品在适当的时候配送到适当的地点的一套物流管理方法。供应链管理将围绕在供应链上的供应商、制造商、仓库和零售商结成战略联盟，更好地为顾客服务，共生共荣，共御市场风险，以获得竞争优势。整个供应链系统最优化所带来的效益，按照一定的分配原则分配，使每个企业都能分享供应链管理带来的好处。总的来说，供应链可以降低整个物流渠道的物流成本，使商品的售价更具竞争力，而且可以提高物流服务水平，保证商品的及时供应，创造价值优势。供应链管理日益成为最有影响力的企业物流管理模式。

四、现代物流管理的发展趋势

随着社会的发展，物流已延伸到从原材料采购、加工生产到产品销售、售后服务，直到废品回收等整个物理性的流通过程，即"综合物流管理"。未来物流行业的发展方向是全球化、信息技术现代化、各种运输能力和网络一体化。

1. 物流管理更加依赖信息技术的现代化

加强物流管理，提高物流效率，已成为提高企业竞争力的主要手段，这一发展趋势已被许多物流发达的国家所证实。目前发达国家的物流企业，计算机的应用不仅在物资流通的技术和管理上得到了普及，而且实现了跨地区、跨国界的网络化，信息系统不仅是自我管理的手段，而且成为客户服务的工具。随着更多、更先进信息技术在物流企业的应用，物流必将向信息化、自动化、及时化方向发展。

2. 第三方物流和共同配送成为主流

由于第三方物流和共同配送成本低、服务质量好、管理模式先进等，具有许多其他物流方式无可比拟的优势，在未来将成为物流的主要方式。

3. 物流企业向集团化、协同化、全球化方向发展

随着社会化大生产和全球经济一体化的日益发展，"大物流"的发展趋势十分明显，也是必然方向。物流企业将向集团化发展，规模将更庞大，实力更雄厚，各国、各地区间的物流合作将更密切，物流巨头的触角将伸向每一个角落。

4. 绿色物流成为新的增长点

21世纪，人类面临人口膨胀、资源短缺和环境恶化三大危机。这些问题的日益突出，将在物流方面提出更高的环保要求，绿色物流将必然成为发展主流，也只有绿色物流才有生存的空间。

认知实训

实训内容：
1. 认知物流企业类型。
2. 组织学生参观各类物流企业（生产企业、第三方物流企业、配送企业等）。

实训目的：
1. 认知物流企业的分类与职能。
2. 了解物流业的产生及发展趋势。
3. 掌握物流管理的发展过程及趋势。

实训条件：
1. 具有校企合作关系的物流企业。
2. 任课教师对物流企业的运作流程比较了解。

实训要求：
1. 在上课之前安排学生到校外实训基地进行参观。
2. 参观形式可以多样化，最好是任务驱动式。

复习思考题

1. 何谓物流？物流活动的内容有哪些？
2. 物流系统的特征有哪些？企业物流系统在生产经营中的地位和作用如何？
3. 企业物流需要解决哪些问题？
4. 简述物流管理的三个主要环节。
5. 简要说明物流管理的发展方向。
6. 电子商务的优点和作用有哪些？

海尔：现代物流创造的奇迹

海尔集团首席执行官张瑞敏在一次研讨会上谈起海尔为什么要搞物流时说："物流

对海尔的发展非常重要，为此我们大约用了两年半的时间进行物流的整合和改造。到目前为止，我们认为物流对企业的发展起到了巨大的作用。"

张瑞敏认为："在网络经济时代，一个现代企业，如果没有现代物流，就意味着没有物可流。这是被现代企业运作的驱动力所决定的。现代企业运作的驱动力就是两个字：订单。如果没有订单，现代企业就不可能运作。也就是说，它不可能有物可流。要实现这个订单，就意味着靠订单去采购，为订单去制造，为订单去销售。如果要实现完全以订单去销售、采购、制造，那么支持它的最重要的一个流程就是物流。如果没有物流，就不可能有订单的采购；如果没有订单的采购，那就意味着采购回来的就是库存，因为采购回来的这些物料到底给谁不知道；如果没有订单的制造，就等于天天虽然非常忙，但是在制造库存，干出来的产品就等于天天增加库存。最后，没有订单的销售，说到家，就是处理库存，因为你不知道卖给谁，唯一的出路就是降价、削价处理。"

1. 重塑了企业的业务流程，真正实现了市场化程度最高的订单经济

海尔现代物流的起点是订单。企业把订单作为企业运行的驱动力，作为业务流程的源头，完全按订单组织采购、生产、销售等全部经营活动。从接到订单时起，就开始了采购、配送和分拨物流的同步流程，现代物流过程也就同时开始。由于物流技术和计算机管理的支持，海尔物流通过3个JIT，即JIT采购、JIT配送、JIT分拨物流来实现同步流程。这样的运行速度为海尔赢得了源源不断的订单。目前，海尔集团平均每天接到销售订单200多个，每个月平均接到6000多个销售订单，定制产品7000多个规格品种，需要采购的物料品种达15万种。由于所有的采购基于订单，采购周期减到3天；所有的生产基于订单，生产过程降到一周之内；所有的配送基于订单，产品一下线，中心城市在8小时内、辐射区域在24小时内、全国在4天之内即能送达。总起来，海尔完成客户订单的全过程仅为10天时间，资金回笼一年15次（1999年我国工业企业流动资本周转速度年均只为1.2次），呆滞物资降低73.8%。

2. 从根本上改变了物流企业的流通方式，基本实现了资本效率最大化的零库存

海尔改变了传统仓库的"蓄水池"功能，使之成为一条流动的"河"。海尔认为，提高物流效率的最大目的就是实现零库存，现在海尔的仓库已经不是传统意义上的仓库，它只是企业的一个配送中心，成了为下道工序配送而暂时存放物资的地方。

建立现代物流系统之前，海尔占用50多万平方米的仓库，费用开支很大。目前，海尔建立了2座我国规模最大、自动化水平最高的现代化、智能化立体仓库，仓库使用面积降为仅有2.54万平方米。其中坐落在海尔开发区工业园中的仓库，面积1.92万平方米，设置了1.8万个货位，满足了企业全部原材料和制成品配送的需求，其仓储功能相当于一个30万平方米的仓库。这个立体仓库与海尔的商流、信息流、资金流、工作流联网，进行同步数据传输，采用世界上最先进的激光导引无人运输车系统、机器人技术、巷道堆垛机、通信传感技术等，整个仓库空无一人。自动堆垛机把原材料和制成品举上7层楼高的货位，自动穿梭车则把货位上的货物搬下来，一一放在激光导引无人驾

驶运输车上，运输车井然有序地按照指令再把货送到机器人面前，机器人叉起托盘，把货物装上外运的载重运输车上，运输车开向出库大门，仓库中物的流动过程结束。整个仓库实现了对物料的统一编码，使用了条形码技术、自动扫描技术和标准化的包装，没有一道环节会使流动的过程梗塞。

海尔的流程再造使原来表现为固态的、静止的、僵硬的业务过程变成了动态的、活跃的和柔性的业务流程。未进行流程再造前的1999年，海尔实现销售收入268亿元，库存资金15亿元，销售资金占用率为5.6%。2000年实现销售收入406亿元，比上年超出138亿元；库存资金降为7亿元，销售资金占用率为1.72%。2001年海尔的目标是把库存资金降为3亿元，销售资金占用率将降到0.5%左右，随后海尔将基本实现零库存。在海尔，所谓库存物品，实际上成了在物流中流动着的、被不断配送到下一个环节的"物"。

3. 从根本上打破了企业自循环的封闭体系，建立了市场快速响应体系

面对日趋激烈的市场竞争，现代企业要占领市场份额，就必须以最快的速度满足终端消费者多样化的个性需求。因此，海尔建立了一整套对市场的快速响应系统。一是建立网上订单管理平台。全部采购订单均由网上发出，供货商在网上查询库存，根据订单和库存情况及时补货。二是建立网上支付系统。目前网上支付已达到总支付额的20%，支付准确率和及时率达100%，并节约近1000万元的差旅费。三是建立网上招标竞价平台。供应商与海尔一道共同面对终端消费者，以最快的速度、最好的质量、最低的价格供应原材料，提高了产品的竞争力。四是建立信息交流平台，供应商、销售商共享网上信息，保证了商流、物流、资金流的顺畅。集成化的信息平台，形成了企业内部的信息"高速公路"，架起了海尔与全球用户资源网、全球供应链资源网和计算机网络的桥梁，将用户信息同步转化为企业内部信息，以信息替代库存，强化了整个系统执行订单的能力。海尔物流成功地运用电子商务体系，大大缩短了海尔与终端消费者的距离，为海尔赢得了响应市场的速度，扩大了海尔产品的市场份额。在国内市场份额中，海尔彩电占10.4%，冰箱占33.4%，洗衣机占30.5%，空调占30.6%，冷柜占41.8%。在国际市场，海尔产品占领了美国冷柜市场的12%、200升以下冰箱市场的30%、小型酒柜市场50%的份额，占领了欧洲空调市场的10%、中东洗衣机市场的10%。目前海尔的出口量已经占到销售总量的30%。

4. 扭转了企业以单体参与市场竞争的局面，使企业通过全球供应链参与国际竞争

从1984年12月到现在，海尔经历了三个发展战略阶段。第一阶段是品牌战略，第二阶段是多元化战略，第三阶段是国际化战略。在第三阶段，其战略创新的核心是从海尔的国际化到国际化的海尔，是建立全球供应链网络，支撑这个网络体系的是海尔的现代物流体系。海尔在进行流程再造时，围绕建立强有力的全球供应链网络体系，采取了一系列重大举措。一是优化供应商网络。将供应商由原有的2336家优化到978家，减少了1358家。二是扩大国际供应商的比重。目前国际供应商的比例已达67.5%，较流程再造前提高了 20%。世界 500 强企业中已有 44 家成为海尔的供应商。三是就近发展供应商。海尔与已经进入和准备进入青岛海尔开发区工业园的 19 家国际供应商建立了供应链关系。四是请大型国际供应商以其高技术和新技术参与海尔产品的前端设计。目前参与海尔产品设计开发的供应商比例已高达 32.5%。供应商与海尔共同面对终端消费者，通过创造顾客价值使订单增值，形成了双赢的战略伙伴关系。

在抓上游供应商的同时，海尔还完善了面向消费者的配送体系，在全国建立了 42 个配送中心，每天按照订单向 1550 个专卖店、9000 多个网点配送 100 多个品种、5 万多台产品，形成了快速的产品分拨配送体系、备件配送体系和返回物流体系。与此同时，海尔与国家邮政总局、中远集团、和黄天百等企业合作，在国内调配车辆可达 16000 辆。

海尔认为，21 世纪的竞争将不是单个企业之间的竞争，而是供应链与供应链之间的竞争。谁所在的供应链总成本低、对市场响应速度快，谁就能赢得市场。一只手抓住用户的需求，一只手抓住可以满足用户需求的全球供应链，这就是海尔物流创造的核心竞争力。

讨论题

1. 与传统企业相比，海尔在物流的理念上有哪些突破？
2. 海尔在物流整合上有些什么措施？
3. 海尔成功地利用物流能力的提升，增强国内外市场的竞争力，你认为有哪些关键因素？

第八章 现代商务风险管理

> **学习目标** ▶▶▶
>
> ◎ 知识的掌握
> 1. 掌握风险、商务风险的定义，商务风险的客观性。
> 2. 掌握商务风险管理的定义和意义。
> 3. 掌握商务贸易风险的识别与防范。
> 4. 掌握商务风险防范的可能性和对策。
>
> ◎ 技能的提高
> 1. 能够识别商务贸易风险。
> 2. 能够制订商务贸易风险的防范措施。
> 3. 能够根据企业在商务过程中面临的实际风险提出一般对策。

青蛙的故事

彼得·圣吉在其经典著作《第五项修炼》一书中提到，制约企业的七大智障之一是"青蛙现象"。一只青蛙，如果被人突然放入沸水中，它会奋力跳出；因为它感受到了死亡的威胁。但如果被放入逐渐加温的水中，它的身体能通过不断的调节来适应周围的水温，到水温高至它无法再适应的时候，青蛙便无力跳出水面，只有等待死亡了。青蛙对剧烈的威胁能够迅速作出应变，而对缓慢渐进的危机却不能识别而导致死亡。

启示

一个企业的兴衰也如同青蛙现象。企业真正的危机并不是突然而来的灾难，而是渐进隐含的危机。许多企业在面临突发的重大威胁的时候能够众志成城，咬紧牙关，渡过难关，而对于逐渐加剧的危机，则往往习而不察，无动于衷，待到病入膏肓，想尽力应对时，却为时已晚。一个企业，无论是在创业阶段，还是在高速发展阶段或稳定发展阶段,都存在着各种潜存着的危机。综合这众多的危机,不外乎外部和内部两方面。其中外部危机有来自市场的,有来自竞争对手的;而来自企业内部的最大的危机就是没有危机意识,就是企业的盲目满足。这种满足会使企业对市场的变化感觉迟钝,会掩盖公司内部出现的问题。

中石油惹祸　国资委买单

中国石油(0857.HK)2006年年报披露,2006年,公司为松花江污染事件支付了100万元的罚款;至今为止,公司依然没有对其他生产设施购买相关的第三者责任保险。

在这个风险最大的行业内,我国公司的投保率普遍低于国际同行。国家减灾委员会专家委员会副主任、北京师范大学副校长史培军表示,"节省"保费有助于我国公司蝉联最赚钱企业,但是一旦出现问题,却要由集团、并最终由国资委"买单",国资保值面临风险加大。

百万罚款

中国石油在年报中提到,除了对车辆和有些带有重要营运风险的资产进行有限的保险外,公司没有对其业务经营的物业设施或设备购买任何保险。此外,没有购买因个人伤害、财产和环境损害,或者业务中断而产生的第三者责任保险。

中国石油的解释是,因为此类保险在中国并不普及。公司管理层认为,这种状况不会对公司的财务状况构成重大负面影响。

根据介绍,我国保险公司目前能为石油行业提供的险种的确有限。但是,美国利宝互助保险集团等多家外资企业已经对中国的这一业务表示出浓厚兴趣,也有多家国内的保险公司及其经纪公司在从事此项业务的探索。史培军认为,我国的石油公司并非没有选择。

年报还提到,政府对松花江污染事件的调查在2006年12月全部结束,公司为此支付了100万元的罚款,用以解决该事故相关的全部责任。2005年,该公司吉林分公司发生爆炸事故,并且引发了松花江污染事件。

业内人士介绍说,公司频繁发生事故的主要原因在于设备老化,例如某些管道设施基本与新中国同龄,已经进入事故高发期。这意味着,即便公司高度重视安全生产,也无法确保事故不再发生。

中国石化(0386.HK)也在年报中提到,石油石化生产是一种易燃、易爆、易污染环境,以及易受到自然灾害威胁的高风险行业。虽然公司执行了HSE管理体系,尽最大努力规避各类事故发生,但是仍然不能完全避免突发事件带来的经济损失。

第八章 现代商务风险管理

国资委"买单"

史培军介绍说,松花江污染事件适用的险种是第三者责任险和意外事故险。这两类险种和信用保险在国际石油公司中非常普及,与此相比,我国企业的差距较大。

以松花江污染事件为例,由于集团占有股份公司88.21%的股份,将承担约88万元的损失。集团公司承担的损失最终将由国资委"买单",也就是说,将导致全体国民蒙受损失。

史培军说,由于中国石油部分设备老化,投保的费用可能高达罚款费用的5倍以上,即500万元。

中国石油自2000年H股上市以来,股价从IPO时的1.28港元/股上涨到2006年12月29日的11.02港元/股,连续多年荣获"亚洲最赚钱公司"称号。

但专家认为,在没有国企分红制度的情况下,国资委没有得到任何投资收益,却要为企业承担事故风险,这种情况需要改变。

中海油自保探索见效

与两大公司不同,中国海油(0883.HK)的风险防范工作比较到位。年报披露,公司目前的主要风险是油价风险、利率风险和汇率风险。

根据介绍,这些投资风险均属于不可保风险。对此公司表示,已经成立了专门的投资与风险管理委员会,负责公司投资决策和风险管理事宜。所有重大决策需要委员会2/3以上成员批准方可通过,公司不能投资被委员会否决的项目。此外,公司还借实施萨班斯法案的契机,全面梳理了内部控制体系。

在可保风险领域中,2000年,中国海洋石油总公司在香港成立自保公司——中海石油保险有限公司,对集团内的业务实行自保。

相对陆地而言,海洋石油更容易受到飓风、环境污染的威胁。这些风险均在自保公司得以防范。目前,中海石油保险有限公司的总资产规模为5亿元港币,年保费收入水平可达到5亿元港币。

但是,自保业务对资金、人才等要求更高,而我国的自保业务尚且处于探索阶段,中海石油保险有限公司是唯一一家专业的自保公司。公司董事长傅成玉认为,包括风险管理在内的公司管理体系,是令许多投资者看好中海油的重要原因。

讨论题

1. 比较中国三大石油公司的风险管理措施。
2. 通过本案例分析,你认为中海油成立自保公司对中国企业有何意义?

企业在利用自有资源开展商务活动的过程中,一旦发现自己的风险所在,就要想法采取行动将风险降到最低点,有效营运企业所拥有的资本,科学回避风险,是企业高层管理的核心内容,也是商务管理的高级形式。现代企业商务活动所面临的风险主要来自两个方面,一是企业进行商务活动所选项目的自身风险;二是企业商务活动中资本营运会面临的财务风险。其中财务风险又包含着投融资风险和贸易风险两种。因为环境不断变化,企业在商务活动中加强风险管理,就是要防范项目选择和资本营运对商务活动带来的风险和交易过程客观存在的风险,使商务绩效最大化。

本章介绍风险和商务风险管理的概念、企业贸易风险的识别与防范以及一般商务风险的防范与对策。

第一节 商务风险管理概述

一、风险与商务风险的概念

（一）风险的概念

企业的生产经营活动普遍存在风险。所谓风险,从管理角度看,是指发生某种不利事件或损失的各种可能状态的总称。从定义可知,构成风险有两个基本要素:其一是负面性,即发生不利事件或损失;其二是负面性出现的可能性或概率。在企业经营活动中只要存在这两个基本要素,就可能发生财产损失、减少利润。例如,一个企业用100万元去购买国库券,到期一定能收回本金与一定比例的利息。如果企业用这笔钱去买股票,既有获得较大赢利的可能,也有造成重大损失的可能。可以看出,投资国债几乎没有风险,购买股票肯定有风险。通常人们认为风险就是危机,其实风险和危机既有联系也有区别。危机是企业或组织处于意外事件所引起的危险和紧张的状态。风险处理不当,可以转化为危机,但风险并不等于危机。风险和危机的主要区别有三点:

(1) 从危害性看,风险会带来损失,如果处理得当,损失可能很小,甚至没有损失。同时,风险也能带来机会,有时能带来巨大利益。例如,1970~1979年间,美国有72家高技术风险企业,最初投资仅有2亿美元,而1979年的营业额就达到60亿美元。而危机则不同,若在危机前兆阶段不能抑制,一旦爆发就会带来较大损失。如1912年4月14日,英国大型豪华客轮"泰坦尼克"号在北大西洋与冰山相撞使1490人葬身冷海,造成迄今为止丧生最多的海难。

(2) 从可控性看,风险在大范围内是会经常发生的,有时带有较强的必然性,可以根据历史资料求得其发生的概率。如根据美国联邦航空调查局调查,民航事故中71%是飞行员失误造成的。1966~1984年全世界民航定期航班发生的死亡事故中,人为因素造成的约占61.3%,飞机故障和起火造成的占23.8%,其他原因占14.9%。有了风险事件的发生概率,人们就比较容易采取防范措施。而危机有些可以预测,有些则是由各种偶然性的意外事件造成的。如1987年5月27日在铁路淮南线陶家湖站,出站信号机红灯亮时被蜜蜂遮挡而不能显示,致使司机将扳道房处的水银灯误认为绿灯信号而臆测行车，造成列车出轨。类似这样的事件，人们无法知道其发生的规律，也就增加了控制的难度。

（3）从紧迫性看，风险比危机持续的时间长。如1973年世界出现石油危机，使汽车制造行业蒙受了一定的损失。之后，通用、福特汽车公司考虑到石油因素，很快设计制造出小型省油的汽车，大量投放市场，使之免受1978年再度出现的石油危机的打击。而克莱斯勒汽车公司仍然生产大型耗油量大的汽车，造成产品积压，每天损失200万美元，到1979年9月亏损累计逾7亿美元，风险转化为危机，公司濒临破产。两次石油危机前后五六年时间，克莱斯勒公司完全有可能避免或减少风险。危机与风险不同，英国的"自由企业先驱"号轮船在英吉利海峡发生事故，从开始一声巨响到整个船只沉入大海，只经过30秒至1分钟时间。这样短的时间很难救援，结果有188人死亡。

（二）商务风险的概念

商务风险，是指企业在开展商务活动中产生的风险，它与其他风险一样具备负面性和负面性出现的可能性这两个基本要素。商务风险概念有广义和狭义之分。狭义的商务风险指直接商务活动过程中产生的风险，如采购风险、运输风险、销售风险、结算风险等，也称贸易风险。广义的商务风险泛指一切与商务相关的活动所产生的风险，包括交易风险、产品质量和服务与合同不符产生的风险、选择商业机会的风险、运输风险和结算风险，还包括筹资风险和投资风险等。因为筹资和投资活动直接决定商务活动的绩效，而筹资和投资的目的就是选择最有利的商务竞争领域，实现企业效益最大化，因此，筹资和投资风险也可以称为广义的商务风险。

广义的商务风险与经营风险是一个含义相近的概念。经营风险是企业生产和商务活动所产生的风险的统称，包括筹资风险、投资风险、生产风险和贸易风险。各种经营风险主要是由市场竞争条件的变化而产生的，与商务密切相关。可见，从广义角度研究商务风险，更有利于将商务活动与整个企业经营活动有机地统一起来，使商务风险管理具有全局性和系统性。

二、商务风险的客观性

商务风险的客观性主要表现在两个方面。

1. 决策带来风险

企业经营决策中，常常包含风险。在确定型决策中，虽然决策方案的结果十分明确，但也可能因决策者判断选择错误，使入选方案在实施中产生风险。在风险型决策条件下，事物的自然状态以一定的概率出现，概率本身就是一种或然率、可能性，这样势必对决策方案的执行带来一定的风险。在不确定型决策中，事物自然状态出现的概率是不可知的，只能由人的经验和主观意志按一定方法来决策，这样，风险也是不可避免的。在多种决策方法中，战略决策的风险更大。这是因为战略决策问题不是经常、反复出现的，有关决策的信息不充分，决策实施时间长。所有这些因素既增加了决策的难度，也增大了决策的风险。

2. 环境因素带来风险

企业的商务活动都是在一定环境下展开的，各种环境因素及其发展变化，有可能带来风险。威廉斯和汉斯所著的《风险管理》一书认为，企业环境的风险因素包括：①行政方面的因素：由于政策变化导致行政领导变化；②法律因素：法律法规变化，使企业经营条件变化；③经济的因素：汇率、利率、价格、成本等因素变化，直接影响企业的经营成果；④社会因素：社会稳定程度特别是消费行为的变化，影响产品的生产和销售；⑤技术因素：技术的进步可能使一些企业灭亡，也可能会产生一些新企业；⑥价值观：消费者价值观变化，影响企业生产经营的价值观；⑦环境因素：自然环境、人工环境的变化，会改变企业的处境；⑧信息因素：企业获得有价值的信息，可能大受其益，也可能因泄密、蛊惑性宣传使企业面临一场危机；⑨人的因素：重要成员的死亡，重大工伤事故，都可能影响企业的实力和士气，甚至带来大的风险。

三、商务风险管理的意义

（一）风险管理的定义

风险管理是识别和评估风险，建立、选择和管理解决风险的可选方案的组织方法。在风险管理中可运用一些工具辅助商务管理者管理技术领域的风险、理解商务出现偏差的危险信号，尽可能早地采取正确的行动。

风险管理不是一个孤立的分配给风险管理部门的商务活动，而是健全的项目管理过程中的一个方面，可以应用许多系统工程的管理技术。

根据美国商务管理学会的报告，风险管理有三个定义：

（1）风险管理是系统识别和评估风险因素的形式化过程。

（2）风险管理是识别和控制能够引起不希望的变化的潜在领域和事件的形式与系统的方法。

（3）在企业商务活动中，风险管理是在商务活动进行期间识别、分析风险因素，采取必要对策的决策科学和决策艺术的结合。

风险管理包含对未来可能发生事件的控制，并且是预见式而不是反应式的。如一项开发新技术的商务项目，最初计划为6个月，而技术人员认为9个月更切合实际。如果商务项目管理者是预见式的，他可能立刻制订一个应变计划，而反应式的商务项目管理者则要等到问题发生再采取措施。那时，商务项目管理者需要对出现的危机尽快做出反应，比事先制订应变计划可能会失去一些宝贵的时间和机会。而且，预见式的防范措施可以使许多风险消除在萌芽状态，使损失不会成为现实。正确的商务管理不仅要减少风险事件发生的可能性，而且要减少其对商务活动产生的影响。

(二) 商务风险管理的意义

风险管理是现代企业对生产经营过程中可能产生的风险因素采取预防或消除措施，以及在危险发生后采取弥补措施的科学管理方法。风险管理发端于美国。1930年在美国管理协会发起的第一次关于保险问题的会议上，宾夕法尼亚大学的所罗门·许布纳博士提出："防患于未然就是最大的保险。"从1940年起，美国有些公司开始设置一名保险人员，负责由于忽视保险的作用而发生的问题。第二次世界大战后，在商业航空事业的推动下，人们越来越明显地感到，当时的保险管理已不能适应企业的需要。由保险到防患于未然的风险管理，是人们安全经营管理思想的一次飞跃。

保险是指事故发生后处理损失分配的方法，它仅仅是处理损失的工具和手段。而风险管理的本质是：运用管理原理处理有关各种资源和组织的活动，以使这一组织及其周围的意外损失降低到最低限度。它包括对事故发生后损失的处理，同时还包括事故发生前对损失的防止和控制。由于保险和风险管理有着本质区别，所以风险管理为越来越多的人所承认，风险管理方法也被广泛使用。到50年代初，风险管理在美国已成为一种兴盛的管理手段，风险管理人员在管理工作中已占有优先地位。近年来西方国家的企业设置了风险管理部门，以防止突发事故，确保企业财产和经营的安全。风险管理代表着现代管理的新趋势，西方企业家把它列入先进的管理系统之中，风险管理人员队伍日益壮大。

据统计，到目前为止，美国各公司雇用了约3000个专业的风险管理人员。除了公司职员中设有风险管理人员外，美国、加拿大和其他国家还有50家公认的、独立的、非推销保险业务的管理咨询公司，专门开展风险咨询、管理工作。随着风险管理的发展，企业对风险管理人员的聘用日益重视，许多企业都有一批具有丰富知识的法律、会计、管理专家从事与风险有关的工作。风险管理人员在人们的心目中，是一种具有高素质、高资历的管理人才。据《美国管理百科全书》介绍，风险管理有六种功能：

（1）企业如能成功地进行风险管理，就可以使企业全体成员产生安全感。企业职工对企业有一种依赖性和依附欲，有人甚至立下与企业同命运、共生存的信念。因此，企业安全程度对企业职工的士气大有影响。风险少，企业领导能腾出更多的精力去从事高层次的战略研究，职工就能在安全的环境中努力工作，为企业创造更多的产品。

（2）通过风险管理，采取一系列预防、减少风险的措施，能减轻企业年度收益和现金流的波动。这既是风险管理的结果，又是新的经营良性循环的基础，它有助于制订正确的计划，保持企业生产经营活动的稳定性。

（3）通过对潜在风险的分析，能为预测未来事态做好准备，及时捕捉有利的时机，扩大企业的经营规模。通过对潜在风险的分析，也可以采取预防措施，减少企业的损失，维持正常的生产经营活动。

（4）通过风险管理，能提高企业管理人员的管理水平与能力。在风险管理条件下，要求管理者临危不惧、镇定自若、有胆有识、出奇制胜。在风险较少的情况下，要求管理者居安思危，有远见卓识，以战略眼光看待眼前的"太平盛世"，不至于在环境恶劣时束手无策。

（5）风险管理能使企业在竞争的汪洋大海里立于不败之地。风险管理就是要以战略眼光看待未来，使自己在竞争中扬长避短、取长补短，保护、发展自身，战胜竞争对手。缺乏战略眼光，临阵磨枪是难以取胜的。

（6）在未发生风险之前，对企业的保险进行计划和监督，对已发生的损失进行检查分析，在保险责任范围内，力争损失最小，保险价值补偿最大。

除此之外，风险管理可以避免危机的发生，保护企业财产、人身安全，保护社会、自然环境。例如，前些年哈尔滨亚麻厂不重视安全生产，没有风险检查警报系统，终于因起火发生大爆炸。随着一声巨响，十几吨的机器被抛到空中，数十台机床炸得七零八落，车间地面几处塌陷。刹那间，大火冲天而起，13000多平方米的厂房毁之一炬，58名工人葬身火海，177人受伤。事故造成的直接经济损失达881.9万元，给职工及其家属留下惨痛的精神创伤更是难以用金钱计量。大兴安岭森林大火，归根结底是由于人们缺乏风险意识，未能采取有效的风险管理措施，终于使潜在风险转化为危机，给社会、环境带来了巨大灾难。据统计，火灾的过火面积101万公顷，其中有林面积70万公顷；烧毁贮木场存材85万立方米；烧毁各种设备2488台，其中汽车、拖拉机等大型设备617台；受灾群众56092人，死亡193人，受伤226人。印度尼西亚森林大火，殃及数国，造成数起交通事故，使成千上万的人患呼吸道疾病。

由此可见，加强商务风险管理是获得企业安全经营的基本保障，直接关系到企业经营的成败。正因为如此，西方学者把商务风险管理形象地称为现代企业的"救生圈"。

全球企业风险管理发展现状与趋势

全球第一个企业首席风险管理执行官（CRO）诞生于1993年，由此象征着企业整体化风险管理新时代的开始。如今的西方多数大中型企业均已实施了不同整合程度的风险管理。根据德勤2003年的调查，80%以上的世界性金融机构已设立了CRO工作职位。

目前金融行业、能源相关行业、医疗保健行业、航空航天业等行业是引领全球企业整体化风险管理的龙头行业。对经济全球化风险极为敏感的跨国公司更是身先士卒，如摩托罗拉、微软、沃尔玛等世界著名企业在过去的10年中均已经建立了全面系统的企业风险管理体系。普华永道2004年对全球1400位CEO进行了调查，其中70%的CEO将发展与提高企业的整体化风险管理能力摆到他们当前工作内容的首位。调查还显示，38%的CEO认为他们的企业已经建立了行之有效的企业整体化风险管理体系，另有46%的CEO表示他们将在1~3年内建立与发展企业整体化风险管理体系。

企业整体化风险管理的快速推行，是以过去10年间企业在此方面实践所赢得的回报与先机为基础的，是市场化经济下企业为提高自身竞争力而寻求新机制的完全的企业自身行为。事实上，企业在进行风险管理方面的回报可以是有形的，也可能是无形的；可以是短期的，更应该是长期。它可以提高企业持久的竞争力以及增加股东价值。

企业推行整体化风险管理的另一动力来源于外部的压力。实践显示，在当今越来越不确定的经济环境中，企业的投资者反倒越来越强调收益的稳定性与持续性，投资者要求企业详细披露其战略与经营操作所面临风险的压力越来越大。另外监管部门、信贷机构、信用评级机构以及企业的董事会也给企业的管理层施加了越来越大的压力。因此，企业管理好自身风险，提高对风险的控制力也成为一种为股东、为债权人以及社会应负有的或必须负有的责任。

"没人非让你的企业进行风险管理，问题是WTO下没有进行风险管理的企业一定会死亡，并且很快会死亡，这不只是在中国，在世界也是同样。"可以预见，从20世纪90年代开始，贯穿于整个21世纪，风险管理将会成为企业管理科学化发展的首要主题。

(来源：《中国信息报》2006-10-11)

第二节 商务贸易风险的识别与防范

贸易风险是在直接商务活动过程中产生的风险，是最直接的商务风险。贸易风险主要有买卖风险、运输风险和结算风险。

一、买卖风险的识别与防范

买卖风险是指商品所有权转移过程中产生的各种风险，包括采购风险、销售风险和变价风险。

(一) 采购风险

1. 采购风险的种类

采购风险是由于采购商品过程中发生的不利于采购方的行为的总称，包括商品质量不符合要求、不按数量交货、不按时交货、不按地点交货和采购数量不当。

(1) 质量不符。供方提供的货物不符合采购合同规定的品质要求。如劣质商品、假冒商品、需提供使用说明书但未提供的商品、需负责安装但未履行安装责任的商品、需提供配套产品而未提供配套产品的行为，等等。

(2) 数量不符。供方提交货物不足合同规定数量或超过合同规定数量。

(3) 时间不符。供方延时或提前交付货物，前者影响到买方的生产或转售，造成经济损失；后者增加买方的储存费用。

(4) 地点不符。供方交货的地点与合同的要求不符。

(5) 采购数量不当。或占压过多企业流动资金，或货源供应不充分。

2. 采购风险的防范措施

（1）防范采购风险的关键是认真签订采购合同，严格审查采购合同，尽量完善合同条款。合同的条款一定要具体、明确，如：对质量要求要注明品质标准和检验办法；对数量要明确溢交或短交的比率，如允许溢交或短交3%；等等。

（2）做好年度采购预算及策略规划，按需采购，合理确定采购批量。

（3）慎重选择供应商，重视供应商的筛选和评级，严把质量检验关，尤其要提高采购人员的责任心，对每笔采购品都要认真查验，不让劣质产品进入企业。

（4）慎重选择预付款手段。预付货款采购商品是许多商品交易中的惯例，应根据供求状况慎重确定预付款的数量。对供过于求的商品，一般不预付款，即货到付款；对供不应求的紧缺商品，可适当多付预付款。

（二）销售风险

销售风险是企业在出售商品过程中产生的风险。通常有买方拒收货物造成损失、买方不付款或不按时付款造成损失两种情况。

防范销售风险的主要措施是：严格按合同要求交付货物，全面了解买方的资信情况。凡在合同中明确了交货数量、质量、时间和地点的，必须按要求认真履行销售合同，如遇特殊情况影响按要求履行合同时，必须及时与买方联系，取得买方的谅解和支持；当买方发生拒收货物行为时，要认真分析原因，及时化解纠纷。考察买方资信情况是保证买方是否按时付款的关键，对资信好的企业，可采取货到付款方式；对资信不好的企业，要采取款到交货方式。

信用管理：防范销售风险的利器

树立正确的指导思想：信用管理的先导

强化对企业经营管理过程中的信用管理，就要求企业重视客户的信用调查与分析，科学地确立对客户的信用额度的审批，以降低企业的信用风险。加强信用管理，管理者应树立两种指导思想。首先是放弃绝对的思想，100%的满意不可能，否则我们找不到任何办法；其次是树立有所作为的思想，尽量提高企业信用管理的能力与水平，尽量减少损失，最大限度降低企业呆账、坏账损失，不断寻求阶段性胜利，从而提高企业竞争能力。

获得客户的真实信息：信用管理的基础

客户的真实信息，是企业选择贸易伙伴及对客户进行信用风险评估和确定对客户信用额度的重要依据。许多企业在与客户打交道时都要求客户提供相关资料,但客户的真实信息往往不易获得,尤其是财务状况不能清楚了解。相对完整、真实的客户信息,至少包括八个方面,即客户的身份、概况、历史背景、组织管理、经营状况、财务状况、信用记录、行业分析、合同签订责任人的个人品德等。由于各方面原因,客户信息资料常常有虚假成分,所以企业在收集、分析客户资料时必须对资料进行评估,以剔除虚假成分。主要办法有:(1)核实信息提供者是否有成见;(2)多渠道核实;(3)检查数据的逻辑性。

确立明确的信用政策:信用管理的关键

信用政策主要由信用标准、信用条件、信用限额等要素所构成。信用标准指本企业给予客户信用所需求的最低标准,通常用预期坏账损失率来表示。信用条件是指企业要求客户支付信用销售货款的条件,通常包括信用限额、信用期限和现金折扣。企业在与客户打交道时,可结合行业产品周转时间、市场竞争及客户规模制定既有利于销售、又有利于货款回收的政策。信用政策的确立,实际上是企业调整与客户信用关系的重要工具,以便在供货和货款回收问题上争取主动权,实现对客户直接管理,从而使企业掌握主动权。

账款跟踪:防范销售风险不可缺少的环节

信用管理绝对不是一种僵死的模式,而是一个动态过程。即使确立了信用额度,但如果缺少货款发出直至收回货款期间的过程管理,仍难以避免各种可能出现的风险。结合企业在实际中的主要问题,账款跟踪过程中应抓好这样几个方面:(1)定期对客户经营状况、信用记录进行调查,并将信息反馈给企业,以便企业随时采取措施。(2)一线销售员应定期了解客户每个月的详细库存情况并记录在案。(3)对于大客户,企业应定期拜访。(4)向销售部门及时发布客户状况预警"周转天数超过××天"的信号,一旦出现货款拖欠应及时分析原因,在与客户进行充分沟通后,及时采取相应解决办法。

建立信用管理部门:实施信用管理的保证

一定组织机构的建立,是其职能充分发挥的保证。企业信用管理部门的设置并没有一个固定模式,一般有三种组织形式:一是将信用部设在财务部;二是在销售部下设分部门;三是在企业内设立与财务部、销售部平行部门。三种组织形式各有利弊,企业可结合自身情况灵活选择。一般而言,如果企业规模大、客户多、交易关系复杂,可设置独立的信用部门和人员;如果企业规模小、客户少,可不设独立的信用部门和人员,可在有关部门如销售部或财务部体现信用管理的职能。

信用管理呼唤社会化信用管理体系的建立

市场经济是信用经济,一个有完善信用体系的国家通常被称为"征信国家"。中国加入WTO,要参与全球竞争并与国际规则接轨,我们必须从征信不健全的国家向"征信国家"过渡。所谓"征信国家",是指具备较为完善的国家信用管理体系、有信誉且公正的征信中介服务在全国普及、信用管理行业的市场化程度较高、在市场交易中可以快速取得资本市场与商业市场上的绝大多数企业和消费者个人的真实资信背景报告的国家。如果没有一个完善的信用体制，势必影响到我国的市场环境和国际竞争力，从而限制我国国际经贸合作及外资利用。

（三）变价风险

对于大多数合同交易的商品，通常存在交易的时间和空间差异。从合同签订到履行一般有一个间隔期。在间隔期内，市场形势可能发生变化，从而引起商品价格的涨落，产生合同价格与实际市场价格不相符的现象，带来变价风险。所谓变价风险就是由于价格变动产生的风险。采购和销售活动都存在这种风险。如签订采购合同时市场价格高，而履行合同时市场价格明显下降，采购方需按合同中的价格履行合同，就要承担价格变动所带来的损失。又如签订销售合同时市场价格低，而履行合同时市场价格显著上升，销售方需按合同中价格履行合同，也要承受变价损失。

防范变价风险的重要措施是准确预测市场信息，掌握市场变化规律。对于市场变化（波动）大的商品，要在签订合同时订立"变价处理办法"的条款，同时缩短签约与履约的时间。对季节性商品，在订价时要充分考虑储存费用对价格的影响。

二、运输风险的识别与防范

运输风险是货物在运送过程中产生的风险，包括货物的短少、损坏及灭失。造成运输风险的原因主要有装卸不当、运输事故及不可抗力事件。

1. 运输方式选择不当，运输能力配备没有优化，运输路线选择不合理

铁路运输很少受天气影响，运输批量大，但是铁路运输中的货损率比较高，不能实现"门到门"运输。公路运输最显著的特点是灵活性，能实现"门到门"运输，但是运输成本较高。水路运输运量大，节省能源且运费低，但是速度慢，易受自然条件影响。航空运输速度快，机动性大，不过飞机机舱容积和载重量较小，运载成本较高，易受气象条件影响。管道运输不受地面气候影响并可连续作业，货损货差率低，环保，成本低，运量大，但是运输货物过于专门，仅限于液体和气体货物。不同的运输工具各有其缺点，故在运输过程中，应根据各种交通工具的特点采取取长补短、相互协作、综合利用的原则进行选择，否则就会形成不必要的浪费。

如果选择了不恰当的运输方式，就有可能导致货物不能按时到达、货物损害度较大等问题。确定合适的运输工具的同时，还需要根据运输的实际情况选择运输工具的数量等。配备某种运输工具过多则造成浪费，配备得过少则造成运输的中断，带来一定的风险。

运输路线的选择影响到运输设备和人员的利用，如果选择不当，则会造成运输成本的提高或运输时间的浪费，从而不能按时送货，导致顾客满意度降低。

2. 运输服务商选择不恰当

只要运输业没有垄断存在，对于同一种运输方式，托运人或货主就有机会面临不同的运输服务商，而托运人或货主甚至是供应商在确定运输方式后，就需要对选择哪个具体的运输服务商作出决策。当然，不同的客户会有不同的决策标准和偏好。如果运输服务商选择不恰当，则可能导致货物运送的时间和质量不能得到保证，从而造成风险。而且如果运输服务商的信誉不好则可导致货物丢失及不易赔偿等风险。

3. 装载不合理

如果不是整车运输，则面临着几种货物组合装载优化的问题，如果搭配的品种与数量不当，则会造成运输时间或费用的浪费。

运输风险是货物运输中客观存在的风险，在贸易过程中需要慎重对待。

（1）要认真签订运输合同，明确承运人与受托人的权利和责任，以便当货物在运输过程中发生灭损时采取有效的损害救济方法。

（2）要对货物进行运输保险。货物运输保险是商务活动中常用的手段，尤其在国际贸易中使用最为广泛。通过保险可使损失减少到最低程度。

（3）货物运输中发生不可抗力事件后，要及时采取抢救措施，减少损失。

三、结算风险的识别和防范

结算风险是在贸易结算过程中产生的各种风险。最常见的风险有两类：

（1）由于货币价格变动产生的风险，最典型的是由于通货膨胀对买方或卖方带来的损失。

（2）由于采用不同的结算方式而带来的风险，如采取远期信用证结算方式可能产生较大风险。

贸易活动都离不开结算，尤其在对外贸易活动中，由于外汇变动或结算方式选择不当可能带来巨大的贸易损失，需要慎重对待。下面重点就外汇风险管理问题加以阐述。

企业外汇风险是指企业在一定时期内对外经贸活动中，以外币表现的资产或负债，因未预料到外汇汇率变动可能蒙受的损失。

（一）企业外汇风险的种类

（1）外汇交易风险。企业在从事对外贸易或非贸易过程中，从双方签订合同到最终结清债权和债务，一般需要一个较长的时间，如果计价货币的汇率发生变动，必将使交易双方的某一方蒙受损失，从而产生外汇结算风险。例如，国内某企业从美国进口一批价值为1000万美元的机器设备，计价结算货币为美元，签约时起半年结清。但到实际结算时，美元对人民币的汇率由签约时的 US \$1 = RMB ￥8.45 变为 US \$1 = RMB ￥8.56，这时该企业因美元升值要多付110万元人民币。

（2）外汇转换风险。外汇评价风险又称为外汇会计风险、折算风险，是企业在进行会计处理和进行外币债权债务结算时对于必须换算成人民币的各种外币计价项目进行评价所产生的风险。换句话说,就是在决算时评价外汇债权、债务所适用的汇率与当初入账和特定的汇率不同而产生账面上损益的差异。例如,某企业年初进口一批货物,到6月份应付100万美元。企业账面应支出840万元人民币(若按US $1 = RMB￥8.40计算),到实际支付时US $1 = RMB￥8.50,账面支出应为850万元。这多付的10万元等于企业资产的减少,这显然不利于企业资金的平衡运动。

(3)外汇经济风险。外汇经济风险又称竞争风险,是指由于汇率变动而引起公司竞争能力变动的可能性。交易风险和转换风险只存在于从事国际经济活动的企业,而经济风险则几乎存在于所有企业。对于国际企业来说,经济风险是直接的,因为它必须从国外进口商品或者向国外出口商品,其成本状况和市场份额跟汇率变动存在着直接的关系;而对于国内企业来说,经济风险是间接的,汇率变动不会直接影响到国内企业的成本和市场份额,但由于其竞争对手多是国际企业,而汇率变动会影响后者的竞争能力,从而间接地影响国内企业的相对成本和市场份额。从这个意义上说,所有企业都不可避免地面临着外汇风险。

(二)企业外汇风险管理

外汇风险管理,即对外汇风险的特性及因素进行识别与测定,并设计和选择防止或减少损失发生的处理方案,以最小成本达到风险处理的最佳效能。

1. 交易风险的防范

交易风险是企业面临的最主要的外汇风险,是企业进行外汇风险管理的关键。在加强外汇汇率变动趋势预测的基础上,可采取以下几项避险措施:出口以硬币、进口以软币或各种货币报价;加价保值或压价保值;提早收款或推迟付款;缩短出口收汇时间;以远期外汇买卖转嫁外汇风险。

(1)出口以硬币、进口以软币或多种货币报价。所谓硬货币是指汇率比较稳定且有上升趋势的货币,反之,即为软货币。如果企业产品销往使用硬货币的国家即可使用该国货币报价,销往其他国家也可以用上述硬币或其他硬货币报价。用这些货币报价,一般不会贬值,还有升值的可能,总的来说,基本上能保证企业获得稳定的出口收入。反之,进口商品以软币报价,有可能获得该软币汇率下降少付人民币的好处。此外,采用多种币别报价,可以使它们汇率变动的损益相互抵消,以减少外汇汇率变动风险。

(2)加价保值或压价保值。如果在商务谈判中未能达成出口以硬币、进口以软币或多种货币报价,可争取采用加价保值或压价保值的办法。加价保值方法主要用于出口贸易上,是指出口企业接受以软币计价成交时,将汇价变动所造成的损失摊入出口商品的价格中,以转移汇率风险。加价保值分为即期交易加价保值和远期交易加价保值。即期交易加价保值公式为:

加价后的商品单价 = 原单价 × (1 + 计价货币贬值率)

远期交易加价保值公式：

加价后的商品单价＝原单价×(1＋计价货币/贬值率＋利率)×期数

压价保值主要用于进口交易上，是指进口企业进口时接受硬币计价成交时，将汇价变动可能造成的损失从进口商品价格中剔除，以转嫁汇率风险，或在合同中订入保值条款。根据国际惯例，压价保值也分即期交易和远期交易两种。其计算公式与加价保值公式正好相反。如即期交易公式可转变为：

压价后的商品单价＝原单价×(1－计价货币升值率)

远期交易降价公式可照此类推。远期交易的压价公式为：

压价后商品价格＝压价前商品价格×(1－预期货币升值率＋利率)×期数

这里需要强调的是，加价或压价后的进出口交易并不等于没有风险，实际上汇率风险仍然存在，只不过风险程度相对减轻而已。此外，运用这种方法往往要与商品的购销意图、市场需求、商品质量等因素结合起来考虑，如果出口商品是滞销品，加价不易成交，出口企业就应该放弃加价或少加价；如果进口商品是我方急需且是畅销的商品，进口企业则不应过分强调压价或少压价。

（3）提早收款或推迟付款。汇率变动是在一定时间段发生的，收付在该时间段进行就会受到汇率变动的影响，调整外汇资金收付时间可以达到回避外汇风险的目的。在出口贸易中，若预测到计价货币在结算期可能贬值，要设法提早结算收款；反之，进口交易中，计价货币升值时，争取推迟付款，避开汇率变动期。

（4）缩短出口收汇时间。风险是造成损失的可能性，它随时间的延长而相对增加。为了减少因时间推移而带来的风险，出口企业要树立时间就是金钱的观念，按期交货，迅速收汇，缩短收汇时间。

（5）以远期外汇买卖转嫁外汇风险。如果企业在进出口贸易中预测到收付货币汇率的变动，可以在进出口交易的基础上做一笔买入或卖出该货币的远期买卖，以转嫁外汇风险。

2. 转换风险的防范

会计人员在处理会计报表时，面临的一个重要问题是，在资产负债表中，某些以外币计量的资产、负债、收入和费用折算成以本国货币计价的账目时，应使用什么汇率。使用的汇率不同，则账面结果不同，会计风险也不同。

折算中可供选择的汇率有两个：历史汇率和现行汇率。一般来说，若采用历史汇率进行折算，则以外币计价的资产负债项目不存在转换风险；若使用现行汇率折算，则这些项目都存在转换风险。转换风险的防范方法主要是实行资产负债表保值法。即设法使企业资产负债表上的外币资产和外币负债在币种与金额上趋于一致，从而使净头寸等于零。进行资产负债管理，从某种意义上讲，是一种协调手段，故它必须以牺牲经营效益为代价来改变资产负债表账户有关项目的货币和规模，以求得资产和负债受险部分平衡。所以应慎重对待，权衡利弊。

3. 经济风险的防范

经济风险可以按不同的时间阶段划分为短期、中期和长期三种类型，经济风险包含有效管理的预期以及汇率不可预期的变化对公司未来现金流量的不同程度的影响。但不管是哪类经济风险，都难以精确地测定，这既给管理带来了难度，也说明了灵活性是管理经济风险的关键，要求公司对复杂的经济风险影响作出迅速反应。也就是说，根据销售、生产设施的地理位置、原材料供应和融资等具体情况，在国际范围分散风险，这种分散化管理经营有利于灵活地对实际汇率变化作出反应。

一般企业的外汇风险战略

一般企业的外汇风险战略形式多样，也比较复杂。各种类型的企业，应根据自身的特点，立足于自己将来的经营活动和计划，制定出符合本企业特点的外汇风险战略。

制定外汇风险战略的步骤

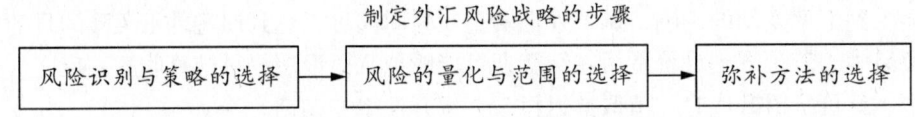

一个企业的外汇风险策略是指对外汇风险采取什么样的总对策，风险策略主要有以下三种类型：

（1）完全不弥补——对受险部分不采取任何措施。

（2）全部弥补——消除所有受险部分。

（3）选择性弥补——弥补一部分风险，放置一部分。

企业风险策略的选择主要依据于对企业所承受的外汇风险的识别与判断。主要包括两个方面的内容：一是汇率走势的预测和性质分析，一是企业自身情况的大致分析。对企业所承受的外汇风险的识别和判断主要包括以下内容：

（1）外币的种类及其构成。

（2）汇率走势预测和性质分析。

（3）外汇市场与国际金融市场的基本分析。

（4）公司性质如何，行业属性如何，有无跨国公司性质及其程度如何。

（5）主要的外币交易种类是以经常交易为主，还是以金融交易为主。

（6）受险部分的分布、债权与债务的对比、期限构成如何。

（7）外币交易占整个交易的比重。

第三节 一般商务风险防范与对策

风险是客观存在的,但并非不可防范,关键是人们是否意识到风险的存在。如果意识到风险存在的具体情况,就会采取相应策略,从而适应或改变它。风险指在给定情况下存在的可能结果间的差异,这一定义决定了风险管理的可能性,也就是说人们可以通过主观努力,尽可能适应客观变化,缩小可能结果间的差异,从而使风险最小化。所谓风险对策,即是为达到此目的而采取的相应策略。

一、风险防范的可能性

风险是客观存在的,而防范则是基于主观的判断。如果主客观一致,即可判定风险,从而可以有效地防范。既然风险是在给定情况下存在的可能结果间的差异,那么人们就有可能凭经验推断出其发生的规律和概率。虽然这些规律和概率并非一成不变,但通过一定时期内的观察,可判断出其大致规律,从而可以有意识地采取一些预防手段来防范。

风险具有以下特征,这些特征决定了风险的可防范性,风险损失也是可以控制的。

1. 风险具有特定的根源

风险并不是深不可测的,它有其特定的根源,有发生的迹象、特定的征候和一定的表现形式。例如战争风险,在开战前常常潜伏着多种爆发战争的因素;经济风险可以通过经济现象反映出来;社会风险也有其特定的背景和征候。人们通过细心观察、深入分析研究、科学推测,一般可以预测风险发生的可能性、发生的概率及其严重程度。

2. 风险的普遍性

由于风险无时不存,无处不在,且时有重复,人们在采取任何举措之前,都应有风险意识,积极或消极地采取各种预防措施。

3. 风险概率的互斥性

一个事件的演变具有多种可能性,而这些可能性具有互斥性。例如投资一个项目至少有两种可能的结果:盈利或亏本。盈利的可能性加大,亏本的可能性就减小,两种可能性不会同时加大或同时减小。

4. 风险损失的可测性

商务活动中一项承包工程可能有多种风险,但各种风险发生的概率并不都一样。通过概率计算可预测风险可能造成的损失程度。例如,某承包商对一项工程的报价为4000万元,假定其他因素不变,某一特定风险如自然灾害可能会导致承包该工程亏损5%,但这种自然灾害的发生概率只有10%,因此,该承包商因自然灾害可能蒙受的损失将是:4000万元×0.05×0.10 = 20万元。

5. 风险的可转移性

不同的人对同样的风险会产生不同的反应，因为不同的人对风险所具有的承受能力不一样。例如，一项工程包括多项子工程，总承包商可以承担总包风险，而将其中一些自己不占优势的子工程转包给专业承包商，从而将该项子工程中潜伏的风险也转移出去。对于该专业承包商来说，这些潜伏的风险则不一定会真正成为风险。

6. 风险可以被分隔

风险是由各种因素构成的。若干风险因素集中在一起，风险将会很大，但如果将这些因素分散间隔，尽管每个因素都有可能诱发风险，但其概率将大大降低。工程项目管理是一种多程序、多方位、内容错综复杂的经营活动。投资人可以只考虑其资金筹措中的各种风险，而将工程的设计、实施、管理及运营交给业主；而业主又可以通过发包工程而把工程的实施任务委托给承包商，将技术把关任务委托给监理工程师；承包商又可以通过分包将工程各子项中潜伏的风险分散转移至各分包商。这样一层层分散、转移，即可调动各方面的积极因素，克服消极因素，大家共同承担风险。

7. 有些风险具有可利用性

风险有两类：纯风险和投机风险。纯风险只会造成损失或尽管不造成损失却不能提供获利机会，如自然灾害、工伤事故。投机风险则既可能造成损失，又可能提供获利机会，如投资兴办企业，投资失败会造成重大经济损失，反之，则有可能获得巨额利润。因此，投机风险具有可利用的一面。

二、风险的对策

任何人对自己应承担的风险（明确规定的和隐含的）应有准备和对策，这应作为计划的一部分。当然不同的人对风险有不同的态度，有不同的对策。例如，在一个合资项目中，投资者主要承担金融风险、合作伙伴资信风险、工程技术和运营风险、销售市场风险等，而承包商有报价风险、实施方案风险、物价风险、业主风险等。风险的对策多种多样，但归纳起来只有两种最基本的方法。

（一）风险控制

采用风险控制措施可降低企业的预期损失或使这种损失更具有可测性，从而改变风险。这种方法包括风险回避、损失控制、风险分离、分散风险及风险转移等。

1. 风险回避

风险回避主要是中断风险源，使风险不致发生或遏制其发展。回避风险有时可能不得不做出一些必要的牺牲，但较之承担风险，这些牺牲比起风险真正发生时可能造成的损失要小得多，甚至微不足道，如回避风险大的项目，选择风险小或适中的项目。因而在项目决策时要注意放弃明显导致亏损的项目。对于风险超过自己的承受能力、成功把握不大的项目，不参与投标，不参与合资。甚至有时在工程进行到一半时，预测后期风险很大,必然有更大的亏损,而不得不采取中断项目的措施。

回避风险虽然是一种风险防范措施,但应该承认这是一种消极的防范手段。因为回避风险固然能避免损失,但同时也失去了获利的机会。处处回避,事事回避,其结果只能是停止生存。如果企业家想求生存图发展,最好的办法是采用除回避风险以外的其他手段。

2. 损失控制

损失控制是指减少损失发生的机会或降低损失的严重程度,设法使损失最小化。主要包括以下两方面的工作:

(1)预防损失。预防损失系指采取各种预防措施以杜绝损失发生。例如,房屋建造者通过改变建筑用料以防止用料不当而房屋倒塌;供应商通过扩大供应渠道以避免货物滞销;承包商通过提高质量控制标准以防止因质量不合格而返工或罚款;生产管理人员通过加强安全教育和强化安全措施,减少事故发生的机会;等等。在商业交易中,交易的各方都把损失预防作为重要事项。业主要求承包商出具各种保函就是为了防止承包商不履约或履约不力,而承包商要求在合同条款中赋予其索赔权也是为了防止业主违约或发生种种不测事件。

(2)减少损失。减少损失系指在风险损失已经不可避免的情况下,通过种种措施以遏制损失继续恶化或限制其扩展范围使其不再蔓延,也就是说使损失局部化。例如,承包商在业主付款误期、超过合同规定期限的情况下停工或撤出队伍,并提出索赔要求甚至提起诉讼;业主在确信某承包商无力继续实施其委托的工程时立即撤换承包商,施工事故发生后采取紧急救护措施等,都是为了达到减少损失的目的。

控制损失应以预防为主,防控结合,应认真研究测定风险的根源。就某一行为或项目而言,应在计划、执行等各个阶段进行损失控制分析。

分析应从两方面着手:首先,损失分析。通常可建立信息人员网络和编制损失报表。编制损失报表时不能只考虑已造成损失的事件,应将侥幸事件或险些造成损失的事件都列入报表并认真研究和分析。其次,危险分析。危险分析包括对已经造成事故或损失的危险和很可能造成损失或险些造成损失的危险的分析。此外,还应调查其他同类企业或类似项目实施过程中曾经经历的危险。

3. 风险分离

风险分离系指将各风险单位分离间隔,以避免发生连锁反应或互相牵连。这种处理可以将风险局限在一定的范围内,从而达到减少损失的目的。

风险分离常用于承包工程中的设备采购。为了尽量减少因汇率波动而遭致的汇率风险,承包商可在若干不同的国家采购设备,付款采用多种货币。比如在德国采购支付德国马克,在日本采购支付日元,在美国采购支付美元等。这样即使发生大幅度波动,也不会全部导致损失。

在施工过程中,承包商对材料进行分隔存放也是一种风险分离手段。因为分隔存放无疑分离了风险单位。各个风险单位不会具有同样的风险源，而且各自的风险源也不会互相影响。这样就可以避免材料集中于一处时可能遭受的损失。

4. 分散风险

分散风险，是将经营对象划分为不同的单位，分别对它们采取行动，以达到盈亏互补、减少风险的目的。如一个工程项目的总风险有一定的范围，这些风险必须在项目参加者（例如投资者、业主、项目管理者、各承包商、供应商等）之间进行分配。每个参加者都必须承担一定的风险责任，这样他才有管理和控制的积极性和创造性。风险分配通常在任务书、责任证书、合同、招标文件等中定义，在起草这些文件的时候应对风险作出预计、定义和分配。只有合理地分配风险，才能调动各方面的积极性，才有项目的高效益。风险分配的原则有：

第一，从工程整体效益的角度出发，最大限度地发挥各方面的积极性。项目参加者如果不承担任何风险，他就没有任何责任，就没有控制风险的积极性，就不可能做好工作。例如采用成本加酬金合同，承包商没有任何风险责任，则承包商会千方百计提高成本以争取工程利润，最终损害工程的整体效益。而如果让承包商承担全部风险责任也不行。一方面，他要价很高，会加大预算以防备风险；另一方面，业主因不承担任何风险，便随便决策，随便干预，不积极地对项目进行战略控制，风险发生时也不积极地提供帮助，则工程的整体效益同样也会受到损害。选择风险防范责任人的准则是：① 谁能有效地防止和控制风险或将风险转移，则应由他承担相应的风险责任；② 他控制相关风险是经济的、有效的、方便的、可行的，只有通过他的努力才能减少风险的影响；③ 通过承担风险能增强他的责任心，能更好地计划和控制。

第二，公平合理，责权利平衡。风险的责任和权利应是平衡的。风险的承担是一项责任，即进行风险控制以及承担风险产生的损失。但另一方面，要给承担者以控制、处理风险的权利。例如银行为项目提供贷款，由政府作担保，则银行的风险很小，它只能取得利息；而如果银行参加 BOT 项目的融资，它承担很大的项目风险，它有权参加运营管理及重大的决策，并参与利润的分配；承包商承担施工方案的风险，它就有权选择更为经济、合理、安全的施工方案。

风险与机会对等。即风险承担者同时应享受控制风险获得的收益和机会收益。例如承包商承担物价上涨的风险，则物价下跌带来的收益也应归承包商所有。若承担工期风险，拖延要支付误期违约金，则工期提前就应奖励。

承担的可能性和合理性，即给承担者以预测、计划、控制风险的条件，否则对他来说风险管理就成了投机。例如，要承包商承担理解招标文件、环境调查、实施方案和报价的风险，则必须给他合理的做标时间，向他提供现场调查的机会，提供详细且正确的招标文件，特别是设计文件和合同条件，并及时地回答承包商做标中发现的问题。这样他才能理性地承担风险。

第三，符合工程项目的惯例，符合通常的处理方法。惯例一般比较公平合理，例如国外的责任中心制、我国的经营承包责任制、建设项目业主责任制、国内外标准的工程承包合同，基本都反映这种惯例。如果明显违反国际（或国内）惯例，则常常显示出一种不公平、一种危险。例如 FIDIC 合同明确地规定了业主和承包商之间的风险分配。它是国际工程惯例，比较公平合理。

再如产品经营中的产品多角化，就是将企业分成若干个经营单位，让它们分别经营不同的产品，这样可以降低风险，提高经营安全率。在贷款、投资上，分散风险的策略也得到广泛应用。贷款、投资上分散风险的做法有：

（1）国别多样化。一般来说，贷款收益和风险成正相关，收益高的国家，风险比较大，收益低的国家风险比较小。对于贷款银行来说，它把资金贷给不同的国家，在获得同等收益的情况下，可以减少贷款风险。

（2）贷款期限多样化。在特定国家投资，把资金分散在不同期限的贷款上，可以减少风险。贷款可分为长、中、短期，长期利率高，风险大；短期则相反。银行为了达到高收益、低风险的目的，可把贷款期限多样化。

（3）贷款种类多样化。即贷款可投放在不同的行业，这样有的企业因情况变化盈利少时，可由另一些企业的高盈利来弥补。

（4）货币种类多样化。即银行按不同国家、不同行业，放发不同货币种类的款项，这样可以用某些货币升值的收益来弥补贬值货币的亏损，投资风险就可以减少。

（5）联合投资。辛迪加放款，就是联合投资的一种形式。一笔辛迪加放款，从发起人到参与者可能有几百家企业或银行，各参与者只承担放款的百分之几，一旦放款不能收回，各参与者只承担很少一部分风险。

5. 风险转移

风险转移是风险控制的另一种手段。在经营实践中有些风险无法通过上述手段进行有效控制，经营者只好采取转移手段以保护自己。风险转移并非损失转嫁。这种手段也不能被认为是损人利己而有损商业道德，因为许多风险对一些人的确可能造成损失，但转移后并不一定同样给他人造成损失。其原因是各人的优劣势不一样，因而对风险的承受能力也不一样。风险转移常用于工程承包中的分包、技术转让或财产出租。通过分包工程、转让技术或合同、出租设备或房屋等手段将应由其自身承担的风险部分或全部转移至他人，从而减轻自身的风险压力。

（二）财务措施

财务措施即采用经济手段来处理确实会发生的损失。这些措施包括风险的财务转移、风险自留、风险准备金和自我保险等。

1. 风险的财务转移

所谓风险的财务转移，系指风险转移人寻求用外来资金补偿确定会发生或业已发生的风险。风险的财务转移包括保险的风险财务转移（即通过保险进行转移）和非保险的风险财务转移（即通过合同条款达到转移之目的）。

保险的风险财务转移的实施手段是购买保险。通过保险，投保人将自己本应承担的归咎责任（因他人过失而承担的责任）和赔偿责任（因本人过失或不可抗力所造成的风险责任）转嫁给保险公司，从而使自己免受风险损失。非保险的风险财务转移的实施手段则是除保险以外的其他经济行为。例如，根据工程承包合同，业主可将其对公众在建筑物附近受到伤害的部分或全部责任转移至建筑承包商，这种转移属于非保险的风险财务转移；而建筑承包商则可以通过投保第三者责任险又将这一风险转移至保险公司，这种风险转移属于保险的风险财务转移。

非保险的风险财务转移的另一种形式就是通过担保银行或保险公司开具保证书或保函。根据保证书或保函，保证人员保证委托人对债权人履行某种明确的义务。委托人必须履行义务，否则债权人可以依据保证书或保函向保证人索赔罚金，然后保证人可以向委托人追偿其损失。在通常情况下，保证人或担保人签发保证书或保函时，要求委托人提交一笔现金或债券或不动产作抵押，以备自己转嫁损失赔偿。通过这种形式，债权人可将债务人违约的风险转移给保证人。

非保险的风险财务转移还有一种形式——风险中性化。这是一个平衡损失和收益机会的过程。例如，承包商担心原材料价格变化而进行套期交易，出口商担心外汇汇率波动而进行期货买卖等。不过采取风险中性化手段没有机会从投机风险中获益。因此，这种手段只是一种防身术，只能保证自己不受风险损失而已。

2. 风险自留

风险自留即是将风险留给自己承担，不予转移。这种手段有时是无意识的，即当初并不曾预测到风险，不曾有意识地采取种种有效措施，以致最后只好由自己承受；但有时也可以是主动的，即经营者有意识、有计划地将若干风险主动留给自己。在后种情况下，风险承受人通常已做好了处理风险的准备。

主动的或有计划的风险自留是否合理明智取决于风险自留决策的有关环境。风险自留在一些情况下是唯一可能的对策。有时企业不能预防损失，回避又不可能，且没有转移的可能性，企业别无选择，只能自留风险。例如，在河谷中建厂的企业发现已没有其他可能的方法来处理洪水风险，而放弃建厂和损失控制的成本都极其昂贵，而且在这一特定领域投保洪灾险也不可能，投资人骑虎难下，只好采取自留风险的对策。但是如果风险自留并非唯一可能的对策时，风险管理人应认真分析研究，制定最佳决策。通常要考虑的因素如下：

（1）费用。应比较分析投保费用与自留风险可能耗去的费用之间的差距。

（2）期望损失与风险概率。

（3）机会成本。比较保险费与损失发生时所需费用的现值，这里涉及资金的时间价值。

（4）在计算企业应纳所得税时，保险费可以作为经营费用被扣除，然而在财产损失或责任损失自留计划里，企业只能扣除实际损失，且这种扣除限于应纳税款的价值。

决定风险自留必须至少符合以下条件之一：

第八章　现代商务风险管理

(1) 自留费用低于保险公司所收取的费用。

(2) 企业的期望损失低于保险人的估计。

(3) 企业有较多的风险单位（意味着单位风险小，且企业有能力准确地预测其损失）。

(4) 企业的最大潜在损失或最大期望损失较小。

(5) 短期内企业有承受最大潜在损失或最大期望损失的经济能力。

(6) 费用和损失支付分布于很长的时间里，因而导致很大的机会成本。

(7) 投资机会很好。

(8) 内部服务或非保险人服务优良。

如果实际情况与以上条件相反，无疑应放弃自留风险的决策。

3. 风险准备金

风险准备金是从财务的角度为风险作准备的，在计划（或合同报价）中另外增加的一笔费用。例如在投标报价中，承包商经常根据工程技术、业主的资信、自然环境、合同等方面的风险的大小以及发生的可能性（概率）在报价中加上一笔不可预见风险费。

准备金的多少是一项管理决策。从理论上说，准备金的数量应与风险损失期望相等，即为风险发生所产生的损失与发生的可能性（概率）的乘积，即：

风险准备金 = 风险损失 × 发生的概率

除了应考虑理论值外，还应考虑到项目的边界条件和项目状态。例如对承包商来说，决定报价中的不可预见风险费，要考虑到竞争者的数量、中标的可能性、项目对企业经营的影响等因素。如果风险准备金高，报价竞争力降低，中标的可能性很小，即不中标的风险就大。

4. 自我保险

自我保险系指企业内部建立保险机制或保险机构，通过这种保险机制或由这种保险机构承担企业的各种可能风险。尽管这种办法属于购买保险范畴，但这种保险机制或机构终归隶属于企业内部，即使购买保险的开支有时可能大于自留风险所需开支，但因保险机构与企业的利益一致，各家内部可能有盈有亏，而总体上依然能取得平衡，好处未落入外人之手。因此，自我保险决策在许多时候也具有相当重要的意义。

相关链接

自保公司作为企业进行风险管理创新的重要工具，在国际上已经得到了广泛的运用。全球第一家自保公司——凤凰保险公司成立于18世纪中叶。20世纪20年代，一些大的跨国企业开始成立自保公司，到2004年，全球自保公司数量已经达到4800余家，保费规模达到560亿美元。自保公司行业已经成为一个非常成熟的行业领域。全球500强企业的80%都拥有自保公司。设立自保公司的著名企业也分布于全球各地。另外也有很多的组织、协会以及连锁企业等设立自保公司。

中国企业设立自保公司的步伐远远落后于其他国家。中国内地尚未对自保公司有明确的监管规定,而香港是最近的自保公司注册地。2000年8月,中国海洋石油总公司(以下简称"中国海油")在香港设立自保公司,公司全称"中海石油保险有限公司"(英文名称 CNOOC Insurance Limited)。它最初资本金为200万港元,这是香港对设立自保公司的最低资本金要求。

(来源:《企业风险管理创新与中国海油自保公司案例研究》
《国际石油经济》2007年第3期)

认知实训

实训内容:
1. 认知外向型企业的贸易风险。
2. 组织学生参观各类外向型企业。

实训目的:
1. 认知商务贸易风险的种类。
2. 了解商务贸易风险的识别和防范。
3. 掌握一般商务风险的防范与对策。

实训条件:
1. 具有校企合作关系的外向型企业。
2. 任课教师对外向型的贸易风险管理比较了解。

实训要求:
1. 在上课之前安排学生到校外实训基地进行参观。
2. 参观形式可以多样化,最好是任务驱动式。

复习思考题

1. 商务风险管理的意义。
2. 如何识别与防范商务活动贸易风险?
3. 一般商务风险防范与对策有哪些?
4. 常见的风险管理技术有哪些?

第八章 现代商务风险管理

惨痛的教训

20世纪90年代中期发生在中国的一个有关项目风险问题的案例，颇具代表性。

某机场（甲方）获得上级主管部门的支持，计划投资建设一套机场管理信息系统。由于种种原因，承建方（乙方）被指定为一家与民航有关系的国内公司。

乙方原本是一家只有10来个人的小型电脑公司，做过一些与民航相关的小工程，对民航的基本业务有一定的了解，所以知道一些客户的行话、术语，大体上的规划做出来看上去还是像模像样的。系统规划包括：UNIX服务器、台式PC机、局域网络设备、系统软件以及需要专门开发的应用软件。其中，应用软件部分是关键，是整个系统的灵魂，决定着项目的成败、优劣。

乙方为甲方所做的投资估算是：服务器、台式机、网络设备、系统软件等按厂商的公开价格计算，加上相关的施工费用，总计人民币约985万元。而应用软件开发的部分，由于无法做精确的估算，所以采取了非常笼统的"1:1报价原则"，即参照系统部分985万元的基数，按1:1做估算也是985万元，两项相加，项目总预算为1970万元。由于甲方希望"软件要做得好一点"，加之其他种种原因，所以也并不砍价，痛痛快快地接受了这笔对于当时来说堪称"巨额"的软件开发费用。至于工期，甲方希望"尽快"，乙方便一拍脑袋承诺"半年交钥匙"。

甲方的目标是建成同行中的"国内先进水平"、"样板工程"，但对于这个"样板"的具体内容、应该长成什么样子却不甚了了，想不清个所以然，也没花多少心思去想。以往搞基建、土木工程，经验都比较多，什么规格的跑道有哪几层材料各铺多厚、每平方米用多少料、造价大概多少、工期怎样安排合适，估算起来驾轻就熟。但是，对于计算机、网络、软件这些新玩意儿，谁心里都没谱。所以，项目建议书、可行性研究报告、投资估算等都由乙方全盘代办，对于甲方及其上级主管部门来说，都是过场，形同虚设，照单全收。于是，双方顺利地按1970万元签订了合同，工期就按乙方所说的半年而定。

计算机技术发展到今天的成熟阶段，硬件、网络、系统软件等已经成为标准化了的"积木"，看似高深，其实"装配"起来并不困难，只需要一两个熟练工人按部就班就可以轻松搞定。所以，业内人士都戏称之为"搬箱子体力劳动"，意即把这些高技术的标准化"箱子"从厂商那里搬到客户的机房码好、接上线、调试通就万事大吉了。这一点，甲方不清楚，但乙方作为圈中人自然心里明白。

真正的难点和风险都在于未惹人注意的应用软件开发。这一点，甲方不清楚，就连乙方也没有估计充分。

283

乙方以前从来没有承担过如此巨大的工程，也没有搞过稍有规模的软件开发。他们原本的如意算盘是这样的：系统成本按厂商的公开报价计算，这里面已经有了很大的"水分"，因为任何集成商都可以以差不多 5 折左右的价格拿到大部分的货，再转手以公开报价卖给客户，不费吹灰之力就已经赚了一半左右的钱，也就是说这部分的成本实际上只有 500 万上下。而应用软件开发，由于客户方除了一个笼统的"国内先进水平"、"样板工程"之外，几乎没有任何具体的要求，所以弹性非常大，可以说全凭乙方的良心做事。而乙方的乐观估计是，只需动用十几个人，花上半年的时间，实际成本绝对到不了 100 万元。考虑到缴税、差旅以及其他各种相关费用等，该项目的总成本包括税款在内预计无论如何都不会超过 900 万元，预期的税后纯利润可达 1100 万元之巨，真是个"肥得流油"的好项目！如此巨额的利润空间是乙方从前根本没有概念的，所以就被冲昏了头脑，作出了好大喜功的决定：要向"世界先进水平"挑战！

于是，应用软件的设计规划由最初的 4 个子系统猛增到了 18 个，而每个子系统中也加入了许多完全出自想象的华而不实的功能。比如，乙方主动提出要把外场动态信息引到机场老总们的办公室里，而且要用电脑实时合成三维动画显示在大屏幕墙上，不是用文本显示，不是用闭路电视，也不是用标准显示器。

接下来，乙方的公司发生了翻天覆地的变化：原先的小阁楼呆不下了，搬进了宽敞的写字楼；一下子添置了 3 辆轿车，公司员工们都换了新款的手机；公司首脑们纷纷出国考察，觉得人家的东西是漂亮，咱也能照猫画虎；程序员的规模急速膨胀到了 100 多人，然而活却越干越多。

半年很快就过去了，可是软件系统的初步设计都没有完全确定下来，因为领导和客户总会提出新的想法和要求。另外，包括该公司原有的员工在内，100 多个程序员没有一个知道机场的信息管理应该是怎么回事，都得从头开始了解客户当前的现实情况，然后再闭门造车想象理想的未来模式应该是什么样的。还有，技术人员队伍相当不稳定，许多人是刚进来两三个月就又跳槽走了；开发管理跟不上，一个人走了，一整块工作就全瘫痪了，没人能接上手，换个新人又得从头学起、从头再干。这样，先后有超过 300 名开发人员接触过这个项目，大多数都是匆匆的过客。

一年过去了，情况照旧。软件产品依旧是毫无头绪的一团乱麻，完全陷入了一种无休止的低水平重复怪圈里。全公司所有人只为了这一个大项目忙得一塌糊涂、乱得一塌糊涂，像走马灯似的变换着面孔。真应了那两句诗："年年岁岁花相似，'月月日日'人不同。"

又过了半年，还是没完没了。

直到经过了轰轰烈烈的整整 1 年零 9 个月之后，"补丁摞补丁"的应用软件才跌跌撞撞地分步上线投入试运行。又经过大半年之后，才渐渐稳定下来，至少是不再频繁出现莫名其妙的故障。最后实际投入使用的子系统只有 3 个，而且诸如三维动画、大屏幕什么的全都只做了一半就做不下去了，终于不了了之。

而原本预期中 1100 万元的巨额税后纯利润空间变成了负数。后来经过反复的交涉、调解，甲方上级主管部门又拨款 280 万元才勉强让这个项目做完，没有记入"半拉子工程"之列。但是关于"样板工程"的说法却再也没有人提起了。

讨论题

1. 关于风险的例子，听起来像天方夜谭，但却在人们身边发生着，对人们的启示是什么？
2. 谈谈你身边的风险案例。

第九章 现代商务人员管理

学习目标 ▶▶▶

◎ 知识的掌握
1. 掌握商务活动中的激励理论。
2. 掌握激励的概念与基本要素。
3. 掌握商务人员激励机制的基本原则。
4. 掌握商务人员激励的主要任务。
5. 掌握商务人员的激励手段。

◎ 技能的提高
1. 能够应用激励理论科学调动商务人员的工作积极性和创造性。
2. 能够充分发掘商务人员积极性、创造性,使商务人力资源达到最佳配置。
3. 能够根据商务组织结构所规定的职务的数量和要求,对所需人员进行恰当而有效的选择、考评、培训、开发,协调人力资源,以保证商务活动正常进行。
4. 能够选择正确的激励方式和方法调动商务企业家的积极性。

蜈蚣买汽水

有一群虫子聚集在草地里一起聚餐联谊,它们一边兴奋地聊着天,一边开心地吃着可口美味的食物。不多久,它们就把准备的汽水喝了个精光。在没有汽水的情况下,大家口渴难耐,所以就商量要推派一个代表跑腿帮大家买汽水,而卖汽水的地方又离这里有一段很长的路程,小虫们认为要解决口干舌燥的急事,一定要找到一位跑得特别快的代表,才能胜任这样的任务。大伙你一言我一语,环顾四周,挑来选去,最后一致推选蜈蚣为代表,因为它们认为蜈蚣的脚特别多,跑起路来,一定像旋风般地快。蜈蚣在盛情难却的情况下,起身出发为大家买汽水,小虫们放心地继续嬉闹欢笑,一时忘记了口渴。

第九章 现代商务人员管理

过了好久,大家东张西望,焦急地想蜈蚣怎么还没回来。情急之下,螳螂自告奋勇跑去了解究竟发生了什么事。它一推开门,才发现蜈蚣还蹲在门口辛苦地穿着鞋子呢!

启示

人不可貌相,海水不可斗量。一般人常常会根据外表来判断一个人的能力或人格,然而,实际上看走眼的几率是相当高的。毕竟,一个人的能力或人品是无法单凭外表来评判的。此外,人们也常常产生先入为主的偏见,以为只要腿长或脚多,就一定跑得快。然而像故事中的蜈蚣一样,虽然脚多,却不见得跑得快。所以,客观地评估一个人的优缺点实在是有必要的,尤其对人事主管而言,在招聘或任用时,更应站在不偏不倚的角度,去除个人的偏见,甚至发展或建立一套客观的评估标准来选才、用才,才不会造成人力资源的虚耗或有人怀才不遇的遗憾。

黄工程师为什么要走?

助理工程师黄大佑,一个名牌大学高材生,毕业后工作已8年,于4年前应聘调到一家工厂工程部负责技术工作,工作勤恳负责,技术能力强,很快就成为厂里有口皆碑的"四大金刚"之一,名字仅排在一号种子厂技术部主管陈工之后。然而,工资却同仓管人员不相上下,夫妻小孩三口尚住在来时住的那间平房。对此,他心中时常有些不平。

黄厂长,一个有名的识才老厂长,"人能尽其才,物能尽其用,货能畅其流"的孙中山先生名言,在各种公开场合不知被他引述了多少遍,实际上,他也是这样做了。4年前,黄大佑调来报到时,门口用红纸写的"热烈欢迎黄大佑工程师到我厂工作"几个不凡的颜体大字,是黄厂长亲自吩咐人秘部主任落实的,并且交代要把"助理工程师"的"助理"两字去掉。这确实使黄大佑当时春风不少,工作更卖劲。

两年前,厂里有指标申报工程师,黄大佑属有条件申报之列,但名额却让给一个没有文凭、工作平平的老同志。他想问一下厂长,谁知,他未去找厂长,厂长却先来找他了:"黄工,你年轻,机会有的是。"去年,他想反映一下工资问题,这问题确实重要,来这里其中一个目的不就是想得高一点的工资,提高一下生活待遇吗?但是几次想开口,都没有勇气讲出来。因为厂长不仅在生产会上大夸他的成绩,而且,曾记得,有几次外地人来取经,黄厂长当着客人的面赞扬他:"黄工是我们厂的技术骨干,是一个有创新的……"哪怕厂长再忙,路上相见时,总会拍拍黄工的肩膀说两句,诸如"黄工,干得不错","黄工,你很有前途"。这的确让黄大佑兴奋,"黄厂长确实是一个伯乐"。此言不假,前段时间,他还把一项开发新产品的重任交给他呢,大胆起用年轻人,然而……

最近，厂里新建好一批职工宿舍，听说数量比较多，黄大佑决心要反映一下住房问题，谁知这次黄厂长又先找他，还是像以前一样，笑着拍拍他的肩膀："黄工，厂里有意培养你入党，我当你的介绍人。"他又不好开口了，结果家没有搬成。

深夜，黄大佑对着一张报纸招聘栏出神。第二天一早，黄厂长办公台面上压着一张小纸条：

黄厂长：

您是一个懂得使用人才的好领导，我十分敬佩您，但我决定走了。

黄大佑于深夜。

讨论题

1. 根据马斯洛的理论，住房、评职称、提高工资和入党对于黄工来说分别属于什么需要？
2. 根据公平理论，黄工的工资和仓管员的不相上下，是否合理？
3. 如果你是黄厂长，你将根据什么激励理论，采取什么激励措施来留住黄工？

在管理心理学中，激励通常指激发人的工作动机，以产生更大的行为结果的心理过程。它以未被满足的需要为起点，运用各种有效方式和手段，激发人的热情，调动人的积极性，发挥人的创造精神和潜能，使其行为朝着组织期望的目标努力。

商务管理的重要任务在于通过对商务人员的激励，充分挖掘商务人员经商的内在潜能，高效实现商务目标。本章主要阐述商务人员激励的任务、商务人员绩效评价的内容、商务人员的激励机制和激励方法。

第一节 商务活动中的激励理论

美国经济学家詹姆斯通过对激励问题的专题研究得出这样的结论：如果没有激励，一个人的能力发挥不过20%～30%；如果实施激励，则可以发挥到80%～90%。在当今世界经济发展中，商务活动所需要的商品、物资、技术、资金等等，都可以从企业外部获得，市场竞争的优势则更多地体现在科学调动商务人员的工作积极性和创造性方面。

一、激励概述

（一）激励的时代要求

激励是组织行为学的重要内容和关键问题。不管是从事激励研究的学者，还是从事企业经营的经营者，都非常关注激励问题的研究。因为在企业对人的管理中，必须弄清楚在怎样的条件下，人会乐意地按时来工作，会更愿意留在所分配的岗位上尽职尽责，会工作得更有效率。其实，人都需要激励，需要自我激励，需要得到来自同事、群体、领导及组织方面的激励。企业中的管理工作需要创造并维持一种环境，在此环境里为了去完成组织目标，人们在一起工作着。一个主管人员如果不知道怎样激励人，便不能胜任管理工作。在未来的高科技条件下，激励更加重要，这是因为：

（1）国际、国内的竞争的加剧，来自社会、经济、技术的外在压力，都迫使管理方面在方法和技巧上有创新，来不断保证企业效率和效能的高水平，要求有效利用企业的各种资源。

（2）为了企业不断发展，必须关注人力资源。过去组织一般都将人力资源看成是取之不尽的储备库，只要有了人，似乎都能满足其对岗位的需求，其实不然。知识爆炸，科技不断发展，企业必须加大对更新企业人员的知识结构和新知识的获得的投入，加强员工培训。

（3）员工的价值观念发生了重大变化。过去的有些管理者认为对员工只用金钱激励就可以解决一切问题。对企业的管理人员来说，必须认清一个问题，员工的需要和要求是多方面的，包括工作挑战性、成就、晋升及金钱。

因此，在讨论组织行为与绩效时，研究激励显得越来越重要了。

（二）激励的概念、特征

1. 激励的概念与基本要素

什么是激励？目前代表性的观点有：
（1）激励是人类活动的内心状态，表现为要争取的条件、希望与动力，等等。
（2）激励是由动机引起的，能够对人的行动起激发、推动和加强作用的精神状态。
（3）激励就是通过影响职工个人需要的实现来提高他们的积极性，引导其为企业目标奉献力量和智慧的组织行为。

我们认为，激励即激发、鼓励，是指在行为管理中将有意识的外部刺激内化为被管理者的自觉行动，从而最大限度地调动员工积极性、实现管理目标的过程。

激励必须包括以下五个要素：

（1）激励主体。激励是一种有意识的活动，首先要有主体。在商务管理活动中，激励主体即商务管理者。商务管理者在激励实践中实施主动行为。

（2）激励对象。激励是管理者将激励手段作用于被管理者，使外部刺激内化为被管理者自觉行动的过程，被管理者作为激励对象，既是激励手段作用的客体，又是承受外部刺激并将其转化为内在动力的主体。

（3）激励手段。激励手段是商务管理者有意识地施加外部刺激，从而对激励对象产生推动力或吸引力的过程，这种外部刺激来源于一定的手段和措施。

（4）激励目的。激励是有目的的行为，激励主体将激励手段作用于激励对象，是为了最大限度地调动激励对象的积极性，使其采取最为有效的行动实现管理目的。

（5）激励过程。从激励主体将激励手段作用于激励对象，到激励对象将激励手段所产生的推动力和吸引力内化为自动力，并采取相应行动去实现商务活动目的，是一个完整的过程。这一过程的每个要素、每个环节都是相互影响及相互作用的，都将在一定程度上影响激励的效果。

"胡萝卜加大棒"可以说是最为传统的激励手段和管理工具。几乎所有的激励理论中，都承认某种形式的"胡萝卜"可以激发一个人的动机。只要工作还是谋生的手段，人的收入水平还不是很高，人对物质产品还充满迫切的需要，"胡萝卜"就能起到很好的激励作用。甚至可以说，尽管一个人的物质财富相当丰富，但在心理上对财富还有很强的需要，"胡萝卜"仍然是有效的激励工具。从强化理论来讲，要想做到"正强化"就应深入思考如何设计"胡萝卜"。而当员工出现那些不符合组织目标的行为时，采取惩罚的办法就是"大棒"，而"大棒"的设计更需要科学、合理、有效。

2. 激励的特征

激励的功能是要研究如何根据人的行为规律来提高人的积极性，那么，激励的基本特征有哪些呢？

（1）激励的普遍性。行为科学认为，每个人都有其特定的需要，都生活在特定的精神状态下，都随时随地经受各种激励信息的影响。不同的只是激励的方式与程度上的差异。事实上，人作为社会的个体，在整个生命的延伸过程中，不仅有自我激励，还有相互激励，不仅有群体激励，还有交叉激励，等等。总之，只要有人的存在，就有激励的需要。

（2）激励的鼓动性。激励的宗旨是鞭策人们积极向上。因为人是有相当大的潜力的。一个人对社会的奉献程度，在某种意义上说是对其激励的实施程度。通过各种各样行之有效的激励，人的创造才能、拼搏精神，是能够很好地得到培育的。

（3）激励的层次性。一般说来，支配人们行为的需要是由低级向高级发展的，当低一层次的需要得到满足以后就会产生高一级的需要。同时，由于社会发展程度的不同，人与人之间在价值观念、思想意识、工作环境、生活水平、消费习惯等方面都有较大的差异。激励必须有严格的科学性、灵活的针对性、实在的层次性。

（4）激励的可变性。激励的可变性是基于需要的可变性。人的需要不仅有相当大的动态性，而且还有一定的可塑性。社会经济的任何变动，都可能刺激人的需求的变化，同时，由于人的自身环境的变化，又使需求具有可塑性。激励就必须"因地制宜"、"因人制宜"、"因时制宜"。

（三）激励的含义

行为科学认为，奖励是社会对人们的良好行为、取得的突出成绩或作出的卓越贡献给予积极肯定，以促使人们将这种行为保持和增强，加快人的自我发展、完善，为社会创造更大更好的效益。

惩罚则是社会对人们的不良或不正确行为给予否定，以促使人们的行为变异，增强反应强度和内驱力，警诫他人，以规范人们的行为。

显然，奖惩两者虽然方法不同，着眼点不同，但都反映了一个核心内容——激励。所以，激励实际上体现了奖励与惩罚两个方面。那么，究竟什么是激励，对此，智者见智，仁者见仁，看法也不一样。

二、激励理论

正如学者们对激励有不同观点一样，对激励理论研究也有不同的解释。

（一）激励理论研究的心理学观点

1. 老行为主义激励理论

在20世纪二三十年代，在美国风行一种行为主义理论，创始人为华生（J. B. Watson，1878—1958）。行为主义的基本原则是刺激→反应公式，用符号表示就是S→R。依这个理论，就是从刺激来推测反应，或者反过来以反应来推测刺激。

将这个理论运用到管理措施上，激励手段的实质就是刺激，通过刺激手段，主要是金钱来诱发人的行为。在二三十年代的资本主义社会，资本家和工人的行为都是由金钱这个刺激物而引起的。企业管理的主要任务，就是充分运用金钱这个诱因，以诱使工人积极工作。因此，在那个时候，激励的主要手段是物质刺激，于是在企业中主要搞计件工资制，以及超额的以高价计算的差别计件制。在这种理论的指导下，企业领导人的任务就是选择一套适当的刺激即激励手段，以引起工人相应的反应标准和定型的活动。

2. 新行为主义的激励理论

新行为主义是在刺激→反应公式中加上了一个中间环节，用符号表示就是：S→O→R，其中S为刺激，R为反应，而O是一个中间变量，它主要指人们的主观因素，如意图、愿望、行为目的、印象和计划。根据这一理论，激励人的主要手段不能仅仅靠刺激变量，还要考虑到中间变量的存在。具体说来，激励手段中除了考虑金钱这一刺激因素外，还要考虑到劳动者的主观需求。所以，根据新行为主义的理论，激励手段也复杂化了，主要包括：

（1）要从社会心理出发，分析需要的发展。需要既包括物质的，也包括精神的内容。

（2）要进行情境分析。由于人的思想经常会受到内、外环境因素影响而发生变化，因此,要经常对影响人的情境进行动态分析,以便及时采取措施,使激励过程持续化。

(3) 目标均衡。在个人与组织以及各种人际关系中会发生一些冲突和不协调。为此,调和矛盾,使目标均衡也是很重要的。

3. 认知派激励理论

认知心理学派认为,把行为简单地看成人的神经系统对客观刺激反应的机械联结,这不完全符合人的心理活动的客观规律性。认知心理学派的主要论点有:

(1) 强调认知过程中的结构和组织原则。
(2) 强调内部发生的过程。
(3) 强调概念的驱动作用。
(4) 强调认知反馈作用。
(5) 强调认知方式上的个别差异。

将认知心理学理论应用于管理中就产生了两类激励理论:内容型激励理论和过程型激励理论。认知派激励理论的分类如图9-1所示:

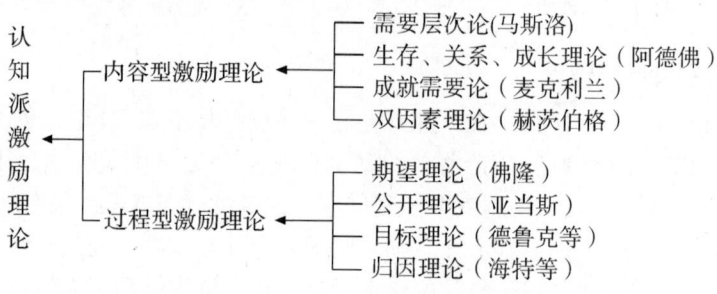

图9-1 认知派激励理论分类

(二) 激励理论研究的历史观点

在组织管理发展的不同阶段,对激励的认识和定义是不断变化的。

在科学管理阶段,泰勒将企业员工看成"经济人",认为员工只有对物质利益的简单追求。这个阶段的激励,主要表现在"A使B做A希望B做的事"。显然,这种对激励的认识带有明显的使役性质。

行为科学理论产生以后,人们对人性的认识发生了很大的变化,认为员工不仅是"经济人",还是有各种需要的"社会人",激励开始涉及"行为是怎样开端的,怎样被赋予活力而激发,怎样延续,怎样导向,怎样终止,以及在所有一切进行过程中,该有机体呈现出何种主观反应"等问题。

工作生活质量阶段,对激励的定义进一步考虑到激励对象的合理要求和利益,认为"激励就是引导有各自需要和个性的一个人或一群人,为实现组织的目标而工作,同时也要达到他们自己的目标"。美国一些管理学家还认为,"激励必须研究一组自变量与

第九章 现代商务人员管理

因变量间的关系,这种关系在人的努力、技能和对任务的理解以及环境中的各种制约条件都相等的情况下,能说明一个人行为的方向、幅度与持续性"。

从以上分析可以看出,在研究激励问题和制定激励措施时,至少要考虑三个问题:激发人们行为的特殊因素以及这些特殊因素是如何激发人的行为的;激励对象为什么选择这种行为而不选择那种行为;怎样引导人们改掉错误的、消极的行为,强化正确的行为。这些就是内容型、过程型及改造型激励理论研究的问题。这与认知心理学激励理论的发展是吻合的。

第二节 商务人员激励机制

现代商务人员激励机制是充分发掘商务人员积极性、创造性,使商务人力资源最佳配置的各种组织要素与机能的总称。包括动力机制、分配机制、约束机制,等等。

> 一家民营企业的老板最近有个问题一直困扰着他。他为了调动员工的积极性,在薪酬上很舍得投入,员工收入高于行业平均水平,位于同行的前列。但他最近发现员工并没有因为高工资而在工作上投入极大的热情,也没有因为年终的"大红包"而受到应有的激励。这个老板在想,到底是哪出了问题,既然高工资不起作用,我又何苦付出这么多,干脆把薪酬水平降下来,还可降低成本,提高效益。
> 你认为他的想法对吗?你觉得他应该怎么办呢?

一、商务人员激励机制的基本原则

我们知道,激励是一种精神力量或状态,在商务活动的运行当中,起加强、激发和推动的作用。具体实施起来,一个前提条件是应该在科学的原则指导下。这些原则主要是:

1. 利益原则

利益原则是要求在实施激励中,必须承认商务人员的个人利益,并且尽可能地使个人利益得到一定程度的满足。过去,在设计激励机制时,往往不注意员工利益,认为在社会主义国家中,不应该有个人利益,一直强调个人利益服从企业利益、国家利益。其实,国家利益、企业利益和个人利益是一个整体,是相互联系、相互影响的。如果抹杀个人利益的必然性和合理性,既可能使员工的积极性、创造性失去原动力,又可能使企业经营管理活动失去利益导向。当然，必须反对"拜金主义"和"一切向钱看"。

2. 实事求是原则

商务活动的激励过程，就是根据商务人员在市场经营活动中的实际表现，施加相应的刺激和鼓励，从而促进商务活动的顺利进行，达到激励的效果。在讲求实事求是的原则中，最为重要的是坚持"公平、公正、公开"，力求公平合理、适时适度。

3. 物质激励与精神激励相结合

在强化物质激励的同时，不应该放弃精神激励。根据马斯洛的需要层次理论，人的高层次需求对人具有持久的激励作用。因而，物质激励、精神激励两者不可偏废。

二、商务人员激励机制的运行

商务人员激励机制的运行是一项系统工程。它伴随着商务活动各个领域、各个环节，涉及企业资源的各个方面。应该精心组织，使其向企业所规定的目标发展。

1. 科学地把握商务人员的激励因素

我们在前面已经论述到，激励因素对于激发、调动商务人员的积极性有着重要影响。在市场竞争的条件下，要想达到比较完满的激励效果，必须把握以下激励因素：

（1）思想政治因素。人们的思想活动、政治态度、精神面貌，直接支配着员工的行为动机，是人的行为产生的重要动力。

（2）物质利益因素。物质利益是人们进行社会活动的物质动因，正确、有效地贯彻物质利益原则，就能使商务人员从物质利益上关心自己和企业的劳动成果，从而最大限度地发掘人的积极性、创造性。

（3）需要因素。需要是产生人的行为的原动力。解决、满足人的各种需要的问题也是调动人的积极性的激励因素。员工的需要包括物质需要、安全需要、文化需要、社会性需要、理想与成就的需要，等等。

（4）期望因素。期望是指在一定时期内，人们根据自己的经验，希望达到某种目标的概率。人们从事某种活动，总是想通过一定的能力取得一定的成果。如果所得到的结果超过原来的估计和期望，人们就会精神振奋；反之，就会使人感到受了挫折。

2. 强化商务活动激励效益观

商务活动激励的目的是通过各种激励方式和手段的应用，激发员工释放出更大的能量，实现企业的激励目标。激励，也要讲求激励效益。任何激励过程的运行都必须以比较少的激励投入，实现比较理想的激励目标。否则，激励就没有任何意义。

我们应该看到商务活动中激励效益不好的种种表现和严重后果。譬如：企业激励总投入增加，企业总利润减少；商务市场开拓活动增加，商品市场占有率减少；企业奖金发放增加，员工积极性没有增加；等等。

激励效益观是指各种激励方式和手段的运用必须最大限度地实现企业目标。应当指出的是，激励的效益不仅是利润、劳动生产率增加等有形的激励效益，还应该包括员工素质的提高，员工责任感、使命感的增强，企业凝聚力的形成等无形激励效益。

3. 确立商务活动激励目标

商务激励目标是商务管理者对被激励者采取激励手段所期望达到的目的与标准。只有商务活动激励目标明确，激励者与被激励者才能思想一致、行动一致，达到被激励者需求满足，企业激励目标实现。

确立商务活动激励目标的主要工作是：①明确商务活动要达到的具体目标，把员工需求与企业的规定任务结合起来；②商务活动激励目标要突出以市场为中心，并且要服从和服务于企业发展的总目标；③商务活动激励目标体系化，即系统建立商务活动物质激励目标、商务活动精神激励目标；等等。

三、商务人员激励的主要任务

心理学家认为，人的一切行为都是受到激励而产生的。商务管理对人员的激励，从总体上讲，就是在中国培育优秀的市场行为，充分调动各级各类商务人员的积极性和创造性，更快、更好、更多地为社会提供优质产品与服务。具体说来，商务人员激励的主要任务是：

1. 培育高质量的商务管理人员

在社会化大生产中，高质量的商务管理人员是经济发展的重要力量。我们知道，人是经济活动中的主体，管理最本质的内容是人对人的管理，并且通过对人的管理推动对物的管理。随着经济国际化、市场全球化、企业集团化、经营技术化特征的日益强化，商务管理人员的质量要求就成为人们关注的战略问题。因而，激励机制在职工素质培育中就成为所有企业的锐利武器。譬如，人员招聘的高学历要求，企业家市场的高年薪制，员工就业的"竞争上岗"，等等，都是用激励的手段培育高质量的商务管理人员的有效途径。

2. 促进商务人力资本的开发

所谓人力资本，即通过人力投资形成的资本，是体现于人自身的生产知识、技能及健康素质的存量，是人们作为经济主体创造财富和收入的生产能力。人力资本是相对于物质资本而言的。对于商务活动，人力资本的激励主要是人生观、价值观、市场观、科技观、劳动观、战略观等智力、技能、道德素质的锻炼与开发。

3. 形成奋发向上的商务管理氛围

商务活动是人的群体行为，需要积极向上、团结奋斗的激励环境。由于激励是决定职工工作绩效的重要因素，可以在商务活动中起到示范效应，从而动员和组织员工追求高标准的工作绩效（工作绩效＝能力×积极性）。如果管理者在商务活动中不能维持或者运用有效的激励手段，造成员工日益消极，能力发挥下降，就会大大削弱企业的市场竞争力，影响商务活动形象，最终导致组织目标的无法实现。

四、商务人员激励因素分析

激励过程是一个由多种复杂因素交互作用的过程,其权变性很大。在具体操作过程中,应该了解相关因素,分析其变化运行的规律与趋势。

1. 商务人员激励的基本变因

在激励过程中,基本变因一般包括以下方面:

(1) 被激励的对象——人。每一个人由于需要不同,不同的激励因素就会产生不同的作用。在商务活动中,人主宰着商务关系的方方面面,同时商务活动又联系方方面面的人。人被激励而变动,而变动又需要激励。

(2) 商务人员对事物的感受。商务人员对事物的反应与其感受密切相关,由于对市场信息、市场竞争、市场开拓、市场销售、市场价格等方面的感受不同,商务人员对同一激励可能产生不同的反应。

(3) 商务活动的性质。商务活动的性质直接关系着人的社会地位、物质待遇及价值实现,等等。高工资、高福利、高待遇,对于人们来说,具有相当的吸引力。实践中,商务人员对于商务活动成功都有着比较高的期望值。但是,商务活动的性质千差万别,商务人员的利益实现亦是良莠不齐。当商务人员的利益得不到满足时,或者与其期望值有比较大的距离时,就会直接影响激励效果与过程。

(4) 环境、社会、群体的影响。在注重市场竞争、价值实现、事业成功的现代社会里,商务人员与商务人员之间既相互激励,又相互制约,形成共同促进、共同发展的局面。特别是在经济信息化的条件下,环境因素的激励又是高节奏、全方位的,必须有效地实施跟踪激励。

2. 市场经济对商务人员的激励

历史唯物主义认为,人的发展包括三个方面的内容:一是人的个性即人的自我意识的发展;二是人的本质力量即人的能力的发展;三是人的生存和发展的基础——社会关系的丰富。市场经济的建立,对商务人员的激励开辟了光辉前景。

(1) 市场经济激励了商务人员的自主意识。市场经济把商务人员推向了市场,参与竞争。为了赢得竞争的主动权,他们不得不想方设法发挥自己的聪明才智,从而为个人的主体意识和人格的独立意识的形成与发展创造了条件。同时,市场经济是多元经济,它使人的多元目标选择、多元价值取向成为可能。如此种种,激励着商务人员自我思考、自我行动、自我表现,在变化多端的市场经济中,培养进取精神与创新精神。

(2) 市场经济激励了商务人员的创造能力。从客观上说,市场经济把整个社会范围内所有经济主体联系起来,从而使人们的多样性的需求在多层次的市场中得到满足,以此引导经济主体进行各种商务活动,创造市场,开拓市场。这样,商务人员的能力在市场竞争的实践中快速提高。更为重要的是,市场经济还通过普遍的交换活动,国内、国际两个市场、两种资源的世界范围配置使商务人员的努力得到互补,使商务管理的国家竞争力有了提高。

（3）市场经济激励了商务社会关系的大发展。人是在人与人的关系中生活的，交往的需要是人的需要的高级形式。也正是在商务活动的交往中，人们之间在心理、情感、需要、信息诸多方面得到交流，不仅极大地丰富了市场内容，而且有力地推动经济发展。我们看到，市场经济以其特有的方式和魅力把商务营销人员联系起来，使整个世界变得如此兴旺发达。国家之间、民族之间、地域之间、部门之间、生产经营之间以及人与人之间的全面合作，激励了商务社会关系的大发展。

3. 利益多元化条件下商务人员的激励分析

在比较长的时间内，由于片面的思想宣传，物质利益关系被错误地曲解了，这不仅极大地挫伤了商务人员的积极性，而且大大损害了社会经济活动中行之有效的激励机制，教训是深刻的。

（1）利益多元化条件下的价值观激励。在高度集中的计划经济体制下，整个社会的经济活动都依靠国家自上而下的计划条块和行政命令运行，个人对集体、集体对国家的依附性很强。在市场经济条件下，经济活动主要靠价值规律调节，集体的自主权、个人的选择权不断扩大，依附性减少。在利益关系上，除了国家、集体、个人的纵向利益关系外，又增加了集体与集体、个人与个人的横向利益分割，利益关系极其复杂。由此，商务人员的价值取向也趋于多元化。价值取向多元化一方面冲击了许多陈腐、守旧的观念，增强了自主意识、竞争观念、务实态度；另一方面，也使社会主导价值观受到侵蚀，凝聚力减弱，敬业精神、奉献精神、拼搏精神以及国家观念、集体观念、义务观念和社会责任逐渐淡化，后果是严重的。需要进行正确的人生观、金钱观、价值观的激励。

（2）利益多元化条件下的职业观激励。由于社会贫富的两极分化，也由于经济活动领域行业之间、部门之间收入档次拉大，商务人员的职业观受到多方面的冲击。一方面是不能很好地发扬企业主人翁的精神，全心全意地关心商务经营活动，参与市场开发、营销推广等方面的计划与组织；另一方面，是不能正确处理工作与生活、劳动与享受、奉献与索取等关系，过多地计较自己得到了多少，而不多想想自己投入了多少。因而，职业道德的建设，社会主义职业观的培育，应是职业观激励的主要内容。

（3）利益多元化条件下的消费观激励。在计划经济体制下，平均主义、大锅饭的弊端影响了人们积极性和创造性的发挥，人们的收入保持一个低水平的平均状态，消费水平、生活方式、休闲娱乐方式的差别不大。现在，人们的收入水平提高了，生活方式发生了翻天覆地的变化。如何创造消费、引导消费，进行社会主义消费观的激励，是商务管理的主要内容。

4. 商务人员人际关系的激励分析

心理学家认为，每个人都需要别人，因而都具有人际关系的需求。这些需求大致包括：其一，包容的需求。指期望与别人广泛来往，并且建立稳定、和谐、友好的关系。

其二，控制的需求。指在权力或者权威上与他人建立利益共同体关系。商务人员要同社会各界建立最为密切的交往关系，不仅是经济利益上的需求，而且是个人价值实现的需求。商务人员人际关系的激励应该注意以下因素：

（1）空间因素。商务人员之间在广阔的市场空间频繁交往，相互了解，既做生意，又交朋友。市场空间，竞争极其激烈，使人际关系表现出复杂性、实用性、利益性、集团性（帮派性）和虚伪性等特征。同时，市场空间日益在扩大，竞争的热点趋向国际化，商务人员关系交往的重要性、竞争性和困难性在增加。

（2）相似性因素。商务人员的相似性包括职业的相似性、商品的相似性、顾客群的相似性、市场细分的相似性、营销策略的相似性，等等。相似性因素既是激励源泉，又是竞争的燃点。

（3）互补因素。商务活动中有大量的交往资源，这些是企业的财富。由于企业本身存在的差异，商务人员的性格、知识、素质，都有比较多的互补性。互补性是商务人员交往的基础，又是交往的动力。

（4）仪表因素。商务人员的容貌、衣着、体态、风度也是其吸引力因素。特别在"第一印象"中，仪表因素更为重要，心理学上习惯称之为"首因效应"。

第三节　商务人员的激励手段

一个有效的激励手段必然符合人的心理和行为活动的规律。对人类行为规律分析可知，人的行为是由动机支配的，而动机则是由需要所引起的。人受到刺激产生需要，需要引起心理紧张，成为寻找目标以满足需要的驱动力，由此激发了动机，因此，从需要入手来探求激励，是符合人类行为规律的。

兔子与乌鸦

兔子：我也可以像你一样整天坐着，并且什么也不干吗？

乌鸦：当然。有什么不可以的呢？

突然，一只老虎出现了，扑到兔子的身上，并且把它吃掉了……

启示

要想什么也不干，只是坐着，你必须得坐到足够高的位置上才行。

一、商务人员用工激励

企业是人群的结合体。怎样组织、配备人力资源，怎样发挥人的主观能动性、提高劳动生产率，怎样保障员工的经济利益，都是用工激励的任务和内容。

1. 商务人员配备的任务

商务人员配备是根据商务组织结构所规定的职务的数量和要求，对所需人员进行恰当而有效的选择、考评、培训、开发，协调人力资源，以保证商务活动正常进行。

商务人员配备是为每个岗位配备适当的人，满足经营目标需要；同时，商务人员配备也期望为每个人安排适当的工作，尽可能满足人员的特点、爱好和需要。因此，商务人员配备的任务，应该从企业需要和员工需要这两个不同的角度考虑。

第一，从企业需要的角度考察，商务人员配备的任务是：①保证商务活动稳定、有序、高效运转，实现发展目标；②为商务管理准备后续干部，培育新的增长力量；③维护商务人员对组织的忠诚，稳定员工队伍。

第二，从员工需要的角度考察，商务人员配备的任务是：①实现员工价值，使其知识和能力能得到公正评价、承认和应用；②提高员工素质，使其在人员配备的过程中进一步锤炼精神、意志。

2. 商务人员配备原则

为了求得人与事的优化组合，商务人员配备过程中必须遵循以下原则：

（1）因事择人的原则。选人的目的在于使其能胜任某项特定的事业。"事"规定了员工的数量和质量的要求。要使商务活动卓有成效地完成，要求员工具备相应的知识、能力。

（2）责、权、利一致的原则。责、权、利三者之间存在着相互依赖的关系。责是取得权和利的前提和基础；权和利是履行职责的保障和结果。商务人员配备中，有责无权，责任会落空；有权无责，权力会失控；有责有权而无利，责任的履行和权力的运用会缺乏内在的动力。

（3）人事动态平衡原则。处在市场竞争中的商务管理是不断发展的，人员的能力与知识是在不断丰富和提高的。这样使得人与事的配合需要不断地调整，让有能力发展并得到充分证实的人员从事更高层次的、负有更多责任的工作，让能力平平、不符合职务需要的人员去从事力所能及的经营活动，实现人与事的动态平衡。

3. 商务人员配备程序

商务人员配备是一个系统的逻辑过程，其工作程序是确定的。一般应该包括如下环节：

（1）商务人员配备分析。商务人员配备是在一定历史条件下完成的。不可避免地受到企业内外多种环境因素的制约。对于这些环境因素进行系统分析，是科学配备商务人员的前提。第一，组织内部环境因素分析。主要分析的内容有：商务活动经营目标；

市场开拓情况；商务人员构成及其基本素质；企业人员发展计划；工资报酬制度；人事政策；等等。第二，组织外部环境因素分析。主要分析内容有：宏观经济发展状况；市场劳动力供求状况；就业劳动力素质状况；科技教育发展状况；社会生活水平情况；等等。

（2）确定商务人员需要量。商务人员配备是在组织设计的基础上进行的。对于新建企业，一般是利用职务设计的分类数量表在社会上公开招用、选聘。对于原有企业人员的重新配备，在进行组织的精心设计后，还需要检查、分析原有人力资源的构成状况，找出差额，确定新的配备方案。

（3）考察预选人员。招用、选聘是一个不断考察、预选的过程。对企业拟招的人员，必须进行能力、素质的综合考察，并且根据一系列科学的测试、评估方法，谨慎、认真、细致地了解每一位人员的职务适应能力。

（4）强化人员教育培训与开发。要根据商务活动的实际需要，在技术、生产、营销、市场服务、企业形象等方面，有计划、有针对性地进行适应性培训。

二、商务人员工资激励

我国企业内部的分配制度，主要体现在工资制度上。所以，工资激励也就是利益分配激励。

1. 现行工资制度的基本要求

（1）要符合国家的有关政策、法规和规定，又要与市场劳动力的供求关系相适应。为了保障员工工资的公平、合理，《劳动法》规定：企业职工一方与企业可以就劳动报酬、工作时间、休息休假、劳动安全卫生、保险福利等事项，签订集体合同。这就是说，工资待遇等问题，员工应该在平等协商的基础上与企业有契约关系。

（2）正确处理企业内部各类员工的分配关系，特别是商务管理者与一般商务人员的分配关系，生产经营第一线员工与二、三线员工的分配关系，高科技开发人员与普通工种的分配关系。

（3）建立正常的工资晋升制度，以利于促进员工提高自己的技术、文化和政治素质。

（4）加强工资管理，健全与工资分配有关的基础工作，为科学、准确地分析考察企业的工资制度提供依据。

2. 基本工资制度

工资制度是以制度的形式确定工资支付标准、等级的分配制度。基本类别有：

（1）技术等级工资。指根据各个工种的技术复杂程度、繁重程度、责任大小和劳动条件的好坏等因素划分不同的技术等级，并相应规定工资标准的一种制度。其组成部分是技术等级标准、工资等级标准和工资标准。

（2）职务等级工资。指先按照企业工程技术人员和经营管理人员所从事的职务进行分类，然后再按照其职务的重要性、工作复杂性等因素分别规定各个职务的工资标准。一般在每一种职务内又划分为若干等级，并规定每一等级的工资标准。

（3）岗位工资。指根据生产经营中不同的工种和工作岗位，分别规定不同的工资标准。

（4）浮动工资。指把员工标准工资的一部分（或者是全部）与奖金等结合在一起，按照商务经营的好坏、员工成果的好坏，上下有弹性地支付劳动报酬。其特点是员工报酬同经营成果挂钩。

（5）结构工资。指在等级工资、浮动工资基础上，根据决定工资的不同因素及其不同作用将工资划分为几个不同部分，灵活可调地共同组成劳动报酬。一般分基本工资、技能（岗位、职务）工资、超额劳动奖励工资（又称效益工资）和津贴等几个部分。

3. 职能工资制度

职能工资是根据职务完成能力而非单纯以职务来作为工资的分配依据，从而决定职务承担者工资的一种具有计时工资性质的工资制度。

职能工资的基本特点有：

（1）突出业务能力因素。在职能工资制度下，个人的能力及其发挥是决定工资的最主要因素。所以，即使未担任某一职务，但其能力经考核评定被确定具备资格胜任此业务，即可支付这一职务相应等级的工资。

（2）等级少，简易操作，方便工资管理。其唯一标准是职务执行能力。

（3）配备严格的考评制度。需要通过日常工作考核、技术测试、知识考试等规范制度考核评定职务执行能力的资格等级。同时建立完整的人事考核体系和科学考核办法，使定期考评制度化。

（4）弹性大，能上能下。职能工资随定期考评"对号入座"，不搞"世袭制"。

（5）每一等级没有名额限制。

职能工资的结构体系：

职能工资+工龄工资+津贴（岗位津贴及物价、住房、交通、医疗、养老等津贴）+奖金

工资构成中，职能工资占40%~50%，工龄工资和津贴占20%~25%，奖金占35%。

执行结果应该是，工龄工资和大部分津贴是固定的，活工资占75%~80%。最高工资标准高于最低工资3~5倍。

职能工资的工资水平参照劳动力供求市场所形成的均衡工资率（目前是市场工资率），具体由企业经营管理者和工会组织协商决定，使企业工资制度符合公正原则。

4. 工资激励的基本对策

（1）政府对企业工资进行宏观管理。一是加强工资立法，使工资分配有法可依。

二是规定和定期发布工资指导政策与行业工资分配执行状况。三是实行物价补偿制度化的政策。物价上涨，实际工资则相对下降，故企业工资应该与物价指数挂钩。

（2）稳定、有步骤地进行用工制度改革。

（3）企业福利工资化。即将企业现有各种福利项目以津贴形式纳入工资，以便工资的监督和管理。

财主盖房

古时候，有个财主，非常有钱，但是有一个毛病，就是喜欢和别人比。有一次，他去另外一个财主家做客，看到人家住的是二层小楼，中间有楼梯衔接，土地的面积占用小，房子的空间却很大，而且比其他只有一层的房子气派。他心里开始琢磨了："这个房子可真漂亮啊，我比他有钱，为什么我不能盖一座小楼呢？"回到家后，他立刻召集手下人，找来全乡最好的工匠，命令他们以最快的速度盖成一座三层的小楼，并且答应盖好后给工匠一笔可观的银子。工匠们这下可乐坏了，三下五除二就把地基挖好了。虽然是在盛夏，太阳直接照射在身上，但是工匠们心里明白，只要把这座三层小楼盖好了，可以得到财主很多钱，以后生活就会宽裕了，苦点累点也值。可是，就在这时，财主来视察，立即叫停："快停下，我不是让你们这么盖，我只要第三层，不要下面的两层。"这下可把工匠们难坏了，这种房子怎么盖啊？没办法，他们只好一哄而散，只留下财主傻呵呵地站在原地。

我们不难看出，财主让工匠盖的房子是一座"空中楼阁"，是根本不存在的。为什么这个财主会有这样奇特的想法呢？归根到底，他只看到事物的成就的一面，而忽略了事物达到成就的过程。我们都知道"皮之不存，毛将焉附"的道理，任何事物的发展都离不开扎实的根基，没有根基的事物，是漂浮不定的东西，它的生命力是不会长久的。

对员工激励的管理启示：

员工对待薪酬的态度，我们能够想象得到，当然是越多越好；但是，如果所接受的任务是虚幻的、无法完成的，或者说，是超出员工自身能力所能承担的范围，这样的工作当然无法完成，员工也自然没有积极性可言了。所以，重赏之下未必有勇夫！员工的激励，一定要有目的性和可操作性，用高薪做诱导，让其做高不可及的工作，只能让员工丧失对工作的信心，从而对企业失望。

三、商务人员工作生活质量激励

现代商务活动中，工作生活质量计划作为一种很有发展前景的激励方法，日益受到人们的认识和运用。它是一种职务设计的系统方法，通过工作丰富化，进行组织内部纪律方面的探究与活动。工作生活质量计划结合工业心理学和组织心理学及社会学、工业工程、激励与领导理论等来发挥作用。虽然工作生活质量计划在20世纪70年代才提出，但已有数以百计的案例研究和实践规划，主要在美国、英国、日本、斯堪的纳维亚的一些国家和地区成立了许多工作生活质量中心。

工作生活质量计划已经受到多方面的热烈支持。主管人员认为它是处理生产停滞的一种很有希望的方法；工人和工会代表们也认为它是改善工作环境和提高生产效率、确定较高工资的恰当的方法；政府也认为它有很大的吸引力，可以被用来作为提高工作效率和降低通货膨胀的一种手段，并且可以作为达到工业民主和使劳资争端减至最小程度的一种方法。工作丰富化是实现工作生活质量计划的主要途径。但是，在现实中，很多人将工作丰富化与职务内容的扩大相混淆。职务内容的扩大是企图用职务工作内容有更多变化的办法，来消除因重复操作带来的单调乏味感。显然，职务内容范围的扩大，只是增加了一些与此类似的工作，而并没有增加责任和权利。比如，在一条生产线上的工人不仅在车上装配缓冲器，而且也安装前灯盖，这是简单地在一项单调乏味的工作上增加另一项单调乏味的工作，这不是工作丰富化。所谓"工作丰富化"，目的是让员工在工作中获得一种更强的挑战性和成就感。一般通过以下方法使工作丰富起来：

（1）在决定某些事情如工作方法、工作顺序和工作速度时，可给工人更多的自由。

（2）鼓励下属参与管理和鼓励工人之间相互交往。

（3）让工人对他们的任务有个人责任感。

（4）采取步骤以确保职工能够看到他们的任务，了解自己对企业的产品和福利方面是怎样作出贡献的。

（5）最好在基层主管人员得到这种反馈之前，把职工的工作完成情况反馈给他们。

（6）在分析和变动工作环境等方面，如办公室或厂房的质量、温度、照明和清洁卫生等，要让职工参与。

现在，引入工作生活质量计划的企业越来越多，常见的方法是建立一个劳动管理指导委员会，通常由一名工作生活质量的专家或参谋负责提出一些措施，通过工作丰富化和工作内容的再设计，以提高人的尊严，使工作有吸引力和提高工作效率。鼓励工人与工会参与其中。这不仅是工业民主的运用，而且使人们在工作中能识别什么将使他们的工作丰富化并能带来更大的效益。

工作生活质量计划尽管很好，但也有使用的局限性。这种局限性来自于主管和下级两个方面。一方面主管会常常用自己对挑战性和成就感的价值准则来衡量别人，另一方面下属怕失去安定的工作和虽然不多但有保障的工资收入。因此，要使工作生活质量计划卓有成效，必须做到：第一，了解员工需要什么；第二，了解实行这种计划对员工有什么好处；第三，对员工平等相待；第四，对员工进行正确评价和赞赏。

第四节　商务企业家激励手段

激励和组织环境的相互作用，不仅强调了激励的系统方面，而且也强调了激励与领导作风、管理实践的相互影响。主管人员、领导者要设计一个人们乐意在其中工作的环境，就必须使这个环境体现对个人的激励作用。对商务企业家的激励也是一样的道理，因为商务企业家的社会角色具有双面性：对内来说，他是企业主管；对外来讲，他也是一个普通的人。有效激励企业家本质上是对企业家经营业绩的一种肯定与评价，即采取科学的手段、措施，在经济利益和社会地位上，给予企业家一定的补偿和确认。这样，可以有效地激励企业家最大限度地发挥经营才能，提高商务活动效益，促进社会经济的发展。

一、激励机制

（一）精神激励机制

企业家的精神激励机制包括以下方面：

（1）对企业家社会地位的承认。企业家通过自己的顽强拼搏，在为社会创造了巨大财富的同时，也确立了自己在社会中的地位。他不仅是企业财产的所有者、决策者，而且是社会的佼佼者。

（2）对企业家价值的承认。我们应该坚信，广大职工是企业的主人。同时，应该看到，没有企业家的企业不是成熟的企业。大量的经济实践表明，一个成功的企业，背后必定有一个成功的企业家。他们不仅是商务活动的正确组织者，还是企业兴衰存亡的决策者、指挥者。对企业家的精神激励，就是从社会地位和社会荣誉等方面激发其事业感和成就欲。在竞争的条件下，特别是把企业家的风险收入水平和社会地位、社会荣誉纳入个人档案，作为企业家进入市场合理流动的"无形资本"，以便更好地实现企业家的远大理想。

（二）利益激励机制

1. 利益激励是企业家激励机制的核心

建立健全企业家的利益激励机制，首先要把企业家作为独立的经济利益主体来对待，拉开他们和一般职工的收入差距。其次，必须优化企业家收入的形成结构。企业家的收入，可以由基本工资和绩效工资两部分组成。基本工资可以是年薪制，也可以是月薪制，但都必须记入企业的生产经营成本。绩效工资是企业家的风险收入，它与企业家的经营绩效直接挂钩，而且可以根据利润完成情况，采用分档累进的分配方式提取。

2. 企业家实行年薪制

年薪制是与风险收入、经营业绩直接挂钩并以年度为计薪单位的分配制度。企业家实行年薪制的主要意义有：

（1）形成企业家经营的激励约束机制。企业所有者的目标是实现企业利润的最大化，而经营者的目标是个人收入的最大化。年薪制把风险收入与企业利润直接挂钩，使企业家与企业形成利益共同体，从而实现企业目标和企业家目标的高度统一。

（2）促进企业家市场的形成。年薪制为企业家的职业化创造了条件，职业企业家的不断发展，使企业家之间的竞争更加多样化。为了自己的生存与发展，也为了人生价值的实现，企业家的交流日益增多，企业家市场就水到渠成。

年薪制的推行，能够激发企业家的经营热情，强化企业家的素质。其主要职能有以下几点：

（1）补偿职能。企业家的特殊劳动消耗补偿主要体现四个方面：其一，复杂性劳动；其二，非时限性劳动；其三，风险性劳动；其四，创造性劳动。

（2）激励职能。主要是激励企业家的积极性和创造性以及企业家在企业中的突出贡献与特殊地位。

（3）核算职能。既要核算企业家的无形劳动消耗，又要核算其有效劳动消耗。

（4）约束职能。年薪制使企业家的收入处于公平、公开、公正的约束之下。企业家的收入由国有资产管理部门会同有关部门严格考核、审批，加强了监督力度。

二、约束机制

现代企业制度是法人授权制度，企业家必须对股东负责，对企业职工负责。社会必须强化对企业家的约束机制，抑制和减少企业经营者的不合法、不合理的经营行为。

1. 强化资本约束

企业家的资本约束主要来自两个方面：一是"用手举票"，即资本所有者通过股东大会投票表决的方式，对企业经营者进行甄别选择，并通过契约的方式进行约束。这种约束的日常监督主要是由监事会承担。二是"用脚踢票"，即当企业经营者因经营管理不善，或者滥用职权引起企业商务活动运行状况不良，而根据企业章程单个股东不能随意干预经营者行为时，股东便抛售股票，导致公司更换经营者。

2. 强化权力约束

主要是建立规范的法人治理结构并且严格实行纵向授权的法人治理结构，董事会、监事会、企业经营者之间相互不兼职，保证权力约束的切实贯彻。

3. 强化监督体系

主要是健全法律法规；提高执法水平；加强企业家舆论监督，使其在公开、公正、公平的状态下行使职权；完善企业家市场监督，一方面杜绝没有任职资格的假冒"企业家"进入市场流通领域；另一方面严格考核企业家的经营业绩和市场行为。

三、企业家激励类型

调动商务企业家的积极性，必须选择正确的激励方式和方法。由于企业家的需要和动机极其复杂，需要灵活机动地针对不同对象实施激励。

1. 有形激励与无形激励

（1）有形激励。有形激励是企业通过正式渠道，以一定的组织手段来实现的激励。它可以使被激励者以及商务活动中的其他成员共同认知和体验到。比如，职务升迁，工资增加，等等。

（2）无形激励。无形激励是商务企业家个体通过非正式渠道，以自己特有的敏感而体验到的一种激励。它是有形激励的补充，表现为上级的信任、关怀，等等。

2. 物质激励与精神激励

（1）物质激励。指以金钱或者实物的形式表现出来，主要用于满足人性的生理需要的外在激励方式。主要有工资、奖金、津贴、年终分红以及赠送各种实物，等等。

（2）精神激励。指以表扬、鼓励等形式表现出来，主要用于满足人的尊重和成就需要的内在激励方式。主要有评劳动模范、表扬、晋级，等等。

3. 个人激励与集体激励

（1）个人激励。即以商务企业家个体的工作实绩为标准，并根据这种标准给予奖励的一种方式。主要强调个人的能力和努力，奖励其对国家、企业的贡献。

（2）集体激励。是指以团体的工作成就为衡量标准，并依据这种标准给予团体奖励或者通过团体再奖励个体的奖励方式。主要强调企业家团体的协作与努力，奖励的是其对企业、社会所作的贡献。

4. 激励方法及其运用

（1）目标激励。是指让商务企业家把个人目标、企业目标和国家目标结合起来，形成目标链，从而激发动机、调动积极性的一种方法。目标通常被称为"诱因"，即能够满足企业家需要的外在物。目标既可以是外在的实物对象，也可以是精神对象。

（2）强化激励。指通过某种硬性措施有效地刺激商务企业家，激发其行为与需求的一种方法。有正强化和负强化之分。前者是上级主管对企业家的某种行为给予肯定和奖励，使正确的行为得到巩固和保持。后者是上级主管对企业家的某种行为给予否定和惩罚，使不良行为得到纠正、克服或者打击。

（3）关怀激励。指上级以真诚的感情理解、照顾、体贴企业家，从而激发商务企业家的主人翁责任感，调动其积极性的一种激励方法。上级要关心企业家的家庭、老人和孩子的衣食住行，时时刻刻给他们送"温暖"。

（4）支持激励。支持激励是上级主管要善于启发想办法，鼓励创造性、建设性行为，调动企业家潜力的一种方法。要鼓励企业家的开拓首创精神，信任他们，允许他们犯错误，积极鼓励他们开发新市场、新产品。同时商务企业家必须具有优良的思想作风和生活作风；必须有强烈的事业心与责任感；必须团结同志，办事民主，有广博的知识和远大的战略眼光。

认知实训

实训内容：
参观访问不同企业，了解激励方法的应用情况。

实训目的：
1. 培养学生掌握在商务管理活动中，激励主体即商务管理者。
2. 培养学生掌握激励对象、激励手段、激励目的和激励过程。
3. 了解商务人员激励的主要任务。

实训组织：
1. 全班按5人左右分为小组，选出组长，每组寻找比较熟悉的企业去了解该企业的激励手段。
2. 在小组内讨论走访企业的结果，评出本小组具有激励特色的最佳案例。
3. 每小组选出本组比较具有特色的案例介绍给全班同学。

实训指导：
1. 老师根据课程内容提前将任务布置下去，进行分组走访。
2. 老师指导学生采用不同的调查方法走访企业。
3. 学生提出将要走访的企业类型，老师指导注意问题。

实训考核：
1. 团队分按10分、9分、8分、7分给成绩，入选最佳案例的团队，均为10分；其他酌情给分。同一团队，每个学生的团队成绩相同。
2. 个人成绩由小组互评给出，满分为10分。
3. 个人总评成绩为团队分与个人分平均后的分数。

复习思考题

1. 什么是激励？它有哪些基本特征？
2. 激励包括哪些要素？
3. 简述激励理论。
4. 商务人员激励的主要任务是什么？
5. 简述商务人员激励机制。
6. 简述商务人员激励手段。
7. 简述现代商务企业家激励手段。

明春计算机公司的激励制度

明春计算机公司是一家中外合资公司，地处南方某个开放城市。该公司成立于1988年。董事长由中方的方丽小姐担任，她曾在原联邦德国学习计算机多年，并获得博士学位。1985年回国后，曾任光明计算机厂总工程师，1988年该厂与外方合作时调任明春计算机公司董事长。该公司的总经理由大卫·陈担任，他原是美国斯坦福大学的博士生，曾在美国"硅谷"的坦丁姆计算机公司担任过生产部经理。

明春公司地处开放城市，受到各方面有力的竞争。由于激烈的竞争，也由于有方丽和大卫·陈这两位中国长大的洋博士的管理天才的紧密合作，该公司创造了一套有效而独特的管理自己职工的方法。

他们为职工创造了良好的工作环境。在公司专门设有健身房、游泳池，有供职工娱乐活动的图书馆和文化活动房，还专门辟有供职工休息的小花园和宁静的散步小道等。他们规定在工作日免费给职工提供午餐，还定期地在每周五晚上举办各种酒会和男女职工舞会等社交活动。

他们也很注意用经济因素来激励职工，他们每年都根据职工在本公司的工龄和工作表现情况赠送公司的股票作为奖励，每个职工都持有本公司的股票，这样就大大激励了大家为公司努力工作的热情。

大卫·陈要求每个职工都要制定出具体了解公司、学会公司内各种工作技能的五年自我发展计划。这样，每个人都可以逐渐了解公司，并能根据个人的发展和公司的需要调动工作。

方丽和大卫·陈都是极随和的人，他们喜欢以非正式的身份进行管理。他们除了每月举行一次各部门经理的例会外，还经常深入各个部门共同与各部门经理商讨问题。但关于各部门的具体事务，他们总是让部门经理自己拿主意、作决策。这样，各部门乃至各室和班组长都能积极为本部门的工作负责，都能发挥自己的积极性。

当然他们知道，要维持住这样一批为公司倾心工作的职工确实不是一件容易的事。人才竞争极为激烈，已有一些公司试图以更高的薪金挖他们的人才。公司在飞速地发展。随着公司的扩大，它的生产速度自然会放慢，也会出现一个更为正式而庞大的管理机构。在这种情况下，又应如何才能招聘到新的人才，如何才能更有效地激励职工呢？

讨论题

1. 明春计算机公司采取了哪些有效的激励方法？
2. 请剖析这家公司的报酬制度，说明其能起作用的原因。

第十章 比较管理发展趋势

学习目标 ▶▶▶

◎ 知识的掌握

1. 掌握比较管理学产生的背景。
2. 掌握各种管理模式的比较。
3. 掌握美国式管理文化背景及特色。
4. 掌握日本式管理文化背景及特色。
5. 掌握中国传统商帮管理的地域文化背景及特色。

◎ 技能的提高

1. 能够通过不同管理模式的比较，拓宽管理研究的广度和深度。
2. 能够抓住不同文化背景的管理特点，充分依靠全体员工的力量建立管理规则和秩序，正确把握企业的经营和发展方向，采用相应的对策实现管理目标。
3. 能够理解在引进和吸收国外先进管理思想、管理方式的同时，必须结合我国国情，顺应时代潮流改进落后的管理方式。
4. 能够虚心学习美国式管理、日本式管理模式的优点，应用到我们工作实际中，达到提高自己管理水平的目的。

螃蟹的故事

钓过螃蟹的人或许都知道，篓子中放了一群螃蟹，不必盖上盖子，螃蟹是爬不出去的，因为只要有一只想往上爬，其他螃蟹便会纷纷攀附在它的身上，结果是把它拉下来，最后没有一只出得去。

启示

组织中也应该留意与去除所谓的"螃蟹文化"。企业里常有一些分子，不喜欢看到别人的成就与杰出表现，天天想尽办法破坏与打压，如果不予去除，久而久之，组织里就只剩下一群互相牵制、毫无生产力的螃蟹。

半杯水猜想

同样是桌上的半杯水，引发中国人、美国人、日本人的不同心理活动，最后，有了不同的结果。

（一）中国版本

一位员工发现桌上有半杯水，他很苦恼，不断地问自己："为什么是半杯呢？"他终日寡欢，日渐消瘦，最终，郁郁而死。

另一位员工发现桌上有半杯水，他很高兴，不断地提醒自己："我还有半杯水，总比没有好，简直太好了。"他终日快乐，越来越快乐。退休后，他把这个故事讲给孙子听。就这样，这个故事代代相传，历久不衰。

（二）美国版本

一位员工（姑且称为山姆）发现桌上有半杯水，他马上产生两种推测。

推测一：我能力不强、业绩不好，所以，老板只给我半杯水。如果是这样，我必须提高能力，创造业绩，争取下次得到一整杯水。不过，山姆马上否定了这个看法。"如果是那样，我一定要不断努力，到时候，我会得到一大桶水，甚至是整条亚马逊河的水。"山姆继续往下想，"等我退休后，我会把整条河流捐献出去，让非洲干旱地区的人们，也能喝上免费的水。"

推测二："但是，也许并非那样。"山姆又有新看法，"你知道，我的能力是非常强的，业绩也是非常突出的，为什么老板只给我半杯水？这不公平，我一定要找老板讨个说法。"

于是，山姆走进老板的办公室，一五一十地谈了自己的看法，要求老板给自己加"水"。

老板听完，觉得山姆说得有道理，决定给山姆加"水"。

山姆满意而去，因为他得到自己应该得到的东西，这很公平；老板也很高兴，因为他无意中发现一个优秀的人才，如果每个员工都像山姆这样，用不了多久，他就可以把五大洲的名川大河并入到自己旗下。

于是，老板看了一眼挂在墙上的地图。

（三）日本版本

一位员工（姑且称为山本）发现桌上有半杯水，他马上产生这样的想法：

如果全世界的人，每次都只要这么多水，杯子的上半部分一定是多余的。我们只要在水平面上保留1厘米，确保里面的水不会洒出来，剩下的玻璃就都可以节约下来。真是这样，我们可以把原来生产两个杯子的原料，用来生产三个小杯子，我们可以降低多少成本呀。我们也可以就此打败世界上所有强大的竞争对手，从而将"日本制造"的产品，销往地球上的每个角落。

"这个主意简直太棒了。"于是，山本马上去找他的上司。

上司一听，也很振奋，他没有着手执行，而是上报公司决策层。

决策层非常重视，他们聚在一起，讨论了很长时间（大约是100天），最终决定：尽快派一些人到世界各地，看看人们是否都在用半个杯子盛水。

很快，信息反馈回来：欧洲和北美的大多数人，都是用整个杯子喝水，非洲人和南美人用一种当地特制的容器喝水，只有一些中国人在用半个杯子喝水，另一部分人则用整个杯子喝水。经过严格测算，每10亿个中国人中，用半个杯子喝水的人大约在3.1415926亿至3.1415927亿之间，如果以13亿人计，需要这种杯子的为四亿多人；如果每年破损率在20%以上，那么，每年新增需求量为8000万个；如果每个爸妈都说"今年过节不收礼，收礼只收小杯子"的话……

经过周密筹划和市场推广，他们的小杯子成功打开中国市场。随着石油价格和粮食价格的不断飞涨，全球逐渐进入通货滞胀时代，预计小杯子在中国的销量一定会持续增长，但是，增长速度有待进一步观察和测算。

在团队内部讨论时，山本的一个同事突然冒出一个新的问题："他们会不会用半个桶装油，用半个袋子装粮食，用半个碗盛饭呢？"

最后，当着全体员工的面，公司决策团队集体向山本深鞠一躬（身体弯曲90度，持续12.88秒钟）。山本很高兴，因为他为公司创造了价值，得到了公司的肯定；老板们也很高兴，因为萦绕在心头的远大理想终于实现了。

下一步，他们打算……

（四）你的版本

如果你是一名桌上只有半杯水但是依旧快乐的员工，无意中觉察到本人的胡思乱想，你会怎么想呢？

如果你是一位鼓励员工以半杯水为乐的管理人员，无意中觉察到本人的胡思乱想，你会怎么想呢？

如果你是抱着孙子讲"半杯水"的快乐故事的爷爷或奶奶，无意中觉察到本人的胡思乱想，你又会怎么想呢？

恐怕大家都可能这样回答："我真说不好……"

（摘自《企业管理》2008年第9期）

人类已经跨入了21世纪。回顾20世纪，是管理理论和实践飞跃发展的100年；管理理论从无到有，从片面到全面，从经验到科学，从重物到重人，从硬管理到软管理，经历了巨大而深刻的变化，也为20世纪世界经济发展作出了卓越的贡献。因此，有人形容"科学技术和管理是现代经济发展的两个车轮","管理是企业发展最重要的软件"。展望未来,管理实践和管理理论面临更大的创新和挑战。比较管理注重在不同的环境和条件下,对企业和管理体系的差异和相似之处进行研究和探索。这种对比既可以在小组织和大组织之间,也可以在不成功的企业和成功的企业之间;既可以是不同国家和地区之间,也可以是发达国家和发展中国家之间。

第一节 比较管理

一、比较管理学产生的背景

(1) 随着科学技术的发展,人们的生活联系越来越密切。1978年世界经济产品约30%是通过国际商业活动产出的,其中大部分来源于遍布世界各地的多国公司(MNC)。国内外各公司的管理人员日益需要从全球范围思考问题,并且已经认识到了外在的竞争压力,今天没有任何公司和行业可以回避这种外来竞争,日益激烈的市场竞争使人们认识到必须从全球范围来思考和计划企业的运作。

(2) 比较研究方法在管理研究中的应用是不可避免的。我们在衡量某一事物时一定是以另一事物作为参照物来进行的。比较研究法是通用的,它不仅可以应用于管理学,还可以应用于诸如经济学、社会学、文学等领域的研究。

(3) 在研究某个特定的组织和管理现象时,通过不同管理模式的比较,可以拓宽研究的广度和深度;同时,通过对不同文化和制度的研究,也可以使我们更好地了解外来文化,培养对人类事务的多样性的鉴赏力,有利于同其他来自不同文化的人们之间的交流和合作。

(4) 通过不同管理模式的比较研究,可以使组织内部的管理人员更准确地认识、定位各自所生活的环境和文化。"不识庐山真面目,只缘身在此山中",人们通常认为自己能够理所当然地了解自己所处的环境和文化,但事实并非如此。例如,二十多年前,美国许多商学院的教授们以为,只有西方,尤其是美国,拥有创造性的管理思想和卓有成效的管理方法。但是,日本经济的崛起,使这些人认识到情况并非如此,各个国家和地区的不同环境和文化在管理中起着至关重要的作用。

由此可见,对每个管理人员和管理系的学生而言,比较管理是十分重要的。今天相互联系的世界,需要各国公司的管理人员从全球范围思考问题,而且需要在全球范围内进行计划、组织等活动,以适应世界经济一体化的发展趋势。

二、管理原则与理念比较

在企业管理中,管理者会涉及到三个最基本的问题,即管理目标、管理的方法和手段以及管理的依靠对象。这就需要管理者能够充分依靠全体员工的力量,通过建立管理规则和秩序，正确把握企业的经营和发展方向，采用相应的对策实现管理目标。建立管理规则和秩序，涉及的是法规、法则的问题；把握规律，采取对策，实现目标，则必须依靠理性精神和理性力量。由此可见，情、理、法三者的结合在管理水平的决定上起着重要的作用。下面我们将对美、日、中三个具有代表性的国家进行分析，来比较情、理、法三者的作用以及未来发展的趋势。

1. 以"法"为中心的美国管理模式

正如前面所述，美国管理模式中表现的是一种西方科学主义的文化背景。科学主义思维的基本要求就是依靠法规、条例来进行管理，其五大原则就是：精确、量化、分解、逻辑和规范。由此可以断定，其所制定的管理模式肯定是强化规则、秩序和逻辑程序，以制度为中心，以防范为特征。正是这种以法规为核心的管理模型，反映了科学主义的管理原则和要求。美国管理中防范性特征主要来源于罗马天主教的"原罪"意识，认为人都会有"偷懒动机"和"搭便车"行为，即自己少干而让他人多干的动机。由此，公司治理机构充分体现其制约和被制约、监督和被监督、激励和被激励的关系，从而使美国管理带有强烈的防范性特征。在人类管理发展史上，美国式的西方管理提供了科学管理的绝大部分内容：行为科学管理中属于"独立人"方面的全面内容，现代管理系统中的计算机、数学模型、新科学管理方法的大部分内容。由于制度的建立克服了传统管理中的无序状态、放任状态，因而构成了全部管理的基础。如果不经过科学管理阶段，就不可能建立这样有效的管理模式。

2. 以"理"为中心的日本逻辑管理

理性是一种现实性，没有理性就不能面对现实，不能正视矛盾，但是过分强调理性会限制事业的发展。日本式理性到目前为止帮助他们取得了很大的成功，而其内在缺陷最终会遏止其文明进步的节奏和频率。

日本的管理理性由三大要素组成，即生存理性、危机理性和人文理性，从而使日本民族具有强烈的理性精神，在管理上走出了自己独特的道路。首先表现为20世纪50年代初期日本式管理由"三个不足"而形成三大特点，即由市场饱和而形成战略管理特点，由质量低劣形成质量制胜战略，而人才奇缺使日本管理一开始就注重管理中人才的培养和人力资源的开发。

日本民族的这种理性精神使得它对一切先进的东西都能具有一种认同感。他们的理性使他们看到了自己的不足，看到他人的长处，同时对任何外来的文化不采取盲从态度，信奉"存在即合理"的原则。但是由于他们历史上几乎一切有价值的东西都是外来的，这就使得日本成为一个特别看重利益的民族，他们并不看重情感精神之类的文化遗产，而只有在这种遗产确实给他们带来现实利益时才会去重视。

3. 以"情"为特质的中国管理哲学

和西方科学文化不同，中国文化是人文文化、伦理型文化，善于协调人际关系，追求群体和谐。东方人比较看重人在群体中的地位和作用，强调个体对群体的义务和贡献,同时也需要群体对个体的关照和扶持。

中国以"情"为纽带的管理在现代化管理中产生了极大的影响。首先,由于沟通频率的提高而增加了群体内部成员的认同感。其次,表现为组织的整合功能强。由于其内协效应高而导致实现目标的力量集中,从而减少阻力,更有利于目标的实现。最后,减少部门之间的协调成本和费用,各部门之间产生互补效应,有利于整个公司和企业的整体功能的发挥。由此可见,以"情"为纽带的管理模式,由于内部情感交流频繁,成员之间认同效应高,易于采取一致的行动步调,从而减少成员间的协调成本,提高管理效益。

但是,这种管理理念过于强调人的作用和价值的实现,却忽略了条例管理和制度效应,从而过分注重人事关系,而在强调任务和规则方面,表现的是一种非理性的精神。另外,由于传统文化的影响,宗法伦理关系渗透进制度管理中,从而带来一系列的负面作用。诸如过多地偏重于"关系学",而忽略了规则、制度的有效执行,管理中的制度效应难以发挥作用;人事安排和职务晋级,不是搞能力主义和绩效,而偏重于人事关系和血缘关系。因此,法规制度不严、人事关系过多、理性精神不足,正是中国管理的缺陷和不足之处。

三、各种管理模式的比较

研究者在对管理模式进行分析研究时,是从不同角度或方面进行的,但总的来讲,可以概括为三个主要方面:生产力、生产关系、上层建筑(指文化、政治、法律等)。因此,可以将比较管理学的研究对象在三维框架中展开:

一是生产力方面,可分为高、中、低三个不同层次的生产力水平,主要代表为:发达国家,如美国;中等发达国家,如韩国、新加坡等;发展中国家,如中国、巴西等。

二是生产关系,主要从市场结构划分,可分为商品型经济关系,以美国、日本为代表;转轨型经济关系,以中国为代表;自给型经济关系,这种经济关系现在几乎不存在,主要代表为西方中世纪和中国古代的经济管理模式。

三是文化方面,主要是指东方文化和西方文化。东方文化的主要代表是中国的儒家文化,儒家文化着重调节人际关系和矛盾,所以又称为人文文化;西方文化的主要代表是科学主义。

1. 欧美管理模式

这是"二战"后西方的最新管理模式。这种模式的主要特征是:生产力高度发展,商品经济关系已经完全成熟,管理呈现出一系列新的趋势,比如管理的整体化趋势,具体表现为管理的信息化和经营化;管理的战略型趋势,表现为管理过程的立体化,战略意识渗透到具体的管理过程中;管理的多变性趋势,表现为节奏和频率加快,权变管理和以现实为中心的管理成为现代管理的最新趋势;管理的非理性化趋势,表现为管理不仅要重视人的理性因素,同时也要注意人的非理性因素,这就是现代管理中的人本主义思想;管理的科学化,表现为大量的最新技术和科学方法的应用。

但是在这一阶段中，西方管理已经明显感受到一种文化因素的矛盾，即西方科学文化规范化、逻辑化、精确化基础上的现代管理同人文文化的冲突，这使得西方越来越注重东方文化的内涵，同时也使得西方开始注重在管理中人的因素的重要性。这一矛盾的发展必将使得西方管理中的文化因素越来越向东方靠拢。

2. 东亚管理模式

这是东方高度商品化和市场经济的一种经济管理模式，主要是指东亚"四小龙"。这些国家或地区的经济在过去几十年里取得了很大的成就，实现了经济高速增长。这一成就的出现主要得益于在经济实行市场化的过程中，有机地将儒家文化和科学文化相结合，汲取了两种文化的长处。他们的成功，无疑给中国走向现代化指出了一条道路：在经济发展的过程中，要逐渐完成从自然经济向商品经济转变，逐渐形成法律完善的社会。这些国家或地区在经济发展中，通过加强政府的宏观力量来推动经济的迅速增长，这在一定程度上摆脱了自由资本主义经济运行过程中经常出现的无政府状态。

3. 日本管理模式

日本的管理模式的最大特点在于它的文化特色，这种文化被人们称为合金文化，它是以东方文化为基础，汲取西方文化的精髓交融而成的。这种文化非常有利于日本的社会生产力和商品化的发展。从生产力层次上讲，日本虽然已经进入高层次阶段，却属于高层次中较低的水平，经济实力与西方最发达的国家还有一定的差距；但正是由于日本在发展过程中吸收了他人的优势，从而使日本经济能够快速发展。但是，由于日本的文化是外来的，缺乏文化底蕴，从而造成了其内部的摩擦和矛盾，使日本在成为工业发达国家以后陷入了严重困境。

4. 原苏联、东欧的管理模式

这种管理模式的最大优点是：国民经济的宏观控制力量强。由于这些国家生产的社会化程度较高，只要经济计划严格按照客观经济规律制订，他们的经济就能够快速发展，形成了一套独特的管理模式。我国解放初期，几乎所有的东西都是从原苏联照搬过来的，包括管理模式。然而，不管是在原苏联还是中国，由于高度的计划经济，市场机制难以发挥作用；又由于公有制企业微观活力的矛盾未能得到很好的解决，大大制约了社会生产力发展的速度。东欧剧变的结局，很大原因是由于宏观失控而造成的，所以现代经济的发展必须完成微观活力和宏观调控的衔接，注重市场机制的作用。

从历史发展的过程来看，管理模式的发展形成了这样的格局：在自然经济、低生产力水平阶段，与之相协调的是以行政管理为主的古代管理思想；在经济发展进入了下一个阶段后，现代管理思想开始出现；在更高生产力水平阶段，各国形成了各自独特的管理模式。

第二节　美国式管理

一、中国人看美国

上个世纪 70 年代末，中国向世界开放，主要是向西方开放。国门开启，"西风"扑面而来。首先是一批学人赴美、欧、日等发达国家和地区学习；同时赴西方考察的政府官员亦"从中央到地方"不断递增；再就是商务活动在越来越多的领域内开展。实际上，当代中国人的这些活动，都是一个多世纪前中国开始的现代化运动的延续，只是在规模和深度上都大大超过了前人。

在这次开放中，一个新的学科科目出现在中国学术圈，即"美国学"。为什么呢？"美国学"的出现有当时的政治大背景。1978 年，中国改革开放的总设计师邓小平访问美国。陪同他出访的一位资深国际问题专家曾问他，中国为何要开放，又为什么主要向美欧开放，邓小平回答说，跟着美国的那些国家都富强了。

在 1978 年底的中央工作会议期间，邓小平曾在小范围谈及中美建交问题，称"这确实是个大局"。这里所说的"大局"就是邓小平和中央决策层对实现中美关系正常化和国内实现工作重点转移这两个问题的通盘战略考虑。在中央工作会议和随之举行的中共十一届三中全会的几乎所有的重要讲话中，都涉及一个关于外部环境的重要信息，即"世界上大多数国家都希望有一个强大的中国"。值得一提的是，这个信息是由美国人传递而来的。它被当作一个重要的依据，向党的高层干部传达，以说明中央新的政治路线和在经济上实行改革开放的正确性。

随着改革开放的不断深入，"美国学"也逐渐成了一门"显学"。与其他学科不同的是，这个领域中既有越来越多的专业人士，也有相当数量的非本专业人士和业余人士。另一个有意思的现象是：自上个世纪 70 年代末至今，30 多年过去了。其间中美关系经历了不少曲折与跌宕起伏，但是人们对美国的兴趣未减，尤其是青年人。

自 1999 年春天开始，北京大学美国研究中心在全校开设通选课"美国文化与社会"，试图从政治、法律、经济、社会、历史、文化等多个角度来观察和分析美国。授课教师都是各自专业领域内的知名学者。他（她）们都在美国较长时间地学习和生活过，对美国既有第一手的感性了解，又有对本专业知识的长期积累和把握。

这门大课的名称是"美国文化与社会"。若更通俗一点讲，就是"中国人看美国"。

美国西瓜不用挑
去美国之前，家里买西瓜的事由我负责，我也常以会挑瓜自豪。到美国后，

采购食品是每周一次的专门差事，一般由太太主持，碰上西瓜大削价，太太也常常买瓜回来。她买了几次，没有出过问题。慢慢地，太太的胆子大了，也夸口自己会挑瓜了。

我有点吃惊，从来不会挑瓜的人每次都能买回好瓜，而且她的基本标准是个头大就行，因为西瓜常常论个卖，不论斤两。我还发现，聚会时，朋友带来的西瓜，都是好瓜。

一次，我来到超级市场，找到一个我认为最有可能未熟的西瓜，回来后切开一看，还是熟的。

我终于明白了，美国的瓜根本不用挑，每个瓜都是熟的，瓜农在种瓜的时候，按照一定的时间程序，从栽种到成熟都有一定的天数，只要天数足，就不会出次品。这也是标准化生产的好处。

（摘自《北美日知录》上海三联书店）

二、美国的特色

美国是一个有鲜明特色的国家，这是由其独特的历史、地理位置和民情造成的。

1."大熔炉——移民的国家"

美国有一部音乐剧《破碎年代》。故事发生在 20 世纪初的纽约。一对白人基督教徒夫妇的平静生活被一系列外部冲击搅乱了：俄罗斯犹太人移民到新大陆来寻求自由；黑人要求自身的权利。在目睹了枪击和鲜血并与妻子因政见不同发生激烈争吵后，白人丈夫离家远航，思想激进的妻子和新欧洲移民及黑人孩子组成了新的家庭。

这个故事发生在 19 世纪末 20 世纪初，避开了早期欧洲移民到新大陆创业时期。它力图告诉人们的道理是，美国是一个"大熔炉"，但却并不是一个田园牧歌式的聚集过程。人们从四面八方来到美国，寻求自己的"美国梦"，其过程充满了艰辛和凄苦。但是，美国人凭借追求自由的精神和不断开拓创新的实践，终于梦圆在新世纪的曙光升起之时。

在美国历史上，19 世纪末 20 世纪初对移民来说是一个艰难时期。首先是美国经历了第一次严重的经济危机，从早期的鼓励移民转为限制和排斥移民。这既体现在政府的政策方面，也显见于民众的情绪之中。自此以后，美国的移民政策宽严交替，一直在容外和排外两极间调整。到 20 世纪末 21 世纪初时，美国人发现"大熔炉"又面对新的挑战。全球化的浪潮使美国人更急于走向世界市场，也更急于在全世界吸引人才以保持美国在科技、经济、金融等诸多领域的绝对优势。然而，"9·11"发生了。美国人如大梦初醒，看到了近在身边的恐怖。移民政策又开始作新一轮调整。

与生活在美国的移民们聊天，经常可以听到"主流社会"这个词。"主流社会"实际上就是以盎格鲁—萨克逊的传统为核心的社会。随着移民人数的增多,"非主流"势力正在逐步增强。同时,当年以奴隶身份被贩卖来美国的黑人后代的人数也在急剧增长。美国有人惊呼:"大熔炉"要变成"大拼盘"了。这是非主流文化向主流文化的挑战。哈佛大学政治学教授亨廷顿曾以"文明冲突论"名扬世界,但我们须知道,当他阐述着伊斯兰教、儒教等世界上种种"异教"对基督教世界的"威胁"时,他忧伤的眼光首先投向的是美国国内。

2. 契约原则

契约关系是美国民主的核心,它显示了美国人特有的处人和处事的方式。1992 年克林顿当选为美国总统时,他提出要和美国人民订立新的契约。1994 年,共和党人金里奇担任众议院议长,因提出"美利坚契约"而名噪一时。他强调,国家和个人的关系就是契约关系,国家是为了个人而存在的。美国人认为,以契约来维系和调整人与人之间的关系是天经地义的事。他们相信,圣经中说亚伯拉罕与上帝订立契约的事也是千真万确的。契约原则最早可上溯到 1620 年。一批欧洲移民乘英国的"五月花"号帆船在新英格兰登陆。当时已是冬天,恶劣的气候和地理条件使这批移民只能选择就地为营,建立一个定居点。当时"五月花"号上的所有成年男子共同签约,表示"自愿结为一民众自治团体。为使其能更好地发展,将不时依此而制定对这个殖民地全体人民都最合适、最方便的法律、法规、条令、宪章和公职。我们都保证遵守和服从"。一百多年以后,"五月花"号上的民主萌芽长成大树。1787 年,美国的一批开国者们在费城起草美国宪法,以法律的形式确定了人民和国家的契约关系。这种契约原则影响到美国人独特的看世界的方式。美国人表面上是实用主义,但其背后还是精神的力量。美国人坚信,政府的权力越小越好。他们坚持认为,这不仅在美国如此,在全世界也应当如此。

3. 权力制衡和言论自由原则

美国宪法规定:美国是一个三权分立的国家,即:立法权力归国会;行政权力归总统;司法权力归最高法院。这是美国的开国者们为了防止政权腐败而用法律形式确定下来的一个政治基本架构。

与此同时,开国者们还将保障人民有充分的独立的言论自由写入宪法。他们希望,在实行权力制衡的过程中,可以得到舆论监督的保障。历史已证明,这一言论自由原则和它所导致的舆论监督,使美国逐步形成了一种"自我纠正"机制。

美国研究专家资中筠在深入分析了 20 世纪的美国以后指出:"一方面是权力制衡的政治体制,一方面是在言论自由的保障下自上而下,自下而上,全社会自我揭短,互相揭短的批评传统,这样促成了持续的渐进的改良,虽不能彻底解决问题(任何一个国家也不能),却得以把矛盾控制在一定范围,一次次渡过危机。"她还特地介绍了瑞典著名社会学家古纳·米尔达在 20 世纪 20 年代访问美国后的一段评论文字:"美国人强烈地、诚心诚意地'反对罪行',对自己的罪行也决不稍息。他审视自己的错误,把它记录在案,然后在屋顶上高声宣扬,以最严厉的词句批判自己,包括谴责伪善。如果说全世界都充分了解美国的腐化现象、有组织的犯罪和司法制度的弊病的话,那不是由于其特别邪恶,而是由于美国人自己爱宣扬缺点。"这种"自己爱宣扬缺点"已成一个传统,前些年被揭露出来的美国大公司——安然公司丑闻就是一例。

4. 强烈的宗教意识

在美国,宗教势力和影响十分强大。一项民意调查表明,94%的美国人相信上帝存在,46%的美国人反对进化论,超过3/4的美国人认为宗教十分重要。与欧洲相比,美国人信仰宗教的比例要高得多。

我们只需看一下普通的美元纸币。不管哪种面值的纸币上都赫然印有"我们信神"(In God We Trust),这在全世界是绝无仅有的。一位享有盛名的美国教授曾说,他并不相信有一个上帝的肉身,但他相信宇宙中有一种精神,这种精神至高无上,上帝就是这种精神的代表。有个为中上收入的黑人服务的教堂,参加礼拜的黑人服饰十分考究,但他们向心中的上帝祈祷时则显出与白人教堂完全不同的风格。在白人教堂里,多是圣乐低回,庄严肃穆;而黑人教堂则是歌声响彻云天,人们仰首跺脚挥手高歌,向上帝倾诉一切。在讲究文化多元主义的美国,"上帝"一词也已多元化了。

上个世纪末,美国人对宗教开始了新一轮的宣传。许多宗教人士认为,美国人被物质引诱,已走上歧途,必须依靠宗教力量来清洁社会风气。持这种观点的人士中,占相当比例的是当时50岁左右的人。他们被称为"婴儿潮"的一代,即第二次世界大战后出生的人。美国总统克林顿和布什都在其中。

5. 创新精神与机制

自18世纪末开始,美国用了200多年时间,完成了立国、富国、强国的过程,从一个殖民地变成世界上唯一的超级大国,其很大的奥秘在于它的创新精神和机制。美国人的创新精神与他们的宗教精神是紧密相连的。在美国开国的过程中有一个"西进运动",即要把美国的疆界从大西洋推到太平洋。在"西进"时人们的口号是"命运天定"(Manifest Destiny),其内涵是要依靠上帝的旨意去把握住一切创造的机会。

创新在美国主要体现在两个方面:制度创新和技术创新。美国建国初期的宪法制定、政府组建等都是制度上的创新。待到20世纪二三十年代,美国发生严重经济危机,罗斯福总统实行"新政",是又一次大的制度创新,挽救了资本主义。这是在宏观层面。在微观层面上,制度创新主要体现在美式企业管理模式上,依靠高科技,重视教育和培训,实现数字化管理,以法律和合同为基础。在20世纪90年代初,在纽约的花旗银行总部曾看到这样的场景:机器人在走廊上穿行并发放文件,据说是为了降低成本,而花旗公司许多原在纽约的业务也已被转到人力相对便宜的爱尔兰、意大利等地,因为信息技术的发达可以帮助节约开支。

创新需要有智力支撑。除了政府研究机构之外,遍布美国各地的思想库亦不断地在提供创新思维。这些思想库有的设在大学里,也有不少完全独立存在。思想库的一大作用就是网罗人才,鼓励人才独立思考,提出独特见解。

三、美国的政治文化与意识形态

1. 美国的政治文化

美国哈佛大学的政治学家威尔逊（James Q. Wilson）认为，把美国社会团结在一起的是其政治文化（也就是美国意识形态的核心部分）。他指出，政治文化是关于政治和国家应如何进行管理的制度化（或模式化）了的一套看法。美国政治文化最基本的内容包括：①自由，不接受政府或法律强加限制的自由；②个人主义，承认个人的努力或成就；③平等，强调机会平等而不是结果的平等；④法治，反对个人或政府的独断专行；⑤公民义务，要求公民履行投票义务，重视社区和公民事务。

2. 美国的意识形态

意识形态，一般是指在一定的社会经济基础上形成的系统的思想观念，代表了某一阶级或社会集团（包括国家和国家集团）的利益，又反过来指导这一阶级或集团的行动。

社会条件改变了，阶级或集团的利益基础改变了，反映这些条件和利益、指导行为的意识形态也会随之调整变化。就此而言，意识形态永远处于变动之中，但很难"淡化"，更不用说消亡了。在20世纪的国际关系中，意识形态斗争是一种常态。其中，冷战时期两大意识形态的斗争，同当时以美国和苏联为首的两大阵营的政治经济利益之争相互配合，因此显得异常激烈。冷战结束后，人们曾以为意识形态在国际关系中的作用将会有所下降。但是，从美国的情况看，意识形态在其内外政策的制定过程中仍然发挥着不可低估的作用。

美国的意识形态包含的内容非常丰富，这里强调的是如下几点：①强烈的宗教信仰，以及由此而来的对人权的推崇；②由自由主义传统而来的对"言论多样性"、"社会多元化"等的强调；③向全世界推广"美国生活方式"的"天定命运论"；④对公民社会的推崇与对政府权力的怀疑。

3. 后冷战时期美国政治的新变化及其政策影响

（1）内向化。关于冷战后美国政治出现了哪些变化及其对美国外交产生了什么影响，存在着广泛的不同意见。但是就美国政治内向化这一点而言，人们几乎没有异议。内向化的主要表现是公众的关注焦点集中在国内经济和社会问题上，对外交事务日益漠视；在政治议事日程和政府决策单上，国内问题占据的比例增大，位置靠前。

2008年11月5日民主党总统候选人、伊利诺伊州国会参议员贝拉克·奥巴马在美国总统选举中获胜，当选美国第56届总统，并成为美国历史上首位非洲裔总统。此次奥巴马能上台很大程度上也是因为民众对布什及共和党的经济政策积累了相当的不满。在美国，许多人相信托马斯·杰斐逊的说法："最好的政府是最少管事的政府。"他们认为，除了提供法律和秩序，政府不应干涉人们自由追求自己幸福的活动。

内向化主要对外交政策产生影响。这种影响大致有三方面：第一，公众对外交事务的支持减少，对国际义务的责任感下降。多项民意测验显示，公众认为对外援助在联邦预算支出中比例太高，达15%，应该降到5%就差不多了，而实际上这一比例只占1%。正是在这种背景下，美国政府才大量拖欠联合国会费和维和费。第二，对国际法和同盟关系有所忽视。这方面的典型例子就是赫尔姆斯—伯顿法和达马托法。由于公开把国内法置于国际规则之上，并且完全不与盟国磋商，这两个法律已引起很大争议，并面临执行中的困难。第三，内部压力对领导人外交决策的作用上升。美国学者认为，美国这类西方国家的领导人对于内部压力的敏感程度高于其他国家，而且在和平时期内部压力的作用大于危机时期。随着冷战结束，苏联的核威胁这把"达摩克利斯之剑"被挪开，外来压力的作用减少，内部压力的影响自然就上升了。

需要指出的是，内向化不等于回归孤立主义，没有人在今天的美国公开宣称"孤立主义"原则。冷战时期美国全球干预主义的基调在冷战后得到了延续。在老布什时期，美国积极推动建立"世界新秩序"；在克林顿时期，美国领导人反复重申要保持美国的"领导地位"；小布什执政以来，特别是"9·11"事件后，美国的对外干预更达到"新的高度"。美国外交的第一目标始终是"防止在欧亚大陆出现一个敌视美国的霸权国家"。

（2）保守化。自20世纪30年代以来，美国的政治思潮主要有民主党自由主义和共和党保守主义两大流派。民主党主张国家或政府要强势干预社会经济生活，比较强调平等的价值，要求通过调整收入分配对富人加以一定的限制，对穷人加以一定的照顾，以缓和社会阶级矛盾。共和党反对国家干预，主张市场至上，自由竞争，把个人自由的价值绝对地置于平等价值之上。

美国自20世纪80年代初以来政治保守主义开始复兴，逐渐取代此前主导美国政坛达半个世纪的民主党自由主义。冷战的胜利和共产主义实践在苏联、东欧的失败，使自认为是美国主流文化现代传人的保守主义者更加自信，从而更坚决地奉行传统的个人自由原则、市场原则，等等。这促使90年代以来的美国政治进一步保守化。其主要表现是共和党的政策主张越来越多地变成了政府政策，以克林顿为代表的民主党主流派大量汲取共和党温和派的思想。现在奥巴马认为，总统的责任是领导国家去处理减少种族偏见和共同努力解决金融危机和其他经济社会问题。

政治保守化的影响主要是在国内事务上，但是其外交上的影响仍不可忽视，其中包括：第一，保守主义要求减少政府干预，把联邦权力还给州和地方政府，这就削弱了联邦政府，特别是总统及其领导的行政部门的地位，决策权力进一步分散。而决策权的进一步分散化是冷战后美国外交缺乏连续性、摇摆不定的机制上的原因。第二，由于保守主义在反对共产主义意识形态方面特别"旗帜鲜明"，因此保守化的结果就是反共主义这一冷战遗产被完整地继承下来了。第三，保守主义者的民族主义情绪较强，一贯奉行"美国第一"（又称"美国优先"）原则，随着冷战后外来经济竞争加剧，保守派开始高扬"经济民族主义"大旗。在1996年共和党总统预选中，被称为"保守派小猎犬"的右翼分子布坎南就大谈经济民族主义，宣扬外国低工资工人的竞争是美国中下层工人生活不保、收入停滞的原因，主张限制贸易，对不向美国货物开放市场的国家实行制裁。事实上，在经济民族主义思潮的压力下，美国冷战后的贸易政策确实发生了不同于以前"自由贸易政策"的变化。克林顿政府的口号是"公平贸易"，其要点是要求贸易伙伴与美国对等开放市场，而不认真考虑各国经济发展水平的差异。

尽管1996年国会共和党人由于立场极端、行为偏颇而失去了一些影响力，有人甚至说"共和党革命已经死亡"，但是，借助于2000年小布什的选举胜利，美国政治保守化的大趋势势头更猛了。但2008年非洲裔的民主党候选人贝拉克·奥巴马高票当选又给了政治保守势力一记耳光。

（3）涉外利益扩大化。冷战后政治和军事以外的其他外部联系突出起来，涉及经济、文化、教育和人员等各方面的对外关系较之以前更加重要，涉及国内的人员、团体和利益也更多了。另外，经济全球化在冷战后由于"两个市场"界线的消失，由于新的技术和经济发展的推动，而获得了大发展的势头。地区一体化加速发展，跨国公司快速成长，生产国际化进一步深化，贸易和金融进一步自由化，来自国外的经济竞争对于外贸依赖度上升的今日美国，其作用更加明显。结果，关心和卷入对外决策的利益集团增多，外交决策中的利益集团政治更加重要了。

经济外交的突出也影响到美国外交政策的形态变化。从形式上看，冷战后美国外交的基本特征是"参与和扩展"，而不是针对特定国家的"遏制"。这一点对所有国家（包括中国），对所有领域（包括安全领域）都是如此。这是因为，过去以军事安全为主，强调"非敌即友"，往往导致反对"接触"的遏制战略，在封锁对手、阻碍敌对体系之间交流的同时，也封闭自身。"人权"外交也采取"非黑即白"的价值判断，同样具有加剧国际对抗的作用。只有在经济安全成为国家目标之后，虽然也强调国家间利益的竞争性，但是再也不能排斥"接触"与合作了。经济安全建立在全面交往之上。而且，经济竞争是一种非零和对局，"双赢"是其基本特性。

四、美国的基本经济体制

谈论美国经济又可分成几方面：经济形势、经济制度和经济结构。由于经济形势总是在不断变化，而经济体制和结构则相对稳定，所以这里主要介绍体制和结构。

世界上有各种各样的经济体制：从政府完全控制的计划经济（如朝鲜）到几乎是完全自由的市场经济（如中国香港）。确认一种经济体制的时候，我们通常用以下四个方面的指标：

第一，生产资料的所有制形式是个人拥有还是公共拥有（包括国有）。
第二，企业的生产决策是独立分散的还是政府统一制定的。
第三，资源的配置是通过市场形成的还是计划决定的。
第四，社会收入分配是按所有的要素投入还是仅仅给予劳动工资。

以公有制为基础实行中央计划和按劳分配的被称为"社会主义计划经济"；以私有产权为基础，通过市场调节按资源分配收益的是"资本主义市场经济"。

美国是一个典型的资本主义市场经济。在现实中很难找到完全的计划经济和纯粹的市场经济，多为市场与政府干预相结合的"混合经济"。但相比之下，美国仍然是世界上政府干预最少的市场经济。

1. 企业

作为一个工业化的国家，企业是美国经济的基础。由于美国基本上没有国有企业（除了美国邮政等少数公共服务性系统），企业的分类不像中国那样按所有制性质，而是按法律责任和纳税方式划分。依据法律，美国的企业组织主要有三种类型：

（1）个体业主制（Proprietorship）。个体业主制就是我们常说的个体户，企业为单一业主所有。从法律上说，个体业主对于企业承担无限责任。企业所有的收益和资产都是业主本人的，但企业一旦亏损或负债，业主必须拿出自己个人的财产来支付和偿还。业主对企业有全部的经营管理权。

这种企业体制的特点是：①启动方便，只要注册一下就可运营；②决策简单，管理集中，完全由业主自己决定。

但这种企业的规模较小，且负有财务上的无限责任，风险较大，比较适用于简单的制造业和普通服务业，如小商店、餐馆、照相馆、洗衣店等。在美国，这类企业的数量最大，约占企业总数的75%，但营业额却很小，只占全部企业的5%左右。

（2）合伙制（Partnership）。合伙制是两个或两个以上合伙人共同拥有的企业，共同投资，共同经营，也共同承担风险。合伙制也承担无限责任，每个合伙人在法律上都要对合伙制企业的债务负责，但只以个人的财务为限。

合伙制的优点是：①容易建立，只要合伙人达成协议经过注册就行；②多样化决策以减少投资经营风险；③合伙人撤出后仍能维持经营。

这种类型的企业常见于律师事务所、会计事务所等。大约有5%的美国企业是合伙制，营业额也在4%~5%之间。

（3）公司制（Corporation）。公司制是由一个或一个以上股东组成的企业。公司与前两种企业体制的最大不同点是法律上的有限责任。每个股东的最终责任只是他们在公司的投入。如果公司破产了，股东不需要用自己的个人财产来偿还公司的债务。公司制通常为股份制企业，但不一定上市。

公司制的最主要优点是：①所有者只负有有限责任，有利于公司大胆发展，也有利于大规模低成本地获得资本；②公司经营者可与所有者分开，有利于专业化管理而不受所有者能力的限制。

在大多数生产规模较大、风险较大的行业中（如银行、汽车制造等）实行公司制。这类公司在美国的数量不算太多，只占20%左右，但营业额则达到90%左右。公司制企业是美国经济中的中流砥柱。

通常来说，公司的规模较大，个体业主的企业较小，但不意味着公司必须大或有足够的"注册资本"。两三个人也可以组织一个大公司，个体业主也可以有很多雇员，所以，大小只是现象而不是规定和要求。

2. 市场结构

企业分布在各个行业，每个行业都拥有许多不同类型的企业。有些行业的企业数多一些，有些则只有少数几个。

经济学家根据行业内企业数量多少和由此引起的竞争程度将市场结构分成四类：①完全竞争；②垄断竞争；③寡头垄断；④独家垄断行业。

完全竞争行业的企业数量最多，产品相同，行业的资本要求和技术含量都低，开业经营的门槛也低，进入非常容易。美国较典型的完全竞争行业是农林渔业，其次是服务业。这些行业中个体企业居多。

垄断竞争行业的企业数量也多，但产品有差异，每个厂商都对自己的产品有一定的"垄断"权力，所以竞争程度要比完全竞争市场低。企业在短期对自己的产品拥有一定的垄断权，但长期面对相似产品的竞争，所以被称之为垄断竞争。具体例子如服装、饮料和其他日常生活用品行业。

寡头行业中只有两家或数家企业，产品可以相同也可以有差异。典型的例子是饮料业中的可口可乐和百事可乐，汽车行业中的三家巨头（福特、通用和克莱斯勒）。

垄断行业中则只有一家企业，所以没有竞争。在美国，由于有反垄断法，所以真正的垄断企业不多。但在局部地区或某一段时期中仍会有一些垄断企业出现。

美国经济约有75%处于垄断竞争和完全竞争中，约20%是寡头市场，5%左右的市场被独家企业垄断。

传统政治经济学认为，资本主义发展必定从竞争走向垄断，但有意思的是，美国经济中竞争成分并没有减少，有时还在不断增加。根据谢菲德教授（William Shepherd）的研究，1939年美国的竞争行业占50%左右，寡头行业曾占有30%，到了20世纪后期，竞争性行业的比重超过了75%。这种变化一方面反映了美国技术不断更新，竞争日趋激烈的现象，另一方面也反映了美国经济体制中鼓励自由竞争，反对垄断的重要特征。

从经济学角度来说，垄断既对消费者不利，也造成社会资源的浪费。社会的发展需要有大规模的企业，但不能形成垄断。

因此，美国自1890年通过了第一部反垄断法（《谢尔曼法案》）后一直对垄断企业进行限制或管制。1914年美国不仅对《谢尔曼法》进行了补充（《克莱顿法案》），还成立了专门实施反垄断的机构——联邦贸易委员会。

美国早期的反垄断案包括1911年对洛克菲勒的美孚石油公司的判决，强令将美孚石油分解为几个分公司，形成了今天美国石油市场上壳牌、雪弗龙以及埃克森（已与美孚合并）等多家石油公司鼎立的局面。

最近的一次反垄断行动是1998年对微软公司的起诉，指责微软公司在个人电脑操作系统上的垄断力量和通过低价与搭售IE实现在网络浏览器市场上的垄断行为。此案虽未结束，但这一行动本身说明了美国对于市场垄断的态度。

3. 美国宏观经济体制

美国的经济体制究竟如何呢？美国人奉行的是资本主义式的自由企业，强调发展私营企业，希望生产资料都集中在生产部门。然而，据最新的调查表明，在德国、英国和美国之中，美国的公营部门在经济中的比重是最高的。因此美国的经济可以说是建立在资本主义原则上的私营和公营混合并存的"混合经济"。

美国主张自由的资本主义制度，但这种自由只是一种向内的自由，美国经济对外存在着相当严重的封闭性。我们所说的这种封闭性，主要是指经济发展上的侧重点在国内，而不是国外。美国的国内分配政策导致了一个庞大的中产阶级的出现，从而为各种商品和服务提供了一个相当大的国内潜在市场，这种国情使得美国企业都具有一种强烈的国内导向性，很多企业专心发展国内市场，有的根本无暇顾及海外市场。

美国经济活动的活跃在很大程度上依赖于国内发达的银行系统和金融市场。首先，美国的银行系统极其发达。据《幸福》杂志报道，美国 100 家大银行的资产超过 175 亿美元，吸收的存款为 12000 亿美元，银行业的雇员达 100 万人。从美国人普遍使用信用卡就可窥其一斑，美国人几乎没有不使用信用卡的，信用卡就如同美式快餐麦当劳汉堡包一样，已经成为美国的象征，给人以快捷方便的印象。美国金融危机之所以会发展成全球性金融危机，一个重要的原因，是虚拟经济高度膨胀，虚拟经济与实体经济严重失衡。在 21 世纪初，美国网络经济泡沫破灭后，金融业加快发展，金融创新的衍生产品大量涌现。这些衍生金融产品不是出于服务经济社会发展之需要，而是发自金融机构甚至单个机构、部门、个人逐利之动机。这种金融活动搞得越多，危害越大。教训告诉我们，金融是第三产业，金融的发展应立足于市场分工，履行服务于实体经济和社会发展的职能，任何脱离实体经济和社会发展需要的金融活动都是没有希望的。

4. 政企关系

美国人认为，在自由资本主义企业制度中，公共部门和私营部门必须分离，在政策上和思想上，这种分离得到了各政党和广大公司的认同和支持。

在某些特殊场合，联邦政府对私营部门的事务也要进行干预，企业和组织必须遵守特定产业活动的有关联邦条例和行政措施。国会建立了许多专门部门，其目的是实施国会所颁布的法律。这些机构包括联邦通讯委员会、联邦贸易委员会、联邦药品委员会等等。正如人们所预料的那样，工商界强烈反对这种政府干预，在政府和工商界之间由此形成了一种敌对关系。在政府和企业的关系中，对企业影响最大的法律是《谢尔曼反托拉斯法》(1876 年)。这一法律是为了阻止工业权力的过分集中，鼓励竞争力量自由地相互影响、相互作用。在打破石油等若干大行业形成垄断局面中，它发挥了重要作用。但是，有些人认为反托拉斯法已经过时，该法案的思想重点是基于价格竞争，这种推理没有考虑其他竞争压力，如对产品质量的要求及制造厂家的服务。

另一层政企关系则表现在美国的对外和国防政策上。在过去的几十年里，美国国会通过了许多法令以禁止工商界向被认为是对美国不友好的国家出售敏感性技术。例如，法律规定，未经国防部的特许，不能向未经认可的政府出售与国防有关的技术；严格控制向俄罗斯及其制裁国家出口高新技术。

五、美国式管理特点

1. 全面质量管理方面

当今美国管理仍然十分强调全面质量管理，尽管全面质量管理（或称作 TQM）现在显得有点过时，不过把全面质量管理视为一种竞争优势的思想又一次在美国兴起。美国的质量管理以核心价值观念为基础，通过策略的制定、统计程序控制技术的应用、记忆授权等方式达到不断提高质量的目的。其中以核心价值观念最为重要，包括满足客户需求、全面参与、奖励制度、缩短周期时间、无错胜过纠错、对质量信息的反馈进行管理、长远目标、进行合作开发、共同责任等多个方面。

2. 决策方面

美国企业是自上而下进行决策的，决策速度很快，最终决策由上级作出，在此之前也常常让下级参加讨论。重大决策具有法律效力，上下级之间的意见交流一般是通过命令渠道，因此美国管理决策方式的优点是对外界环境变化反应速度快，责任明确，但是这种方式存在明显的缺点，即不利于调动中下层人员的管理积极性。

3. 计划管理方面

美国企业在计划控制方面的特点主要体现在以下几点：① 重视对未来市场的预测和战略性计划的研究；② 将新产品计划放在中长期计划的首要地位；③ 强调企业的内外因素，运用现代化的预测技术；④ 使各种计划富有弹性；⑤ 依据情况的变化对计划进行修订；⑥ 在制订计划时，企业与政府的联系较少。

4. 人力资源开发方面

人才竞争越来越关系到一个企业的前途，关系到一个国家、一个民族的前途。美国政府和企业特别重视从各种渠道网罗人才，形成完备的人才培养体系。一般情况下，美国企业强调职前训练和专业训练，同时注重对职业技术和管理方面的培训。企业一般实行全员培训，针对企业各类不同人员制定不同的培训制度和方法，强调理论与实际的联系，为外协厂培训人才，以利于产品的推销。

5. 倾向于硬性管理

美国企业特别重视生产经营目标、组织结构、规章制度。这三方面正是"Z 理论"的创立者和传播者称之为"硬管理"的三个要素。在美国企业中，强调结果不重视过程也正是这种特点的集中表现。

第三节 日本式管理

作为后来居上的发达资本主义国家，日本经历了一个非常特殊的历史发展过程：日本在短短的半个世纪里就完成了明治维新以来由封建社会向资本主义社会过渡的社会革命，同时也完成了由封建落后的殖民地经济向发达的资本主义经济过渡的产业革命。在20世纪上半叶，虽然经过了第二次世界大战的毁灭性打击，但是在战后的20年里，日本又一次成为世界上举足轻重的经济强国。究其原因就是管理起到了重要作用。

一、日本国情简介

1. 日本概况

日本（Japan）是位于太平洋西侧的一个岛国，领土由北海道、本州、四国、九州4个大岛和3900个小岛组成，总面积为37.78万平方公里，西隔东海、黄海、朝鲜海峡、日本海与中国、朝鲜、韩国和俄罗斯相望。海岸线长3万多公里，多海湾和良港。日本多山，山地约占总面积的百分之70%，大多数山均为火山，全国有160多座火山，其中50多座是活火山，最著名的活火山富士山，是日本最高的山，也是日本的象征。温泉遍布全国各地。境内河流流程短，最长的信浓川长约367公里。最大的湖泊是琵琶湖，面积672.8平方公里。由于地处海洋的包围之中，属温带海洋性季风气候。日本为多地震国家，平均每天地震约4次，但大多震级较小。

国旗太阳旗，呈长方形，旗面为白色，正中有表示太阳的红圆点。白色象征正直和纯洁，红色象征真诚和热忱。日本国一词意即"日出之国"，传说日本是太阳神所创造，天皇是太阳神的儿子，太阳旗来源于此。国徽为圆形，绘有16瓣黄色的菊花瓣图案。日本古时又名邪马台、扶桑、倭国。日本地处温带，气候温和、四季分明。每到春季，青山绿水间樱花烂漫，蔚为壮观，于是日本以樱花为国花，素有"樱花之国"的誉称；1947年选绿雉为国鸟。国歌：《君之代》。

日本人口有1.2777亿（2008年1月1日）。主要民族为大和族，北海道地区约有2.5万阿伊努族人。通用日语。神道教和佛教较盛行。首都东京（Tokyo）有人口约1275.8万（2007年10月）。日本的都、道、府、县是平行的一级行政区，直属中央政府，但各都、道、府、县都拥有自治权。全国共有1都（东京都）、1道（北海道）、2府（大阪府、京都府）、43个县。

2. 简史

公元4世纪中叶，日本开始成为统一的国家，称为大和国。5世纪初，大和国发展到鼎盛时期，势力曾扩大到朝鲜半岛南部。公元645年，发生"大化革新"，建立起以天皇为绝对君主的中央集权制国家。从12世纪末起，日本进入由武士阶层掌管实权的

"幕府时代"。1868年,革新派实行"明治维新",废除封建割据的幕藩体制,建立了统一的中央集权国家,恢复了天皇至高无上的统治,发展资本主义,并逐步走上对外侵略扩张的道路。在第二次世界大战中,日本对外发动侵略战争,1945年8月15日宣布无条件投降,成为战败国。1947年5月实施新宪法,由绝对天皇制国家变为以天皇为象征的议会内阁制国家。

3. 政治

现行《日本国宪法》于1947年5月3日实施。宪法规定,国家实行以立法、司法和行政三权分立为基础的议会内阁制;天皇为日本国和日本国民总体的象征,无权参与国政;"永远放弃把利用国家权力发动战争、武力威胁或行使武力作为解决国际争端的手段,为达此目的,日本不保持陆、海、空军及其他战争力量,不承认国家的交战权"。议会称国会,由众、参两院组成,为最高权力机关和唯一立法机关。众议院定员480名,任期4年。首相有权提前解散众议院重新选举。参议院定员252名,任期6年,每3年改选半数,不得中途解散。在权力上,众议院高于参议院。国会每年1月至6月开会,会期150天。内阁为国家最高行政机关,对国会负责,首相由国会提名,天皇任命,其他内阁成员由首相任免,天皇认证。日本的对外政策是以日美关系为"基轴",重视同西欧、东盟等国的合作,发展日中关系,改善同第三世界关系。1956年,日本被接纳为联合国会员国。1972年9月29日,中日实现邦交正常化,翌年1月互设大使馆。1978年8月12日,两国签署《中日和平友好条约》。战后日本实行"政党政治",代表不同阶级、阶层的各种政党相继恢复或建立。目前参加国会活动的主要政党有自民党、民主党、公明党、自由党、日本共产党、社民党、保守党等。日本天皇明仁(Akihito),于1989年1月即位,年号"平成"。

4. 文化

日本独特的地理条件和悠久的历史,孕育了别具一格的日本文化。樱花、和服、俳句与武士、清酒、神道教构成了传统日本的两个方面——菊与剑。在日本有著名的"三道",即日本民间的茶道、花道、书道。日本茶道是一种通过品茶艺术接待客人的礼仪活动;日本人爱花,一般家庭的客厅都置有一瓶精心设计的鲜花,给人以清新别致的美感,这就是日本特有的传统艺术——花道,亦称插花;书法艺术在日本被称为书道。

日本是一个非常重视教育的国家,教师的地位非常高,比较有名的大学有东京大学、京都大学、早稻田大学、庆应大学等。在日本有影响的报纸有《朝日新闻》、《读卖新闻》、《每日新闻》、《日本产经新闻》、《东京新闻》、《日本经济新闻》。共同社、时事社为日本两大通讯社。

在日本受欢迎的体育活动有棒球、橄榄球、排球、游泳、柔道、剑道、弓道(包括弓箭)、空手道、相扑、登山、钓鱼等。

寿司(Sushi)是以生鱼片、生虾、生鱼粉等为原料,配以精白米饭、醋、海鲜、辣根等,捏成饭团后食用的一种食物。寿司的种类很多,不下数百种,各地区的寿司也有不同的特点。大多数是先用米饭加醋调制，再包卷鱼、肉、蛋类，加以紫菜或豆皮。吃生鱼寿司时，饮日本绿茶或清酒，别有一番风味。

和服是日本传统民族服装的称呼。它在日本也称"着物"。和服是仿照我国隋唐服式改制的。公元8~9世纪，日本一度盛行过"唐风"服装。以后虽有改变形成日本独特的风格，但仍含有我国古代服装的某些特色。

妇女和服的款式和花色的差别是区别年龄和结婚与否的标志。例如，未婚的姑娘穿紧袖外服，已婚妇女穿宽袖外服；梳"岛田"式发型（日本式发型之一，呈钵状），穿红领衬衣的是姑娘；梳圆发髻，穿素色衬衣的是主妇。

和服不用纽扣，只用一条打结的腰带。腰带的种类很多，其打结的方法也各有不同。比较广泛使用的一种打结方法叫"太鼓结"，在后腰打结处的腰带内垫有一个纸或布做的芯子，看去像个方盒。这就是我们常看到的和服背后的装饰品。由于打结很费事，战后又出现了备有现成结的"改良带"和"文化带"。

虽然今天日本人的日常服装早已为西服所替代，但在婚礼、庆典、传统花道、茶道以及其他隆重的社交场合，和服仍是公认的必穿礼服。

赠礼习俗：日本人将送礼看作是向对方表示心意的物质体现。礼不在厚，赠送得当便会给对方留下深刻印象。送日本人礼品要选择适当，中国的文房四宝、名人字画、工艺品等最受欢迎，但字画的尺寸不宜过大。所送礼品的包装不能草率，哪怕是一盒茶叶也应精心打理。中国人送礼成双，日本人则避偶就奇，通常用1、3、5、7等奇数，但又忌讳其中的"9"，因为在日语中"9"的读音与"苦"相同。按日本习俗，向个人赠礼须在私下进行，不宜当众送出。日本人禁忌绿色。不喜欢荷花，而喜欢樱花、乌龟和鸭子。

二、日本管理思想及其文化背景

由于日本今天的资本主义制度是经过明治维新革命后逐渐演化过来的，其管理思想尽管随着生产力的发展产生了很大的变化，但其思想仍然属于东西方不同文化的双重影响下的管理思想的范畴。在管理的发展过程中，一方面极力批判和排斥封建主义的旧习惯和旧思想，另一方面大力引进和宣传欧美的自由主义、个人主义、功利主义和实用主义等近代思想，正是这种西方近代思想和理论的传播，为日本走向文明和经济强国之路打下了深厚的思想基础。

日本民族文化历来受中国传统文化的影响。早在古代，中国的儒学，包括孔子、孟子、朱子等人提倡的礼教和为人哲学就已经传到了日本，而且产生了极大的社会影响。公元645年，由留唐学生和僧侣发动的"大化革新"，给日本文化注射了儒家文化的强心剂；与此同时，日本的左藤王子颁布了以儒家思想为主要内容的"十七款"宪法。德川幕府时期，朱子的儒学被作为社会的行为准则，而且针对不同的年龄、性别、出身、社会地位的人规定了不同的行为准则。光辉灿烂的中国儒家文化奠定了日本文化的基础。由于日本吸收唐文化时，儒学文化正处于发展的鼎盛时期，日本有幸吸收了儒家文化的精华。当然，日本对儒家文化的吸收也不是盲目的，而是有针对性的。

进入20世纪70年代，日本企业在全球开始展露风采。当时美国正在受到石油危机的冲击，企业劳动生产率在连续增长了20多年后骤然停止了增长。而这时，日本作为战败国，战后国民经济面临崩溃边缘，石油等原料全部依靠进口，但他们的企业在石油危机中安然无恙，经济保持高速增长的势头。日本企业管理的成功离不开中国文化特别是中国古典管理思想的长期熏陶。很多日本企业界人士认为，日本现代企业管理与竞争是建立在中国古典思想的基础之上的。

三、日本企业文化中体现的东方传统人文精神

中国儒家思想对日本的影响最为深刻。早在公元8世纪，儒教就以行政手段得到日本政府推行，国民诵读《孝经》，提倡孝道。进入16世纪，儒教被奉为日本官方哲学，日本兴起了对以儒家思想为代表的中国古典思想的全面研究。直至今日，儒家思想的痕迹，依然显著地存在于日本人身上。

> **外宾的困惑**
>
> 一个日本人到中国访问，有一件事让他感到很难理解。
>
> 他到中国的一个县里考察，当地很重视，好几个领导在门口迎接他，并一一和他握手。这些人中，第一个被介绍的是其中最年轻的一位，他是分管农业的副县长，才三十多岁；然后是农业局局长、副局长，都是四十多岁的人；最后，才是全程陪他下乡的农技站站长，已是五十多岁的人了。
>
> 这在中国人看来是司空见惯的事，在这个日本人看来，却百思不得其解。在日本，不可能出现这种情况。
>
> （摘自《日本精神》新华出版社）

"二战"以后，日本经济奇迹般崛起，令世人瞩目。于是全世界都开始掀起了一股研究日本经济成功奥秘的热潮。包括曾经是日本人老师的美国人也放下架子，"拜徒为师"。经过一番探讨研究，欧美学者惊叹地发现，日本经济的奇迹来自于旺盛的企业活力；企业活力又源于成功的企业管理；而日本企业管理成功的奥秘则在于日本企业强大的企业文化。企业文化既是一种文化现象，又是一种管理思想。日本企业文化是中国传统文化（特别是儒家思想）与日本传统文化和民族心理相结合形成的，因此日本企业的成功不仅仅与美国的资金扶持有关；他们在实践中能够打破西方注重理性的管理理论的框架，不是单纯就管理理论管理，而是把企业作为一个文化实体实施管理。在管理中不仅强调设备、技术、产量等"硬件"，也推行现代管理的体系、制度、方法，还有一个

重要因素：特别重视人的价值，重视属于文化层面的"软"的因素。如员工归属感、价值观的培养，"企业风土"等企业文化建设，包括如"社风"、"社训"、"社长信条"、"经营原则"、"企业使命感"等。而儒家思想正是日本企业管理成功的动力因素，是创造"软"因素（日本企业文化）的关键所在。

日本企业从儒家思想中汲取了积极向上的正面价值因素，如中国儒家的讲求"和"的哲学观念，重视集体主义、重视人际关系等，但同时又克服了儒家思想中只强调人的社会性而忽视人的个人主体性的弊端。所以，日本企业对儒家思想的吸收，实质上是一种嫁接，即将儒家思想原体系打破，对构成要素进行分解，把正面价值的留下，负面价值的弃之，形成全新的排列组合，然后再将重新排列组合的儒家思想精华与西方强调人的个性与自主性的人文精神相结合。这种杂交式的结合，不仅保留了儒家思想的合理内核，而且更重要的是使儒学扎根于市场经济的土壤中，以发扬其超越时空的优势。于是产生了现在很多企业都在强调的"人本管理"思想。这种人本管理思想与儒家的人本思想是一脉相承的。以人的管理为中心，强调员工的教育培训，如松下幸之助有句名言："经营就是教育"就是这一思想的写照；强调企业内良好的人际关系，如日立的"和"，松下的"和亲"，丰田的"温情友爱"等管理思想；强调集体主义观念，培养员工"以厂为家"的团体精神等。日本企业文化的精粹——"大和精神"，也是儒家人本文化影响的产物。即把儒家人本思想的重视思想统治、讲求伦理道德与日本民族精神结合为一体，形成日本企业文化这一灵魂。日本企业在对员工的教育培训中，也是以中国儒家人本思想中的"和"、"爱"、"诚"、"信"、"忠"为行为标准来提高员工素质的。

日本企业管理还讲求施义，这种管理思想，与儒学中的"义"是一脉相承的。中国儒家义学，至精至微，日本企业管理者不断从中汲取营养。有的日本公司在经营宗旨中就明确直奉行"先义后利"！"先义后利"思想出自中国古代思想家荀子所著的《荣辱篇》。荀子曰："荣辱之大分，安危利害之常体。先义后利者荣，先利后义者辱；荣者常通，辱者常穷；通者常制人，穷者常制于人，是荣辱之大分也。"成功的日本公司重视对职工进行先义后利的思想教育，教育职工要顺应时代潮流，创新服务方式，改善服务态度，提高服务质量。日本企业家认为，优质的服务是利益的源泉。搞企业不能先考虑利益，而要先考虑怎样才能给顾客提供最优质的服务，若全体员工皆能晓此大义，自然就会给公司赢得信誉，从而产生不为盈利却又自然盈利的结果，这就是所谓的"先义后利"。

四、日本的产业结构与宏观经济政策

1. 日本的产业结构

日本的产业结构有两点需要特别注意：首先，日本整个社会形成了以银行或贸易公司（综合商社）为核心的六大企业集团，它们是三井、三菱、住友、富士、第一劝业以及三和。这六大集团有四个特点：一是各集团内的成员企业相互持股，形成纵横交错的资本结构，你中有我，我中有你，既能共同发展又能相互制约；二是日本各企业集团内形成了银行的主导地位以保证企业长期稳定地发展，一旦企业遇到挫折，银行定会鼎力协助，共渡难关；三是互派高级职员，或者说，银行向其集团的企业派出董事，以监督企业的运作；四是集团内各企业的社长每隔一段时间聚会一次，交流信息，协调意见。

日本自 1971 开始实行金融自由化政策，但直到 1983 年美国正式要求日本开放金融市场和资本市场后，日本的金融体制才发生了根本的变化，1984 年日本大藏省通过的《金融自由化和日元国际化的现状和展望》的文件，标志着日本的金融体制走出了"限制与封闭"的时代。日本的金融自由化的主要内容有：利率自由化，到 1979 年底已经实现了存款、贷款、证券等利率的自由化；扩大经营范围，自 1982 年实行新银行法起，银行和证券公司的经营范围日益扩大，从事银行、信托、保险、证券等各项业务活动；国际资金交流的自由化，通过金融自由化，促进了日元国际化、日本海外金融业务的扩大和外国机构的进入，同时还使得企业摆脱了对银行的过分依赖。

2. 政企关系

日本政府和企业的关系是世界上少有的一种高度合作型的政企关系，这种关系的形成有其深厚的历史根源。早在日本明治维新时期，经济权力就由政府和企业共同分享。日本政府为了迅速实现现代化，特意创建了一些行业，目的是为了给企业提供一种经济支持，政府将建好的厂房和设备转移给私营部门。在运转过程中，日本政府保留了对企业的一定控制权。由此可以看出，日本及其企业是在完全相互支持的条件下运作的。也有一些人认为，日本的经济是国家垄断资本的典型实例。

日本政府对企业施加影响的主要手段是通过大量的经费支持和激励，让一些企业或行业按照政府制定的长远经济政策来发展。一般而言，日本的企业对政府的行政指令是非常尊重的，并会付诸实施，其主要原因是如不遵照执行将会受到严厉惩罚。例如，如果取消政府的经费资助，许多企业就可能垮台，这也是政府影响企业的一种手段。此外，政府公务员退休后往往进入大企业担任高薪管理职务，企业也会向一些官僚提供竞选经费，这些都是政府与企业形成密切关系的因素。

3. 企业组织结构

日本公司采纳了各种形式的组织结构，比如职能结构、部门结构或细胞型结构。但是在日本式管理中组织结构的作用仅在其次。一般来说，管理模式是职能部门和职员之间关系的一种模式，目的是为了指导大家为公司的目标而工作。在日本，由于鼓励下级管理人员参与决策，使所涉及的所有人员都有责任感，高级管理人员会将权力下放到团体，内部交流的方式由人际关系的派系代替了正式的安排，这一点正是日本体制的精髓。

日本企业组织形式在第二次世界大战后经历了三次大的变革。第一次是 1946 年以后，受战争和日本民主化影响，企业界开始进行组织结构的调整，加上吸收美国管理的经验和办法，使得当时的企业及其管理的状况大为改善；第二次是 20 世纪 50 年代中期，引进美国一些新的经营组织形式和理论，如事业部组织、报告制度、常务会制度、划分职权等组织规程以及技术、市场、计划等部门强化措施，这次变革使日本企业组织水平基本达到了国际新型企业组织的水平；第三次是 20 世纪 80 年代，变革的重点主要在四个方面：精简机构、提高效率；增设国内外销售机构、拓展市场；强化技术开发；培训人才。日本经历了这三次组织改革后，企业大致有三种组织结构：一是整个公司统一结算、统一管理的高度集中结构；二是全公司统一结算、分级管理的半集权结构；三是分头结算、分级管理的分权结构。

五、日本式管理特点

日本成功的关键在于有效地将东方儒学与西方科学文化加以结合，从而融合了两种文化之长，再加之日本的社会特点便形成了一种独特的管理特征：

1. 日本式管理的最大特点

日本式管理的最大特点，就是其理性精神表现得很充分。由于日本的自然条件一直很恶劣，生存资源奇缺，因而就产生了强烈的生存欲望，这就使得日本有一种其他民族所不具有的生存理性；当日本向海外观察时，它的旁边是强大的东方巨人，而西方的入侵使得它更加感受到危机的存在，这就是日本管理思想中所具有的危机理性的根源。

日本企业是用"保险意识换来员工的无限忠诚"。日本式的管理有五大特点：① 终身制。员工进入日本公司后，企业会以照顾员工的稳定生活为重要责任，如果没有特殊原因，公司不会轻易解雇。② 缓慢的晋升制。日本在工资制度上实行的缓慢晋升制，是一种把能力工资和资历工资结合在一起的工资制度。所以，在日本的企业里很少看到年轻人担任要职。③ 质量圈。日本的企业认为产品和服务质量是靠全体员工的共同努力来保证。④ 集体决策。日本的企业鼓励所有人参与决策，执行决策，所以决策一般是决定慢但执行快并且效果好。

2. 精益生产与改善

精益生产可能是日本式管理最重要的贡献，它在丰田汽车公司还有另外一个名字——丰田制造系统，丰田是 20 世纪 50 年代最早尝试精益生产的公司。整个七八十年代，日本企业远远走在经营效率的前沿，并且某一段时期似乎可以永远改进，不断地提高质量并降低成本。它们用后来众所周知的全面质量管理、精益生产、实时存货管理等方法提高生产力。

精益生产基于这样的假设：时间的浪费是由不得不修复次品导致的，而资源的浪费则是由保留非必需的巨大存货引起的。精益生产的精华在于：其一，只生产所需的东西——适时生产而不是生产大量产品以防万一；其二，把每个人都变成质量检查员，有责任随时纠正错误；其三，按照从供应商到客户的价值流向看待公司，而不是把产品和生产过程孤立起来，由需求拉动生产，也就是按单制造。

某种意义上，精益生产应归功于戴明。战后，美国管理学者戴明在日本进行了一系列"质量控制"的讲座，他和另一位质量管理专家约瑟夫·朱兰在日本传播质量"福音"，他对日本工业乃至世界工业有着其他管理理论学家望尘莫及的影响力。戴明把他的质量观点浓缩到著名的"14点"中，其中第一点是"建立坚定不移提高产品质量和服务的目标"，他把质量问题从工厂的车间转移到每个管理者的桌面上，他将之塑造成一种企业哲学。丰田公司是戴明理论的最佳体现，对此加里·哈默尔说，西方竞争者只是简单地重复丰田公司在过去40年所做的事。甚至有人这样说，如果西方工业早听取戴明的意见，像日本那样广泛运用他的方法，战后的工业历史将是另一番截然不同的景象。

1980年，在名为"如果日本行，那我们为什么不行？"的电视节目中，年届80的戴明才被美国企业界重新发现。其后，全面质量管理成为不断更迭的西方管理流行时尚最新的一种。美国公司也像日本人一样"视质量为组织的头等大事"，仿效1951年日本设立的"戴明品质奖"，美国也设立了布尔德里奇Baldridge国家品质奖。之后，在这一点上美国公司迅速赶上并超过日本，譬如摩托罗拉创造了著名的"六西格玛"，并把质量标准提得更高。

3. 连续改进或改善

连续改进或改善（Kaizen）是日本式管理的另一特点。改善的关键是在问题变得严重之前发现它们。大前研一也强调利用持续改进开发新产品的日本方式，日本企业对产品的功能和质量持续改进，不断推出新型号、各种产品快速更替。对他来说，创新的挑战是渐进的。持续改进的观点与精益生产非常契合，灵活、弹性的生产线使日本企业能很容易适应产品型号的快速变动，将创新包括进去。精益生产和改善在整个80年代大行其道，汤姆·彼得斯在《追求卓越》中推崇着与日本式管理非常类似的观点——"管理者的成功源于将寻常的事情做得不寻常地好。"

日本企业在精益生产和连续改进上做得如此之好，以至于它们现在几乎变成劣势。在过去几十年里，日本企业生产已经变得越来越精益，甚至到了无法变得更好的境地。虽然日本企业能持续地改进原有产品，使其更为智能、易用，但它在开发具有产业变革潜力的产品上却乏善可陈。所有的日本车看起来越来越相像，但是人们需要的是更简单、更为大胆的设计。用波特的话来说，"用残酷无情和思维单一的努力来争取最佳生产会导致竞争趋同……当竞争对手们在质量提高、时间循环或供应商等方面相互模仿时，竞争变成了沿着同一条道路的没有赢家的赛跑。"而相反地，通过与日本企业创建合资企业，西方企业早已掌握了精益生产的秘密，它们在其他方面譬如创新、战略方面的优势则凸显出来。

4. 共识型领导

精益生产与改善是日本式管理的一面，共识型领导方式和注重长期目标等则是它的另一面。在《日本企业管理艺术》中，理查德·帕斯卡尔和A·阿索斯总结了"7S结构"——即战略（Strategy）、结构（Structure）、技能（Skills）、人员（Staff）、共享价值观（Shared Values）、体制（Systems）和作风（Style）。日本企业的成功主要是因为它们重视软性的"S"——作风、共享价值观、技能和人员，相反地，西方则将注意力集中在硬性的"S"上——战略、结构和制度。日本工业的成功促进了人们对软性"S"的关注，但日本企业的共识型领导方式并未被西方企业像精益生产那样效仿，而诸如终身雇佣制等促进员工忠诚度和团队凝聚力的方式则几乎被认为是完全错误的。不过，现在人们开始尝试着去认识这些独特的日本管理方式的价值。

日本公司领导方式的特点是寻求共识。在领导方式上，西方公司更像军队，有明确的命令线，在经理层和其他人之间有明确的界限；日本公司更像村镇公社，所有成员都是平等的，它更强调达成共识和共同决策。这种寻求共识的基本假设是，达成意见的统一有利于决策的顺利执行，当然其后还有着更深刻的日本文化背景。通常来说，美国公司的老板显得傲慢与咄咄逼人，日本公司的老板则温和而又缄默；美国人生来是进行决策，日本人则更愿意让决策决定自己。日本人喜欢把领导力和空气做类比——它们对生命都非常重要，但都不可见和不重要。在日本企业的会议中，领导者可能完全保持沉默，而让他的部下争论某项决策的优点和缺点。在日本企业中，领导的艺术是遵从集体的意志，而不是用个人魅力领导组织。

寻求共识的领导方式也使得日本企业以独特的方式形成长期战略。在西方，公司战略通常都很清晰与明确，它们由专业的战略设计师进行规划，形成正式的计划；在日本，战略则随意得多，它由整个组织共同形成，以愿景和使命的方式表达，通常没有写在纸上的、精确的计划。大前研一认为日本企业这样的战略形成方式是与其终身雇佣、职位轮换制等管理模式一致的。终身雇佣使得核心员工能与公司的长期目标一致；管理人员晋升之前需先在各种不同职位经过多年的轮换，这使他们能进行全局性思考，对变动的抵触性也更小；每个人都必须从最基层做起的惯例使得高层主管清楚地了解企业基层的运行。这样的战略形成方式也使得日本企业不像那些美国大型企业一样拥有大批战略计划人员，相反，大前研一解释道，它通常只有一位具有天赋的战略家，他"有一套独特的思维模式，潜心思考公司、顾客和竞争者之间动态的相互作用，从而发展出全套指导行动的具体目标和计划"。

日本企业的非正式团体和非正式交流是达成共识、制定决策的基础。在日本，员工每天在下班后一起去喝酒是再正常不过的活动，周末员工常常到郊外开"策略会议"，实际上可能一起泡温泉。傅高义曾说，这些非正式的团体活动对日本企业管理成功的作用更大。

5. 以"和为贵"为核心的群体管理

日本式管理特别重视"和为贵"准则，但是他们决不认为"和"是目的，而仅仅认为"和"是一种外向拓取的工具。内部的高度和谐造就了日本企业的高度整体性，当其他东方人还在为克服"内耗"而费尽心思时，日本人由于其价值观、行为方式和个人对群体的服从，早已形成内协的格局。

相关链接

日本人喜欢"小"

中日两个民族，趣味大相径庭。中国人喜欢"大"，日本人喜欢"小"。

中国人办酒席，喜欢大场面：去大酒家，办几十桌，呼朋唤友，济济一堂，觥筹交错，豪饮豪唱，吵吵嚷嚷，不把对方灌醉，不足以表明情真意切。相比之下，日本人则小家子气得多：找个小酒馆，最好还要是"会员制"的，没几个人，点了酒，自己喝。在我们看来，寡淡无趣得很，但是，他们并不觉得，照样喝得酣畅。

日本有着一种"缩小"的特性：能量奇大的巨人，被浓缩成小小的一寸法师，以针为刀，以碗为船；广阔的宇宙与变化的四季，被压缩在短短的句子里表现；盆景、插花乃至现代的半导体和电脑，无一不是"缩"的例证。丰富多样的膳食被收缩在一定的狭小空间里，成了独特的"便当文化"。中国的团扇传到日本，被改成折扇，就算是孙悟空扛着扇火焰山的大芭蕉扇，到了日本，也被缩小成精巧的小器具。

但这"小"，其实并不只是"小"，小小的茶室与巨大的城市是同时代的产物，半导体、集成电路的日本同时是巨型油轮的日本，拥有世界上无出其右的巨大钢铁厂、巨大贸易公司。神社缩小为神舆，进而缩小为家庭的神龛，再缩小为护符，但修建的东大寺却成为8世纪世界上最大的建筑。日本人的"缩"，只是表面现象，追究其本质，便现出"志在扩大"的原形。"战后"的日本龟缩一时，转而以电子为中心，从经济方面向整个世界扩大，直到成为世界上第二经济大国。而同样在那个时代，我们却是在夸海口，要"三年赶英、七年超美"。

（摘自《小康》2008年第3期）

第四节 中国式管理

任何国家的管理都植根于民族文化的土壤之中，也无不带有时代的烙印。古代的中国是在农业文明与游牧文明的比较中，把握汉民族与周边民族各自的文化特征。而近代的中国则是通过对比东方农业文明和西方工业文明，不断重新认识自己文化的特质。目前，在建立具有中国特色的社会主义市场经济中，也必须从民族文化中汲取精华、去其糟粕，在引进和吸收国外先进管理思想、管理方式的同时，必须结合我国国情，顺应时代潮流，才能使中国经济快速腾飞。

一、文化因素

我国的管理思想主要受到传统文化的影响。

1. 中庸之道和集体主义

中庸之道的"中",是指为人处世要有一个"度",要适度,超过这个"度",就是"过",过犹不及。而"庸"则是一种经久不渝、永恒的力量,只有做到适应一切事物本身的规律与要求,才会产生一种强大而永恒的力量,这就是中庸之道的内在根源。随着传统的演变,中庸之道已经发展成不偏不倚、允当适度的意思。

与中庸之道密切相关,中国社会的理想人格不是强烈的自我表现,而是一种温和谦让的君子风度和方式。他们以群体利益为个人利益的参照系,要求每个社会成员通过道德修养提升思想境界,融个体于群体之中,个体的欲望和价值以群体的欲望和价值为转移。同时,这种中庸之道受中国社会宗法制和小农经济的影响,更加关心维护群体利益,调节人与人、个人与社会的关系。

2. 集权主义

中国传统社会就是一个中央高度集权的社会,先秦思想家韩非就曾设计过"事在四方,要在中央,圣人执要,四方来效"的政权形式;东方的专制主义早在两千多年以前的秦汉时期就已经在中国确立,并且一直影响到当代。新中国成立后长期实行的计划经济体制,也体现了这种高度集权的特点。但实践证明,权力的过分集中并不能把事情办得更好,要充分发挥中央和地方的积极性,就要下放相应的权力。在实行社会主义市场经济后,在整个经济活动中,市场调节的比重应该占主要方面。

3. 天人合一与知足常乐

作为农业社会的典型特征,中国传统文化倡导一种"乐天知命"和"知足常乐"的价值观和行为趋向。在中国传统文化中,由"天"象征的客观世界的规律被看得极为重要,"顺应天命"、"安贫乐道"成为一种理想的行为准则。对客观世界的过分重视造成对人自身能力的认识不足,而且对客观世界的变化产生一种恐惧心理,这使得中国人倾向以自身的良好行为来顺应自然。同时,中国人注重追求协调与和谐、安稳、平和而节奏较慢的社会生活。

4. 阳刚与阴柔

中国传统文化的哲学底蕴是儒道两家不同的价值系统。儒家和道家有着不同的思维方式、心理模式,它们相互刺激,相互影响,推动民族精神和文化的前进,共同构成了中国传统文化的主流。儒家具有某种程度阳刚的特征,道家则具有阴柔的特征。儒道两家的人生哲学和社会哲学之间是相互对立而又相互补充的关系。儒道互补,阴阳交错,刚柔相济,便使进退取守皆可从容对待,使中国人无论在得意和失意时都可在心理上保持平衡,而且皆可从这一文化背景中寻找到支撑点。

二、中国的企业制度

综观中国企业制度的发展,以及各个发达国家现有的企业制度,中国到 21 世纪仍有较强生命力的企业制度有以下几种:

1. 股份有限公司

在全国范围内，超过半数的大中型企业都将采取股份有限公司的组织形式，控制更多的资金，让社会沉淀的资金活跃起来，参加到创造社会财富上来。这是一种具有强大生命力的企业制度，我国大多数国有企业将向这种形式过渡。

2. 特殊行业的国营企业

对于涉及国家安全的行业，政府要牢牢控制，由政府派人管理，资金由财政拨款，利润纳入国库，亏损由财政补贴，这类企业主要有原子能工业、军工企业等。

3. 国家控股的大型企业集团

它的母公司是国家全资公司，以搞资本经营为主；其子公司以及关联公司都是股份公司，以生产经营为主；协作企业与这一企业集团有密切合作关系。这种形式很适合像中国这样的社会主义国家，它强调公有制，是国家最有生命力的发展模式。通过这种形式可以控制国家经济命脉的重要经济部门和需要大量长期投资的产业。

4. 个体和合伙企业

这是一类数目多、规模小的私营企业，主要有两种存在形式：一是与居民日常生活密切相关的小商业和小服务业；另一种是大工厂、大公司下的承包企业或小卫星企业。

5. 合作社制企业

伴随着农村经济的快速发展，目前以"分田到户"为主的小农经济，必然要走规模经济的道路，即从分散的小农业走向具有一定规模的中农业、大农业。但是这种合作社组织的复苏和发展由于历史原因，将是非常缓慢的，不过可以肯定的是，规范的合作制企业并没有过时，它在中国的农村和小城镇仍有很强的生命力。它在生产领域比纯资本联合的合伙企业好，在消费领域也比合伙企业更有竞争力。

三、中国的企业管理

1. 管理思想

根据党的十二届三中全会通过的《关于经济体制改革的决定》中阐述的思想，国家实行简政放权，政企分开，并确定了所有权同经营权适当分离的原则，接着在中共十四大上提出了建立社会主义市场经济体制。为了实现这些目标，必须进一步转换企业经营机制，建立现代企业制度。其基本特征一是产权关系明晰；二是自主经营，自负盈亏；三是所有者按出资额享有权益；四是政府不干预企业的生产经营活动；五是建立科学的企业领导体制和组织管理体制。

2. 决策与沟通

中国企业中的决策与沟通方式与其领导体制有着密切的关系。我国企业的领导体制大致经历了"一长制"阶段、党委领导下的厂长负责制、"十年动乱"中的革命委员会、党委领导下的厂长负责制的恢复、厂长负责制等五个阶段。当前未改制的国有企业实行的厂长负责制，是我国企业经营管理正反两方面经验教训的总结，也比较符合国际上企业经营的惯例，有助于强化厂长对企业生产经营的权威决策。但是这其中存在三个主要问题：一是和党委的关系，两者关系究竟如何处理，成为一个未获得很好解决的问题，使企业领导人在操作中感到困难；二是由于这种方式中，要求集体负责多，个人负责少，加之外来的直接干预，结果使企业难以进行独立决策，企业家也不能主宰自己的命运；三是对企业主要的负责人的激励约束机制尚不健全，对企业家缺乏有效、公认的报酬机制，同时也常常出现企业家滥用权力给企业造成损失的情况。

3. 人力资源管理

随着中国社会主义市场经济的推进，人才的作用被越来越多的企业家所认识。企业之间的竞争归根到底是人才的竞争，目前中国企业正在经历一场从"人事部门"到"人力资源管理与开发部门"的变革。随着对外开放和企业改革的进行，一些发达国家的跨国公司在中国兴办独资或合资企业，他们对人力资源开发和管理的概念和做法，给中国国有和集体企业以很大的促进和影响。企业在职工培训上花费了大量的人力、物力，新工人上岗前要经过专业培训；对企业干部的培训也已经从学历教育转向了岗位专业培训；企业开始从生产型转向经营型，不少企业开始重视吸收和培养市场营销及开发人才。

4. 劳动立法

中国的绝大多数企业都设有工会，据统计，截至1992年底，中国共建有各级工会组织61.7万个，工会专职工作人员58万人。工会在保护职工合法权益，协调企业领导和职工关系方面做了大量工作，与党组织配合，参与企业重大问题的决策，对可能会影响到职工利益的事情进行先期阻止。1994年8月八届人大第八次会议通过了《中华人民共和国劳动法》，该法规定了劳动者享有各种权利，它的出台和实施必将在保护工人合法权益方面起到重要作用，提供了有力的法律武器。

《中华人民共和国劳动合同法》（2007年6月29日第十届全国人民代表大会常务委员会第二十八次会议通过，2007年6月29日中华人民共和国主席令第六十五号公布，自2008年1月1日起施行）、《劳动法》是国家为了保护劳动者的合法权益，调整劳动关系，建立和维护适应社会主义市场经济的劳动制度，促进经济发展和社会进步，根据宪法而制定颁布的法律。从狭义上讲，我国《劳动法》是指1994年7月5日八届人大通过，1995年1月1日起施行的《中华人民共和国劳动法》；从广义上讲，《劳动法》是调整劳动关系的法律法规，以及调整与劳动关系密切相关的其他社会关系的法律规范的总称。

《劳动法》作为维护人权、体现人本关怀的一项基本法律，在西方甚至被称为第二宪法。作为一名普通的公民或工人或许一辈子都不会接触到刑法、诉讼法等，但《劳动法》却关系到我们每个人的生活，我们无时无刻不在《劳动法》的保护和约束之中。不管是普通工人还是其他劳动者，我们应该清楚《劳动法》赋予我们的基本权利和义务,履行义务,维护权利。我们每个人不可能也没有必要成为劳动法律专家,但了解基本的《劳动法》知识是必要的。

四、传统中国商帮管理特点

(一)中国商帮——川商

1. 四川商人的兴起

早期四川民族工商业的发展十分缓慢。从 1901 年到 1911 年间,重庆、成都、潼川、泸州、犍为、彭县、广元、南充、叙永、江津、宁远、冕宁、合川、乐山、达县、万县、打箭炉、天全、内江等地相继开办火柴、纺织、缫丝、造纸、印刷、玻璃、电力、采矿等企业 108 家,有的资本达 30 万元以上,呈现出"进步的潮流波及全川"的景象。

四川的民族资本主义经济,以棉织业最具代表性,发展也相对快一些。从 1900 年重庆创办吉厚祥织布厂开始,至 1911 年的 12 年间,各地兴办织布厂、织巾厂 20 余家。不少织布厂是在"推广织造,以挽利权"的呼声中产生的,因此一开始就面临着同外国资本主义较量的形势。这就迫使四川棉织业不断改进生产技术,增强竞争能力,逐步由起初的丢梭木机发展为扯梭木机,以后又更新为铁制织布机。尽管如此,四川棉织业仍然无力与外国企业抗衡,只能在惨淡经营中求得一些发展。

2. 近年来四川商人的发展

四川是我国资源丰富、景色秀丽、人口众多的大省。近年来,勤劳能干的四川人,外出务工者达 1600 万余人,其中在沪打工者有 65 万。他们"由低端劳动力向高端劳动力迈进、由数量型向数量质量扩张型转变"。纯朴的川哥和火辣的川妹子,分布在上海投资、金融、房产、医学、媒体、餐饮等领域,造就了一批企业家、金融家、艺术家、医学专家和房地产老板。佼佼者中,有总部建在浦东新区的东方希望集团掌门人刘永行,旗下有饲料、铝电、投资等子公司 80 余家;仅饲料一家就有 70 多个以饲料为主,涉足生物工程等相关行业的企业。

3. 四川商会发展

以上海市四川商会为例。上海市四川商会内树素质,外树形象,让会员能做想做的,能做愿做的,能干愿干的事。以务实的工作作风,开拓灵活的思维方式,创新求精的品牌意识,外引内联的工作方法,做大做强的工作目标,在四川省人民政府驻上海办事处的指导下,整合在沪各界资源,搭建川沪两地经济发展的桥梁,建立优势互补、资源共享机制,形成团体优势,创造川商文化,突出向心力,提高凝聚力,力求新思路、新方法,把商会打造成商会会员温馨的家和避风遮雨的港湾,经商交友的平台,历练风范的会所,排难解忧的帮手,成长发展的后盾,把商会办成实实在在的会员之家。

4. 四川商人品质

四川人以"韧"性面对生活。

四川商人有胆有识,为了赚钱,他们天不怕,地不怕。

四川人能够吃苦耐劳,极富韧性。他们信奉实用主义,无论在多大的困难面前,他们都不会畏缩不前。他们依靠自己的力量,坚忍不拔,百折不挠,为了更好地生活下去而勇于拼搏前进。他们勤俭持家,精打细算。四川流行一句俗话:"新三年,旧三年,缝缝补补又三年。"这正是对他们勤俭朴素的真实描述。

四川人务实。"不管白猫黑猫,捉住老鼠就是好猫",这是一句在四川民间广为流传的谚语,也是四川人的行为准则。他们讲求实际,不尚空谈。

(二)中国商帮——徽商

1. 徽商的定义

旧徽州府籍的商人或商人集团的总称。又称"新安商人",俗称"徽帮"。徽商萌生于东晋,成长于唐宋,盛于明,衰于清末。

《晋书》载,徽州人"好离别",常出外经商。齐梁时,休宁人曹老常往来于江湖间,从事贾贩。唐宋时期,徽州除竹、木、瓷土和生漆等土产的运销外,商品茶和歙砚、徽墨、澄心堂纸、汪伯立笔等产品的问世,更加推动了徽商的发展。

2. 徽商的形成和发展

徽商形成一个重要条件是,物产丰富,交通方便,毗邻经济发达的苏杭地区。徽州地区处亚热带,自然资源丰富,出产茶叶、木材、中草药,土特产非常多。另外手工业也比较发达,如制墨业、制砚业。最初,徽商正是由这些产品开始,从便利的新安江水运与苏、杭、宁等地开始互通有无的贸易。在以上这些特定的环境和条件下,徽商逐渐发展起来。明朝以前,徽商的发展比较缓慢,其经营范围,主要限制在茶叶、木材、生漆及"文房四宝"。到了明成化年间,新盐法(开中法)的实施,商人们改变了输粮边区换取一定食盐然后贩卖的做法,变成商人开始在产盐地区纳粮给盐自由贩卖。这样一来,重要的产盐地区——两淮、两浙,就成为盐商的集聚中心。徽商占尽天时、地利、人和之先机,逐渐以发展盐业经营而雄飞商界,从明朝中期至清朝中期长达400年之久,有不少地方的经济命脉几乎为徽商控制。如扬州客籍80名大盐商中,徽商占去60名;浙江35名大盐商中,徽商占其中28名。清代中期垄断盐业经营的徽商竞相先后接驾清康熙、乾隆两帝南游。清乾隆帝巡视扬州,徽商黄氏夫妇为讨好他,雇工数千,一夜造成"三贤祠",乾隆见后叹曰:"富哉商乎,朕不及也。"

随着资本积累和经营范围的扩大,明代中期以后,徽商控制了盐业、典当、茶叶、木材四大行业,除此之外还有布匹、丝绸、粮油、漆器、浆染等百业。到明朝已经发展成为中国商界和晋商并举的一支劲旅,到清朝中叶,徽商一跃成为中国十大商帮之首。

3. 徽商的经营道德——明清徽商的和谐精神

在徽商执明清商界牛耳长达300余年中,他们在经商处世的过程中形成的自身独具特色的和谐精神,主要体现在价值理念、制度文化、乡土文化三个层面。

在价值理念层面,徽商从观念和伦理的角度对和谐的思考和实践,为其崛起提供了精神动力和支撑,从思想理念层面推动了徽商的繁荣发展。

一是贾儒结合。商道即人道,人道即文武之道。古晋商武的成分更多一些,而徽商呢,就是文化的成分更多一些。徽州也是儒学的一个兴盛之地,像戴震、朱熹这样的儒家的集大成者,都是从徽州这个地方出来的。

二是义利相兼。

三是诚信为本。

如果说徽商价值观念在内部给徽商经营以支撑的话,那徽商所形成的一些合理和谐的制度文化,就是徽商在商海中顺利崛起的外部保障。

第一,协力同心的管理制度。

第二,尊崇规范的法制传统。

第三,急公好义,热心公益事务。

(三) 中国商帮——晋商

1. 历史起源

晋商,即山西从事商业工作、经营商品交易的商人。晋商发起的时间很早,可以追溯到先秦时代,但他们逐渐发展到高峰阶段,则是宋代以后。宋代时,已有了"长江之南皆为徽,长江之北皆为晋"之说,将晋商与徽商并称中原两大商人。历史上马可·波罗也曾把他们跟威尼斯商人相提并论。可见晋商在中国经济的发展过程中,起到了多么举足轻重的作用。

山西地处内陆腹地,没有形成内陆河道,是一个交通及其不便的地方;而且土地贫瘠,几乎种不出什么庄稼。但是,在古代山西北接辽阔的蒙古、俄国,这个广阔的市场为晋商提供了非常有利的机会。此外,虽然当地并不盛产粮食,却盛产当时对每个人来说不可缺少但却又很稀缺的资源——盐。

2. 晋商商业资本的发展

山西山多地少、土瘠民穷、天寒地烈的恶劣生存环境,逼着当初的山西人纷纷背井离乡,足迹曾经遍及中国甚至是更远的俄国、欧洲。这里有一个后人一直称道的地方"西口",一代又一代的山西人,正是从这西口出发,开始了漫漫的求生之路。他们有的人这一走,就是几十年甚至一生都没有再回到过自己的故乡。这些走出去的人不知道,他们当初走西口的目的,只是为了最原始的生存本能,但是这一去,却造就了中国几个世纪的传奇。

晋商的经营范围,虽然"上自绸缎,下至葱蒜",但是促使他们最迅速发展的,是两大行业——盐业与茶叶。

盐业是中国古代盈利最大的几个行业之一。在明朝时候，国家实行的是"开中制"。即商人以实物向国家换取盐的专卖权，然后到官府指定的地方经营。由于这种盐业的专卖和垄断制度，使得盐在官府指定的地方供不应求，获利颇丰。起初，盐业几乎由两淮盐商垄断，山西商人无法插足。但由于盐的暴利，使得渐渐的私盐越来越多而官盐滞销，盐业的利润锐减。在这种情况下，很多当年经营盐的淮商纷纷离去，而晋商就是趁着这个机会，顶着亏损的压力，进入沧州的盐业。到了后期官府出面整顿私盐时，晋商已经有了很扎实的固定客户基础。这时很多淮商也再回到盐业，却已经没有了当年的市场，根本无法与当时的晋商竞争。

晋商另一个发家的资本，是茶叶。山西本地并不产茶，但晋商凭借着当年走西口后全国各地分布的山西同乡，走出了一条"总分部并设，产销一条龙"的国际经营一体化模式。晋商在南方广大产茶地设置了自己的分部，进行原料采购与茶叶包装；又利用自己背靠蒙古草原与俄国这个地理优势，将南方的茶叶通过自己的船帮驼帮，远销到蒙古、俄国以及欧洲大陆，垄断了北方广大的茶叶市场。在20世纪80年代末，在中苏两国结束了多年的对峙后，第一批到达中国的俄罗斯商人拿着一个茶叶的包装来找寻当初产"长裕庄砖茶"的茶庄，但这个茶庄在中国历史中没有任何记录，所有的人都不知道这袋茶的来历。直到90年代，山西出土了一批当年晋商的住宅，人们才发现了这个在百年之后俄国人依然要找寻的品牌——长裕庄茶庄制造的"红梅牌砖茶"。

靠着这两个主要的商业支柱，晋商的财富迅速积累，势力迅速扩大。同时，晋商在各地还建立了很多"同乡商会"，消息共享，互通有无，大大促进了晋商的发展。当时的很多晋商，用"富可敌国"来形容他们，丝毫没有夸张的意思。

3. 晋商货币资本的发展

晋商对中国经济贡献最大的地方，也是晋商发展到最高峰最繁荣的地方在于他们开辟了中国的金融事业。

随着晋商的生意越来越大，他们在商品交易中，货币流通量逐渐增大。携带大批银两的风险与麻烦渐渐成了他们亟待解决的问题。在这个情况下，日升昌的大掌柜——雷履泰开创了汇兑法，即由统一的票号收银出票，并允许客户凭票到各地的联点兑取现银。同时，他还开设了历史上第一家票号，即我们近代意义上的银行——"日升昌"。

票号的出现与发展，标志着我国金融体系的萌芽。以今天的眼光来看，当时的山西，可以看作是当时全国的金融中心，晋商的发展进入了一个全新并迅速发展的时代。

票号的出现，必定以晋商丰厚的货币储存为基础，必须总号与分号都有足够多的银两，来满足顾客的需求。这不但是晋商富可敌国的财富的一个证明，也是晋商发展历程中最成熟的形式体现。

票号作为新兴出现的经营模式，是晋商的一大创新与挑战。现今研究晋商的经济学家都一致认为晋商对票号的管理已经有了很多现代管理学的影子，所以下面我们着重介绍晋商几个颇具特色的管理方法。

(1) 票号的组织管理制度。①两权分离制；②人身顶股制；③层级制度；④号规制度；⑤账簿制度。

(2) 票号的人员管理制度。①"东掌关系"，大掌柜由财东进行考察，决定其是否能委以重任。② 学徒制，山西票号对员工的录用十分严格，除了个人的仪态、举止、能力方面，家世上也很有讲究，而且必须是山西本地人。③ 企业文化的培养，在学徒进入票号后，票号还会对学徒进行具体严格的培训，包括业务技术方面和职业道德方面。

中国票号以"日升昌"的设立为标志，在百余年间，票号迅速发展，至清朝末期，全国的票号达 51 家，各家分别设分号共 600 余个，遍布全国各大城市和商埠码头，以及日本京都、神户和朝鲜、俄罗斯等国家和地区。晋商以其独特的经营艺术与管理文化，造就了晋商在中国近代经济史上的一段不能超越的神话。

（四）中国商帮——台商

1. 台商历史

福建与台湾隔海相望，一水相连，闽台商缘就像抽刀难断的浩浩流水一样难以阻绝。一湾浅浅的海峡见证着世事沧桑，也见证着闽台两地经济往来的悠久历史。闽台经贸渊源，一直可以追溯到上古时期。在福建东海岸与台湾西海岸考古发掘中发现许多十分类似的人类活动的遗址、遗物，说明闽、台两地早期人类就有一定的经济交往。

"事实上，从商、周时期，闽、台两地的人员交流和生产技术的推广就有所加强。"厦门大学台湾研究院经济所副所长、应用经济学博士后石正方说。当时，福建输入台湾的青铜工具和青铜武器，提高了当地的生产能力。汉晋隋唐时期，福建与台湾之间经济往来日益频繁，促进了台湾经济的发展。宋、元时代，台湾在行政上开始归属福建辖区，闽台经济交流更趋频繁，商业贸易往来日渐繁荣。明、清两朝，福建向台湾的移民经久不衰，两地的生产技术、农业品种交流及商业贸易往来急剧增长；郑成功收复台湾、康熙皇帝统一台湾，都进一步强化了海峡两岸的经济往来。"日据"时期，闽台的经济往来仍然没有割断。及至新中国成立后，虽然两岸政治、军事曾对峙，但即使是台海关系最紧张的时候，依然是"人不通船通，船不通货通"，闽台商缘从未真正中断。

20 多年来，台湾一直是福建最大的境外投资来源地之一，是福建最重要的贸易伙伴。而厦门，更因与台湾隔海相望，成为台商投资祖国大陆最密集的地区之一。作为台商进军大陆第一波"登陆"前沿，厦门一向被视为台商的"天堂"。

2001 年，全国第一座台商会馆——厦门台商会馆竣工并开始招商。2002 年，厦门的台商投资明显增势迅猛，1 月至 10 月新批台商投资项目数和合同台资额首次超过港商投资，跃升排名榜上第一位，成为厦门利用外资的主要来源。

2. 台商背景

对台湾文化渊源流变的考察可以看出，台湾文化具有多元性。原住民文化、近代西方海权文化、闽粤文化、日本殖民文化、中国传统文化、现代欧美政治文化和大众消费文化,都是台湾文化的源头,都曾被接纳到台湾文化之中,都对台湾文化的形成发展起到过一定作用。

结果,在台湾政治文化层面,西方政党政治理念和中国传统的政治理论、道德观念并存;在经济文化层面,以优胜劣汰为内核的市场竞争原则和以"仁义礼智信"为核心的传统观念并存;在社会文化层面,西方的个人主义和东方的纲常伦理并存;在宗教文化层面,东方的道教、佛教、妈祖与西方的基督教、天主教并存;在文学艺术层面,西洋艺术表现手法与传统艺术表现手法并存;在生活方式层面,台湾更是东、西文化的大拼盘。

但总的来看,台湾文化属于中国文化的一部分,仍是中国文化下的一种地方文化。这是因为,台湾的语言、文字、艺术、伦理、哲学、思维方式、价值取向、宗教信仰、审美情趣等文化"深层结构",以及饮食习惯、节日习俗、婚丧嫁娶、各种礼仪等"表层结构",均沿袭中国传统,并未因其他文化的浸染而出现质变。

3. 台商品质

一般来说,台商有如下品质:① 注重市场调查。② 注重经营过程中的分析。③ 注意投资项目的特色和专业化。④ 做起事情来埋头苦干,务实。⑤ 有服从心,易跟从和模仿。⑥ 言必行。⑦ 耿直,但容易冲动。

(五) 中国商帮——浙商

1. 历史上的浙商

浙江人从商有悠久的历史。据《史记》记载,中国最早的大商人,也就是后代商人鼻祖的"陶朱公"范蠡就是战国时期越国的名臣。当年,范蠡辅助勾践打败吴国之后就弃官从商,因经营有方而富甲天下。晋时,宁波"商贾已北至青、徐,南至交广"。唐代时,宁波、温州都是有名的贸易港,泛海兴贩的浙江商人从宁波出发,横渡东海,到日本岛。当时的大商人,有自己的船队,往来于日本与宁波、台州、温州之间。南宋期间,杭州、宁波、温州等地官方都设有市舶司,专管海外贸易。鸦片战争之后,宁波、温州等地相继被辟为通商口岸,我国近代民族工商业得以发展。富有经商传统的浙江人在重商的西方文化的催化下,大做生意,经商传统得以发扬光大。18世纪,中国资本主义的萌芽与上海口岸的开放更是为浙江商人提供了历史舞台。以宁波帮为代表的浙商群体对上海近代化的演进起到了积极的推动作用。宁波帮不但在国内,在国际上也留下了很大的影响,甚至有人评论宁波帮时说"无宁不成市"。现代宁波帮更是涌现了船王包玉刚和香港董建华之父董浩云等代表。

2. 新浙商历史文化溯源

浙江古时为瓯越,孔子所称要用中原礼乐文化教化的"蛮夷之地"。然而,正因地偏一隅,山海阻隔,这里的文化得以远离封建大一统思想中心的牵制而别开生面。浙江先民利用便利的交通条件和丰富的物产，长期从事经商活动。青山秀水，鱼米之乡，人杰地灵的浙江孕育了一代代中华杰出儿女，也演化出一幕幕搏击商海的精彩篇章。

西周末春秋初，中国社会从奴隶制向封建制过渡，工商业日益繁荣。乱世新开，百家争鸣，哲人能臣经商治世者甚多，如管仲、计然、范蠡等。"卧薪尝胆，三千越甲可吞吴。"范蠡助越雪耻后，退身经商，以在原属浙江的越地学到的经商手段屡获巨利，世称"陶朱公"，后人奉为经商的始祖。孔子高徒子贡善贾，是儒商说法的源头。西汉王充在《论衡》中提出"实事疾妄"、"事有证验，以效实然"等命题，充实了务实经世的文化内容；唐代有大商人李德邻、李延赤、张支信等往返于日本与宁波、温州之间，是在中国历史鼎盛时期的浙商活跃在国际经营领域的繁忙身影。

3. 现代浙商光辉

据 2005 年底的调查，浙江民营企业所创造的总产值达近万亿元，比广东大一倍。作为珠江三角洲和长江三角洲的两大民营经济模型，浙江企业所迸发出来的成长后劲和活力令人惊奇；另一份同样让人吃惊的数据是：全国 532 种主要工业产品最终产品的产量中，浙江有 109 种居全国第二位，154 种居第三位，56 种产品是全国冠军。浙江现有总资产亿元以上的私营企业 903 家，注册资本亿元以上的民营企业 218 家。浙江省个体私营经济总产值、销售总额、社会消费品零售额、出口创汇额、全国民营企业 500 强企业户数等多项指标，均居全国第一。

五、展望——走进中国新商帮

改革开放以来，中国兴起了新十大商帮，它们是已负盛名的晋商和徽商，日渐崛起的浙商、苏商、沪商、京商、粤商和闽商，正悄然发展的鲁商、豫商。

综观中国地图，商帮大多集中在商业发达地区。

由于地区和历史的原因，各个商帮特点不同。北方善义，南方善商；北方厚重，南方灵活；北方重古典，南方更现代。

比如：头脑精明、甘于吃苦的粤商，主要分布在广东汕头、深圳、潮州等地。他们的商业经营主要集中在塑胶、制衣、钟表、眼镜等制造业领域。

"比起古代的十大商帮和传统的五大商帮，现代十大商帮更具开拓性、创新性。"这是他们的共性。区域经济的发展促成了中国经济版图的繁荣，商帮的发展也为中国企业对接海外市场提供了条件。据相关数据显示，中国第一大商帮浙商在全国共有 25 个商会，拥有 400 万名会员。浙江境内有 40 万家私营企业、180 多万个体户，2006 年创造的 GDP 达到 1.2 万亿元。海外浙商有 100 多万，总投资额 6400 亿元人民币。

与此同时，改革开放以后，众多人走出国门创业，商帮在为中国吸引外资方面的作用也日益凸显。国外随处可见的"唐人街"，既是海外中华商帮的标志，也是他们的聚居地。海外中华商帮对世界经济发展的贡献不容忽视。

商帮在推动经济发展的同时，还带动了国内更多企业"走出去"的热情，扩大了中国在全球的影响力。

认知实训

实训内容：

到美资企业、日资企业以及中国新式改制后的企业进行访问，了解不同文化背景下的企业管理特点。

实训目的：

1. 培养学生了解美国管理模式。
2. 培养学生了解日本管理模式。
3. 培养学生了解中国管理模式。

实训要求：

1. 通过不同管理模式的比较研究，可以使学生将来更准确地认识、定位各自所生活的环境和文化。
2. 比较情、理、法三者的作用以及未来商务管理发展的趋势。

实训操作与规范：

1. 有组织地进行活动。
2. 注意安全。
3. 听从现场指挥。

实训组织：

1. 每个学生根据实训项目要求，自己寻找可以接住的企业进行参观。
2. 可以组织一个讨论会，大家互相交流对不同管理模式的认识。

复习思考题

1. 简述比较管理学产生的背景。
2. 在文化方面，东方文化和西方文化的典型代表是什么？
3. 中国为何要开放？又为什么主要向美欧开放？开放向美欧学什么？
4. 简述比较管理学中不同的理论及其异同。
5. 简述中、美、日管理模式中情、理、法三者的地位和作用。
6. 中国传统商帮的管理特点是什么？

地理位置与大国崛起

一个国家能否成为世界霸主,能否巩固自己的地位,可能一开始就取决于它脚下的土地。

16世纪以来的欧洲历史证明,有些国家借助地理位置的优势,取得一时的辉煌,同样,因为地理上的缺陷,招致别国的攻击,难以保住胜利果实,只有那些地理位置最合乎国际战略要求的国家,才能称霸世界。

不安稳的胜利者

15世纪末,位于伊比利亚半岛上的葡萄牙、西班牙,是欧洲最强盛的中央集权国家。

伊比利亚半岛处于地中海与大西洋之间,两个国家借助这一优势,在探索新航道上捷足先登。在东方,葡萄牙人在新航线上建立据点,通过贸易,特别是香料贸易,大赚其钱;在美洲,西班牙人掠夺金银,大发横财。1580年,吞并葡萄牙的西班牙,地域辽阔,人口众多,成为欧洲霸主。

伊比利亚半岛的地理位置十分重要,它处于欧洲和非洲、大西洋和地中海的咽喉位置,严重威胁到其他欧洲大国,尤其是英法两国的安全,西班牙因此成为众矢之的。

1588年,西班牙庞大的"无敌舰队"与英国海军决战,几乎全军覆没。从此,西班牙丧失海上霸权地位。

接替西班牙崛起的是荷兰。这个低地国家,处于大西洋航道与北欧航道的交叉点,恰好位于经济价值最高的莱茵河的河口。荷兰凭借优越的地理位置,趁势崛起。到17世纪中期,荷兰不仅成为欧洲,甚至是世界的贸易中心和金融中心。

特殊的地缘条件,同样导致荷兰的衰落。荷兰南临陆上大国法国,西面与海上强国英国隔海相望,英、法不会坐视荷兰强大。17世纪后半期,荷兰与英、法交战多次。荷兰的海岸是浅海,限制了战舰的吃水深度、吨位和火力,加上海流与西风,荷兰海军在与英国海军作战中处于不利地位;在陆地上,与法国交战时,荷兰因为国小,人力不足,也处于下风。在英、法的夹击下,到17世纪末,荷兰丧失大国地位,世界进入英法争雄的时期。

英国为什么成功

在欧洲列强的争霸战中,英国的辉煌时间很长,整个19世纪都属于英国人。特别是在英法争战中,无论国土面积,还是人口,法国都超过英国,但是,它在与英国近一个世纪的争雄中,一直处于被动地位,最终败给英国。这是什么原因呢?

英国是一个岛国,有众多优良的港口,只有东南临近大陆。岛国的地理位置,使英国只需建立一支强大的海军,就可以实现对本土的防卫,同时,可用它来保护海上交通与贸易,支援海外殖民活动。它的竞争对手法国,是一个两面临海的大国,与其接壤的陆地国家众多,因此,法国不得不将陆军建设放在首位,对海军的投入势必减少。而且,法国海军力量分处于大西洋与地中海,被受英国人控制的直布罗陀海峡分割开来,难以集中作战。

地理条件使英国在英法争雄中,处于有利的地位,只需利用大陆上法国与其他国家的矛盾,寻找自己的盟友,就可以牵制法国的兵力,取得战略上的主动。

囚笼中的猛兽

德国是资本主义世界的后起之秀,1913年,经济力量已经成为世界老二,欧洲老大。为了重新瓜分世界,争当世界霸主,20世纪,德国两次向英国的霸权提出挑战,均以失败告终,这在很大程度上受制于它的地理位置。

德国位于欧洲中部,东、西、南三面与欧洲其他国家相连(特别是西邻陆上强国法国),只有北面有狭窄的边界与北海、波罗的海相接。在海上,狭窄的海域,限制了德国海军的活动范围,容易受到英国海军的牵制;在陆上,德国面临18世纪的法国同样的困境,甚至更糟。保持一支强大的陆军,时刻警惕来自陆路的进攻,对德国而言,是生死攸关的大事。但是,陆上战线拉得越长,海军的强弱与海上活动范围大小,就越发成为影响战争胜负的重要因素。"二战"中,德国在北非战场的失败,美国成功通过北冰洋对苏联战场的支援,盟军的诺曼底登陆等等导致德国走向失败,暴露出德国海军活动范围不足的地缘缺陷。

俄国的崛起,同样受到地理环境的限制。18世纪之后,俄国领土直接面临世界四大洋中除印度洋外的三个大洋,从理论上讲,具备海军强国的自然条件。不幸的是,俄罗斯广袤的国土有着天然的缺陷,以至于在大部分历史时期,它无法问鼎世界霸主的地位。

首先,俄国地处高纬度地区,缺少海军常年活动的不冻港,这严重削弱了俄国海军在冬季的机动能力。其次,俄国的海岸线除了北冰洋沿岸之外,基本上不直接濒临大洋,要通过边缘海,才能与大洋相通,这些边缘海多为传统敌国的陆地所包围,进出大洋的通道极不通畅。因为国土面积太大,俄国各大舰队所在海域被陆地隔绝,彼此孤立,难以相互配合。1904~1905年日俄战争中,俄国海军被日本击败,可以说就是这种局面造成的。

不做霸主都不行

早在19世纪末,著名的战略学家、《海权论》的作者马汉,比较了当时尚未脱颖而出的美国与老牌霸主英国的地理异同,认为美国也有机会成为英国那样的全球霸主。

马汉认为,那些掌握海上霸权,进而登上世界霸主之位的国家,具有一些地理上的便利条件:

一是可以直接面临海洋;二是拥有深水良港以及流经肥沃农耕地带的巨大河流;三

是沿海地区人口的适当分布;四是具有从事航海和开发海上资源的足够人力;五是具有经商才能的民族禀赋。

而美国恰恰具备这些条件。它位于北美洲,远离争战不休的欧洲,有辽阔的国土、众多的人口,东连大西洋,西接太平洋,海岸线漫长,有发展海军的优越地缘条件。加勒比海因为巴拿马运河的开掘,成为一个巨大的交通枢纽。美国的南、北与相对较弱的墨西哥、加拿大相邻,不用担心来自大陆的进攻,有相对安全的后方。

这样,美国可以在本土安全无虞的情况下,通过发展海上力量,完成称霸大业。

不出马汉所料,在接下来的一个世纪里,美国成了世界上前所未有的霸主,至今无人能够望其项背。

这是地理环境带给人们的启示。可以说,世界对每个民族并不都是公平的。

(摘自《新人文》2007年第1期)

讨论题

1. 本文作者观点"地理环境带给人们的启示……世界对每个民族并不都是公平的",对吗?

2. 综观中国地图,商帮大多集中在商业发达地区,是否也与地理环境有关?

参考文献

1 安忠，钱克威．现代企业管理．天津：天津大学出版社，2002
2 （美）彼得·P. 德鲁克．管理：任务、责任、实践．北京：中国社会科学出版社，1987
3 （美）彼得·圣吉．第五项修炼．上海：上海三联书店，1994
4 陈炳富，李维安．企业文化概论．天津：南开大学出版社，2001
5 陈乃醒．中小企业成长案例评注．北京：民主与建设出版社，2002
6 （美）丹尼尔·A. 雷恩．管理思想的演变．北京：中国社会科学出版社，1986
7 邓建成．新产品开发与技术经济分析．北京：化学工业出版社，2001
8 冯万顺，李向波．现代企业管理与技术经济分析．天津：天津大学出版社，1999
9 傅家骥，仝允桓．工业技术经济学．北京：清华大学出版社，1996
10 （美）H. A. 西蒙．管理行为．北京：北京经济学院出版社，1987
11 高海晨．现代企业管理．北京：机械工业出版社，2004
12 巩维才，庄玉良．现代工业企业管理．徐州：中国矿业大学出版社，1997
13 （美）哈罗德·孔茨，西里尔·奥唐奈．管理学．北京：中国社会科学出版社，1987
14 黄渝祥．企业管理概论．北京：高等教育出版社，1998
15 廖进球．商务管理学．北京：中国财政经济出版社，1998
16 刘秋华，柳雨霁．现代企业管理．北京：中国社会科学出版社，2002
17 朱康全．技术经济学．广州：暨南大学出版社，2001
18 缪兴锋，叶小明．现代管理学基础与应用．广州：华南理工大学出版社，2004
19 穆庆贵，陈文安．新编工业企业管理．上海：立信会计出版社，1993
20 （美）斯蒂芬·罗宾斯．管理学（第四版）．北京：中国人民大学出版社，1997
21 王成主．现代物流管理实务与案例．北京：企业管理出版社，2001
22 王道平，谭跃雄．现代生产管理学．长沙：湖南大学出版社，1999
23 吴勤学．现代商务概论．北京：高等教育出版社，2001
24 吴拓．现代企业管理．北京：机械工业出版社，2005
25 吴宪和，林华．商务管理实务．上海：上海财经大学出版社，2002
26 谢明荣．现代工业企业管理．北京：化学工业出版社，2002

27 杨国良．技术经济与管理．北京：中国经济出版社，1998
28 杨洪兰．现代实用管理学．上海：复旦大学出版社，1996
29 杨明刚．实用管理学．上海：华东理工大学出版社，2001
30 尹尊声，海闻．管理中的经济学．上海：上海人民出版社，1995
31 章健．经营者成功的十四个要素．上海：上海人民出版社，2000
32 郑铁梅，王云峰．现代企业管理．北京：中国环境科学出版社，1993
33 周三多．生产管理．南京：南京大学出版社，1997
34 周耀烈．现代企业管理学．杭州：浙江人民出版社，2000